SPURENLESE

Leucorea-Studien zur Geschichte der Reformation und der Lutherischen Orthodoxie
(LStRLO)

Herausgegeben von
Irene Dingel, Armin Kohnle und Udo Sträter

Band 17

Spurenlese

Reformationsvergegenwärtigung als Standortbestimmung (1717–1983)

Herausgegeben von
Klaus Tanner und Jörg Ulrich

unter Mitarbeit von Wolfgang Flügel

EVANGELISCHE VERLAGSANSTALT
Leipzig

Gedruckt mit freundlicher Unterstützung der
Martin-Luther-Universität Halle-Wittenberg.

Bibliografische Information der Deutschen Nationalbibliothek
Die Deutsche Nationalbibliothek verzeichnet diese Publikation in der Deutschen Nationalbibliografie; detaillierte bibliografische Daten sind im Internet über http://dnb.dnb.de abrufbar.

Printed in Germany · H 7528

Das Buch wurde auf alterungsbeständigem Papier gedruckt.

Cover: Kai-Michael Gustmann, Leipzig
Satz: Dr. Markus Hein, Leipzig
Druck und Binden: Hubert & Co., Göttingen

ISBN 978-3-374-03057-6
www.eva-leipzig.de

Inhaltsverzeichnis

Einleitung

Sowohl Martin Luther und die Reformation als auch die Reformationsjubiläen, deren Tradition ungebrochen bis in das Jahr 1617 zurückreicht, besitzen für das Selbstverständnis der Martin-Luther-Universität Halle-Wittenberg einen ganz besonderen Stellenwert. Die Gründe dafür sind schnell benannt: Am 31. Oktober 1517 hat der Wittenberger Theologieprofessor Martin Luther ›seine‹ Universität, die Leucorea, mit der Publikation seiner Ablassthesen zum Ausgangspunkt der Reformation gemacht. Diese Tat erschien der Wittenberger Professorenschaft als dermaßen prestigeträchtig, dass sie die Idee entwickelte, zur 100. Wiederkehr dieses Ereignisses am 31. Oktober 1617 ein besonderes Reformationsgedenken an der Universität zu begehen. Der in einem Bittschreiben am 27. März 1617 um die notwendige Erlaubnis gebetene Landesherr, der sächsische Kurfürst Johann Georg I., stimmte dem Vorhaben zu. Zusätzlich weitete er die Feier jedoch zum landesweiten Kirchenfest aus und forderte erfolgreich weitere lutherische Landesherren zur Nachahmung auf. Damit trug er maßgeblich dazu bei, dass das Reformationsjubiläum kein inneruniversitäres Elitephänomen blieb, sondern in der evangelischen Christenheit weite Verbreitung fand.[1] Angesichts dieser Konstellation versteht sich die Martin-Luther-Universität, in der die Leucorea fortlebt, als Ausgangspunkt nicht nur der Reformation, sondern auch der kulturellen Praxis, Reformationsjubiläen zu begehen.

Von daher ist es der Martin-Luther-Universität ein besonderes Anliegen, einen eigenen wissenschaftlichen Beitrag zu dem Reformationsjubiläum, das 2017 anlässlich des 500. Jahrestages des Thesenanschlags ansteht, zu leisten. Die Vorbereitungen dafür haben unter Federführung der zu diesem Zweck von Wissenschaftlern der unterschiedlichsten Fachdisziplinen gegründeten »Reformationsgeschichtlichen Sozietät« begonnen. Während der gemeinsamen Arbeit in diesem Gremium entwickelten einige Historiker und Theologen die Idee für den vorliegenden Sammelband und verfassten auch die meisten der

1 Das Reformationsjubiläum von 1617 gehört zu den am besten untersuchten historischen Jubiläen überhaupt. Vgl. hierzu zuletzt Wolfgang Flügel: Konfession und Jubiläum. Zur Institutionalisierung der lutherischen Gedenkkultur in Sachsen 1617–1830. Leipzig 2005 (Schriften zur Sächsischen Geschichte und Volkskunde, 14), 25–77, sowie jüngst Annina Ligniez: Das Wittenbergische Zion. Konstruktion von Heilsgeschichte in frühneuzeitlichen Jubelpredigten. Leipzig 2012 (Schriften der Stiftung Luthergedenkstätten 15). (im Druck).

in diesem Sammelband enthaltenen Aufsätze. Zusätzlich eingeworben werden konnte der einführende Essay von Werner Nell sowie der Beitrag von Nicola Willenberg.

Einem Grundprinzip der Jubiläumspraxis folgend, wonach prinzipiell jede Säkularfeier den Rückblick auf ihre Vorgänger evoziert, wurden in den Beiträgen unterschiedliche Facetten verschiedener Reformations- bzw. Lutherjubiläen und -anniversarien thematisiert. Die inhaltliche Klammer dieser Aufsätze fußt auf einer der zentralen Fragen der von der »Reformationsgeschichtlichen Sozietät« getragenen Jubiläumsvorbereitung an der Martin-Luther-Universität. Wird in diesem Prozess im Sinne einer über Theologie und Kirche hinausweisenden Spurenlese nach der Relevanz der Reformation als Kulturfaktor gefragt, so wurden hiervon ausgehend folgende Leitfragen für die Beiträge dieses Sammelbandes entwickelt: Wie verorten sich verschiedene Personengruppen und Institutionen in der reformatorischen Tradition, wie und warum berufen sie sich im Sinne einer Identitätsstiftung auf die Reformation, welche Geschichtsbilder werden dabei entwickelt und welche kulturellen Transfers vollzogen?

Zur Beantwortung dieser Fragen eignen sich Reformationsjubiläen bzw. -anniversarien in einem besonderen Maß. Verantwortlich dafür ist, wie die Forschung zur Erinnerungskultur gezeigt hat, ein grundlegender Wirkmechanismus dieser Feiern, der es erlaubt, aus ihnen vielfältige Informationen zu Kontinuität und Wandel im Selbstverständnis und in den aktuellen Bedürfnissen der gedenkenden Institutionen zu gewinnen:[2] Prinzipiell handelt es sich bei dem in historischen Jubiläen oder Anniversarien vergegenwärtigten Geschehen um allbekannte, reale oder auch, wie im Falle von Martin Luthers Thesenanschlag, um fiktive Momente der Eigengeschichte. Als feste ›Erinnerungsfiguren‹ gehören sie zum Bestand des ›kulturellen Gedächtnisses‹ und symbolisieren als solche wesentliche Werte und Leitideen der gedenkenden Institution. Mit der feierlichen Vergegenwärtigung der eigenen Vergangenheit wird diese für die Gegenwart mit aktuellem Sinn erfüllt, von dem wiederum ein Geltungsanspruch für die Zukunft abgeleitet wird. Historische Jubiläen und Anniversarien tragen auf diese Weise zur Stiftung bzw. Stabilisierung kollektiver Identität bei.[3]

---

2 Grundlegend zum historischen Jubiläum vgl. WINFRIED MÜLLER: Das historische Jubiläum. Zur Geschichte einer Zeitkonstruktion. In: Das historische Jubiläum. Genese, Ordnungsleistung und Inszenierungsgeschichte eines institutionellen Mechanismus. Hg. v. W. MÜLLER. Münster 2004 (Geschichte: Forschung und Wissenschaft, 3), 1–75.

3 Vgl. pars pro toto JAN ASSMANN: Erinnern um dazuzugehören. In: Generation und Gedächtnis. Erinnerungen und kollektive Identitäten. Hg. v. KRISTIN PLATT u. MIHRAN DABAG. Opladen 1995, 51–75; DERS.: Das kulturelle Gedächtnis. Schrift, Erinnerung und politische Identität in frühen Hochkulturen. München 1997; PIERRE NORA: Zwischen Geschichte und Gedächtnis, Berlin 1990; CONSTANZE CARCENAC-LECOMTE: Pierre Nora und ein deutsches Pilotprojekt. In: Steinbruch deutsche

Im speziellen Fall der Reformation ist hierbei als Besonderheit anzumerken, dass dieses historische Geschehen aufgrund seiner die konfessionellen Grenzen überschreitenden Bedeutung eben nicht nur von der evangelischen Christenheit, sondern auch von den verschiedensten sozialen Gruppen vereinnahmt und entsprechend ausgedeutet werden kann. So versteht die lutherische Welt die Reformation zuallererst als ihr Gründungsereignis. Doch unter diesem Dach kam es in der Vergangenheit immer wieder zu verschiedenen Ausdeutungen, die mit den Interessen einzelner Gruppen korrelieren.

Um einen Zugriff auf die unterschiedlichen Trägergruppen der Reformationserinnerung zu bekommen, wurde ein breiter chronologischer und geographischer Untersuchungsraum abgesteckt. Da das Reformationsjubiläum 1617 zu den am besten untersuchten Ereignissen der reformatorischen Erinnerungskultur zählt, setzt die in diesem Sammelband thematisierte Zeitspanne erst mit der Säkularfeier von 1717 ein und endet mit der Jahrhundertfeier anlässlich Martin Luthers 500. Geburtstag im Jahr 1983. Einen gewissen zeitlichen Schwerpunkt bilden hierbei verschiedene Reformationsfeierlichkeiten des 20. Jahrhunderts, die in vier Aufsätzen behandelt werden. Der geographische Fokus dabei liegt zunächst auf der Leucorea und ihrer Nachfolgerin, der Martin-Luther-Universität. Da jedoch die Metapher vom Ursprungsort der Reformation in mitteldeutschen Gebieten, etwa in Sachsen und später auch in der DDR zur Begründung von besonderen Säkularfeiern genutzt wurde, erschien eine erste Ausweitung auf diese Territorien als sinnvoll. Eine zweite zielt auf Nordamerika, wobei das hier thematisierte Reformationsjubiläum von 1817 – mithin das erste, das dort zelebriert worden war – Bezüge nach Mitteldeutschland aufweist: Immerhin stammten zwei der maßgeblich an der Organisation und Durchführung der Jubiläumsfeier beteiligten Pastoren nicht nur aus Deutschland, sondern hatten auch ihr Theologiestudium an der Universität Halle absolviert, einer von ihnen war zuvor Zögling des Waisenhauses Halle, aus denen die Franckeschen Stiftungen hervorgingen.

Dementsprechend breit ist die Palette der Trägergruppen der in diesem Sammelband untersuchten Jubiläen und die Variantenvielfalt der vorgenommenen Luther- und Reformationsdeutungen: Die Professoren in Wittenberg und Halle verstanden den Reformator zugleich als einen Kollegen, nicht zuletzt mit der Intention, dadurch die in Krisenzeiten gefährdete Existenz der Universität zu retten. In einer anderen Konnotation erblickten die Kulturprotestanten des Jahres 1883 in Luther auch einen maßgeblichen Auslöser kultureller Entwicklung, wohingegen die Deutschen Christen im Lutherjubiläum 1933 den Reformator zum Ahnherren eines nationalen Christentums machten. Den deutschstämmigen Lutheranern in den USA diente hingegen die Erinnerung

Erinnerungsorte. Annäherung an eine deutsche Gedächtnisgeschichte. Hg. v. C. CARCENAC-LECOMTE u.a., Frankfurt/Main 2000, 13-26.

an Reformation und Reformator 1817 zum Vehikel ihrer Identitätsbildung in der neuen, englisch-puritanisch geprägten Heimat. Dass sogar dem Luthertum feindlich gesinnte Institutionen die Erinnerung an Martin Luther für eigene Zwecke zu vereinnahmen suchten, zeigt schließlich das Beispiel der Jubiläen, welche die SED, die atheistische Staatspartei der DDR, in den Jahren 1967 und 1983 initiierte. Im Sinne der von ihr beanspruchten allumfassenden Deutungshoheit löste sie den Reformator aus seinen christlichen Kontexten und versuchte, ihn als Heros der sogenannten frühbürgerlichen Revolution ihrer eigenen Tradition einzuverleiben.

Diese unterschiedlichen Ausdeutungen zeigen jedoch, dass die das Reformationsjubiläum adoptierenden Gruppen letztendlich immer das gleiche Ziel verfolgen: Es geht ihnen prinzipiell darum, bei ihren eigenen Feiergemeinden Zustimmung zu den eigenen Leitideen zu generieren, Geltungsansprüche gegenüber anderen Gruppen zu formulieren und Identitäten auszuprägen. Damit diese affirmativen Ziele erreicht werden können, muss als Voraussetzung das vergegenwärtigte Ereignis in seiner Ausdeutung dem zeitgenössischen Kontext angepasst und dabei von den avisierten Festgemeinden akzeptiert werden. Beides zeigt ex negativo das Beispiel der staatlichen Reformations- und Lutherjubiläen in der DDR, die keinen Beitrag zur Stabilisierung der SED-Herrschaft leisten konnten.

Wird bereits in der Vergegenwärtigung des historischen Ereignisses ein affirmativer Anspruch deutlich, so kommt bei den historischen Jubiläen mit der Wiederholung des Gedenkens im Rhythmus der ›runden Zahl‹ eine charakteristische Besonderheit hinzu. Gerade am Beispiel des Reformationsjubiläums wird deutlich, dass diese ›Wiederkehr des stets Gleichen‹ retrospektiv das Alter der gedenkenden Institution betont, das zum Ausweis von Vitalität und Leistungsvermögen stilisiert wird. Zusätzlich wird aus dem Blick auf die Tradition ein Anspruch für die Zukunft abgeleitet: Die moderne Gesellschaft stellt sich die Zeit als linear gerichtet und damit als unendlich andauernd vor. Von daher impliziert der Hinweis auf die Vergangenheit in Verbindung mit der Rhythmisierung des Gedenkens zugleich eine Spiegelung in Richtung Zukunft: So erscheint das Stattfinden des nächsten Reformationsjubiläums absehbar, womit die optimistische Zukunftsfähigkeit der Reformation zum Ausdruck kommt. In diesem Sinne sind die in diesem Band versammelten Aufsätze ein kleiner Teil der auf das Reformationsjubiläum 2017 hinführenden Arbeit an der Martin-Luther-Universität.

Luther in seiner, Lutherfeiern in ihrer und in unserer Zeit

Bemerkungen zu einer Diskurs- und Kulturgeschichte

Werner Nell

Es mag vielleicht noch immer einen gewissen protestantischen Überhang der deutschen Kultur- und Geistesgeschichte belegen, dass selbst die 2001 dreibändig erschienenen »Deutschen Erinnerungsorte« zwar neben Heinrich Heine, Friedrich Schiller und Rosa Luxemburg auch noch andere Personaleinträge kennen, selbstverständlich neben der Wartburg[1] und der Reformation[2] auch das evangelische Pfarrhaus[3] als Erinnerungsort[4] anführen, aber eben keinen

1 Etienne François: Die Wartburg. In: Deutsche Erinnerungsorte II. Hg. v. Etienne François u. Hagen Schulze. München 2001, 154–170.

2 Gérald Chaix: Die Reformation. In: Erinnerungsorte II [s. Anm. 1] ebd., 9–27.

3 Oliver Janz: Das evangelische Pfarrhaus. In: Deutsche Erinnerungsorte III. Hg. v. Etienne François u. Hagen Schulze. München 2001, 221–238.

4 Zum Konzept der »lieux de mémoire« vgl. Pierre Nora: Zwischen Geschichte und Gedächtnis. Frankfurt a. M. 1998, 19f., wobei hier anders als in den späteren Weiterführungen, zumal auch den »Deutschen Erinnerungsorten«, zunächst einmal sächliche Überreste, Gegenstände der materiellen Kultur, den Ausgangspunkt zur Rekonstruktion einer zentral auf ein »nationales« Gedächtnis hin ausgerichteten Kollektiverinnerung bildeten. Vgl. dazu grundlegend Maurice Halbwachs: Das Gedächtnis und seine sozialen Bedingungen [1925]. Frankfurt a. M. 1985, 163–201. Die Erweiterung auf eine in einem kulturwissenschaftlichen, auch geistesgeschichtlichen bzw. auch mentalitätengeschichtlichen Sinne ausgerichtete Topik erinnerungsrelevanter Begriffe und ihrer Konnotationen lässt sich als Weiterführung dann an den an Noras Projekt anschließenden außerfranzösischen Bestandsaufnahmen erkennen; vgl. u. a. dazu Etienne François, Hagen Schulze: Einleitung. In: Deutsche Erinnerungsorte I. München 2001, 9–24, hier 18: »Es handelt sich um langlebige, Generationen überdauernde Kristallisationspunkte kollektiver Erinnerung und Identität, die in gesellschaftliche, kulturelle und politische Üblichkeiten eingebunden sind und die sich in dem Maße verändern, in dem sich die Weise ihrer Wahrnehmungen, Aneignung, Anwendung und Übertragung verändert. Wir verstehen also ›Ort‹ als Metapher, als Topos im buchstäblichen Wortsinn. Der *Ort* wird allerdings nicht als eine abgeschlossene Realität angesehen, sondern im Gegenteil stets als *Ort in einem Raum* (sei er real, sozial, politisch, kulturell oder imaginär). Mit anderen Worten: wir sprechen von einem Ort, der seine Bedeutung und seinen Sinn erst durch seine Bezüge und seine Stellung inmitten sich immer neu formierender Konstellationen und Beziehungen erhält.« (Hervorh. im Text – W.N.) Soweit diese letztgenannten Bezugssysteme sich als sprachlich verfasste Handlungssysteme fassen lassen und in dieser Hinsicht dann auch Machtkonstellationen in den Blick bringen, wird hier und im Folgenden von Diskursen gesprochen

Eintrag aufweisen, der der Person Martin Luthers gewidmet ist. Möglicherweise kann dies auch immer noch als Hinweis darauf gelesen werden, dass es zur Tradition und zum Selbstverständnis einer protestantisch getönten Bildungsgeschichte in Deutschland gehört,[5] keinen Personenkult, vor allem eben auch keine Heiligenlegende von und um Luther herum schaffen zu wollen, ja gerade in der Absage an eine den Katholiken unterstellte Idolatrie[6] im Umgang mit den seit Alters her vertrauten Vorbildern und Großen der Heils- und Kirchengeschichte auf einer grundlegenden Differenz zwischen der Würdigung einer geschichtsmächtig wirksamen Person im Rahmen der von ihr geprägten und sie prägenden historischen Umstände und ihrer Stilisierung zu einem Träger transzendent, später dann möglicherweise geschichtsphilosophisch zu begründenden Heiligkeit[7] zu bestehen. »Man kann«, so fasst Thomas Nipperdey Luthers spezifische Bedeutung für eine moderne, sich gleichermaßen in technischer Entwicklung und wissenschaftlicher Reflexion selbst bestimmende Gesellschaft[8] zusammen, »den Intellektualismus der Protestanten, ihren Buchstabenglauben wie ihren Szientismus mit guten Gründen kritisieren. Aber unsere Welt ist eine Welt der Schulen, der Wissenschaft, der Reflexion, der Worte. Und das kommt zum erheblichen Teil aus lutherischen Wurzeln.«[9]

Zugleich aber, auch dies gehört zu einer Geschichte der Luther-Rezeption, hat Nipperdey allerdings, mit Rückbezug auf Ernst Troeltsch,[10] auch darauf

werden können. Für einen vergleichbaren diskursanalytischen Zugang zu »Orten« historischer Erinnerung vgl. ROBERT TRABA: Ostpreußen – die Konstruktion einer deutschen Provinz. Eine Studie zur regionalen und nationalen Identität 1914–1933. Osnabrück 2010, 18–27.

5 Zu den historischen Entwicklungslinien und auch noch zeitaktuellen Auswirkungen der protestantischen Bildungsgeschichte in Deutschland vgl. GERHARD SCHMIDTCHEN: Protestanten und Katholiken. Soziologische Analyse konfessioneller Kultur. Bern/München ^{2}1979; THOMAS NIPPERDEY: Luther und die moderne Welt. In: DERS.: Nachdenken über die deutsche Geschichte. Essays. München 1986, 31–44, hier bes. 38.

6 Vgl. dazu die Ausführungen und sprechenden Zitate im Beitrag von LIGNIEZ in diesem Band, 58 f.

7 Vgl. dazu Wörterbuch der Religionen. Hg. v. CHRISTOPH AUFFARTH, HANS G. KIPPENBERG u. AXEL MICHAELIS. Stuttgart 2006, 207f.; komplexer als hier angelegt CARSTEN COLPE: Das Heilige. In: Handbuch religionswissenschaftlicher Grundbegriffe. Hg. v. HUBERT CANCIK, BURKHARD GLADIGOW u. KARL-HEINZ KOHL. Bd. III. Stuttgart/Berlin/Köln 1993, 80–99, hier 91f.

8 Vgl. dazu immer noch grundlegend MAX WEBER: Vom inneren Beruf zur Wissenschaft. In: DERS.: Soziologie. Universalgeschichtliche Analysen. Politik. Stuttgart 1992, 311–339, hier 329f.; ALFRED NORTH WHITEHEAD: Wissenschaft und moderne Welt. Zürich 1949, 234ff.

9 NIPPERDEY: Luther [s. Anm. 5], 39.

10 Vgl. dazu ERNST TROELTSCH: Die Bedeutung des Protestantismus für die Entstehung der modernen Welt (1906/1911). In: Ernst Troeltsch. Schriften zur Bedeutung

bestanden, dass Luther nun gerade nicht in einem zeitgenössischen Sinn als ein »Vater der modernen Welt« angesehen werden kann: »Luther ist ein Sohn des Mittelalters und manchmal auch sein Repräsentant. Er antwortet auf eine Krise des Spätmittelalters, und seine Antworten sind neu, aber seine Fragen und Kategorien und sein Weltbild, sie wurzeln im Mittelalter. (...) Sein Aufstand gegen das Mittelalter greift vor-modern hinter das Mittelalter zurück, auf Augustinus, auf Paulus. Ja man kann sagen, dass Luther eine um 1500 vorhandene Tendenz zur Modernität gerade abgeblockt hat: Er hat die religiöse Frage nach Gnade und Heil, die Frage eines mittelalterlichen Mönches eigentlich, in ihrer Urgewalt noch einmal ins Zentrum des Lebens gestellt, gegen alle rationalen, humanistischen, säkularen Tendenzen; deren Durchbruch hat er für zweieinhalb Jahrhunderte verzögert.«[11] Der Kontrast zwischen einem vormodernen, ja gegen die spätere Moderne gerichteten Anachronismus des Ausgangspunktes und der mit reformatorischer Kritik verbundenen Zielsetzung einer Wiederherstellung für ursprünglich angenommener Verhältnisse einerseits und der eben insbesondere in der Sozial- und Geistesgeschichte seit dem 18. Jahrhundert erkennbar werdenden engen Verbindung der Luther-Rezeption im Rahmen einer auf Fortschritt angelegten Erkenntnis- und Reflexionsorientierung andererseits, wie sie sich tatsächlich in der protestantischen Tradition, dann im wissenschaftshistorischen Selbstverständnis und in den bildungsgeschichtlichen Entwicklungslinien zumal innerhalb einer spezifisch deutschen Bildungs- und Kulturgeschichte[12] finden lassen, macht es freilich nicht einfach, zwischen den jeweils zeitgenössisch zu fixierenden Anknüpfungsmöglichkeiten an den Reformator selbst und den ebenso zeitgebundenen und zugleich zumindest dann seit dem 18. Jahrhundert über die jeweils eigene Zeit nach vorne und hinten hinausweisenden Ansprüchen und Interpretationszugängen zu seiner Person und Werk zu unterscheiden. In dieser Hinsicht kann auch die folgende Darstellung keine entwicklungsgeschichtlich einlinige Übersicht bieten; vielmehr zeigen sich Phasen historischer Rückbesinnung und zukunftsorientierter Projektion in Wechselbeziehungen, die Rekonstruktion historischer Umstände steht ideologisch geprägten Überlagerungen unter jeweils zeitaktuellen Umständen[13] gegenüber. Besetzungen des historischen Ortes »Luther« in jeweils

des Protestantismus für die moderne Welt (1906–1913). Hg. v. Trutz Rendtorff. Berlin [u.a.] 2001 (Ernst Troeltsch. Kritische Gesamtausgabe, 8), 183–316, hier bes. 306–308.

11 Nipperdey: Luther [s. Anm. 5], 32f.

12 Vgl. dazu Aleida Assmann: Arbeit am nationalen Gedächtnis. Eine kurze Geschichte der deutschen Bildungsidee. Frankfurt a. M./New York/Paris 1993, hier: 22f.

13 Tatsächlich ist bemerkenswert, dass zumindest die säkularen Erinnerungsfeiern an den Wittenberger »Thesenanschlag« durchweg in zeithistorisch äußerst dramatischen Umständen stattfinden: 1617 am Vorabend des Dreißigjährigen Krieges, 1717 im Schatten der Auseinandersetzungen mit Frankreich und des Aufstiegs Preußens,

konkret zu fassenden historischen Umständen und sozialen Lagerungen erweisen sich zugleich als Umbesetzungsstellen,[14] an denen sich ebenso historische, gesellschaftliche und kulturelle Diskurse wie anthropologische und/oder metaphysisch zu deutende Universalien festmachen lassen.[15]

Es kommt hinzu, dass zentrale Kategorien der Bezugnahme auf Luther und sein Werk sich selbst erst im Zuge jener »Epochenscheide der Weltgeschichte«[16] herausbilden, als die sich die Wissenschaftsgeschichte, vor allem aber auch die damit verbundene, diese tragende und ebenso von ihr geprägte »Bürgerliche Gesellschaft« und »Bürgerliche Kultur« des 18. Jahrhunderts darstellen.[17] Damit verbunden müssen gleichwohl die Rahmensetzungen zu einer jeweils zeithistorischen und zugleich sowohl von bestimmten Interessen als auch von bestimmten sozialen Gruppen getragenen Selbstverortung im Spiegel ihrer Würdigungen Luthers selbst als Ergebnisse und Faktoren historischer Prozesse gesehen werden, deren reflexive Erschließung und reflektierende Funktion im Blick auf eine Geschichte der Luther-Jubiläen und Gedenkfeiern noch einmal dadurch gesteigert wird, dass im Zuge eines ausgeweiteten wie reflektierten Historismus die Jubiläen selbst wiederum nicht nur zu Gegenständen historischer Erkundung werden, sondern als historisch geschaffene Aktionen ihrerseits darauf zielen, sowohl zeitgeschichtlich »mit Bedeutung« in Erscheinung zu treten als auch sich selbst wiederum vor dem Hintergrund spezifischer Ge-

---

der zugleich das Ende des Alten Reiches bereits ankündigt, 1817 im Schatten der napoleonischen Kriege, der sich formierenden Demagogen-Verfolgung und eines sich heißlaufenden Nationalismus, 1917 mitten im Ersten Weltkrieg und einer sich abzeichnenden deutschen Niederlage. Zu wünschen bleibt, dass das Jubiläum 2017 nicht im Schatten eines gescheiterten europäischen Einigungsversuches steht.

14 Vgl. Hans Blumenberg: Säkularisation und Selbstbehauptung. Erweiterte und überarbeitete Neuausgabe von »Die Legitimität der Neuzeit«, erster und zweiter Teil. Frankfurt a. M.1974, 77.

15 Zu deren Vergleichbarkeit, Kontrasten und möglichen Konvergenzen vgl. Christoph Wulf: Anthropologie. Geschichte. Kultur. Philosophie. Reinbek bei Hamburg 2004; Gernot Böhme: Anthropologie in pragmatischer Hinsicht. Darmstädter Vorlesungen. Frankfurt a. M. 1985, bes. 281ff.

16 Nipperdey: Luther [s. Anm. 5], 32.

17 Vgl. dazu nach wie vor grundlegend Friedrich H. Tenbruck: Bürgerliche Kultur. In: Kölner Zeitschrift für Soziologie und Sozialpsychologie. Sonderheft 27: Kultur und Gesellschaft. Opladen 1986, 263–285. Als »Bürgerliche Kultur« wird hier das von unterschiedlichen Stimmen und den sie tragenden differenzierten sozialen Gruppen bestimmte Feld gesellschaftlicher Kommunikation (»Diskursfeld«) verstanden, auf dem sich eine sich in Bewegung befindende und sich dadurch auch definierende Gesellschaft fortlaufend selbst thematisiert, programmiert, kritisiert und so im Ganzen auch reflektiert; vgl. ebd. 264f. Dazu im Anschluss Joachim Fischer: Bürgerliche Gesellschaft. Zur historischen Soziologie der Gegenwartsgesellschaft. In: Clemens Albrecht (Hg.): Die bürgerliche Kultur und ihre Avantgarden. Würzburg 2004, 97–119 (Kultur. Geschichte. Theorie. Studien zur Kultursoziologie, 1).

schichtsmodelle und Erkenntnisansprüche zu spiegeln, gar zu thematisieren.[18] Die Nation als Bezugsgröße gesellschaftlich erwünschter Integration gehört hier seit dem 18. Jahrhundert ebenso dazu[19] wie die Vorstellung historischen Fortschritts, der Anspruch einer vernunftgeleiteten Lebensführung, inklusive entsprechend rationaler Gefühlssteuerung und entsprechend fundierter, legitimierter und damit rationalisierter Glaubensvorstellungen, sowie nicht zuletzt jene Kategorie des Individuums, auch der historisch »großen« Persönlichkeit, die dann zumal in den nach 1800 einsetzenden mediengestützten und auf die Ansprache größerer Bevölkerungsgruppen[20] ausgerichteten gesellschaftlich und politisch kodierten Feiern zu Luthers Gedächtnis im 19. und frühen 20. Jahrhundert in den Vordergrund getreten sind.[21]

Natürlich stellt Luther bereits in früheren, frühbürgerlichen Zeiten und nicht zuletzt in den Spieglungen der Vorstellungswelt unterbürgerlicher Schichten eine Art von Leitfigur dar, an der sich unterschiedliche Weltdeutungen, Selbstbilder und Glaubensüberlieferungen festmachen lassen. Gerade aber angesichts der verschlungenen, zwischen volkskulturellen Traditionen und elitekulturellen Setzungen oszillierenden und mehrmaligen sozialen Wandel, diverse Repräsentationsbedürfnisse und Selbstverständigungsansprüche

---

18 Vgl. Winfried Müller: Instrumentalisierung und Selbstreferentialität des historischen Jubiläums. Einige Beobachtungen zu Eigengeschichte und Geltungsanspruch eines institutionellen Mechanismus. In: Geltungsgeschichten. Über die Stabilisierung und Legitimierung institutioneller Ordnungen. Im Auftrag des Sonderforschungsbereichs 537 hg. v. Gert Melville u. Hans Vorländer. Köln/Weimar/Wien 2002, 265–284, bes. 281.

19 Auf den Funktionswandel, den alle diese Kategorien, namentlich auch die Vorstellung der Nation, innerhalb des 19. Jahrhunderts vollziehen, kann an dieser Stelle nur hingewiesen werden; vgl. aber Otto Dann: Nation und Nationalismus in Deutschland 1770–1990. München [2]1994. Johannes Burkhardt hat die Nationalisierung des Luthergedenkens im 19. Jahrhundert an der Überlagerung der Lichtsymbolik durch eine verstärkt in Erscheinung tretende Eichenlaubmetaphorik gezeigt; vgl. Johannes Burkhardt: Reformations- und Lutherfeiern. Die Verbürgerlichung der reformatorischen Jubiläumskultur. In: Öffentliche Festkultur. Politische Feste in Deutschland von der Aufklärung bis zum Ersten Weltkrieg. Hg. v. Dieter Düding, Peter Friedemann, Paul Münch. Reinbek bei Hamburg 1988, 212–236, hier 223–227.

20 Diese Funktionsbestimmung der politischen Feiern und Feste im Blick auf integrative und zugleich differenzierte Gesellschaftsmodelle bürgerlicher Provenienz steht im Mittelpunkt der von Manfred Hettling und Paul Nolte zusammengestellten Studien zur bürgerlichen Festkultur des 19. Jahrhunderts. Vgl. Manfred Hettling, Paul Nolte: Bürgerliche Feste als symbolische Politik im 19. Jahrhundert. In: Bürgerliche Feste. Symbolische Formen politischen Handelns im 19. Jahrhundert. Hg. v. M. Hettling u. P. Nolte. Göttingen 1993, 7–36.

21 Vgl. dazu Burkhardt: Reformations- und Lutherfeiern [s. Anm. 19], 212–236; dort 232ff. auch die weiterführende Literatur zur Forschungsgeschichte.

unterschiedlicher sozialer Schichten wiedergebenden Konjunkturen unterschiedlicher Luther-Bilder, in denen sich immer wieder auch Ansatzpunkte für »Legenden ... im Sinne der Heiligenvita«[22] finden lassen, scheint es allerdings nicht nur von der Sache her geboten, sondern eben auch aus protestantischem Selbstverständnis unabdingbar, auf einem Unterschied zur herkömmlichen Heiligenverehrung um ein Ganzes zu bestehen, der zugleich eine Geschichte der Luther-Feiern in den Bereich der Sozial- und Kulturgeschichte, ggf. einer an den Erscheinungsformen der Volksfrömmigkeit ausgerichteten historischen Anthropologie rückt und darüber hinaus auch eine ideologische Überformung der historischen Vergegenwärtigung Luthers und seiner Zeit[23] in jeweils spezifischen sozialen und historischen Lagen ins Zentrum einer ideologiekritischen Analyse stellen kann. »Diese Differenz leuchtet an der Gestalt Luther besonders deutlich auf, gerade weil hier die Nähe zum katholischen Heiligen größer zu sein scheint. So ist seine Lebensgeschichte wie die Legende mirakulös bereichert: die Pestkranken stecken ihn nicht an, der Blitz kann ihm nichts anhaben, das böse Giftglas zerspringt in seiner Hand. (...) Auch das Attribut, das ihn stets bezeichnet (der Schwan), scheint ihn dem ikonologischen Gesetz der Heiligenbilder zu unterwerfen; zumal die den Lutherbildern angehängte mirakulöse Qualität der Unverbrennbarkeit hat zur Formulierung der These von einem protestantischen Sakramentalismus geführt.«[24]

Gleichwohl sieht Martin Scharfe gerade angesichts der Vielzahl von Luther-Anekdoten und Erinnerungsstücken eine »... deutlich markierte Abgrenzung. Denn alle Luther-Verehrung – selbst wenn sie zuweilen fast befremdliche Züge angenommen hat! – hat niemals zu einer Heiligenverehrung Luthers in dem Sinne geführt, dass man ihn hätte anrufen können mit dem Ansinnen, er möge Fürbitte einlegen.«[25] Zugleich weist aber Brückner auf die durchaus vorhandene

---

22 WOLFGANG BRÜCKNER, HEIDEMARIE GRUPPE: Luther als Gestalt der Sage. In: Volkserzählung und Reformation. Ein Handbuch zur Tradierung und Funktion von Erzählstoffen und Erzählliteratur im Protestantismus. Hg. v. W. BRÜCKNER. Berlin 1974, S. 267.

23 Burkhardt identifiziert dies insbesondere für die zweite Hälfte des 19. Jahrhunderts unter dem Stichwort einer »Luther-heute-Rhetorik«; BURKHARDT: Reformations- und Lutherfeiern [s. Anm. 19], 228.

24 MARTIN SCHARFE: Über die Religion. Glaube und Zweifel in der Volkskultur. Köln/Weimar/Wien 2004, 130f. Robert Scribner hat in diesem Zusammenhang darauf hingewiesen, dass die Deutung und Überlieferung Luthers unter gleichsam mirakulösen Vorzeichen dabei keineswegs auf die unteren Volksschichten beschränkt war, sondern gerade von Gebildeten, namentlich vielen Theologen und Pfarrern weitergetragen wurde. Vgl. ROBERT W. SCRIBNER: Incombustible Luther. The Image of the Reformer in Early Modern Germany. In: Past & Present, No. 110 (Feb. 1986), 38–68, hier: 67.

25 SCHARFE: Über die Religion [s. Anm. 22], 131.

Gefahr[26] hin: »dass man Luther gar nicht beurteilte, sondern ihn (und das hieß vor allem seine Lehre) an einen Ort entrückte, wo man gar nicht mehr kritisiert, sondern nur noch anbetet: ins Heiligtum und ins Geheimnis Gottes. Man war so weit gegangen, dass man nicht mehr aus der selben Quelle schöpfte wie der Reformator, sondern das Quellwasser nur noch durch seine Vermittlung empfing; ja dass man sogar alles verschmähte, was zuvor nicht durch seine Hand gelaufen war.«[27] Freilich besteht der Unterschied, auf den auch Scharfe abhebt, nun eben gerade nicht in den unterschiedlichen Sinnerwartungen der Verehrer und Kolporteure an die mit der Figur Luthers verbundenen Geschichten und Erinnerungsstücke, die sich in ihren konkreten Erscheinungsformen und Handlungsimpulsen durchaus mit anderen Formen volksreligiöser Verehrung und entsprechenden Praktiken im Bereich der Volksfrömmigkeit vergleichen lassen,[28] sondern verweist vor allem darauf, dass einer möglichen Verehrung Luthers als Heiligem innerhalb der protestantischen Tradition die dogmatische, also aus dem System der Glaubensvorstellungen entstammende Begründung fehlt. Vielmehr bleibt sein Ort in einer zunächst innerweltlich aufzufassenden Geschichte, damit verbunden dann freilich im Bereich entsprechend auf diese Geschichte hin ausgerichteter Deutungsmuster, in deren Zusammenhängen die seit dem 18. Jahrhundert auftretenden, sich im 19. Jahrhundert durchsetzenden geschichtsphilosophischen Deutungen und die darauf aufbauenden ideologischen Programme des 20. Jahrhunderts eine zunehmende Bedeutung gewinnen. Nicht zuletzt innerhalb dieser Bezugssysteme und ihrer volkspädagogischen Ausweitung[29] wird »Luther« zu einem ideologisch besetzbaren Zeichen,

---

26 Ebenso spricht Scribner schon im Blick auf die ältere an das 16. Jahrhundert anschließende Tradition der Luther-Überlieferung und -verehrung von einer »gefährlichen Nähe« zur katholischen Heiligenverehrung: »There is no doubt that we can speak of a Luther-cult in early modern Germany, although the concept of Luther as a saint did not embed itself in Lutheranism in any form strong enough for us to see it as strictly comparable to Catholic saints' cults. However, the danger was always there ...«; SCRIBNER: Incombustible Luther [s. Anm. 24], 66.

27 BRÜCKNER, GRUPPE: Luther als Gestalt der Sage [s. Anm. 21], 274. Es handelt sich um ein Zitat aus ERNST WALTER ZEEDEN: Martin Luther und die Reformation im Urteil des deutschen Luthertums: Studien zum Selbstverständnis des lutherischen Protestantismus von Luthers Tode bis zum Beginn der Goethezeit. Bd. 1. Freiburg 1950, 66f.

28 Ein problembewusster Aufriss des analytisch präzisierbareren und zugleich umfassenderen Konzepts der »Volksfrömmigkeit« findet sich jetzt bei MICHAEL FISCHER: Volksfrömmigkeit. In: Enzyklopädie der Neuzeit. Hg. v. FRIEDRICH JÄGER. Stuttgart 2011. Bd. 14, 398–401.

29 Zu erinnern ist hier an das von Gustav Freitag zunächst im Rahmen seiner populären, viel verbreiteten »Bilder aus der deutschen Vergangenheit« gezeichnete Luther-Bild, das eben nicht nur einer volkspädagogischen Vermittlung diente, sondern

das dann im Sinne aktueller, kritischer Semiologie[30] wieder lesbar wird, mehr noch eben auch nutzbar erscheint für die Besetzung durch unterschiedliche Traditionsbestände, Sinnerwartungen, Repräsentations- und Machtbestrebungen, die ihrerseits dann wieder zur Analyse, zur Kritik, nicht zuletzt zur Interpretation und Affirmation erneut zur Verfügung stehen.

Luther-Bezüge und Luther-Gedenken haben vor diesem Hintergrund nicht nur ihre eigene, ebenso vielfältig in ihren Erscheinungsformen wie multiperspektivisch in ihren Interesselagen und Zielsetzungen sich darstellende Geschichte, sondern eben auch ihre Funktionen, die sich zum einen auf grundlegende Verständigungs- und Kohärenz-Erwartungen beziehen lassen, die sich in allen Formen menschlicher Vergemeinschaftung finden,[31] und zum anderen auf bestimmte Formen der gesellschaftlichen Organisation rekurrieren, deren Besonderheit sich dann in entsprechend unterschiedlich ausgeprägten und historisch konkretisierten Formen der Erinnerung und möglicherweise institutionell geformten Erinnerungskulturen zeigt.[32]

In einer solchen Perspektive lassen sich dann im Blick auf das Luther-Gedenken in seinen sozialen und sozialhistorisch fassbaren Erscheinungsformen und im Kontext der durchaus unterschiedlichen Konjunkturen der »deutschen Lande« seit der Neuzeit[33] einige Funktionsaspekte ansprechen, in deren Zusammenstellung, auch wenn sie darauf zunächst nicht angelegt ist, sich gleichfalls spezifische Entwicklungslinien des Umgangs mit der Vergangenheit und mit den jeweils in den jeweiligen Gedenken zum Ausdruck kommenden Erwartungen an die Vergangenheit, zumal auch im Blick auf eine in diesen Selbstdarstellungen und Selbstvergewisserungen erkennbare Vorstellung von Gegenwart und Zukunft, erkennen lassen. Zugleich ist jedoch davon auszugehen, dass alle angesprochenen Funktionen, wenn auch in unterschiedlicher Gewichtung,

---

ebenso Bestandteil eines ideologischen, ebenso deutschnational wie antisemitischen Programms wurde; vgl. Gustav Freitag: Doktor Luther. Leipzig 1926.

30 Vgl. dazu Roland Barthes: Elemente der Semiologie [1964]. Frankfurt a. M. 1979, 79–81.

31 So der kulturgeschichtliche, kulturanthropologische Ansatz etwa bei Jan Assmann: Das kulturelle Gedächtnis. Schrift, Erinnerung und politische Identität in frühen Hochkulturen. München 1997.

32 Einen breiten Überblick zur Vielfalt der damit angesprochen Bezüge bietet der Sammelband: Generation und Gedächtnis. Erinnerungen und kollektive Identitäten. Hg. v. Kristin Platt, Mihran Dabag unter Mitwirkung von Susanne Heil. Opladen 1995.

33 Vgl. dazu Axel Gotthard: Das Alte Reich 1495–1806. Darmstadt [4]2009; grundlegend: Die reformierte Konfessionalisierung in Deutschland – Das Problem der »Zweiten Reformation«. Wissenschaftliches Symposium des Vereins für Reformationsgeschichte 1985. Hg. v. Heinz Schilling. Gütersloh 1986; Georg Schmidt: Wandel durch Vernunft. Deutsche Geschichte im 18. Jahrhundert. München 2009, bes. 116ff.

Klarheit und Intentionalität, in den jeweiligen Veranstaltungen selbst erkennbar, zumindest vorhanden sind. Ein erstes Kohärenzmerkmal ergibt sich ja bereits aus dem Umstand, dass es sich um veranstaltetes Erinnern handelt: Institution und Rahmensetzung sind damit nicht nur für die Veranstaltung vorgegeben, sondern eben diese ist bereits auch Funktion ihrer Voraussetzungen. Kollektive Selbstdarstellung und individuell ausgerichtete Ansprache, individuelle Sinnerwartung und gesellschaftliche, zumindest gruppenspezifische Kohärenzerfahrung halten sich vielleicht nicht die Waage, stehen aber in interdependenten Zusammenhängen, was ebenso sehr Überlagerung und Verstärkung wie Divergenzerfahrung und Konflikt,[34] damit verbunden immer erneut auch Anstöße für Innovation und Irritation mit sich bringt.

I Feiern und Feste

Eine erste, vielleicht anthropologisch zu fundierende, durchgängig vorhandene Funktion lässt sich bereits mit dem Blick auf den Feier- bzw. Festcharakter der Luther-Gedenk-, Erinnerungs- und Jubiläumsveranstaltungen benennen. Feste, so könnte man in einer Verkürzung der außerordentlich weit gefächerten Forschungsdiskussion[35] sagen, zeigen die Ausnahme, Feiern bestärken bzw. heben die Regel hervor. In gewissem Sinne gemeinsam ist beiden der Ausnahmecharakter, freilich legen Feiern es darauf an, bestimmte innerhalb von Ordnungen, Institutionen und Traditionen vorhandene Besonderheiten hervorzuheben und in ihrer (wiederkehrenden) Bedeutung zu bestärken, während Feste neben dem damit verbundenen, durchaus ebenfalls regelhaften in Erscheinung tretenden Ereignis, das es zu feiern oder sonstwie zu betonen, auch in Erinnerung zu rufen gilt, vor allem den Durchbruch der Regel, das Eintreten der Ausnahme und die Ungewöhnlichkeit, nahezu die (jeweilige) Einmaligkeit der Erfahrung hervorheben.

Damit verbunden ist dann natürlich auch das Hervortreten der Ordnungen, der Regeln und der Grenzen, nicht zuletzt die Existenz eines notwendigerweise

---

34 Für das angesprochene konflikt-theoretisch ausgerichtete Kultur-Konzept vgl. Klaus Eder: Das Paradox der »Kultur«. Jenseits einer Konsensustheorie der Kultur. In: Paragrana 3. H 1 (1994), 148–173; Werner Nell: Diskurse der Kultur – Kultur als Diskursfeld. In: Colloquia Germanica. Stetinensia 17: Fremd- und Selbstwahrnehmung in Literatur und Kultur II. Szczecin 2009, 11–32.

35 Auch in der Alltagssprache gehen die Bezüge vielfach durcheinander; vgl. aber Otto Friedrich Bollnow: Zur Anthropologie des Festes. In: Ders.: Neue Geborgenheit. Das Problem einer Überwindung des Existentialismus. Stuttgart ²1955, 195–245, bes. 213–217: Das Verhältnis von Fest und Feier; Winfried Gebhardt: Fest, Feier und Alltag. Über die gesellschaftliche Wirklichkeit des Menschen und ihre Deutung. Frankfurt a. M. [u.a.] 1987 (Europäische Hochschulschriften Reihe 22, 143); Michael Maurer: Feste und Feiern als historischer Forschungsgegenstand. In: HZ 253 (1991), 101–130.

dazu vorhandenen Kollektivs, allerdings von der Seite ihrer Infragestellung aus. Wird das Fest im Anschluss an Karl Kerényi als »schöpferischer Akt und als Akt der Wiedererinnerung«[36] in einem gesehen, so sieht das veranstaltende, teilnehmende Kollektiv in beiden Akten zugleich sich selbst – von innen und von außen. Klaus-Peter Köpping spricht deshalb von einer »Paradoxie« des Festes, auch der Feier, insoweit als diese dann eine, wenn auch stärker organisierte, damit eine durch vermittelnde, »mäßigende« soziale Organisation herabgestimmte Form des Festes[37] ist: »Festzeit ist insofern liminale Zeit, als sie sowohl Geschichtlichkeit durch Periodisierung ermöglicht und die Zeiteinheiten differenzierbar macht, dadurch aber selbst eigentlich außerhalb der Zeit und vor der Zeit angesiedelt bleibt. Festzeit ist also einerseits diejenige, die die Zeitdifferenzierung zwar initiiert, diese Differenzierung jedoch erst dadurch ermöglicht, dass sie außerhalb der chronologischen Historizität steht: *in der Festzeit bricht die Nicht-Zeit, die U-Chronie, in die Geschichtlichkeit ein*, und sie ist eine Zeit, in der die Verhaltensweisen eine Undifferenziertheit, eine *Communitas* u-topischer Sozialität ohne normale Regeln durch exzessives, transgressives, tabu-brechendes Handeln heraufbeschwören.«[38] Reste solcher entgrenzender Impulse mögen sicherlich noch in den gemäßigten historischen Maskeraden[39] etwa der Luther-Feiern in der zweiten Hälfte des 19. Jahrhunderts mitschwingen und einzelne Individuen und Gruppen zum Mitmachen, nicht zuletzt auch zur Freude am Zuschauen motiviert haben, gleichwohl zielen Feiern, zumal ihre Planung und ihr Arrangement, doch gerade auf diesem Spielfeld in eine entgegengesetzte Richtung. »Die reformatorischen Jubiläen standen ersichtlich in einer Tradition des unmittelbar der Sozialdisziplinierung verpflichteten Festtyps.«[40]

---

36 Zit. nach Klaus-Peter Köpping: Fest. In: Vom Menschen. Handbuch Historische Anthropologie. Hg. v. Christoph Wulf. Weinheim/Basel 1997, 1048–1065, hier: 1053.

37 Natürlich lässt sich dies auch im Sinne eines zivilisatorischen Fortschritts oder einer entsprechenden Vielfalt zivilisatorischer Bändigungen und Inszenierungen lesen; vgl. dazu: Das Fest. Eine Kulturgeschichte von der Antike bis zur Gegenwart. Hg. v. Uwe Schulz. München 1988, 10f.; Paul Hugger: Das Fest – Perspektiven einer Forschungsgeschichte. In: Stadt und Fest. Zu Geschichte und Gegenwart europäischer Festkultur. Hg. v. P. Hugger. Stuttgart 1987, 9–24; Jacques Heers: Vom Mummenschanz zum Machttheater. Europäische Festkultur im Mittelalter. Frankfurt a. M. 1987, 22–28.

38 Köpping: Fest [s. Anm. 36], 1049 [Hervorh. im Text – W.N.].

39 Vgl. dazu eine entsprechende Abbildung aus dem historischen Festzug in Erfurt zur Gedenkfeier 1883 bei Burkhardt: Reformations- und Lutherfeiern [s. Anm. 19], 231; ebd. 217f. auch Hinweise zur Auslagerung der festlich-genussvollen Anteile eines solchen Festes für Kinder, »Damenreden« »evangelische(n) Frauengruppen«, zumal unter dem Luther zugeschriebenen Motto: »Wer nicht liebt Wein, Weib und Gesang, der bleibt ein Narr ein Leben lang.« Zitat ebd.

40 Burkhardt: Reformations- und Lutherfeiern [s. Anm. 19], 217.

Stellt das Fest in dieser Hinsicht immer – so auch noch in aktuellen Zusammenhängen – eine Sphäre der Grenzerfahrung, in den Worten Goethes der »aufgehobenen Ordnung«[41] dar, deren transgressive Funktion sowohl den Reiz und das Faszinosum als auch das Gefahrenpotential von Impulsen beschreibt, die von dieser mehr oder weniger geregelten Ausnahmesituation ausgehen, so wird der Aspekt der Regelhaftigkeit und damit einer funktionellen Nutzung der Ausnahmesituation im Konzept der Feier deutlicher erkennbar: »Die umfassende individuelle wie soziale Bedeutung der Feier liegt nun darin, dass sie dem menschlichen Alltag ›Sinn‹ zuschreibt, ihn als also als etwas ›Bedeutsames‹, ›Wertvolles‹ und ›Wichtiges‹ rechtfertigt.«[42] Hierauf hat nun namentlich die protestantische Tradition, selbstverständlich auch die auf Luther zurückgehende Kritik, allzu auf Weltlichkeit versessener Ausbrüche aus den Regularien des Alltags, für die europäische Neuzeit, insbesondere auch für die in den Zusammenhängen bürgerlicher Fest- und Feierkulturen sich vollziehenden Prozesse, maßgeblichen Einfluss gehabt: »Luther kritisierte denn auch, Prozessionen würden doch immer nur in Saufereien ausarten.«[43] Offensichtlich stellen die mit dem 17. Jahrhundert einsetzenden Lutherfeiern in dieser Hinsicht nicht nur Modelle eines auf Mäßigung, Sozialdisziplinierung und Arbeitsmoral angelegten Erziehungsprogramms dar,[44] in deren Folge sich dann zumal die Arbeits-, Ordnungs- und Verhaltensmodellierungen der bürgerlichen Gesellschaften in Europa seit dem 17. und 18. Jahrhundert ausbilden.

Vielmehr erscheinen sie auch als zentrale Schaltstellen, einmal zur Selbstdarstellung und Selbstvergewisserung eben im Hinblick auf die genannten soziomoralischen Imperative und deren religiöse, auf den Reformator und sein Wirken zurückgehenden Grundlagen,[45] einmal zur sozialen Integration immer weitreichender ins Auge gefasster Bevölkerungsgruppen und deren Ausrichtung im Blick auf eine gewünschte soziale Integration, als deren Kehrseite freilich der Ausschluss bzw. die Delegitimierung aller widerstrebender bzw.

---

41 Vgl. dazu Johann Wolfgang Goethe: Das römische Karneval. In: J. W. Goethe. Werke. Hamburger Ausgabe in 14 Bänden. München [10]1981, Bd. 11, 508; ebd., 484: »Das Römische Karneval ist ein Fest, das dem Volk nicht eigentlich gegeben wird, sondern das sich das Volk selbst gibt.« Dass Goethe dabei nicht nur die schönen Seiten, sondern auch die Aspekte der Gefährdung und Selbstgefährdung sozialer Ordnung ins Zentrum seiner Beobachtungen und Überlegungen stellt, sei hier nur angemerkt. Vgl. Werner Nell: Reflexionen und Konstruktionen des Fremden in der europäischen Literatur. Literarische und sozialwissenschaftliche Studien zu einer interkulturellen Hermeneutik. St. Augustin 2001, 220–225.

42 Gebhardt: Fest, Feier und Alltag [s. Anm. 35], 70.

43 Hettling, Nolte: Bürgerliche Feste [s. Anm. 20], 12. Vgl. auch Köpping: Fest [s. Anm. 36], 1056.

44 Köpping: Fest [s. Anm. 36], 1056f.

45 Vgl. Chaix: Die Reformation [s. Anm. 2], 12f.; Burkhardt: Reformations- und Lutherfeiern [s. Anm. 19], 227–230.

nicht in diese Ordnung »passender« Individuen und Gruppen zu sehen ist.[46] »Feste werden hier«, so noch einmal Köpping, »genauso instrumentalisiert, als Erziehungshilfen für patriotisches Zusammengehörigkeitsgefühl einerseits, aber auch als Kompensation für harte Arbeit bzw. als Anreiz, diese weiterhin für ein Gemeinwohl zu vollbringen ...«.[47] Freilich berichten die anhaltende Konjunktur der Feiern zu Luthers Gedenken, deren tatsächlich mitunter dann »massenhafte« Ausweitung im 19. Jahrhundert und deren vielfältige, soziale Gruppen und Klassen, später auch Parteiungen, Kontinente und Staaten, ja Blöcke übergreifende Ausstrahlung[48] doch auch davon, dass es sich dabei nicht nur um obrigkeitlich gesetzte Vorhaben gehandelt hat, die in einer bestimmten Programmatik entworfen wurden, sondern offensichtlich auch um Angebote, die den individuellen und gruppengetragenen Sinnerwartungen, ebenso Ansprüchen auf Selbstrepräsentation und – im Sinne des Festlichen – eine zumindest zeitweise »aufgehobene Ordnung« entgegen zu kommen vermochten; ohne diese zumindest keine »massenhafte« Teilnahme wie etwa an den Wormser Feiern zur Enthüllung des Reformationsdenkmals 1868 oder den 1830er oder 1883er Luther- und Reformationsfeiern, wobei auch hier schon technische Entwicklungen wie bspw. der Bau der Eisenbahn, mediengestützte Werbung und nicht zuletzt touristische Aspekte eine Rolle spielten.[49]

II Repräsentation und Kommemoration

Insoweit als es sich bei den Feiern zum Gedenken Luthers bzw. zur Erinnerung wichtiger Ereignisse aus der Reformationsgeschichte um auf Öffentlichkeit und Selbstdarstellung angelegte Veranstaltungen handelt, eignet ihnen auch ein Anspruch auf Repräsentation, wobei dieser ebenso wie der Charakter und die Funktion dessen, was sich seit dem 18. Jahrhundert als bürgerliche, zuvor als »repräsentative« Öffentlichkeit fassen lässt, Veränderungen unterworfen war (und ist).[50] Immerhin spielt offensichtlich bis zu Beginn des 19. Jahrhunderts, und der hier vor allem in Folge der Erfahrungen der Französischen Revolution und der von ihr ausgehenden medialen Ereignis- und Erinnerungsgeschichte

46 Vgl. dazu grundlegend Zygmunt Bauman: Moderne und Ambivalenz. Das Ende der Eindeutigkeit. Hamburg 1992, 35ff.

47 Köpping: Fest [s. Anm. 36], 1057.

48 Siehe dazu die Beiträge in diesem Band.

49 Vgl. Burkhardt: Reformations- und Lutherfeiern [s. Anm. 19], 216, 218, 223; ebenso Chaix: Die Reformation [s. Anm. 2], 14f.

50 Modellhaft noch immer nützlich Jürgen Habermas: Strukturwandel der Öffentlichkeit. Untersuchungen zu einer Kategorie der bürgerlichen Gesellschaft [1962]. Neuwied/Berlin [6]1974, 17–41; Lucian Hölscher: Öffentlichkeit und Geheimnis. Eine begriffsgeschichtliche Untersuchung zur Entstehung von Öffentlichkeit in der frühen Neuzeit. Stuttgart 1979.

veränderten Nutzung historischer Erinnerungen und Gedenkveranstaltungen,[51] der Anspruch auf Selbstdarstellung als ständisch gefasste, konfessionell gebundene Gruppe eine zentrale Rolle, weswegen damit auch Initiativen, Abläufe, Inhalte und Formen zunächst von Seiten landesherrschaftlicher Machtgruppen ausgingen, wobei sich die in diesen Ereignissen fassbare soziale Energie natürlich auch aus den Bedürfnissen der Untertanen und ihren zum Teil noch in den vorreformatorischen Volksfrömmigkeitsbräuchen erfahrenen Vorstellungen und Verhaltensformen speiste: »Eben dies heißt aber nicht, dass das Fest ursprünglich keinen politischen Sinne gehabt hätte und erst zum 19. Jahrhundert hin säkularisiert oder politisiert worden wäre. Da der frühneuzeitliche Staat zur Ausübung seiner Herrschaft über die Untertanen die homogenisierende, integrierende und abgrenzende Leistung des Konfessionsprinzips in Anspruch nahm, sind die Jubiläen trotz ihrer kirchlichen Inhalte von Anfang an als Repräsentationsfest des konfessionellen Fürstentums oder anderer Obrigkeiten zu sehen.«[52]

So wenig, wie sich die in der ständischen Gesellschaft bereits aufgebotenen, auch entwickelten Formen einer für sich selbst nach innen und für andere nach außen auf Sichtbarkeit hin angelegten feierlichen Repräsentation, in bürgerlichen und späteren Verhältnissen ganz verloren haben: Noch immer ist das von Jakob Burckhard an den Festen der Renaissance neben dem »Mysterium« als zweites Merkmal hervorgehobene Element der »Prozession«,[53] also die personen- und themengebundene Besetzung und Gestaltung öffentlichen Raums durch Sequentialisierung und Gruppendifferenzierung in späterer Zeit und aktuell zu beobachten, so deutlich spielt die Erinnerung an frühneuzeitliche Gruppenrepräsentation auch in den nachfolgenden bürgerlichen Luther-Feiern und sonstigen Inszenierungen von Kommemoration eine wesentliche Rolle. Es handelt sich nun um Festzüge, öffentliche Feiern auf Marktplätzen oder in Kirchen, akademische Feiern, politische Kundgebungen oder sonstige, später dann auch auf die öffentlichkeitswirksame Berichterstattung der Medien, ja auch auf Sensation und Abenteuerinteressen ausgehende Ereignisse.[54] Die Gestaltung des öffentlichen Raums durch seine inszenierte Besetzung steht dabei im Wechselbezug zur Schaffung eines Erinnerungsraums, eines ebenso

---

51 Vgl. dazu Dieter Düding: Einleitung, Politische Öffentlichkeit – politisches Fest – politische Kultur. In: Düding, Friedemann, Münch (Hg.): Öffentliche Festkultur [s. Anm. 19], 14–16.

52 Burkhardt: Reformations- und Lutherfeiern [s. Anm. 19], 213.

53 Jakob Burckhardt: Die Kultur der Renaissance in Italien. Ein Versuch. Stuttgart [11]1988, 292; analytisch und historisch deskriptiv genutzt bei Hettling, Nolte: Bürgerliche Feste [s. Anm. 20], 11–13.

54 So bei der Enthüllung des Wormser Reformationsdenkmals und ihrer medialen Repräsentation beschrieben bei Burkhardt: Reformations- und Lutherfeiern [s. Anm. 19], 216.

lokal fixierbaren wie überregional transferierbaren, dann aufs Neue überformbaren Signifikats, dessen Signifikanten, wie dies Roland Barthes im Blick auf andere, bspw. nationale Symbole beschrieben hat,[55] damit erneut nutzbar werden und erinnert, auch aktualisiert werden können, wenn es darum geht, »repräsentative« Erinnerungen in aktuelle Situationen einzuspeisen.

III Verbürgerlichung und Verwissenschaftlichung, Pluralisierung und Grenzüberschreitung

Die damit angesprochene Entwicklung gewinnt unter den Rahmensetzungen der Entwicklung bürgerlicher Gesellschaften seit dem 18. Jahrhundert eine neue, bis dahin so nicht gekannte Dynamik. Wird unter Verbürgerlichung eine zunehmende funktionale Ausdifferenzierung unterschiedlicher Handlungsfelder und damit verbunden eine fortschreitende Freisetzung von Individuen und sozialen Gruppen aus vorgängigen ständischen, religiösen, politischen und rechtlichen Fixierungen verstanden,[56] in deren Folge sich immer größere Möglichkeiten, aber auch Nötigungen zu Selbstbestimmung und selbstbestimmten Regelungen in den Bereichen der Gesellschaft und der Politik, der Wirtschaft und der kulturell kodierten Lebensführung ergeben, so stellt insbesondere die von Friedrich H. Tenbruck als Signatur bürgerlicher Kultur hervorgehobene »Verselbständigung« und »Verinnerung«[57] eben dieser kulturellen Kodierungen für die Gestaltung, Wahrnehmung und Interpretation der Luther-Bezüge und Luther-Gedenkveranstaltungen die wichtigste Entwicklung dar: »Im Spiegel der literarischen, künstlerischen, philosophischen oder wissenschaftlichen Behandlung und Durchdringung der bislang subjektiv als unmittelbar erlebten und deshalb auch kaum differenzierten Erfahrung reicherte sich nun die Selbsterfahrung durch die Sublimierung, Differenzierung und Reflektierung der Empfindungen, Gefühle, Affekte, Emotionen, Gedanken und Überzeugungen an, wie ähnlich die äußere sich durch kulturelle Information ständig ausdehnte und gliederte, räumlich, zeitlich und sachlich.«[58] Luther und die von ihm ausgehende reformatorische Bewegung werden damit zu Gegenständen eines diskursiven Feldes, in dem die sich ausdifferenzierende bürgerliche Gesellschaft über Kommunikation, die sich ihrerseits wieder in diversen Segmenten, Medien

---

55 Roland Barthes: Mythen des Alltags. Frankfurt a. M. 1964, 88ff.

56 Vgl. dazu M. Rainer Lepsius: Bürgertum als Gegenstand der Sozialgeschichte. In: Sozialgeschichte in Deutschland. Entwicklungen und Perspektiven im internationalen Zusammenhang. Bd. IV: Soziale Gruppen in der Geschichte. Hg. v. Wolfgang Schieder, Volker Sellin. Göttingen 1987, 61–80, hier bes. 64f.

57 Vgl. dazu noch immer wichtig: Gerhart von Graevenitz: Innerlichkeit und Öffentlichkeit. Aspekte deutscher »bürgerlicher« Literatur im frühen 18. Jahrhundert. In: DVjS 49. Sonderheft »18. Jahrhundert« (1975), 1–82.

58 Tenbruck: Bürgerliche Kultur [s. Anm. 17], 264.

und Institutionen, auch mehr oder weniger formalen, im heutigen Sinne zivilgesellschaftlichen und privaten Initiativen, Veranstaltungen und Körperschaften zeigt, konstituiert. Wissenschaftliche Erforschung, historische Rekonstruktion, textwissenschaftlich gestützte Interpretation gehören ebenso zu den Feldern historischer Selbstvergewisserung und bürgerlicher Repräsentation[59] im Spiegel der Luther-Bezüge wie die Beschäftigung mit der Person Luthers und seinem sozialen Umfeld, mit der Aneignung und Ausgestaltung seines Innenlebens und seines Wirkens in Sinne einer auch geschichtsphilosophisch begründeten historischen Entwicklung: Fortschrittsvorstellungen und Aufklärung spielen hier als Wertmuster ebenso eine Rolle wie Individualität, Arbeitsorientierung und Wirklichkeitsbezug, nicht zuletzt die Wertschätzung der Kritik.[60]

Natürlich macht die Ausdifferenzierung der Gruppen und Individuen auch nicht vor den protestantischen Strömungen selbst Halt, so dass sich eben auch innerhalb der sich auf die Reformation beziehenden Gruppen und ihren jeweiligen Gedenktagen und Erinnerungsprogrammen Abtönungen finden. So »wurde das Jubelfest in Halle [1717 – W.N.], wie Altwürttemberg eine Hochburg des Pietismus, sehr zurückhaltend nur mit einem Gottesdienst und ohne sonstige Feierlichkeiten begangen. Solche Zurückhaltung unterstrich jedoch die Aktualität der Reformation, in der weniger ein Ereignis der Vergangenheit als vielmehr ein nicht abgeschlossener Prozess gesehen wurde, der das Engagement jedes einzelnen Christen verlangte.«[61] Aus der Erinnerung an einen historischen Ausgang wird so die Verpflichtung auf eine auszuformende Zukunft, nicht jenseits seines Standes, sondern genau genommen in seiner sozialen Rolle und zugleich in seinen »natürlichen« Funktionen als Mensch (und Christ). Innerhalb seines Standes findet nun jeder einzelne sich durch Appelle an Erinnerung, Vergegenwärtigung und eigenständige Mitarbeit angesprochen, an »die Stelle der göttlichen Eingebung tritt nun der Vernunftgebrauch, der Prophet verwandelt sich in den Kämpfer für die Freiheit«, es geht um einen »Bruch mit dem Althergebrachten und Beginn eines neuen Zeitalters.«[62] Dass von hier aus Anstöße ausgehen, die den Rückbezug auf Luther als soziomoralischen Imperativ und geschichtswirksame Kraft über Kontinente hinweg tragen und sich zu Beginn des 19. Jahrhunderts bspw. in nordamerikanischen Reformationsjubiläen nie-

59 Im Unterschied zur vorhergehenden ständischen Repräsentation, die sich auf normative Inszenierung und gruppenspezifische Repräsentation konzentriert, stehen hier potentiell unabschließbare, also Grenzen immer weiter hinausschiebende Tätigkeiten (Forschen, Arbeiten, Beten, Reflektieren, Interpretieren) im Zentrum. Max Weber spricht in diesem Zusammenhang von einem »fachgeteilten, ins Unendliche laufenden Betrieb«, WEBER: Vom inneren Beruf [s. Anm. 8], 316.

60 Vgl. dazu die von Nipperdey aufgeführten, von Luther ausgehenden »Modernisierungspotentiale«; NIPPERDEY: Luther [s. Anm. 5], 35–39.

61 CHAIX: Die Reformation [s. Anm. 2], 13.

62 Ebd.

derschlagen,[63] belegt ebenso die potentiell auf Unendlichkeit angelegten wissenschaftsbezogenen und zugleich doch auch heilsgeschichtlich ausgerichteten Strebungen bürgerlicher Kultur und der von ihr ausgehenden in bürgerlicher Hinsicht darauf begrenzten universalistischen Tendenzen.[64] Außerdem werden in dieser Perspektive auch andere Möglichkeiten der Grenzüberschreitung, der Vermischung von Funktionsverhältnissen und Zuordnungen deutlich, die gleichfalls einen Schub zu Verwissenschaftlichung und Reflexivität mit sich bringen. »Die protestantischen Länder werden schon seit dem 17. Jahrhundert die führenden Länder der modernen Wissenschaft. (...) Die Transzendenz Gottes und die Personalität des Menschen lassen wenig Raum für das Wirken übernatürlicher Kräfte in der Natur, treiben den Vorgang der Entzauberung weiter. Die Unerkennbarkeit Gottes lässt der Erkennbarkeit der Welt mehr Raum ...«.[65] Luther selbst wird in dieser Sichtweise zu einem Freiheitshelden, auch zu einem Aushängeschild des wissenschaftlichen Arbeitens, und zugleich – auch dies Teil bürgerlicher Innenleitung und Selbsterkundung – zu einem zu verehrenden Helden bürgerlicher Freiheit und Selbstbestimmung. »Für Lessing, der in Luther den Bibelübersetzer und Kämpfer für die Vernunft sah, aber auch für Friedrich II. oder Salomon Semler wurde die Reformation zur natürlichen Entwicklungsstufe auf dem Weg zur Freiheit des Geistes und der Vernunft.«[66]

IV Steuerung, Partizipation und Ausschluss

Im Rückblick stellt das 18. Jahrhundert so die auch noch für die Gegenwart aktuelle Stelle einer maßgeblichen Umbesetzung im Blick auf die Erinnerung an Luther und deren soziale Ausgestaltung dar. Bis dahin stand man »zu ihm nicht in einem historischen, sondern in einem dogmatischen Verhältnis. (...) Das änderte sich im 18. Jahrhundert. Die Reformation ist etwas Unvollendetes, so sagen zuerst die Pietisten, sie ist fortzuführen. Aufklärung, idealistische Philosophie und Liberalismus nehmen diese These auf und säkularisieren sie. Luther wird aufgefasst als Kämpfer gegen Tradition, Autorität und Hierarchie, gegen Mönchtum und Priesterherrschaft, als Apostel der intellektuellen Wahrhaftigkeit gegen alles Dogma, als Anwalt der Selbstbestimmung, der Autonomie, des Einzelnen, seiner Emanzipation und Mündigkeit. Und Luther hat die Welt, Arbeit, Familie, Staat, Kultur und Gesellschaft von klerikalen Bindungen

63 Vgl. dazu in diesem Band den Beitrag von Flügel: Deutsche Lutheraner? Amerikanische Protestanten.

64 Vgl. Reinhard Brandt: Ausgewählte Probleme der Kantischen Anthropologie. In: Der ganze Mensch. Anthropologie und Literatur im 18. Jahrhundert. DFG-Symposion 1992. Hg. v. Hans-Jürgen Schings. Stuttgart/Weimar 1994, 14–32, hier 22f. (Germanistische Symposien. Berichtsbände, 15).

65 Nipperdey: Luther [s. Anm. 5], 38f.

66 Chaix: Die Reformation [s. Anm. 2], 13.

befreit, auf sich selbst gestellt.«[67] Schon die zuletzt genannte Liste der unterschiedlichen Wirkungszusammenhänge, in denen Luthers Wirken bekundet und in entsprechenden Veranstaltungen und Unternehmungen in Erinnerung gerufen, als Handlungsanweisung auf den Weg gebracht wird, hebt nicht nur die sozial differenzierte, kulturell pluralisierte Grundverfassung bürgerlicher Gesellschaften seit dem 18. Jahrhundert hervor, sondern beschreibt zugleich die Problemlage, der sich die im Schatten der Französischen Revolution stehenden Gesellschaften des 19. Jahrhunderts zu stellen haben.

In Anlehnung an Karl Mannheim lässt sich von der Französischen Revolution als einer entscheidenden Stufe jener Entwicklung sprechen, die Christian Graf Krockow als »Fundamentalpolitisierung«[68] angesprochen hat: Dieser Prozess, der im Zuge neuzeitlicher Entwicklungen immer weitere Bereiche sozialen Handelns, individueller Orientierung und kultureller Kodierung zur Entscheidung anstehen lässt, hat natürlich auch die Fragen religiöser Zugehörigkeit, individueller und gruppenspezifischer Selbstverortung[69] und nicht zuletzt damit verbunden die Frage der jeweiligen (historischen) Legitimation, der Vorbilder und der entsprechenden Erinnerungs- und Jubiläumsbezüge in den Bereich sozial und politisch zu veranstaltender, somit zu reflektierender und zu legitimierender, ggf. zu delegitimierender Handlungen und Programmpunkte gerückt. Entsprechend dienen Luther- und andere Reformationsfeiern in den bürgerlichen Gesellschaften des 19. Jahrhunderts sowohl der Sozialdisziplinierung, der Herstellung einheitlicher Untertanenverbände,[70] für deren Zustandekommen dann vor allem nationale Programmatiken, entsprechende Erinnerungsorte und Gedenkveranstaltungen aufgeboten werden, als auch der Vertretung genuin bürgerlicher Partizipationsansprüche und entsprechend damit verbundenen Vorstellungen sozialer Integration, die freilich ihrerseits bezeichnende Muster und Maßnahmen der sozialen Ausgrenzung mit sich bringen. »Mit ironischem Hinweis auf die reformatorische ›Freiheit des Wortes‹ der Festredner monierte 1883 ein ›Vorwärts‹-Redakteur, dass Wilhelm Liebknecht leider keinen Luther-Vortrag halten dürfe.«[71]

---

67 NIPPERDEY: Luther [s. Anm. 5], 31.

68 Vgl. dazu CHRISTIAN GRAF VON KROCKOW: Nationalismus als deutsches Problem. München 1970, 21f.

69 Charles Taylor spricht in diesem Zusammenhang von einer »Neo-Durkheimischen Ordnung«, in der »sich ein wichtiger Schritt hin zum Individuum und zum Recht der Wahl« vollziehe; CHARLES TAYLOR: Religion heute. In: Transit. Europäische Revue 19 (2002), 7 [http://www.iwm.at/t-19txt1.htm (27.11.2002)].

70 Vgl. dazu PAUL MÜNCH: Fêtes pour le peuple, rien par le peuple. »Öffentliche« Feste im Programm der Aufklärung. In: DÜDING, FRIEDEMANN, MÜNCH (Hg.): Öffentliche Festkultur [s. Anm. 19], 25–44, hier 39; zur Rahmung MAURER: Feste und Feiern [s. Anm. 35], 123f.

71 BURKHARDT: Reformations- und Lutherfeiern [s. Anm. 19], 224.

Für die bürgerlichen Gesellschaften stellt insbesondere auch die Vielzahl der in »ihrem« Jahrhundert möglichen Anknüpfungspunkte historischer Erinnerung: 1817, 1830, 1846, 1883 damit nicht nur Interventionspunkte zur historischen Selbstvergewisserung und politischen Stellungnahme dar, die in der ersten Hälfte des 19. Jahrhunderts durchaus auch liberale und universale Zielsetzungen, in der zweiten Hälfte dann deutlicher nationale und auf Ausgrenzung angelegte Ansprüche formulieren. Vielmehr zielen sie auch darauf, Gesellschaft in einem umfassenden Sinne und nach spezifisch bürgerlichen Normen auszurichten, ja zu schaffen und zugleich – ggf. in einer spezifisch die deutschen Verhältnisse reflektierenden Weise[72] – sich selbst in eine übergreifende Struktur, wie sie sich dann im zweiten Kaiserreich einstellte, zu integrieren, ohne dabei freilich auf eigene Ansprüche zu verzichten.[73] Dementsprechend lässt sich das 1868 im Beisein des preußischen Königs und anderer deutscher Fürsten enthüllte Wormser Luther-Denkmal »lesen«: »Die neue Wormser Denkmalsikonologie ist programmatisch: Luther erhebt sich als bürgerliche Identifikationsfigur auf den zentralen Sockel des großen Mannes, während Fürsten wie Friedrich der Weise und Philipp von Hessen wie Paladine in den Ecken stehen«;[74] ein Festredner spricht von »Begeisterung im schlichten Bürgergewand«.[75]

Gleichwohl lassen sich auch an anderen Aspekten für die Luther- und Reformationsfeiern des 19. Jahrhunderts spezifische Umstände der Verbürgerlichung erkennen, welche allerdings auch mit Ansatzpunkten fortschreitender Ideologisierung der Gedenkveranstaltungen und Repräsentationsbedürfnisse verbunden sind. Es spielt schließlich für diese Phase der Luther- und Reformationsgedenken sicherlich eine Rolle, dass Industrie und Tourismus, nicht zuletzt technische und mediale Entwicklungen, zu einer durchgehenden Erfassung, zumindest des protestantischen Deutschlands,[76] beitragen und aus einer durch-

72 Vgl. VON KROCKOW: Nationalismus [s. Anm. 68], 40ff.

73 Vgl. dazu WOLFGANG HARDTWIG: Nationsbildung und politische Mentalität. Denkmal und Fest im Kaiserreich. In: DERS.: Geschichtskultur und Wissenschaft. München 1990, 264–301; THOMAS NIPPERDEY: Nationalidee und Nationaldenkmal in Deutschland im 19. Jahrhundert. In: DERS.: Gesellschaft, Kultur, Theorie. Gesammelte Aufsätze zur neueren Geschichte. Göttingen 1976, 133–173; dort 152 zur monarchischen Überformung des zunächst auf die Repräsentation der »ganzen Nation« hin angelegten Luther-Denkmals in Wittenberg.

74 BURKHARDT: Reformations- und Lutherfeiern [s. Anm. 19], 216.

75 Ebd.

76 Dass zumindest in der ersten Jahrhunderthälfte auch Katholiken und Juden in den Kreis der Feiernden aufgenommen werden konnten, lässt sich an den Festlichkeiten bspw. in Erfurt 1830 und am Leipziger Konfessionsjubiläum im gleichen Jahr belegen; vgl. BURKHARDT: Reformations- und Lutherfeiern [s. Anm. 19], 221f. In der zweiten Jahrhunderthälfte wird die protestantische Verpflichtung zur Toleranz »mit zarter Schonung anderer Religionsbekenner« (ebd., 221) dann von Kulturkampf und

aus in unterschiedlichen sozialen, kulturellen und regionalen Lagerungen befindlichen Bevölkerung eine Erlebnis- und Erinnerungsgemeinschaft machen.[77] Vor dem Hintergrund einer auch sonst seit der Reichsgründung verstärkt in Erscheinung tretenden rückwärtsgerichteten nationalhistorischen Orientierung, die mit einer gehörigen Portion »Zukunftsangst« verbunden war,[78] dienten die Luther- und andere Reformationsfeiern im Sinne von »Laboratorien«[79] dazu, historisierende Vergangenheitskonstruktionen in durchaus propagandistischen, ja ideologischen Perspektiven zu bebildern und »massenwirksam« zu vermitteln.

Neben der bereits angesprochenen »Luther-heute-Rhetorik«,[80] die sich in zahlreichen Reden und anderen Festtagsbeiträgen der Feiern von 1883 findet, stellt die bürgerlich anheimelnde bis kitschige Ausmalung der Familien-Idyllen im Hause Luther ein entsprechend für Bilder und Erzählungen reichhaltiges und den Geschmack in populärkulturellen Feldern ansprechendes Motiv dar, dessen weite Verbreitung nicht nur für sich spricht, sondern sogar bestimmte Motive und Erwartungshaltungen aus der Luther-Verehrung des 16. und 17. Jahrhunderts wieder aufnimmt.[81] »Während der junge Luther als Bergmanns- und Bauernsohn nahegebracht wurde, stieg er im Laufe des Jahrhunderts in den ›Mittelstand‹ auf und unterhielt 1883 mit ›Frau Käthe‹ zusammen ›das erste Haus im bürgerlichen Deutschland‹. Der arbeitsgeplagte Familienvater, der aber ›im behaglichen Hauskleid‹ auch der Geselligkeit und den schönen Künsten nicht abgeneigt war, wurde von dem Genrekünstler Gustav König gar unter den Weihnachtsbaum gesetzt – ein stimmungsvoller Anachronismus und zugleich ikonographisch eine unfreiwillig komische Verbindung von reformatorischer Lichtsymbolik mit einem anderen allzudeutschen Gewächs.«[82]

---

namentlich einem in den 1880er Jahren zunehmenden Antisemitismus überlagert, schließlich verdrängt (ebd., 226).

77 BURKHARDT: Reformations- und Lutherfeiern [s. Anm. 19], 227ff.

78 WOLFGANG HARDTWIG: Erinnerung, Wissenschaft, Mythos. Nationale Geschichtsbilder und politische Symbole in der Reichsgründungsära und im Kaiserreich. In: HARDTWIG: Nationsbildung [s. Anm. 73], 224–263, hier 259.

79 Vgl. BURKHARDT: Reformations- und Lutherfeiern [s. Anm. 19], 228.

80 BURKHARDT: Reformations- und Lutherfeiern [s. Anm. 19], 228f. Siehe auch oben Anm. 23.

81 Vgl. SCRIBNER: Uncombustible Luther [s. Anm. 24], 53ff.; für andere volkskulturelle Narrative vgl. die Zusammenstellung volkskultureller Erzählmotive bei HEIDEMARIE GRUPPE: Katalog der Luther- und Reformationssagen des 19. Jahrhunderts. In: BRÜCKNER (Hg.): Volkserzählung und Reformation [s. Anm. 22], 295–325; dort u. a. auch »Luther als Erfinder der Bratwurst« (Nr. 135), 310.

82 BURKHARDT: Reformations- und Lutherfeiern [s. Anm. 19], 226.

V Sozialgeschichte, Ideologisierung, Ideologiekritik

Was sich zunächst komisch bis erheiternd darstellt, erscheint unter den veränderten sozialen, politischen, wirtschaftlichen, nicht zuletzt auch ideengeschichtlichen Konstellationen in der Welt der Jahre vor und nach dem Ersten Weltkrieg allerdings schon bald in einem anderen Licht. Auch hier sind zunächst unterschiedliche Entwicklungen festzuhalten: Während auf der einen Seite die im 19. Jahrhundert unter zunächst vor allem bürgerlichen Vorzeichen stehende ideologische Besetzung und Ausgestaltung Luthers und der von ihm ausgehenden Reformation, vor allem auch die damit verbundene anachronistische Angleichung Luthers an die damals vorherrschenden zeitgenössischen Vorstellungen und Maßstäbe, von Seiten der Wissenschaft, namentlich von Historikern und Theologen, mit einlässlichen geistes-, kultur- und religionsgeschichtlichen Studien »außer Kurs gesetzt«[83] wird, ist auf der anderen Seite eine sich mehr und mehr von den Fakten lösende, dabei aber um so radikaler ideologisch sich formierende nationale, dann auch nationalsozialistische Besetzung des Erinnerungsortes »Luther und die Reformation« zu bemerken. Ihren ebenso signifikanten wie perversen Ausdruck findet diese Form ideologischer Besetzung in der zum 450. Geburtstag des Reformators 1933 von Seiten der »deutschen Christen« ausgegebenen Parole: »Mit Luther und Hitler, für Glaube und Rasse«; zu den Pogromen am 9. November 1938 wurde auf Luthers antijüdische Stellungnahmen verwiesen.[84]

Nun kann an dieser Stelle nicht ausführlich auf die Rolle ideologischer Besetzungen und deren Attraktivität, zumindest für die erste Hälfte des 20. Jahrhunderts, eingegangen werden, gleichwohl ist doch darauf zu verweisen, dass sich für ihren Erfolg Reaktionen auf eine bis dahin so von großen Bevölkerungsteilen noch nie wahrgenommene Krise mit technisch-medialen Möglichkeiten der Massenlenkung verbinden und zugleich in einer Mischung aus Geschichtsphilosophie und vermeintlich »wissenschaftsbasiertem« Wissen eine Art pseudowissenschaftliches Korrelat erhalten, in deren Zusammenspiel mit Destruktivität, Willkür und Bosheit[85] sich dann die Bereitschaft zum Massenmord formulieren und in Handeln umsetzen lässt. Im Rahmen der damit angesprochenen historischen Prozesse, Jan Philipp Reemtsma spricht im Blick auf den Stalinismus von »Modernisierung durch Bandenbildung« und im Blick auf den Nationalsozialismus in Deutschland von »Entmodernisierung durch

83 Nipperdey: Luther [s. Anm. 5], 32; Chaix: Reformation [s. Anm. 2] verweist namentlich auf Nietzsche und Troeltsch, die »schärfste Kritik« bzw. »Zweifel« an der Modernität Luthers und an der »bisher unangefochtenen Dreiheit von Nation, Reformation und Modernität« vorgetragen hätten; ebd., 22.

84 Vgl. Chaix: Reformation [s. Anm. 2], 23.

85 Vgl. dazu Tzvetan Todorov: Angesichts des Äußersten. München 1993.

Bandenbildung«,[86] kommt es dann auf ein in irgendeiner Weise den historischen Entwicklungen in ihrer Vielfalt und in ihren unterschiedlichen Interpretations- und Verstehens-Zugängen Rechnung tragendes Erinnern und Gestalten der Vorgänge um Luther und die Reformation nicht mehr an; sie werden im Sinne Roland Barthes' zu lediglich ideologisch nutzbaren Zeichen, die ihre Funktion gerade nur dann erfüllen können, wenn sie ihrer Historizität entkleidet werden.[87] Bezeichnenderweise wird Luther als Bergmannssohn in dem Moment akademisch erinnert, als es darum geht, im südosteuropäischen Bergbau ein 1938 erhofftes neues Tätigkeits- und Anerkennungsfeld für die Universität zu gewinnen.[88] Willkür, Machtbesessenheit und eine bis zur Mitwirkung an Verbrechen gehende Bereitschaft zum Mitläufertum, zur Unterwerfung und zur Instrumentierung von Wissenschaft und Forschung zu Menschenhass und Rassenkampf, der Verzicht auf historische Orientierung und jedwede Art kritischer Reflexion, lassen diese Formen der Luther- und Reformationsgedenken aber nur noch als Zerrbilder und Missbrauch historischer Bezüge und damit verbundener Sinnerwartung erkennen. Dass dies vielen Deutschen erst unter dem Eindruck der Kriegsniederlage, der Destruktivität des Bombenkriegs und im Spiegel der Angst vor der »Rache der Sieger« und keineswegs aus eigenem Ermessen oder eigenem Gewissen zur Erkenntnis kam,[89] ist um so irritierender, ja auch beschämender, zieht man die gerade durch Luther und den Protestantismus vertretene und vielfach gestärkte Rolle individueller Verantwortlichkeit in Betracht.[90]

Dass vor diesem Hintergrund nach 1945, in der breiteren Rezeption aber wohl erst in den 1960er Jahren einsetzend, der Bedarf und das Interesse für eine ideologiekritische Rückbesinnung auf Luther, die Reformationsgeschichte und die eigenen sich bspw. in den Reformationsjubiläen spiegelnden Selbstverständigungserwartungen in Erscheinung traten, nimmt sowohl im Blick auf die Schwere der Niederlage als auch die Verbrechen des nationalsozialistischen

---

86 JAN PHILIPP REEMTSMA: Vertrauen und Gewalt. Versuch über eine besondere Konstellation der Moderne. Hamburg 2008, 360ff. u. 386ff.

87 Vgl. BARTHES: Mythen [s. Anm. 55], 110–114; Ambivalenz, Arbitrarität, ja die Willkür der Bezugnahmen innerhalb der NS-Feiergemeinde treten in den hier im Band angebotenen Beiträgen zu den Luther-Gedenkveranstaltungen an der Universität Halle während der NS-Zeit und in Dresden 1933 ja deutlich genug hervor; vgl. die Beiträge von REICHELT, KRANICH und WILLENBERG in diesem Band.

88 Sebastian KRANICH: Martin Luther als evangelischer Schutzheiliger: Die Reformationsfeiern an der Universität Halle-Wittenberg 1927–1941. Teil 2: Redner und Reden, in diesem Band unten S. 190.

89 Vgl. dazu jetzt IAN KERSHAW: Das Ende. Kampf bis in den Untergang – Deutschland 1944/45. Stuttgart 2011.

90 Vgl. NIPPERDEY: Luther [s. Anm. 5], 36: »Dieser personalistische Glaube, diese innere Freiheit hat den Einzelnen auf Dauer selbstständig gemacht, hat das moderne Lebensprinzip der Innenleitung durchgesetzt.«

Deutschland nicht wunder; eine kleine, aber außerordentlich wichtige Spur hatte hierzu die »Bekennende Kirche« geliefert. Die Situationsdiagnose war von Karl Barth (1886–1968) 1939 in die Formel gefasst worden: »Der Hitlerismus ist der gegenwärtige böse Traum des erst in der lutherischen Form christianisierten deutschen Heiden.«[91]

Wirtschaftswunder und Westbindung der 1949 gegründeten Bundesrepublik, vor allem aber die Liberalisierung der 1960er Jahre und die schon durch die Bevölkerungsbewegungen zum Ende des Zweiten Weltkrieges einsetzende Vermischung der bis dahin weitgehend regional stabil gehaltenen konfessionellen Verhältnisse, die durch Verstädterung und Bildungsmobilität dann noch einmal gesteigert wurden, führten im Ganzen dann zu einer Relativierung, Modernisierung und Öffnung der konfessionellen Zuordnungen, so dass nunmehr auch die Rückbezüge auf Luther und die reformatorische Bewegung sich zum einen deutlich wissenschaftlichen Kriterien und damit einer Vielfalt von Aspekten und Wertsetzungen stellen mussten, wobei sich hier, so Nipperdey in seinem vor allem an Goethe-Instituten im Ausland gehaltenen Vortrag zum Luther-Jubiläum 1983, an die Verwissenschaftlichung des Luther-Gedenkens nach der Jahrhundertwende 1900 anknüpfen ließ. Zum anderen mussten sich das Luther-Gedenken wie religiöse Sinnmuster und kirchliche Institutionen überhaupt verstärkt seit den auch wissenschaftsinstitutionell und ideologiekritisch fundierten Reformen der 1960er Jahre in der Konkurrenz der Sinnangebote einer offenen Gesellschaft zu behaupten suchen.[92] »Im Hinblick auf die Geschichtsschreibung der Reformationszeit sind schematisch fünf charakteristische Merkmale zu beachten: ›Entgermanisierung‹, Entkonfessionalisierung, neue Periodisierung, die der sogenannten ›longue durée‹ den Vorzug gibt, ein globaler Forschungsansatz, der das religiöse Phänomen der Reformation in seiner sozialen, anthropologischen, kulturellen und politischen Dimension begreift, und schließlich die Historisierung der Theologie.«[93]

Anders, allerdings auch im Schatten der Erfahrungen von 1945 und im Wechselbezug zur Ausformung und den Konjunkturen der Ost-West-Konfrontation in den Jahrzehnten nach 1945 bis 1990 stellt sich die Situation in der DDR dar. Selbstverständlich spielten hier ideologische Vorgaben, namentlich das Festhalten an der Richtigkeit der Marx'schen Geschichtsphilosophie und ihren Stufenschemata sowie das Bestreben der Selbstlegitimation als erster fortschrittlicher, »freier« Gesellschaft auf deutschem Boden die Hauptrolle. Dies schloss freilich, wenn auch mitunter widerwillig und krumm, Lernen nicht aus. So lässt sich die Geschichte der Luther-Bezüge und der Bewertung

---

91 Zit. nach Chaix: Die Reformation [s. Anm. 2], 23.

92 Vgl. dazu Peter L. Berger: Der Zwang zur Häresie. Religion in der pluralistischen Gesellschaft. Freiburg [u.a.] 1980, bes. instruktiv im Blick auf den hier in Rede stehenden Zusammenhang Kap. 3.

93 Chaix: Die Reformation [s. Anm. 2], 25.

der reformatorischen Tradition doch auch als Lernprozess beschreiben, freilich, so zeigen es vor allem auch die Unternehmungen zur Feier von Luthers 500. Geburtstag im Jahr 1983, gaben ideologische Setzungen – und nicht zuletzt auch wirtschaftliche und politische Überlegungen den Ton an.[94]

VI Spiegelungen und historische Selbstverortung

Von Immanuel Kant bis zu Karl Popper stellt sich Verwissenschaftlichung auch als eine Form fortschreitender wissenschaftlicher Selbstreflexion dar. Von daher nimmt es nicht wunder, dass zu den Ergebnissen der sich seit den 1960er Jahren abzeichnenden Wissenschaftsgesellschaft[95] ein Wissen um den Konstruktionscharakter, den Rekonstruktionsbedarf und in gewissem Sinn damit verbunden auch den Beliebigkeits-, zumindest Begründungsbedürftigkeitscharakter historischen Wissens und entsprechend auf die Vergangenheit bezogener Erinnerungsveranstaltungen und Gedenk-Verfahren gehört. Von der Postmoderne radikalisiert,[96] von Seiten der Historiker in eine Art Rhetorik historischer Narrative gefasst[97] und angefeuert von einer langen Diskussion um den Niedergang bzw. eine erneute Krise des historischen Wissens und Bewusstseins[98] führte dies seit den 1980er Jahren zu einer Vielzahl unterschiedlicher Theorie-Ansätze, zu Arbeitsprojekten wie den oben angesprochenen »Lieux de mémoire«, nicht zuletzt zu einer die kulturwissenschaftliche Wende der Geistes- und Sozialwissenschaften seit den 1990er Jahren prägenden, wenn nicht sogar ausmachenden Ausarbeitung erinnerungsbezogener Arbeitsfelder und darüber hinausgehender Spurensuche.[99]

---

94 Ebd., 25f.; siehe auch den Beitrag von FLÜGEL: Konkurrenz um Reformation und Luther, in diesem Band.

95 Vgl. dazu ROBERT E. LANE: The Decline of Politics and Ideology in a Knowledgeable Society. In: American Sociological Review 31/5 (1966), 649–662 (dort auch weitere zeitgenössische Literatur); WOLFGANG BONSS: Riskantes Wissen? Zur Rolle der Wissenschaft in der Risikogesellschaft. Beitrag zum Kongress »Gut zu Wissen«, Heinrich-Böll-Stiftung. Aus: Heinrich-Böll-Stiftung (Hg.): Gut zu Wissen. Westfälisches Dampfboot 2002 [http://www.wissensgesellschaft.org/themen/risiko/riskanteswissen.html (23.11.2011)].

96 Vgl. dazu JEAN-FRANÇOIS LYOTARD: Das postmoderne Wissen. Ein Bericht. Graz/Wien 1986, 52–75 (edition passagen, 7).

97 Zum Beispiel HAYDEN WHITE: Auch Klio dichtet oder Die Fiktion des Faktischen. Studien zur Tropologie des historischen Diskurses. Einführung von Reinhart Koselleck. Stuttgart 1986.

98 Vgl. NORA: Zwischen Geschichte und Gedächtnis [s. Anm. 4], 11–21.

99 Vgl. dazu: Gedächtnis und Erinnerung. Ein interdisziplinäres Lexikon. Hg. v. NICOLAS PETHES u. JENS RUCHATZ. Reinbek bei Hamburg 2001; ASTRID ERLL: Kollektives Gedächtnis und Erinnerungskulturen. In: Einführung in die Kulturwissenschaften. Theoretische Grundlagen – Ansätze – Perspektiven. Hg. v. ANSGAR NÜNNING

Im Blick auf die hier in Rede stehenden Luther- und Reformations-Gedächtnisse führt dies zur Wiederaufnahme einer Spur, die sich bereits im Umfeld des Historismus in der zweiten Hälfte des 19. Jahrhunderts findet und die nun freilich um ein Ganzes potenziert noch einmal wieder aufgenommen wird. Auch dort schon finden sich Reflexionen im Blick auf den Stellenwert der jeweiligen Veranstaltung, allerdings, so ließe sich vielleicht schematisieren, an den Leitfaden einer einlinigen Geschichtskonstruktion gebunden: »Was den Festtyp um so mehr vergeschichtlichte, war eine Tendenz zum Jubiläum des Jubiläums. Die Feststruktur hundertjähriger Wiederkehr lässt nicht nur mit seinem Anlass, sondern mit den vorigen Festen vergleichen: Freilich viel hat sich während dieser Zeit begeben.«[100] In einer theoretisch wissenschaftsgeschichtlich und analytisch ausgerichteten Perspektive stellen Jubiläen allerdings nicht nur Vergleichspunkte in einer linearen Anordnung dar, sondern bieten als Jubiläen von Jubiläen auch die Möglichkeit, sich über die Rahmensetzungen, Erwartungen und Rezeptionsbedingungen einer Selbstvergewisserung in Form eines gestalteten Gedenkens, über die daran beteiligten Gruppen und Gruppeninteressen, Erkenntnisabsichten und ggf. ideologisch ausgerichteten Handlungsprogramme zu informieren; mehr noch in ihren reflektierten Setzungen lassen sich gesellschaftliche Selbstbilder, Erwartungen und Programmierungsabsichten erkennen;[101] reflexive Gesellschafts- und Kultur-Theorie kann sich hier in ihren Spiegeln, und damit verbunden, in ihren Tönungen und Akzentsetzungen selbst erkennen, zumindest in Relationen sehen, die auf Bestimmung und Selbstverortung, ggf. auf relative, also Vernunft geleitete Selbstbegrenzung verweisen.

Tatsächlich bleiben, auch im Blick auf die historischen Gedenk- und Erinnerungsfeiern an Luther und die reformatorische Tradition vor allem Schichten; diese sind freilich nicht beliebig. Zu den Möglichkeiten und Grenzen, vor allem aber auch zur Evidenzerfahrung und (begrenzten) Variabilität historischer Erinnerung und gesellschaftlich veranstalteten Gedenkens bietet die Überlieferung der jüdischen Mystik ein instruktives Beispiel: »Wenn der Baal-schem etwas Schwieriges zu erledigen hatte, irgendein geheimes Werk zum Nutzen

---

u. Vera Nünning. Stuttgart/Weimar 2008, 156–185 (dort auch die einschlägige weitere Literatur); Aleida Assmann: Funktionsgedächtnis und Speichergedächtnis – Zwei Modi der Erinnerung. In: Platt, Dabag (Hg.): Generation und Gedächtnis [s. Anm. 32], 169–185.

100 Burkhardt: Reformations- und Lutherfeiern [s. Anm. 19], 230.

101 Vgl. dazu Müller: Instrumentalisierung [s. Anm. 18], 276, der dort an historischen Beispielen die ggf. erfundene Vergangenheitsrekonstruktion in ihrer gegenwartsstabilisierenden und zukunftsorientierenden Funktion anspricht; vgl. auch das immer noch außerordentlich instruktive Buch von František Graus: Lebendige Vergangenheit. Überlieferung im Mittelalter und in den Vorstellungen vom Mittelalter. Köln/Wien 1975, bes. 1–28.

der Geschöpfe, so ging er an eine bestimmte Stelle im Walde, zündete ein Feuer an und sprach, in mystische Meditationen versunken, Gebete – und alles geschah, wie er es sich vorgenommen hatte. Wenn eine Generation später der Maggid von Meseritz dasselbe zu tun hatte, ging er an jene Stelle im Walde und sagte: ›Das Feuer können wir nicht mehr machen, aber die Gebete können wir sprechen‹ – und alles ging nach seinem Willen. Wieder eine Generation später sollte Rabbi Mosche Leib aus Sassow jene Tat vollbringen. Auch er ging in den Wald und sagte: ›Wir können kein Feuer mehr anzünden, und wir kennen auch die geheimen Meditationen nicht mehr, die das Gebet beleben; aber wir kennen den Ort im Walde, wo all das hingehört, und das muss genügen.‹ – Und es genügte. Als aber wieder eine Generation später Rabbi Israel von Rischin jene Tat zu vollbringen hatte, da setzte er sich in seinem Schloss auf seinen goldenen Stuhl und sagte: ›Wir können kein Feuer machen, wir können keine Gebete sprechen, wir kennen auch den Ort nicht mehr, aber wir können die Geschichte davon erzählen.‹ Und – so fügte der Erzähler hinzu – seine Erzählung allein hatte dieselbe Wirkung wie die Taten der drei anderen.«[102]

Auch wenn es derzeit schwer vorstellbar scheint, hat doch der Übergang ganzer wissensbasierter, gebildeter Gesellschaften in einen Zustand dogmatisch angeheizter, individuell dann umgesetzter Barbarei in der neuesten Geschichte stattgefunden, so dass auf die Möglichkeiten wissenschaftlicher Forschung und einer diese begleitenden kritischen Reflexion gerade auch angesichts möglicher Wendungen in ein »postsäkulares Zeitalter« nicht verzichtet werden sollte.

---

102 Zit. nach Gershom Scholem: Die jüdische Mystik in ihren Hauptströmungen. Frankfurt a. M. 1976, 384; eine Diskussion dieser Geschichte findet sich bei Jacob Taubes: Der dogmatische Mythos der Gnosis. In: Terror und Spiel. Probleme der Mythenrezeption. Hg. v. Manfred Fuhrmann. München 1971, 538f. (Poetik und Hermeneutik, IV), 145–156.

»[…] BEY IETZIGEN GEFÄHRLICHEN UND BETRÜBTEN ZEITEN […]«

Zeitdiagnosen in Reformationsjubiläumspredigten 1717 in Wittenberg

Annina Ligniez

> O Land, o Land! dein böses Leben,
> Dein sich'rer Zug zur Eitelkeit,
> Dein träger Kampf, die schwere Zeit,
> Macht alle deine Wächter beben.
> Was kann man dir für frohe Lust,
> Und deiner sündenvollen Brust
> Für angenehme Hoffnung geben? –
> Erschallet nicht die Jammerklag':
> O furchtbarer Tag!
>
> […]
>
> Wie hast du Gottes Wort verachtet,
> Du ungerath'nes Sachsenland!
> Du hast viel mehr nach eitlem Tand,
> Als nach der Weisheit Licht getrachtet.
> Du hast Paläste aufgethürmt,
> Die Wind und Hagel niederstürmt, –
> Das Ewige hast du verachtet;
> Drum bleibt es bei der alten Klag':
> O trauriger Tag![1]

Dieses Gedicht schrieb Nikolaus Ludwig Graf von Zinzendorf aus Anlass des Reformationsjubiläums 1717 während seines Aufenthaltes als Student der Rechtswissenschaften (1716–1719) in Wittenberg. Es gibt einen ersten Eindruck des zeitgenössischen Hintergrunds des Jubiläums, vielmehr noch aber auf die Sicht des Zustandes der evangelischen Kirche insbesondere in Kursachsen. Zinzendorf beschreibt einen desolaten Zustand der evangelischen Kirche, die »Gottes Wort verachtet« und daher eigentlich keinen Grund zum Jubel hatte, sondern Buße tun und Gottes Gnade anrufen sollte. »O Land, sink' auf die Kniee nieder! […] Vielleicht erlöset Er dich wieder.«[2]

---

1 NIKOLAUS LUDWIG GRAF VON ZINZENDORF: Am zweiten Jubelfeste der Reformation, Wittenberg, 1717. In: Geistliche Gedichte des Grafen von Zinzendorf gesammelt und gesichtet von Albert Knapp. Mit einer Lebensskizze und des Verfassers Bildniß. Stuttgart [u.a.] 1845, 316f.

2 ZINZENDORF: Jubelfest [s. Anm. 1], 317.

Im Folgenden wird dargelegt, dass die Beschreibung der evangelischen Kirche in Kursachsen und dieses Selbstverständnis eines evangelischen Christen[3] 1717 nicht singulär in Kursachsen war. Vielmehr beeinflussten die politischen Rahmenbedingungen, unter welchen das Reformationsjubiläum in Kursachsen gefeiert wurde, stark die Aussagen und Empfindungen der zeitgenössischen Prediger. Der 1697 erfolgte Übertritt des Kurfürsten-Königs August II. zur katholischen Kirche und v.a. auch die Bekanntgabe des Konfessionswechsels des Kurprinzen Friedrich August zum katholischen Glauben kurz vor den Feierlichkeiten des Reformationsjubiläums 1717 verstärkten immens das Bedrohungs- und Gefährdungsgefühl der sächsischen Lutheraner. Dieses Gefährdungspotential, hervorgerufen durch die zeitgenössischen Entwicklungen am kursächsischen Hof und die damit verbundenen ›Überlebensstrategien‹ für die evangelische Kirche, finden Ausdruck in den Reformationsjubiläumspredigten in Wittenberg, die im Folgenden als Quellengrundlage dienen. Die Jubiläumspredigten aus dieser kursächsischen Universitätsstadt genauer zu betrachten, gründet auf der Tatsache der hier vorliegenden besonderen Verbindung von Reformations- und Stadtgeschichte. Kursachsen verstand sich als das Mutterland der Reformation und insbesondere an der Wittenberger Universität mit der *cathedra lutheri* begegnete ein besonderes, in der Geschichte der Reformation verortetes Selbstverständnis: Von Wittenberg war die Reformation ausgegangen und von dort verbreitete sich das ›Licht des heiligen Evangeliums‹ in die ganze Welt.[4]

---

3 Zinzendorf schließt sich selbst und sein persönliches Verfehlen in das Gedicht mit ein. Er schreibt: »Ich, der auf deine Jubelfreude / Fast alle Stunden abgezählt, / Wie hab' ich doch das Ziel verfehlt! / Wo ist nun meiner Augen Weide? / Wo ist die Hoffnung, die mich band? / Bedeckt sie nicht ein eitler Tand? / Wird meine Wonne nicht zum Leide? / Wird nicht mein Lob zur herben Klag? – / O kläglicher Tag!« ZINZENDORF: Jubelfest [s. Anm. 1], 317.

4 Diese Darstellung findet man in fast allen Predigten des Zeitraums 1617–1817 wieder. Auch in Jubiläumsberichten wird immer wieder auf die besondere Rolle Wittenbergs aufmerksam gemacht, so z.B. auch 1717. In der *Umständlichen Beschreibung* findet man u.a. folgende Argumentation: »Bekandt ists, daß in diesem Lande und Churfürstenthum (Sachsen – Anm. der Vf.in) der helle Schein des Heil. Evangelii zuerst auffgangen und der seel. Lutherus zu Wittenberg ... den ersten Anfang zu der heilsahmen Reformation gemachet, mag also billig dieses Churfürstenthum den ersten Platz einnehmen.« Umständliche Beschreibung aller bey dem Zweiten Jubel-Feste der Evangelischen Kirche / am 31. Octob. 1717. als XXIII. Dom. post Trinit. und folgenden Tagen / sowohl in denen der Evangelischen Religion zugethanen Chur- und Fürstenthümern, nebst andern Orten des Teutschen Reichs, als auch in den Königreichen Denmarck, Norwegen, &c.&c. beobachteten Ceremonien / wobey nicht nur die zu dem Ende ergangenen Verordnungen, sondern auch die erklärten Texte Heil. Schrifft, samt den abgelesenen Gebeten und gesungenen Liedern, aus denen besten Relationen zusammen getragen und verfasset von einem, der da /zu seyn wünschet In Christo beständig. Anno JobILeo LVtheranorVM SeCVnDo. o.O., o.J., 5.

In einem ersten Schritt soll der politische Kontext des Reformationsjubiläums 1717 in Kursachsen erläutert werden. Dabei liegt der Schwerpunkt auf den für die Analyse der Wittenberger Predigten relevanten Ereignissen. Bezüglich des größeren zeitgeschichtlichen Rahmens wird auf die bereits vorliegende Literatur zum Thema verwiesen.[5] In einem zweiten Schritt geht es um den Ablauf des Reformationsjubiläums in der Universitätsstadt. Dabei liegt ein besonderes Augenmerk auf der Rolle der Universität und den Äußerungen ihrer Theologen im Vorfeld der Feier.[6] Darauf aufbauend steht drittens die Analyse der vorhandenen Reformationsjubiläumspredigten im Mittelpunkt: Neben der Darstellung des Gefährdungs- und Bedrohungsgefühls wird auch die Kritik an der katholischen Kirche, die in den Predigten zu finden ist, näher erläutert. Auf dieser Grundlage sollen die Gegenwartsdeutungen und die Botschaft der Prediger an ihre Gemeinde herausgearbeitet werden.[7]

---

5 Vgl. HARM CORDES: Hilaria evangelica academia. Das Reformationsjubiläum von 1717 an den deutschen lutherischen Universitäten. Göttingen 2006 (FKDG 90). HANS-JÜRGEN SCHÖNSTÄDT: Das Reformationsjubiläum 1717. Beiträge zur Geschichte seiner Entstehung im Spiegel landesherrlicher Verordnungen. In: ZKG 93, 1982, 4. Folge XXXV, 58–118. GEORG ARNDT: Das Reformationsjubelfest in den vergangenen Jahrhunderten. Gedenkblätter aus der Geschichte der evangelischen Kirche Deutschlands. Berlin 1917. Insbesondere mit Blick auf das Jubiläum in Kursachsen vgl. WOLFGANG FLÜGEL: Konfession und Jubiläum. Zur Institutionalisierung der lutherischen Gedenkkultur in Sachsen 1617–1830. Leipzig 2005 (Schriften zur Sächsischen Geschichte und Volkskunde 14), 125–168. Hinsichtlich der Feierlichkeiten in Halle und Wittenberg vgl. FRIEDRICH LOOFS: Die Jahrhundertfeier der Reformation an den Universitäten Wittenberg und Halle 1617, 1717 und 1817. Halle 1917.

6 Friedrich Loofs veröffentlichte in seiner Arbeit aus dem Jahr 1917 eine bis dahin ungedruckte landesherrliche Mitteilung vom 8. September 1717, in der der Kurfürst an den Prorektor, die Magister und Doktoren der Universität Wittenberg schrieb und darauf hinwies, »[…] iedoch in Reden und Schreiben gebührende moderation und Bescheidenheit zu gebrauchen, damit die der Augsburgischen Confession nicht zugethane und im Römischen Reiche tolerirte übrige Glaubens-Verwandte durch anzügliche Expressiones und Invectiven […]« nicht angegriffen werden. Vielmehr sollte mit »Theologischer Prudenz und behörigen Glimpffe« gehandelt werden; LOOFS: Jahrhundertfeier [s. Anm. 5], 29. Dass sich gerade die Wittenberger Theologen nicht an diese Forderungen hielten, haben bereits Schönstädt, aktuell aber auch Cordes, dargelegt; vgl. SCHÖNSTÄDT: 1717 [s. Anm. 5], 87–89 und CORDES: Hilaria [s. Anm. 5], 34f. Vgl. dazu auch im Folgenden Kap. III.

7 Die Ergebnisse der vorliegenden Studie sind Teilergebnisse meiner Doktorarbeit, in der ich die Konstruktion einer spezifisch wittenbergischen Heilsgeschichte ausgehend von der Analyse Wittenberger Reformationsjubelpredigten aus dem Zeitraum 1602–1817 analysiert habe. Vgl. ANNINA LIGNIEZ: Das Wittenbergische Zion. Konstruktion von Heilsgeschichte in frühneuzeitlichen Jubelpredigten. Leipzig 2012 (Schriften der Stiftung Luthergedenkstätten 15). (im Druck).

I Der politische Kontext des Reformationsjubiläums in Kursachsen

Als Kursachsen vom 31. Oktober bis zum 2. November 1717 die zweite Jahrhundertfeier im Gedenken an die von Wittenberg ausgegangene Reformation beging, tat es dies im Vergleich zum ersten Jahrhundertgedenken der Reformation 1617 unter gänzlich veränderten politischen Rahmenbedingungen. Das Ursprungsland der Reformation war seither ein lutherisches Land gewesen und bisher von Landesfürsten regiert worden, die an dem lutherischen Bekenntnis festgehalten hatten. Einziger, bedeutungsvoller Versuch, diese lutherische Vorherrschaft zu durchbrechen, war der unter Kurfürst Christian I., der mit Hilfe von Nikolaus Krell und Andreas Paull versuchte, eine neue Religionspolitik, weg vom Luthertum hin zum Calvinismus, zu etablieren.[8] Als nun 1697 Kurfürst Friedrich August I. zum katholischen Glauben konvertierte, waren die Ängste und Befürchtungen der lutherischen Landstände wie auch der Bevölkerung groß. Zwar zog der Konfessionswechsel des Landesherrn seit den reichsrechtlichen Bestimmungen des Westfälischen Friedens nicht mehr den zeitgleichen Konfessionswechsel der gesamten Bevölkerung nach sich und Kurfürst Friedrich

8 Grundlegende Veränderungen waren »auf innenpolitischem Gebiet eine Reformierung der Universitäten und Fürstenschulen, Konsistorien und höheren Gerichten im Sinne calvinistischer Glaubensauffassung.« REINER GROSS: Geschichte Sachsens. Leipzig 2001, 89–93, hier 90. So wurde z.B. die Unterschriftenleistung unter die Konkordienformel, die von Pfarrern, Professoren und Lehrern bislang gefordert worden war, aufgehoben. Daneben kam es zu einschneidenden personellen Veränderungen an der Wittenberger und Leipziger Universität. Polycarp Leyser musste z.B. die Theologische Fakultät in Wittenberg verlassen. Außenpolitisch erfolgten eine Abwendung von der bisher kaisertreuen Haltung und eine Hinwendung zu einer frankreichfreundlichen Politik. Unterstützung für diese Veränderungen hatte Kurfürst Christian I. in dem aus Leipzig stammenden Juristen Nikolaus Krell gefunden, ebenso wie in Andreas Paull, der seit 1584 Mitglied des Geheimen Rates war. Nach dem Tod des Kurfürsten kam es zunächst zu einer Vormundschaftsregierung unter Herzog Friedrich Wilhelm von Sachsen-Altenburg, da der Kurprinz zum Zeitpunkt des Todes seines Vaters erst acht Jahre alt war. In dieser Zeit wurden alle Veränderungen Christians I. obsolet und rückgängig gemacht, die calvinistischen Strömungen im Land bekämpft und dem orthodoxen Luthertum seine vorherrschende Stellung zurückgegeben. Nikolaus Krell wurde in Haft genommen und nach zehnjähriger Haftstrafe 1601 noch hingerichtet – so tief saß wohl der Schock über diese Ereignisse; vgl. KARLHEINZ BLASCHKE: Der Konfessionswechsel des sächsischen Kurfürsten Friedrich August I. und seine Folgen. In: Sachsen und Polen zwischen 1697 und 1765. Beiträge der wissenschaftlichen Konferenz vom 26. bis 28. Juni 1997 in Dresden (Saxonia 4/5) 1998, 210–222, 211. Die Entwicklung in Kursachsen, sich gegen die lutherische Orthodoxie und die katholische Kirche abzugrenzen und sich dem Calvinismus zu öffnen, fand man zu dieser Zeit im gesamten Reich. Sie wird auch als sog. ›Zweite Reformation‹ bezeichnet; vgl. KATRIN KELLER: Landesgeschichte Sachsen. Stuttgart 2002, 139.

August I. hatte 1695 bei seinem Regierungsantritt den Landständen in einem Landtagsabschied auch den Konfessionsstand des Landes zugesichert, trotzdem war unklar, wie sich das Verhältnis zwischen katholischem Herrscherhaus, evangelischen Landständen und der Bevölkerung entwickeln würde.[9]

Inwieweit man den Konfessionswechsel des Kurfürsten als ›Konversion‹ oder lediglich als ›Übertritt‹ zum katholischen Glauben bezeichnen kann und welche Motive der Kurfürst dafür hatte, ist innerhalb der Forschung strittig. Karlheinz Blaschke z.B. weist darauf hin, nicht von einer Konversion, sondern vielmehr vom Übertritt des Kurfürsten zum katholischen Glauben zu sprechen. Es fehle die religiöse Grundentscheidung und damit eine Gewissensentscheidung des Kurfürsten. Grund des Konfessionswechsels war, nach Blaschke, kein echter Glaubenswandel, sondern die Wählbarkeit auf den polnischen Thron.[10] Zu bedenken ist in diesem Zusammenhang, dass mit einer solchen Differenzierung in religiöse und politische Momente einer im 17. Jh. vollzogenen Konversion falsche Alternativen aufgemacht werden. Eine Antithese zwischen ›Religion‹ und ›Politik‹ zu dieser Zeit zu konstatieren, erscheint wenig sinnvoll. Vielmehr gilt es diese Begriffe als diskursive Tatbestände, die sich im gesellschaftlichen Diskurs konstituieren, zu begreifen und im Bezug zum zeitgenössischen Umfeld zu betrachten und zu analysieren.[11] Die Unterscheidung in ›Konversion‹

---

9 Karlheinz Blaschke vertritt die Meinung, die unmittelbaren Reaktionen der Zeitgenossen auf den Konfessionswechsel sollten heutzutage nicht näher erläutert werden. Sie würden »bei dem erreichten Stand der ökumenischen Beziehungen fremdartig wirken.« BLASCHKE: Konfessionswechsel [s. Anm. 8], 212f. Gleichwohl sind sie als Ausdruck der damaligen Gegenwartsdeutungen hinsichtlich des Entwurfs einer Interpretationsmatrix für die Predigtanalyse wahrzunehmen. V.a. das Motiv der weinenden Rahel über ihren Sohn erscheint immer wieder in den literarischen Reaktionen, auch in den Predigten des Jubiläums von 1717, so z.B. bei Gottlieb Wernsdorf in Bezug auf den Kummer der Königin; vgl. DERS.: J.N.J! Des theuren Mannes D. Mart. Lutheri wahre Beschaffenheit und aller rechtschaffenen Lutheraner Schuldigkeit Wurde vermittels einer Evangelischen Jubel-Müntze Mit ihrem Bild und Überschrift Am ersten Feyer-Tage des Andern Christ-Lutherischen Jubel-Festes War eben der XXIII. Sonntag nach Trinitatis 1717. In der Schloß-Kirchen zu Aller-Heiligen in WITTENBERG aus dem sonst gewöhnlichen Sonntags-Evangelio Matth. XXII. 15–22. Der anwesenden sehr grossen Versammlung Schrifftmäßig gewiesen Von Gottlieb Wernßdorffen Der Heil. Schrift DOCT. und PROF. PUBL. der Kirchen zu Aller-Heiligen Probste und des Geistl. CONSISTORII ASSESORE daselbst. Wittenberg, druckts und verlegts die Gerdesische Wittwe. 1719, 46. Vgl. BLASCHKE: Konfessionswechsel [s. Anm. 8], 212, FN 6, der einige dieser literarischen Reaktionen aufzählt.

10 Vgl. BLASCHKE: Konfessionswechsel [s. Anm. 8], 210.

11 Vgl. JOACHIM MATTHES: Auf der Suche nach dem »Religiösen«. Reflexionen zu Theorie und Empirie religionssoziologischer Forschung. In: J. MATTHES: Das Eigene und das Fremde. Gesammelte Aufsätze zu Gesellschaft, Kultur und Religion. Hg. v. RÜDIGER SCHOLZ. Würzburg 2005 (Religion in der Gesellschaft 19) 209–221.

oder ›Übertritt‹ ist demnach eine vom heutigen Standpunkt der Geschichte aus getroffene, die dem zeitgenössischen Kontext nicht gerecht wird.

Der Kurfürst versuchte die potentielle Unruhegefahr dadurch zu besänftigen, dass er am 27. Juli/7. August 1697 ein Mandat »Wegen der Religionssicherheit im Kurfürstentum und sächsischen Landen« veröffentlichte: »[...] Als versichern Wir dieselbe anbei, daß wie bei Antretung Unserer hohen Kurwürde und Landesregierung also jetzt fort nach aufgenommenen Katholischen Glauben wir gemeldete Unsere liebe Landstände und Untertanen bei deren Augsburgischen Konfession hergebrachter Gewissensfreiheit, Kirchen, Gottesdienst, Zeremonien, Universitäten, Schulen und fort allen anderen, wie dieselbe solche anjetzt besitzen, allergnädigst kräftigst erhalten und handhaben, so denn auch niemanden zu Unserer jetzt angenommenen Katholischen Religion zwingen, sondern jedwedem sein Gewissen frei lassen [...].«[12] Die Befürchtungen vor Rekatholisierungsmaßnahmen durch das Herrscherhaus auf Seiten der Untertanen und evangelischen Landstände blieben allerdings latent bestehen.

Im Jahre 1717 lagen dieser Wechsel und diese Religionsversicherung zwanzig Jahre zurück und so könnte man davon ausgehen, dass sich die Sorgen einer Aufhebung dieser Zusagen des weiterhin lutherisch gebliebenen Landes gelegt haben müssten. Allerdings konnten die Politik der römischen Kurie wie auch die weiteren Entwicklungen am kurfürstlichen Hofe den evangelischen Landständen durchaus Sorge bereiten. Hatte man sich 1697 noch damit trösten können, dass der Kurfürst nur aufgrund der polnischen Königswahl zur katholischen Kirche übergetreten war und nach seinem Tod sein lutherisch erzogener Sohn an die Macht träte, zerschlugen sich diese Hoffnungen im Jahre 1710. Papst Clemens XI. hatte großes Interesse, das Ursprungsland der Reformation wieder katholisch zu sehen. Seine Hoffnung schwand aber im Laufe der Zeit, da Friedrich August I. keinerlei Vorkehrungen unternahm, den Bekenntnisstand seines Landes zu ändern. 1710 ergriff er deswegen die Initiative und verkündete öffentlich bei einer Ansprache im Kardinalskollegium, dass Kurfürst Friedrich August I. sich verpflichtet habe, seinen Sohn katholisch werden zu lassen.[13] Auch die weiteren Reaktionen innerhalb der Kurie zeigen den großen

12 Zitiert nach BLASCHKE: Konfessionswechsel [s. Anm. 8], 213, dort mit weiteren Angaben. Der Begriff der ›Gewissensfreiheit‹ findet auch Aufnahme in den Predigten. Siehe hierzu Kap. III.

13 Dass dieser Schritt die evangelischen Landstände in Wachsamkeit versetzen musste, sieht man auch im Vergleich zur Reaktion der kurfürstlichen Familie auf diese Ansprache. Die Kurfürstin Christiane Eberhardine, ebenso wie die Großmutter des Kurprinzen, Anna Sophia, ließen diesen im Oktober 1710 konfirmieren, um auch weiterhin an dessen lutherischer Erziehung festzuhalten; vgl. hierzu und im Folgenden JOACHIM ZIEKURSCH: August der Starke und die katholische Kirche in den Jahren 1697–1720. In: ZKG 24, 1903, 1. Folge, 86–135 und 2. Folge, 232–280, hier 135.

Wunsch, Kursachsen katholisch zu sehen und die Hoffnungen, die sich mit der Konversion des Kurprinzen verbanden.[14] Zwei Jahre später trat der Kurprinz während eines Aufenthaltes in Bologna tatsächlich zum katholischen Glauben über. Dies wurde allerdings auf Wunsch des Kurfürsten lange Zeit geheim gehalten. Am 11. Oktober 1717 wurde in Wien das öffentliche Bekenntnis, nach dem Tod der Großmutter Anna Sophia im Juli, nachgeholt.[15] Kurze Zeit später überbrachte ein Kurier diese Nachricht auch nach Sachsen, wobei eine offizielle Verlautbarung von Seiten des Kurfürsten erst am 24./25. Oktober zeitgleich mit der öffentlichen Ankündigung des Reformationsjubiläums erlassen wurde.[16] Die Bekanntgabe des Konfessionswechsels des Kurprinzen so kurz vor den Jubiläumsfeierlichkeiten erfolgte zu einem brisanten Zeitpunkt. Deshalb hatte der Kurfürst auch zunächst versucht, diese Bekanntgabe zu verhindern. Bemerkenswert ist, dass er für seinen Sohn die gleiche Gewissensfreiheit in Anspruch nahm, die er auch seinen Untertanen gewährte: »[...], unser liebe getreue Unterthanen eben die Gewissensfreyheit geniessen, die Wir Unsers Prinzen [...] gestattet«.[17]

Das Jubiläum erhielt durch den Verlust der Hoffnung auf ein weiterhin lutherisch geprägtes Herrscherhaus eine spezifische Sinnaufladung.[18] Mit dem Konfessionswechsel des Kurprinzen war klar, dass das Herrscherhaus in Zukunft katholisch bliebe und man nicht mehr von einem katholischen Intermezzo im Herrscherhaus Kursachsens ausgehen konnte. Auch der Entschluss des Kurfürsten, bereits am 23. Oktober 1717 erneut eine »Assecuration eigenhändig unterschrieben« zu drucken und verbreiten zu lassen, in der er den Evangelischen »Puissancen und Fürsten« garantiert, dass ihr Religions- und Kirchenstatus gesichert bleibe und nichts verändert werde, sondern alles in »statu quo« bleibe, konnte das Gefährdungs- und Bedrohungsgefühl der Landstände und Untertanen nicht schmälern.[19]

---

14 Die Kurie favorisierte z.B. die Heirat des Kurprinzen mit einer Tochter des Kaisers, da so der Kurprinz unlösbar mit der katholischen Kirche verbunden gewesen wäre; vgl. ZIEKURSCH: August [s. Anm. 13], 241, 254, 272.

15 Die Großmutter galt als Garantin für die lutherische Erziehung des Kurprinzen. »[...] vor ihr hatte der sonst so bedenkenlose Fürst Respekt.« BLASCHKE: Konfessionswechsel [s. Anm. 8], 216.

16 Vgl. BLASCHKE: Konfessionswechsel [s. Anm. 8], 264f.; FLÜGEL: Konfession [s. Anm. 5], 135f.

17 Deklaration an das Evangelische Ministerium, 25.10.1717. Vgl. FLÜGEL: Konfession [s. Anm. 5], 136, dort weitere Angaben.

18 Diese ist auch anhand der Predigten festzustellen. Immer wieder finden sich dort Aufrufe für einen ›Kampf des Glaubens‹, Durchhalteparolen und die Aufforderung zur Beständigkeit; vgl. Kap. III.

19 Vgl. Thüringer Staatsarchiv Gotha, Geheimes Archiv XXI, 28, Bl. 140. Auch das weitere Vorgehen der Landstände nach dem Reformationsjubiläum im darauf folgen-

Zusammenfassend ist demnach festzuhalten, dass bereits seit dem Konfessionswechsel des Kurfürsten 1697 die lutherische Vorherrschaft des Mutterlandes der Reformation innerhalb des Reiches in Mitleidenschaft gezogen worden war.[20] Zwar behielt das Land seinen ursprünglichen konfessionellen Status und der Kurfürst hatte auch keinerlei Rekatholisierungsmaßnahmen unternommen, trotzdem kann man davon ausgehen, dass ein katholisches Herrscherhaus v.a. den lutherisch orthodox geprägten Theologen wie auch den evangelischen Landständen als problematisch erscheinen musste. Die Konversion des Kurprinzen, die gleichbedeutend war mit dem endgültigen Verlust eines lutherischen Herrscherhauses, musste diese gefühlte Bedrohung des eigenen konfessionellen Status trotz der immer wieder in der Vergangenheit wiederholten Religionsversicherungen[21] nur noch bestärken.

II Die Jubiläumsfeier in der Universitätsstadt Wittenberg

Während 1617 die Initiative für das erste Reformationsjubiläum vom Kurfürsten selbst und insbesondere von den Theologen der Wittenberger Universität ausging,[22] hielt sich Kurfürst Friedrich August I. bei den Vorbereitungen für

---

den Jahr bestätigt die Sorge um den Konfessionsstand des Landes; vgl. Ziekursch: August [s. Anm. 13], 267–269.

20 Bis zum Konfessionswechsel Kurfürst Friedrich Augusts I. 1697 hatte Kursachsen die führende Stellung im deutschen Protestantismus übernommen, was v.a. auch an der Übernahme des Direktoriums des Corpus Evangelicorum 1653 deutlich wird. Ein erster Verlust dieser Vormachtsstellung zeigt sich an der Übergabe dieses Direktoriums. Am 16. Juli 1698 hatte der Kurfürst dieses auf den sächsisch-ernestinischen Herzog Friedrich II. von Sachsen-Gotha-Altenburg übertragen, ab 1700 verwaltete Herzog Johann Georg von Sachsen-Weißenfels das Amt. Die Akzeptanz dieser Lösung durch das Corpus Evangelicorum war ebenfalls mit der Hoffnung auf den lutherischen Kurprinzen verbunden gewesen; vgl. Blaschke: Konfessionswechsel [s. Anm. 8], 220.

21 Neben den Religionsversicherungen von 1697 nennt Blaschke weitere vom 17. März 1700, 24. August 1705, 23. Oktober 1717 und 6. Mai 1718; vgl. Blaschke: Konfessionswechsel [s. Anm. 8], 215.

22 Vgl. zu Vorbereitung, Ablauf und Inszenierung des ersten Jahrhundertgedenkens der Reformation in Kursachsen die ausführliche Darstellung bei Flügel: Konfession [s. Anm. 5], 25–124. Weitere zum Teil monographische Darstellungen zum Reformationsjubiläum 1617 in Auswahl: Hans-Jürgen Schönstädt: Antichrist, Weltheilsgeschehen und Gottes Werkzeug. Römische Kirche, Reformation und Luther im Spiegel des Reformationsjubiläums 1617. Wiesbaden 1978 (VIEG 88); ders.: Das Reformationsjubiläum 1617. Geschichtliche Herkunft und geistige Prägung. In: ZKG 93, 1982, 4. Folge XXXV, 5–57. Arndt: Reformationsjubelfest [s. Anm. 5]. Siegfried Hoyer: Reformationsjubiläum im 17. und 18. Jahrhundert. In: Feste und Feiern. Zum Wandel städtischer Festkultur in Leipzig. Hg. v. Katrin Keller, Leipzig 1994, 36–48.

das Reformationsgedenken 1717 zunächst zurück. Anfänglich äußerte er Bedenken aufgrund der besonderen konfessionellen Situation in Kursachsen.[23] Er versuchte ein einheitliches Gedenken der protestantischen Reichsstände, wie es 1617 stattgefunden hatte, im Corpus Evangelicorum zu verhindern und erließ erst am 8. September 1717 die landesherrliche Anordnung, ein dreitägiges Jubiläum zu feiern.[24] Neben dieser Genehmigung hatte der Kurfürst v.a. ein Interesse daran, jegliche Polemiken und Kritiken an der katholischen Kirche zu verhindern, um so die potentielle Unruhegefahr möglichst gering zu halten. Er stützte sich zum einen auf eine kaiserliche Mitteilung aus Regensburg,[25] zum anderen berief er sich in seinem Schreiben an die Universitäten[26] auf Art. V § 50 IPO und das Reichsgesetz von 1715. Die ›unzensierte‹ Veröffentlichung der Jubiläumspredigten und die Verbreitung von Musterpredigten, wie es 1617 noch üblich gewesen war, untersagte er in seiner Anordnung ausdrücklich.[27] Dass diese Verbote in Wittenberg auf nicht allzu fruchtbaren Boden fielen, wird im Folgenden gezeigt.

Theologisch verstand sich die Wittenberger Universität auch 1717 noch als Hüterin der Lehre Luthers und hielt an ihrer lutherisch orthodoxen Ausprägung fest.[28] Sie vertrat dies auch innerhalb ihres Einladungsschreibens anlässlich

23 Vgl. Kap. I. Ausführlich auf die politischen Vorbereitungen des Jubiläums gehen Hans-Jürgen Schönstädt und jüngst Harm Cordes ein. Vgl. SCHÖNSTÄDT: 1717 [s. Anm. 5], 58–118 und CORDES: Hilaria [s. Anm. 5], 22–38. Für die Vorbereitungen speziell in Kursachsen vgl. FLÜGEL: Konfession [s. Anm. 5], 125–146.

24 Neben der Anordnung liegen auch die Formula, das Dankgebet sowie die Übersicht der zu behandelnden Predigttexte vor; vgl. ERNST SALOMON CYPRIAN: Hilaria Evangelica, Oder Theologisch-Historischer Bericht Vom Andern Evangelischen Jubel-Fest, Nebst III. Büchern darzu gehöriger Acten und Materien, Dem das Erste, Die Obrigkeitlichen Verordnungen / und viele Historische Nachrichten, Das Andere, Orationes und Programmata Jubilaea, Das Dritte Eine vollständige Beschreibung der Jubel-Medaillen begreiffet. Mit Kupffern, Summarien und einem nützlichen Register. Gotha 1719, Theil I, Nr. III, 93–97.

25 Vgl. SCHÖNSTÄDT: 1717 [s. Anm. 5], 87. Auch Wolfgang Flügel erwähnt die Mitteilung Karls VI. an den kursächsischen Direktorialgesandten und zitiert, dass »alle Evangel. Stände, in deren Landen erwehntes Jubel-Fest angestellet, die nachdrückliche Verfügung thun, dass bey den Predigten [...] grobe anzügliche und dergl. Reden u. expressiones« unterbleiben sollten; FLÜGEL: Konfession [s. Anm. 5], 143.

26 Vgl. Anm. 6.

27 »Die über jetzterwehnte Texte gehaltene Predigten aber sollen von niemanden durch den Druck publiciret werden, ehe solche in das Ober-Konsistorium anher eingesendet, und von diesem die Bewilligung dazu ertheilet worden; Auch sollen alle vorhergängig entworffene öffentliche Anweisungen und Dispositiones darüber dißmahl gäntzlich unterbleiben.« CYPRIAN: Hilaria [s. Anm. 24], Theil I, Nr. III, 93.

28 Johannes Wallmann weist allerdings darauf hin, dass ab 1700 nicht mehr von einer Dominanz der lutherischen Orthodoxie an den protestantischen Universitäten Deutschlands gesprochen werden kann und lediglich Wittenberg in Kursachsen noch

des Jubiläums. In der *Epistola Invitatoria* heißt es wie folgt: »In ea enim Urbe vivimus, in qua renata veritas sua velut incunabula invenit [...].«[29] Daneben kann man in der Einladungsschrift das Selbstverständnis der Wittenberger Theologen und ihre damalige Sicht auf die katholische Kirche gut erkennen.[30] Am 20. September, also noch vor der Bekanntgabe der Konversion des Kurprinzen, verschickte die Theologische Fakultät die *Epistola Invitatoria,*[31] unterzeichnet von den Professoren Caspar Löscher, Gottlieb Wernsdorf, Martin Chladenius und Georg Friedrich Schroer. Trotz des entschiedenen Mäßigungsgebots gegenüber den anderen Konfessionen, welches der Kurfürst in seinem Schreiben vom 8. September geäußert hatte, unterließen es die Professoren nicht, ein deutliches Urteil über die katholische Kirche zu fällen.[32] So findet man zwar nicht die Redewendung vom ›römischen Antichristen‹, wie sie in den Veröffentlichungen von 1617 verwendet worden war. Dafür aber wird die bis zu Martin Luther verdeckte Wahrheit des christlichen Glaubens hervorgehoben, die nun im Besitz der evangelischen Kirche liegt. Luther war es auch, der »nos, majoresque nostros, ex AEgypto Papistica eduxit«.[33] Die Feier des Jubiläums betrachteten die Professoren als rechtmäßig und sahen in der Uneinigkeit über das Jubiläum keine Schwierigkeit hinsichtlich des Einklangs im Glauben: »[...] dissonantia Jubili non dissolvet consonantiam fidei«.[34] Man sprach der katholischen Kirche

---

zwei Jahrzehnte lang »das Panier der lutherischen Orthodoxie hochhält«. JOHANNES WALLMANN: Die lutherische Orthodoxie zur Zeit Ernst Salomon Cyprians. Stand der Forschung. In: Ernst Salomon Cyprian (1673–1745) zwischen Orthodoxie, Pietismus und Frühaufklärung. Vorträge des Internationalen Kolloquiums vom 14. bis 16. September 1995 in der Forschungs- und Landesbibliothek Gotha Schloß Friedenstein. Hg. v. ERNST KOCH u. JOHANNES WALLMANN. Gotha, 1996, 9–21, hier 12f.

29 CYPRIAN: Hilaria [s. Anm. 24], Theil II, Nr. V, 20.

30 Vgl. dazu auch die Darstellungen bei SCHÖNSTÄDT: 1717 [s. Anm. 5], 90f.; CORDES: Hilaria [s. Anm. 5], 34f. und FLÜGEL: Konfession [s. Anm. 5], 151f.

31 Vgl. CYPRIAN: Hilaria [s. Anm. 24], Theil II, Nr. V, 19–21.

32 Die Berücksichtigung des gegenwärtigen Kontextes und die damit verbundene vordergründige Mäßigung ihrer Aussagen zeigt ein Vergleich mit dem Leipziger Jubiläumsprogramm. In diesem wurde das Jahr der Reformation als Neubeginn einer anderen Zeitrechnung gedeutet: »Anno a CHRISTO nato MDCCXVII. Antichristo manifesto CC.« CYPRIAN: Hilaria [s. Anm. 24], Theil II, Nr. III, 16.

33 CYPRIAN: Hilaria [s. Anm. 24], Theil II, Nr. V, 20.

34 CYPRIAN: Hilaria [s. Anm. 24], Theil II, Nr. V, 20. Diese Anmerkung kann auf Zweierlei zielen. Zum einen auf die Geschehnisse hinsichtlich der Planung des Jubiläums im Vorfeld. Bemerkenswert ist hier das Wortspiel zwischen ›Dissonanz‹ und ›Konsonanz‹. Beides sind Begriffe aus der Musik, wobei das Besondere hier wohl in der Verwendung des Begriffs der ›consonantia‹ in diesem Zusammenhang liegt, der möglicherweise anstelle des Begriffs der ›unio‹ verwendet wurde. Im Gegensatz zum Jubiläum 1617 feierten die reformierten Reichsstände 1717 das Reformationsgedenken nicht mit. Trotzdem gab es ab 1717 Unionsbestrebungen zwischen lutherischer und reformierter Kirche innerhalb des Corpus Evangeli-

den Besitz der Wahrheit ab, ohne den ›päpstlichen Antichristen‹ zu erwähnen und stellte sich damit wieder in deutliche Opposition zum konfessionellen Gegner.[35] Bereits mit dem Einladungsschreiben machten die Wittenberger Theologen demnach deutlich, worauf es ihnen bei der Feier des Jubiläums 1717 angesichts der gegenwärtigen, konfessionellen Lage ankam: die Bekräftigung und Verteidigung des lutherischen Wahrheits- und Führungsanspruchs.[36]

Der Charakter des Kampfes zwischen lutherischer Orthodoxie und ihren v.a. auch binnentheologischen Gegnern war allerdings ein anderer geworden.[37] Die lutherische Orthodoxie hatte zu Beginn des 18. Jahrhunderts ihre Vorrangstellung verloren und war eine Schulrichtung, neben Pietismus und Frühaufklärung, geworden.[38] Auch wenn man innerhalb der Theologischen Fakultät der

corum. Eventuell zielte der Satz der strikt lutherisch orthodoxen Wittenberger Theologen auch auf diese Vorgänge. Hinsichtlich des Glaubens benötigte man keine ›Union‹, vielmehr war der ›Einklang‹, die ›Konsonanz‹, dahingehend ausreichend. Dass gerade auch der die EPISTOLA unterzeichnende Gottlieb Wernsdorf Gegner der Unionsbemühungen war, darauf weist ausdrücklich Walter Friedensburg hin; vgl. WALTER FRIEDENSBURG: Geschichte der Universität Wittenberg. Halle 1917, 550. Vgl. hinsichtlich der Kirchenunionsbestrebungen von 1717–1726 WOLF-FRIEDRICH SCHÄUFELE: Christoph Matthäus Pfaff und die Kirchenunionsbestrebungen des Corpus Evangelicorum 1717–1726. Mainz 1998 (VIEG 172). Zum anderen können im Hintergrund dieser Anmerkung auch die Auseinandersetzungen zwischen Johann Peter Ludewig in Halle und der Wittenberger Fakultät, maßgeblich Martin Chladenius als Dekan, stehen: Ludewig hatte sich in seiner *Dica Iubileorum* entschieden gegen eine Lutherzentrierung der Jubiläumsfeiern der protestantischen Kirche ausgesprochen. Dieses missverstanden viele seiner Zeitgenossen und sahen darin eine generelle Absage an die protestantische Jubiläumspraxis; vgl. dazu CORDES: Hilaria [s. Anm. 5], 40–47. Das Wortspiel hätte demnach auch in diese Richtung zielen können, d.h. eine ›Dissonanz‹ über die protestantische Jubiläumspraxis führe demnach nicht gleich zu einer Auflösung der ›Konsonanz‹ im Glauben. Gegen diese zweite Möglichkeit kann allerdings argumentiert werden, dass gerade Chladenius in seiner ›Gegenschrift‹ *Argumenta idonea* Ludewig konfessionelle Beliebigkeit vorwarf. Johann Christoph Coler, ein Unterstützer Chladenius, stellte darüber hinaus in seiner *Kurtzen und bescheidenen Anmerckung* direkt die Frage, ob Ludewig überhaupt noch Mitglied der evangelischen Kirche sei. Dass diese ›Meinung‹ in der *Epistola* plötzlich obsolet wurde, ist eher unwahrscheinlich. Zu den Beiträgen Colers und Chladenius vgl. CORDES: Hilaria [s. Anm. 5], 44f.

35 Vgl. SCHÖNSTÄDT: 1717 [s. Anm. 5], 90.

36 Welche ›praktischen Auswirkungen‹ dies für die Gemeinde der Gläubigen haben sollte, zeigt sich v.a. in den Jubiläumspredigten von Gottlieb Wernsdorf und Heinrich Klausing.

37 August Tholuck spricht vom »Losungswort der Zeit: Duldsamkeit und Verträglichkeit«. DERS.: Der Geist der lutherischen Theologen Wittenbergs im Verlaufe des 17. Jahrhunderts, theilweise nach handschriftlichen Quellen. Hamburg [u.a.] 1852, 309.

38 Vgl. WALLMANN: Orthodoxie [s. Anm. 28], 12. Zum Folgenden vgl. FRIEDENSBURG: Universität Wittenberg [s. Anm. 34], 548–555.

Leucorea diesen Wandel bemerkte und der synkretistische Streit, maßgeblich zwischen Abraham Calov und Georg Calixt,[39] zum Abschluss gekommen war, hatte man mit der 1694 gegründeten Universität Halle und dem dort ansässigen Pietismus ein weiteres streitbares Gegenüber, so dass die Universität zumindest bis in die zwanziger Jahre des 18. Jahrhunderts die Fahne der lutherischen Orthodoxie weiterhin hochhielt.[40] Mit Johann Caspar Haferung, von dem zwei Jubiläumspredigten von 1717 überliefert sind, und Johann Georg Joch erhielten allerdings ab 1725 auch zwei pietistisch geprägte Theologen Lehrstühle an der Leucorea, so dass die Vorherrschaft der lutherischen Orthodoxie ins Wanken geriet. Georg Abicht, ab 1729, ebenso wie Christoph Heinrich Zeibich, ab 1732, kämpften allerdings weiterhin gegen den Pietismus und v.a. gegen die auch an der Wittenberger Universität aufkommenden rationalistischen und aufklärerischen Strömungen, so dass man die Zeit, in die das zweite Reformationsjubiläum fiel, am ehesten wohl als Übergangszeit eines kulturellen Umbruchs charakterisieren sollte.[41]

---

39 Der Streit entzündete sich an dem sog. *consensus quinquaesaecularis* des Helmstedter Theologen Georg Calixt, der sich um ein Ende jeglicher Konfessionsstreitigkeiten bemühte. Allem voran sah Abraham Calov darin eine Relativierung der Lehre Luthers und der Reformation und bezeichnete Calixt als ›Kryptokatholiken‹.

40 Kenneth Appold teilt in seiner Habilitationsschrift die Ära der lutherischen Orthodoxie an der Leucorea in fünf größere Epochen ein: Die erste beginnt 1577 mit der sog. *Instauration* durch Jakob Andreae. Sie zeichnet sich durch ein Ringen um Bekenntnisbildung aus und endet etwa 1601. Darauf folgt eine Zeit der kontroverstheologischen Interessen und einer eher praktisch-theologischen Ausrichtung der Lehre bis Ende der 1620er Jahre. Bis etwa 1650 steht eine Rückbesinnung auf konfessionelle Grundlagen im Mittelpunkt der wissenschaftlichen Auseinandersetzungen. Nach Ende des Dreißigjährigen Krieges führt eine bisher noch nie erreichte Kontinuität in der Professorenschaft zu einer Stabilisierung der akademischen Kultur. Ab den 1690er Jahren »geht ihr (der Orthodoxie – Anm. der Vf.in) im Streit mit dem Pietismus langsam die Luft aus.« Ders.: Orthodoxie als Konsensbildung. Das theologische Disputationswesen an der Universität Wittenberg zwischen 1570 und 1710. Tübingen 2004 (BHTh 127), 89f.

41 Zur weiteren Bildungsgeschichte in der Frühen Neuzeit an der Universität und in der Stadt Wittenberg vgl. auch Heikki Lempa: Wittenberg in den pädagogischen Umwälzungen des 18. Jahrhunderts. Zur Bildungsgeschichte einer sächsischen Stadt. In: 700 Jahre Wittenberg. Stadt Universität Reformation. Hg. v. Stefan Oehmig. Weimar 1995, 313–327. Günter Mühlpfordt: Wittenberg und die Aufklärung. Zu seiner Bedeutung für die Kulturgeschichte der Frühneuzeit. In: Ebd., 329–346; ders.: Mitteldeutschland als Kulturherd der Frühneuzeit. Von der Wittenberger Reformation bis zur Weimarer Klassik. In: Historische Forschung in Sachsen-Anhalt. Ein Kolloquium anläßlich des 65. Geburtstages von Walter Zöllner. Hg. v. Heiner Lück u. Werner Freitag. Stuttgart [u.a.] 1999 (Abhandlungen der Sächsischen Akademie der Wissenschaften zu Leipzig, Philologisch-historische Klasse 73/4), 53–88.

Der Ablauf der Jubiläumsfeierlichkeiten 1717 in Wittenberg erinnert sehr an den des Jubiläums 1617. Neben dem Vorbereitungsgottesdienst am Vormittag des 30. Oktobers fanden an allen drei Festtagen mehrere Gottesdienste in der Schlosskirche wie auch in der Stadtkirche statt: Am 31. Oktober und 1. November drei Vormittagsgottesdienste sowie ein Nachmittagsgottesdienst, am 2. November zwei Vormittagsgottesdienste und ein Nachmittagsgottesdienst.[42] Sieben von insgesamt zwölf Predigten sind überliefert: Drei der gedruckten Predigten stammen von dem damals an der Leucorea lehrenden Professor der Theologie Martin Chladenius, daneben ist eine Predigt des Theologieprofessors Gottlieb Wernsdorf vorhanden, der die Vertretung des erkrankten Seniors der Fakultät, Caspar Löscher, übernommen hatte. Heinrich Klausing, der seit 1712 außerordentlicher Professor der Theologie war, aber zur Zeit des Jubiläums noch Inhaber des Lehrstuhls der höheren Mathematik, hielt die Vormittagspredigt des letzten Festtages in der Schlosskirche. Von Johann Caspar Haferung, dem damaligen Archidiakon der Stadtkirche,[43] sind seine Vorbereitungspredigt am 30. Oktober 1717 und seine Predigt am ersten Festtag erhalten. Die Prediger hielten sich alle an die im Kurfürstentum verordneten Predigttexte.[44] Inner-

42 Über den Ablauf des Jubiläums in Wittenberg unterrichten insgesamt acht Jubiläumsberichte, wobei drei davon deutlich aufeinander bezogen bzw. identischen Inhalts sind, trotz unterschiedlicher Titel; vgl. die Auflistung bei CORDES: Hilaria [s. Anm. 5], 55. Er führt insgesamt sechs Berichte an. Daneben sind folgende zwei weitere noch zu erwähnen: Das evangelische Wittenberg Wie es das Zweyte Jubel-Fest Der Reformation Lutheri in diesem MDCCXVII Jahre begangen. Neue und vermehrte Auflage Wittenberg 1717 und Das Evangelische Wittenberg Wie es mit Loben und Dancken Das Zweyte Jubel-Fest der Reformation Lutheri in diesem M.DCC.XVII. Jahre begangen, o.O., o.J.

43 Johann Caspar Haferung wurde erst ab 1726 ordentlicher Professor der Theologie, entgegen des Wunsches der Fakultät. Vgl. FRIEDENSBURG: Universität Wittenberg [s. Anm. 34], 553.

44 Entgegen der Behauptung von Harm Cordes, der Chladenius am dritten Festtag den Predigttext Jer 31,33 zuordnet und daraus folgert, dass dieser sich nicht an den angeordneten Text, 1Tim 6,12–16, hielt; vgl. CORDES: Hilaria [s. Anm. 5], 59. Zwar ist es richtig, dass es den Anschein hat, als ob Chladenius innerhalb seiner Predigt hauptsächlich die Bundesformel aus Jer 31,33 abhandelt und auch seine Propositio darauf ausrichtet, betrachtet man aber den Predigttext genauer, muss man zu einem anderen Urteil kommen. So predigte Chladenius z.B. folgendermaßen: »[...] also soll uns Paulus mit einer solchen Bundes-Formul in dem verlesenen Text [1Tim 6,12–16, Anm. der Vf.in] vorgehen, als welche er so wohl Timotheo, als allen Evangelischen rechtgläubigen Christen gleichsam zur Unterschrifft und Besiegelung bey diesem Jubel-Fest vorleget, und von ihnen bekräfftiget haben will.« MARTIN CHLADENIUS: Im Nahmen JEsu! Die Dritte Evangelische Jubel-Fest-Predigt aus 1. Tim. VI, 12.-16. Am Dritten Jubel-Tage d. 2. Nov. Vormittags in der Pfarr-Kirchen zu Wittenberg gehalten von Martino Chladenio Der H. Schrifft Doctore und Professore Publico, wie auch der Königl. Stipendiaten Ephoro, und

halb der Predigttexte ist ein eindeutiges Übergewicht an neutestamentlichen Perikopen zu konstatieren, im Gegensatz zum vorangegangenen Jahrhundertgedenken 1617.[45] So predigte Haferung am 30. Oktober 1717 über Offb 3,11, am 31. Oktober 1717 Wernsdorf über Mt 22,15-22 und Chladenius über Kol 1,3-6. An den beiden folgenden Festtagen predigten Haferung über Lk 12,32 und Klausing und Chladenius über 1Tim 6,12-16. Lediglich am 1. November 1717 wurde für den Vormittagsgottesdienst ein Psalmtext verordnet, hier predigte Chladenius über Ps 46,2-6.

Im Mittelpunkt der Analyse stehen im Folgenden einzelne Textpassagen und bestimmte zeitdiagnostische Aussagen der Predigten, weshalb eine genaue Darstellung des Ablaufs des Jubiläums außer Acht gelassen wird.[46]

III Die Jubiläumspredigten

Predigten gelten als »Wahrzeichen des evangelischen Christentums« und stehen im Zentrum eines jeden lutherischen Gottesdienstes.[47] Sie sind zunächst gemäß ihres Charakters Quellen des Hörens und haben ihren ›Sitz im Leben‹ in einer

---

der Theol. Fac. d. Z. Decano. In: DERS.: Im Nahmen JESU! Das Unschuldige Frolocken in den Hütten der Gerechten Das ist: Drey Evangelische Jubel-Predigten Welche An dem durch GOttes Gnade begangenen Drey-Tägigen Jubel-Fest Anno 1717. In der öffentlichen Gemeinden des HErrn zu WITTENBERG gehalten Und zu Gottseeliger Christen Erbauung auf Begehren durch den Druck mitgetheilet worden von MARTINO CHLADENIO Der H. Schrifft Doctore und Professore Publico Ordinario, wie auch der Theologischen Facultät damahls DECANO. WITTENBERG, Druckts und verlegts die Gerdesische Wittwe, 49–72, hier 55f. Darauf folgt die Propositio, die Cordes auf Jer 31,33 bezieht. Einen Absatz weiter geht aber Chladenius erneut auf die verordnete Predigtstelle ein, indem er wiederum Paulus und sein Schreiben an Timotheus anführt: »Der mit Gott erneuerte Bund der Evangelischen Kirchen bestehet I. an Seiten der Gläubigen darinnen, daß sie sollen sein Volck seyn. Der heilige Apostel zeiget ihnen gantz ordentlich, sie sollen seyn 1. ein beständiges Volck im Glauben, 2. ein heiliges Volck im Wandel.« Ebd. Diese Art der Verwendung der Perikope von Jer 31,33 ist der damals in Predigten noch vorherrschenden Konkordanzmethode geschuldet.

45 In den Jubiläumspredigten 1617 legten die Wittenberger Theologen überwiegend alttestamentliche Perikopen und Texte aus der Offenbarung aus. 1817 hingegen wurden nur noch neutestamentliche Predigttexte angeordnet.

46 Eine Übersicht über den genauen Ablauf des Jubiläums ist bei LOOFS: Jahrhundertfeier [s. Anm. 5], 19–40, ebenso wie bei CORDES: Hilaria [s. Anm. 5], 58–61 zu finden.

47 DIETRICH RÖSSLER: Grundriß der Praktischen Theologie. 2. erweiterte Auflage Berlin 1994, 351. Vgl. auch JAN HERMELINK: Art. »Predigt, 3. Evangelisch«. In: RGG[4] 6 (2003), 1595–1598, hier 1595f. Allgemein zum Thema »Gottesdienst« vgl. z.B. JOCHEN ARNOLD: Theologie des Gottesdienstes. Eine Verhältnisbestimmung von Liturgie und Dogmatik. Göttingen 2004 (Veröffentlichungen zur Liturgik, Hymnologie

besonderen Kommunikationssituation, nämlich der des Gottesdienstes.[48] Für die Analyse der Jubiläumspredigten ist es daher unerlässlich, auch Quellen zu berücksichtigen, die mittelbare bzw. unmittelbare Aussagen einerseits über den Inszenierungsort, andererseits über die Kommunikationssituation zwischen Prediger und Gemeindemitgliedern machen. In den bereits erwähnten Berichten über die Jubiläumsfeierlichkeiten finden sich teils sehr genaue Aussagen über die Abläufe der Gottesdienste (Lieder, Gebetstexte und weitere Lesungen aus der Bibel), wie auch zum Teil Reaktionen der Zuhörer auf die Predigten.

Grundlegend für die Predigt des konfessionellen Zeitalters und damit der Predigt der lutherischen Orthodoxie ist die Konzeption gemäß eines klassischen Redeaufbaus. Auf das *exordium* (Hinführung/Einleitung) folgte die *propositio* (Gliederung), darauf die *tractatio* und die *applicatio* (Auslegungen des Predigttextes), wobei diese den sog. fünffachen *usus* des Textes erläuterte: Neben dem *usus didascalius* (erinnernd, belehrend) gab es den *usus elenchticus* (widerlegend), den *usus paedeuticus* (ermahnend), den *usus epanorthoticus* (bestrafend) und den *usus consolatorius* (tröstend). Die Predigt endete mit der *conclusio*. Der Vorwurf, die orthodoxe Predigt hätte sich in theologischen Theoriestreitigkeiten verloren und die Transferleistung von akademischer Theologie hin zur lebensweltlichen Frömmigkeit nicht erbringen können, wird heute nicht mehr erhoben, obwohl weiterhin konstatiert wird, dass die orthodoxe Predigt v.a. einer kirchlichen Binnenperspektive verpflichtet blieb, als auf die die Zeit prägenden philosophischen und naturwissenschaftlichen Strömungen einzugehen.[49] Die Wittenberger Predigten anlässlich des Reformationsjubiläums 1717 sind dafür ein gutes Gegenbeispiel. Zwar bleiben z.B. die Predigten Klausings

---

und theologischen Kirchenmusikforschung 39). REINHARD MESSNER: Reformen des Gottesdienstes in der Wittenberger Reformation. In: Liturgiereformen. Historische Studien zu einem bleibenden Grundzug des christlichen Gottesdienstes. Teil I: Biblische Modelle und Liturgiereformen von der Frühneuzeit bis zur Aufklärung. Hg. v. MARTIN KLÖCKENER u. BENEDIKT KRANEMANN. Münster 2002 (LWQF 88), 381–416. WOLFGANG RATZMANN: Gottesdienst. In: Handbuch der Praktischen Theologie. Hg. v. WILHELM GRÄB u. BIRGIT WEYL. Gütersloh 2007, 519–530. Guter Gesamtüberblick auch im Handbuch der Liturgik. Liturgiewissenschaft in Theologie und Praxis der Kirche. Hg. v. HANS-CHRISTOPH SCHMIDT-LAUBER [u.a.]. 3., vollständig neu bearbeitete und ergänzte Auflage, Göttingen 2003.

48 Zur Unterscheidung der beiden Redegattungen ›Jubelpredigt‹ und ›Jubelrede‹ vgl. LIGNIEZ: Zion [s. Anm. 7], Einleitung 3.1.

49 Vgl. hierzu ALBRECHT BEUTEL: Lehre und Leben in der Predigt der lutherischen Orthodoxie. Dargestellt am Beispiel des Tübinger Kontroverstheologen und Universitätskanzlers Tobias Wagner (1598–1680), in: ZThK 93, 1996, 419–449, hier 422f. HANS MARTIN MÜLLER: Homiletik. Eine evangelische Predigtlehre. Berlin [u.a.] 1996, 77ff. Jüngster Gesamtüberblick dazu: UDO STRÄTER: Art. »Predigt III. Neuzeit 1. Reformation bis Gegenwart: Protestantische Predigt«. In: Historisches Wörterbuch der Rhetorik 7 (2005). Hg. v. GERD UEDING. Darmstadt 2005, 65–84.

eher einer binnentheologischen Ausrichtung verpflichtet, die Predigten von Wernsdorf und Haferung erbringen aber durchaus die Transferleistung von akademischer Theologie hin zu ›alltagstauglichen Verhaltensstrategien‹ angesichts der gegenwärtigen Entwicklungen der evangelischen Kirche und des Landes. Trotz unterschiedlicher Predigttexte und unterschiedlicher Predigtstile findet man innerhalb aller sieben Wittenberger Predigten deutliche zeitdiagnostische Äußerungen, die sich in der Charakterisierung der gegenwärtigen Lage stark ähneln. Allen gemeinsam ist auch das Anliegen, innerhalb der jeweiligen *applicatio* bzw. *conclusio*, der Gemeinde ›Verhaltensstrategien‹ an die Hand zu geben, wobei sich an dieser Stelle auch Unterschiede bezüglich der ›Zukunftsaussichten‹ der evangelischen Kirche feststellen lassen.[50]

1 »bey ietzigen gefährlichen und betrübten Zeiten«

»Insonderheit haben wir dahin zu sehen, daß wir dieses Jubel-Fest nicht in Fressen und Sauffen, Uppigkeit und Schwelgen, oder auch wohl gar Cammern und Unzucht, am wenigsten, mit Lärmen und Schwärmen, sondern vielmehr bey ietzigen gefährlichen und betrübten Zeiten in aller Gottseeligkeit und Ehrbarkeit zubringen mögen, damit auch andere Leuthe unsere gute Wercke sehen, und den Vater im Himmel preisen mögen.«[51] Wernsdorf charakterisiert die Gegenwart der Feiernden als »gefährlich« und »betrübt« gleichermaßen. Auch wenn das Jubiläum durchaus auch als »Freudenfest« zu feiern sei, so ermahnt er angesichts der veränderten Situation gegenüber dem Jubiläum von 1617 zu Buße und Gebet. Für ihn umfasst das Jubiläum »ein Denck-Fest, ein Danck-Fest, ein Freuden-Fest, aber auch ein Buß- und Bet-Fest«.[52] Der gegenwärtige

---

50 Der Frage, inwieweit tatsächlich von einer Zukunftssicht innerhalb der lutherischen Orthodoxie gesprochen werden kann, wird hier nicht nachgegangen werden. Im Blick ist aber die Ablehnung einer ›Hoffnung auf bessere Zeiten‹, wie sie im Pietismus zu finden ist und die lutherisch orthodoxe Vorstellung einer ›unmittelbaren‹ Naherwartung des Jüngsten Tages. Auf die Wittenberger Auseinandersetzungen zwischen der Theologischen Fakultät und Philipp Jakob Spener am Ende des 17. Jh.s, die sich auch mit den unterschiedlichen eschatologischen Vorstellungen auseinander setzten, geht aktuell Heike Krauter-Dierolf ein; vgl. DIES.: Die Eschatologie Philipp Jakob Speners: der Streit mit der lutherischen Orthodoxie um die »Hoffnung besserer Zeiten«. Tübingen 2005 (BHTh 131), bes. 311–320.

51 WERNSDORF: Predigt [s. Anm. 9], 43.

52 WERNSDORF: Predigt [s. Anm. 9], 9. Diese Charakterisierung geht auf Matthias Hoë von Hoënegg zurück, Oberhofprediger in Dresden; vgl. FLÜGEL: Konfession [s. Anm. 5], 77, dort mit weiteren Nachweisen. Gedenken sollten die Gläubigen, nach Wernsdorf, an den Tag, an dem der Ausgang aus dem Papsttum angefangen, Freude sollte darüber empfunden werden, dass die große Gnade dieses Ausgangs eben genau vor 200 Jahren seinen Anfang nahm, Lob und Dank galt es Gott gegenüber auszusprechen angesichts der Größe seiner Wunder und seiner Wohltaten an den Vorfahren und der gegenwärtigen Gemeinde. Buße galt es zu üben angesichts des

Zustand der evangelischen Kirche sei bedauerlich, da viele in das »Päpstliche Aegypten« zurückkehren: »Niemand kehre sich daran, daß die Berge mitten ins Meer sincken, und die Hohen in der Welt, so sonst der Evangelischen Religion zugethan gewesen, nach und nach, bald aus diesen, bald aus jenen, Absichten, in das Päpstliche Aegypten zurück wandern; wie denn, leyder! nur neulich ein Fürst und Grosser in Israel gefallen.«[53] Offensichtlich spielt Wernsdorf hier auf den Konfessionswechsel des Kurfürsten Friedrich August I. und v.a. auf die unmittelbar zurückliegende Bekanntgabe des Wechsels seines Sohnes an. Beiden gibt er dabei Folgendes mit auf den Weg: »Sie mögen es auf ihre Gefahr wagen, und gewahr werden, was vor Jammer und Hertzeleyd es bringe, den HErren seinen GOtt verlassen, und ihn nicht fürchten. Denn dafür, daß sie die Wahrheit nicht behalten haben, daß sie seelig würden, wird ihnen GOtt geben kräfftige Irrthümer, daß sie gläuben den Lügen von Päpstlicher Infallibilität, von Fürbitte der Heiligen, vom Fegfeuer, von einerley Gestalt im H. Abendmahl u. s. f.«.[54] Dass Wernsdorf die aktuellen Geschehnisse bei seiner Predigt im Blick hat, zeigt auch eine weitere Stelle in der Applicatio, in welcher er die am 23. Oktober 1717 von Friedrich August I. erlassene neuerliche Religionsversicherung explizit erwähnt mit der Bitte an Gott, den Kurfürsten an die Einhaltung dieser Versicherung stets zu erinnern: »Ach! GOTT, in dessen Hand das Hertz des Königs ist, und selbiges lencket, wohin er will, der lencke auch das Hertz ihrer Majestät je mehr und mehr zur Huld und Gnade gegen seine getreue und gehorsame Unterthanen, und da sie jüngsthin Dero Königliches Wort von sich gegeben, daß in Religion- und Kirchen-Sachen auch künftig hin nichts geändert werden solte, o! so stärke der auch ihro Königliche Majestät in diesem guten Vorsatz, und lasse sie fernerweit Christ-Fürstliche Gedancken haben und darüber halten [...].« Geschickt fügt Wernsdorf hinzu: »[...] damit wir bey allen widrigen Fällen sagen können: Unsers Herrn, des Königs, Wort soll uns ein Trost seyn.«[55] Anlässlich des Abfalls vieler »Königreiche und Republiquen«, die vor 100 Jahren noch evangelisch waren, fordert er seine Zuhörer

---

bisherigen Undanks gegenüber dem Wort Gottes. Damit einher ging die Bitte um die Erhaltung des Evangeliums bis zum Ende der Welt; vgl. WERNSDORF: Predigt [s. Anm. 9], 9f.

53 WERNSDORF: Predigt [s. Anm. 9], 42.

54 WERNSDORF: Predigt [s. Anm. 9], 42. In diesem Zusammenhang gilt es darauf hinzuweisen, dass zuvor Wernsdorf den »allezeit gut Lutherische(n) Chur-Fürste(n)« Christian I. hervorhebt (Ebd., 30), ebenso wie den »weise(n) Chur-Fürst Friedrich« (Ebd., 39). Auch der besondere Hinweis auf die Kurfürstin bzw. Königin am Ende seiner Predigt und die Bitte um Trost für sie angesichts des »zugestossenen, und nicht unbekandten, empfindlichen Kummers« (Ebd., 46) zeigt die Betonung derer, die an dem evangelischen Bekenntnis festgehalten haben bzw. noch festhalten.

55 WERNSDORF: Predigt [s. Anm. 9], 45f.

zu Bitte und Gebet auf.[56] Wernsdorf zeichnet einen bedauernswerten Zustand der evangelischen Kirche, die immer mehr Sorge vor dem Wiedererstarken der katholischen haben müsse. Gleichwohl bleibt es nicht bei einer rein negativen Zeitdiagnose, denn er hebt auch den Zustand der Glückseligkeit der gegenwärtigen Gemeinde im Gegenüber zur Situation der Vorfahren hervor, zumindest die Lehre betreffend.[57]

Auch Haferung weiß um die ambivalente Gegenwartslage. Er versucht bereits in seiner Vorbereitungspredigt am 30. Oktober trotz der gegenwärtigen Ereignisse die Gemeinde positiv auf das Jubiläum einzustimmen. »Es wäre ein unverantwortlicher Undanck, wenn wir, in CHristo geheiligte Kinder GOttes, nicht bekennen wolten, daß wir die höchste Ursache haben, zu jauchzen und zu jubilieren. Denn es stehe sonst, wie es wolle; es mag eine Unglücks-Post nach der andern, ein Schreck-Bothe über den andern kommen, so uns biß in die Seele kränckt; der Teufel mag rasen, wie er will; das Reich der Finsterniß seine eusserste Kräffte anstrecken, sich nur über die gantze Welt, und so gar über die Kinder des Lichtes, ausbreiten; Doch GOtt Lob! Wir sind das Volck, das jauchzen kan.«[58] Auch er fordert die Gemeinde auf, um die Einhaltung

56 »O! wie nöthig haben wir dieses, meine Liebsten! Ich betrübe mich, ja, ich gräme mich, und gehabe mich übel, wenn ich unsern ietzigen Zustand ansehe, und zurück dencke, wie sehr sich derselbe im abgewichenen Seculo und Jahrhundert verschlimmert hat! Wie viel Königreiche und Lande, wie viel mächtige Republiquen und Städte waren vor 100. Jahren nicht gut Evangelisch? [...] Wie stehts ietzo? Vor 100. und etwas Jahren waren 3. Chur-Fürsten im Römischen Reiche der ungeänderten Augspurgischen Confession zugethan? Wo sind Sie? das Römische Babel rafft sich nach und nach wieder auf, und seine tödtliche Wunde wird wieder heil. Ja, es zieht einen grossen Herrn, ein Reich, ein Land nach dem andern zu sich, und steigt immer höher. Unser Häuffgen hingegen wird immer kleiner. [...] Ach! unsere arme Kirche siehet aus, wie ein Häußgen im Weinberge, wie eine Nachthütte im Kürbiß-Garten, wie eine verheerte Stadt! [...] O da lasst uns bey Zeiten vorbitten [...].« Wernsdorf: Predigt [s. Anm. 9], 49.

57 »[...] weder den betrübten und elenden Zustand unserer Vorfahren im Papsthumb, noch auch unsere ietzige Glückseeligkeit, so viel die Lehre betrifft [...].« Wernsdorf: Predigt [s. Anm. 9], 4.

58 Johann Caspar Haferung: I.N.J. Vorbereitungspredigt. In: Ders.: Gedächtnüß der Wunder Gottes Darbey das über die Wiederherstellung der reinen Lehre Zum Andern mal Jubilirende Evangelische Zion So wohl seines Heylandes hertzliche Vorsorge erkennet als auch dessen Gnaden-volle Gegenwart rühmet In Zwo unterschiedenen Jubel-Predigten Aus Apoc. III, 11. ingleichen Luc. XII, 23. den 30. Octobr. und 1. Novembr. 1717. erneuert/ und in der WITTENBERGISCHEN STADT-KIRCHE zur Ermunterunge inniglichen Lobens und Danckens der Gemeine GOttes vorgetragen Von Johann Caspar Haferung/ D. SS. Theol. Prof. Publ. Extra-Ordin. & ad D. Mariae Arci-Diacono. WITTENBERG Bey Gottfried Zimmermann. 1718, 1–28, hier 3f. Dieses Zitat verdeutlicht darüber hinaus, wie schockiert die Evangelischen in Kursachsen gewesen sein mussten, als sie von dem Konfessionswechsel des

der Religionsversicherung zu bitten: »Bittet auch den Vater aller Gnaden und Barmherzigkeit, daß er seinen Gesalbten, unsern Allergnädigsten König, Chur- und Landes-Fürsten, in allem Königlichen Seegen und Gedeyen erhalte, und Dero Hertz beständig dahin neige, daß sie bey der Allertheurst-geschehenen Versicherung unveränderlich beharren, weder ietzo noch künftig hin in Gewissens- und Glaubens-Sachen das allergeringste nicht zu ändern, sondern uns alle bey unserer Evangelischen Freyheit ungekränckt und unbekümmert zu lassen;«.[59] In seiner Predigt am 1. November betont er die Reinheit der Lehre und des Glaubens auch angesichts der »Menschen-Lehre und Schwärmereyen«, welche diese immer wieder verschmutzen.[60] Hier nimmt er erneut die Schreckensnachrichten, die unlängst die Evangelischen in Kursachsen erreicht hatten, in seiner Zeitdiagnose mit auf und stärkt die Gläubigen gleichzeitig mit dem Aufruf, Gott zu vertrauen.[61] Bei der Darstellung des Zustands der evangelischen Kirche steht im Vordergrund die Beschreibung als ›kleine Schar‹, die dabei eine besondere Konnotation mit sich führt:[62] So sei die Schar der Gläubigen allezeit klein gewesen, daneben seien äußerliche Kennzeichen und Größe einer Kirche nicht ausschlaggebend für ihre Wahrhaftigkeit. Vielmehr stelle gerade die »kleine Heerde« die »wahre Kirche« dar, in der unabhängig von Menge, Ansehen, Alter, Macht und Reichtum das Wort Gottes und die heiligen Sakramente stärken und trösten und gerade darin die Verbundenheit mit »JEsu Armuth, Verachtung und Schmach« zum Ausdruck komme.[63] Dahinter steht ein Geschichtsbild, das die Geschichte der wahren Kirche als Leidensgeschichte darstellt. Es findet sich auch in anderen lutherisch orthodoxen Predigten

---

Kurprinzen hörten. So beschreibt Haferung die »Seele«, die von dem »Schreck-Bothe(n)« gekränkt wurde. Als Ursache wird der »Teufel« herangeführt; ebd.

59 HAFERUNG: Vorbereitungspredigt [s. Anm. 58], 27.

60 »Es sind die Brunnen Israelis hin und wieder mit dem Unflath der Menschen-Lehre und Schwärmereyen besudelt; Allein bey uns fliessen sie noch biß auf diesen Tag rein und lauter.« JOHANN CASPER HAFERUNG: I.N.J. Andere Jubel-Predigt Gehalten Am Andern Feyer-Tage Nach-Mittage Aus Luc. XII, 32. In: DERS.: Gedächtnüß [s. Anm. 58], 29–58, 31.

61 »Obgleich bald dieser Unglücks-Bothe, bald die Schreck-Post uns bange macht; soll doch der Zuspruch des HErrn JEsu uns erquicken.« HAFERUNG: Jubel-Predigt [s. Anm. 60], 34.

62 Diese Beschreibung lässt sich gut an den verordneten Predigttext rückbinden. Lk 12,32: »Fürchte dich nicht, du kleine Heerde, denn es ist eures Vaters Wohlgefallen, euch das Reich zu geben.« So bei HAFERUNG: Jubel-Predigt [s. Anm. 60], 32.

63 »Das bleibet denn übrig, daß wir alleine die kleine Heerde vor die wahre Kirche halten müssen, welche durch das Wort und die H. Sacramente sich stärket und tröstet, und unterdessen mit ihrem JEsu Armuth, Verachtung und Schmach austehet: [...].« HAFERUNG: Jubel-Predigt [s. Anm. 60], 51. Vgl. auch die weitere Abhandlung Haferungs über die wahre Kirche; ebd., 48–51.

des 17. und 18. Jh.s.[64] Diese apologetische Funktion der (Kirchen-)Geschichte wirkte dabei nach innen integrativ: »den protestantischen Gläubigen soll das Leiden der wahren Kirche – gerade auch im Sinne einer Immunisierung gegen die Angriffe des konfessionellen Gegners – als unumgänglich dargestellt und in ihrem Bewußtsein verankert werden.«[65] Die wahre Kirche ist fortwährend einem Kampf des Glaubens ausgesetzt, gerade aber der Rückblick auf vergangene ›Kämpfe‹ und die immer schon ›kleine Herde‹ stärkt die Identität der gegenwärtigen Gläubigen.

Auch bei Chladenius und Klausing finden sich zahlreiche gegenwartsdiagnostische Elemente in den Predigten.[66] Bei Klausing erfährt die Einschätzung der gegenwärtigen Lage jedoch eine besondere Qualität. Ausgehend von seinem Predigttext 1Tim 6,12-16 beschreibt er die »Zeiten« der anwesenden Gläubigen als »gefährlicher« als die Zeiten des Apostels Paulus. Die Aufforderung des Paulus an Timotheus, einen »guten Kampf des Glaubens« zu kämpfen, ist gleichzeitig, so Klausing, an die gegenwärtige Gemeinde gerichtet: »Diese Vermahnung gehet nun alle und jede gläubige Kinder Gottes zwar an, auch zu allen Zeiten, uns aber vor allen andern an dem heutigen Evangelischen Christ-Lutherischen Jubel-Feste, insonderheit in Betrachtung unserer Zeiten, auff welche, uns GOtt nach seinem allweisen Rathe aufbehalten hat, und dieses Fest celebriren lassen, welche gewisse noch weit gefährlicher ausehen, als die Zeiten den Apostels, welches einem jedweden, auch ohn mein Erinnern, zur gnüge bekant ist.«[67] Damals waren es »falsche Apostel«, welche die Gemeinde gefährdeten, heute

64 Vgl. NORBERT HAAG: Predigt und Gesellschaft. Die Lutherische Orthodoxie in Ulm 1640–1740. Mainz 1992 (VIEG, 145), 44–47.

65 HAAG: Predigt [s. Anm. 64], 46.

66 So verweist z.B. Chladenius in seiner ersten Predigt implizit auf die vorangegangene Bekanntgabe des Konfessionswechsels: »Es ist auch an dem, daß nicht nur eine Ursache vorhanden, die uns auch mitten in dieser Freude die Thränen aus unsern Augen locket [...].« MARTIN CHLADENIUS: Im Nahmen JESU! Erste Jubel-Predigt gehalten Am Ersten Jubel-Tage d. 31. Octob. 1717. in der Pfarr-Kirchen zu Wittenberg aus Coloss. I,3.-6. In: DERS., Im Nahmen JESU! [s. Anm. 44], 3–28, hier 26.

67 HEINRICH KLAUSING: I.N.J. Die erste Reformations-Predigt, Welche Am III. Fest-Tage des allgemeinen und andern Christ-Lutherischen Jubiläi, zu Wittenberg in der Schloß- und Stiffts-Kirche gehalten worden, Anno 1717. über den Text ausm 1. Timoth. VI, 12-16., in: DERS.: Zwey Reformations-Predigten, Davon die Erste Eine Jubel-Predigt, So am III. Fest-Tage des allgemeinen und andern Christ-Lutherischen Jubilaei, über den dazumahl Allergnädigst verordneten Text aus I. Timoth. VI, 12-16. Anno 1717. zu Wittenberg in der Schloß- und Stiffts-Kirche daselbst, Die Andere aber Eine Antritts-Predigt, So in Leipzig am Reformations-Fest Anno 1719. In der Pauliner-Kirche, über den Text, aus Joel. II, 23. gehalten, und zum Druck befördert worden Von Heinrich Klausingen, Theol. D. Und vormahls in Wittenberg Theol. und Mathem. nunmehro aber in Leipzig Prof. Publ. Theol. Ord. Leipzig, verlegts Georg Christoph Wintzer. o.O., o.J., 3–20, hier 8.

sind es das mit »Macht hereinbrechende Pabststhum[s]« und die teilweise »unter uns grassirenden Indifferentismi, Fanaticismi, Atheismi und [das] mehr als gar zu gemeinen lauligten und unthätigen Christentum«.[68] Diese Sicht der Gegenwart behält Klausing während der gesamten Predigt bei, so dass der Aufruf zum »Kampf des Glaubens« am Ende einen signifikanten Charakter erhält. Es gibt keine Bitte für den Kurfürsten und die Einhaltung seiner Religionsversicherung, wie noch bei Wernsdorf und Haferung. Zukünftig erwartet Klausing noch »schlimmere Feinde« und der Ausgang des »Kampfes« bleibt ungewiss. Auch der nun offenbare »Antichrist« wird angeführt, der darauf hindeutet, »daß wir billig unsere Zeiten vor die letzten und greuligsten halten können, [...].«[69] Die Aufforderung an die Gemeinde, nämlich standhaft im Glauben zu bleiben, sowie dieses auch im Bekenntnis deutlich zu machen und einem ›christlichen Leben‹ gemäß zu wandeln, ist dabei unmissverständlich.[70]

Zusammenfassend ist also zu sagen, dass sich die gegenwärtigen Ereignisse in Kursachsen in den Jubiläumspredigten der Wittenberger Theologen widerspiegeln und auch der weiter zurückliegende politische Kontext des Jubiläums die Zeitdiagnosen der Prediger beeinflusste. Das Gefährdungs- und Bedrohungsgefühl, welches sich ab dem Konfessionsübertritt des Kurfürsten 1697 entscheidend zu entwickeln begann, erreichte mit dem Glaubenswechsel des Kurprinzen seinen Höhepunkt. Dies ging teilweise soweit, dass einige der Prediger die gegenwärtige Gemeinde ausdrücklich als Teil der ›letzten Zeiten‹ betrachteten.[71] Berücksichtigt man in diesem Zusammenhang das sehr differen-

68 KLAUSING: Erste Predigt [s. Anm. 67], 8.

69 KLAUSING: Erste Predigt [s. Anm. 67], 11. Besonders auch: »Wir haben ja zu unsern Zeiten weit mehrere Feinde, als Timotheus zu Epheso hatte, welche schon einigermassen zu uns eingedrungen, so daß sie unter-um-und neben uns sind [...]. Zu Zeiten des Timothei, war der Römische Antichrist noch nicht kund und offenbahret, ietzo ist er mehr, als zu sehr kund und offenbahret worden [...]. Ausser diesen Antichrist sind noch viele Spötter und verführische Lehrer mehr, theils in, theils ausser der wahren Kirche, daß wir billig unsere Zeiten vor die letzten und greuligsten halten können, [...].« Ebd., 10f.

70 »Und dieses ist die vornehmste Ursache, warum auch ich, alle und jede zur künfftigen Beständigkeit im Glauben anzumahnen, Gelegenheit nehmen muß an dem heutigen Tage allen zuzuruffen: Sehet zu, daß auch ihr hinkünfftig einen guten Kampf des Glaubens kämpfet.«; ebd., 11. Zum Ende seiner Predigt: »Was GOtt thun werde, nach seinem allweisen Rathe und Willen, und was er über und ferner verhängt, das wissen wir nicht. Das aber wissen wir, was wir thun sollen, nehmlich beständig bleiben in dem Glauben, und in der Ausübung desselben, durch ein gottseeliges Leben und Wandel, nach den beyden Stücken unserer einmahl erkannten und bekannten Evangelischen Christ-Lutherischen Religion, auch darin beharren biß an unser seeliges Ende.« KLAUSING: Erste Predigt [s. Anm. 67], 20.

71 Neben Klausing findet man auch in der dritten Predigt des Chladenius einen zwar deutlich schwächeren, aber inhaltlich doch eindeutigen Anklang an diese Zeiteinschätzung: »Meine Lieben, diese Worte sind auch auf uns gemeynet. Wir sind und

zierte Verhältnis von Eschatologie und Geschichte in der lutherischen Orthodoxie, so ist die Hervorhebung dieser ›elenden, letzten Zeiten‹ wohl Ausdruck der lutherischen Naherwartung, die kontinuierlich als dunkler Hintergrund aller Geschichte mitschwang.[72] Die gegenwärtigen Ereignisse hätten demnach ein Hinweis auf ein unmittelbares Bevorstehen des Jüngsten Tages sein können. Der augenblickliche Zustand der Kirche wurde, wie bei Haferung (s.o.), als Ausdruck der ›wahren Kirche‹ angesehen. Darüber hinaus können diese zeitdiagnostischen Aussagen über die ›letzten Zeiten‹ als innertheologische Kritik wahrgenommen werden. Gerade Klausing hebt durchgängig in seiner Predigt den Ruf zur Beständigkeit und Standhaftigkeit im Glauben hervor. Er betont die Bedeutsamkeit des Festhaltens an der ›wahren und einzig richtigen‹ Lehre: »Je grösser die Gefahr, welche uns bevorstehet, je grösser soll der Muth bey uns seyn, und immer wachsen und zunehmen in dem Vorsatze von der einmahl erkannten und bekannten Evangelischen-Christ-Lutherischen Religion und Glaubens-Lehre weder zu weichen noch zu wancken, biß auff die Erscheinung Jesu Christi.«[73]

2 Durch ›Menschensatzungen‹ verdunkelt

Bereits Wolfgang Flügel geht in seiner Arbeit auf die »weitgehende Erfolglosigkeit« der Bemühungen Friedrich Augusts I. ein, antikatholische Äußerungen zu verhindern.[74] Dies ist auch hinsichtlich der Wittenberger Jubiläumspredigten festzustellen. Keiner der Prediger unterließ es, sich kritisch gegenüber der katholischen Lehre zu äußern. Sicherlich ist eine polemische Darstellung der Konfessionsgegner, wie sie von 1617 bekannt ist, nicht aufzuzeigen, in der Deutlichkeit ihrer Aussagen standen die Urteile von 1717 aber nicht zurück. Zur Disposition stand weniger das Papsttum an sich als vielmehr die katholische Frömmigkeitspraxis: Wallfahrten, die Gebetspraxis und Heiligenverehrung wie auch der Umgang mit der Bibel werden missbilligend erwähnt. So predigt Haferung: »Die Ehre der Anbetung geben wir keinen Engeln, keinen verstorbenen Heiligen, keinen Reliquien, und so fort; Binden uns auch mit unserer

---

leben auch in den letzten Tagen und Zeiten, [...].« Chladenius: Dritte Predigt [s. Anm. 44], 55.

72 Vgl. Martin Greschat: Zwischen Tradition und Neuem Anfang. Valentin Ernst Löscher und der Ausgang der lutherischen Orthodoxie. Witten 1971 (UKG 5), 111. Weitere Literatur zum Thema »Eschatologie« z.B. Gerhard Ebeling: Erwägungen zur Eschatologie. In: Ders.: Wort und Glaube 3. Tübingen 1975, 428–447. Erhard Kunz: Protestantische Eschatologie. Von der Reformation bis zur Aufklärung. Freiburg 1980 (HDG 4). Gerhard Sauter: Einführung in die Eschatologie. Sonderausgabe der 1. Aufl. Darmstadt 1995. Markus Mühling: Grundinformation Eschatologie. Systematische Theologie aus der Perspektive der Hoffnung. Göttingen 2007.

73 Klausing: Erste Predigt [s. Anm. 67], 18.

74 Flügel: Konfession [s. Anm. 5], 146–155, Zitat 146.

Andacht an keine gewisse Oerter, als solche sie da GOtt gefälliger seyn, als anderswo.«[75] Wernsdorf wird sogar noch deutlicher in der Beschreibung der Wallfahrtspraxis: »Der Hunger [nach der Gnade Gottes – Anm. der Vf.in] war so groß, daß sie von einem Meer zum andern, von einem Lande, von einem Berge und Thal zum andern, bald nach der Mutter GOttes zu Loretto in Italien, bald nach St. Jago du Compostella in Spanien, bald nach St. Denys in Frankreich, bald zum heiligen Blut gen Wilsenack in die Marck, bald gar zum Heil. Grab ins gelobte Land reisten [...].«[76] Chladenius nennt ausdrücklich den Verursacher dieser »Menschensatzungen«: »Diesem [dem göttlichen Gebot der Liebe – Anm. der Vf.in] aber hatte der Pabst mit seinem Hauffen viel andere Gebote hineingeflicket, [...].«[77]

Eine Besonderheit liegt auch in der Betonung des Deutschen als Muttersprache der Gläubigen und damit bezüglich ihrer Verwendung im Gottesdienst und hinsichtlich des Umgangs mit der Bibel. »Ihr Evangelischen Zuhörer aber werdet nicht in der Lateinischen, als einer unbekandten Sprache, unterrichtet: Denn wie köntet ihr auf unser Seegnen Amen sagen, sintemahl ihr nicht wüstet, was wir sageten? [...] Sondern in vernehmlicher deutscher Mutter-Sprache wird euch der Wille GOttes vorgeleget, und wir wiesen euch selbst auf das H. Bibel-Buch, daraus euch und uns zu richten.«[78] Chladenius bestärkt in seiner ersten Jubel-Predigt seine Gemeinde hinsichtlich ihrer Jubelfreude in einer ähnlichen Richtung: »Diß alles ist freylich eine wichtige Ursache, ja über alle Ursachen, zu frohlocken, wenn man GOttes Wort haben kann. So gut ist es unsern lieben Vorfahren im Pabstthum nicht worden, daß sie das edle theure Wort hätten in ihren Kirchen, Stuben, Kammern, Bücher-Schräncken, ja in ihren Händen behalten und herumtragen, lesen, betrachten, und lernen können.«[79] Wernsdorf betont in dieser Hinsicht, »daß alle Finsterniß, Boßheit und Greuel des Pabstthums aus Verachtung der Bibel« entstanden wäre und hebt hervor, dass Luther es war, der dieses erkannte und daraufhin die Bibel ins Deutsche übersetzte, »damit ein jeder sie lesen und sich daraus erbauen konnte.«[80]

75 HAFERUNG: Vorbereitungspredigt [s. Anm. 58], 14.

76 WERNSDORF: Predigt [s. Anm. 9], 6.

77 CHLADENIUS: Erste Predigt [s. Anm. 66], 19.

78 HAFERUNG: Vorbereitungspredigt [s. Anm. 58], 9. Bedenkt man, dass die akademischen Festreden anlässlich der Reformationsjubiläen bis Ende des 18. Jahrhunderts weitgehend auf Latein gehalten wurden, sagt diese Bemerkung auch etwas über den Hörerkreis der Predigten aus. Die Jubiläumsgottesdienste waren nicht nur an ein rein akademisches Publikum gerichtet, sondern auch die Nicht-Gelehrtenkreise waren in den Blick der Verkündigung mit aufgenommen. Vgl. zur Sprache der Jubelpredigten LIGNIEZ: Zion [s. Anm. 7], Einleitung 3.1.

79 CHLADENIUS: Erste Predigt [s. Anm. 66], 25.

80 WERNSDORF: Predigt [s. Anm. 9], 24f.

Ein weiterer gemeinsamer Kritikpunkt ist die Rechtfertigungspraxis der katholischen Kirche, wobei die Hinweise darauf den üblichen lutherisch orthodoxen Lehrmeinungen zum Thema entsprechen. So sieht Chladenius in seiner letzten Predigt, in der er ein »ewiges und immerwährendes Denckmahl«[81] zwischen Gott und den Gläubigen anlässlich des Jubiläums errichten möchte, auf Seiten der Gläubigen nur eine grundlegende Bedingung: »So ist nun die Stipulation und Anforderung GOttes, an Seiten der Evangelischen Kirche, auf den Glauben und dessen rechtschaffene Früchte gerichtet, damit er sie alsdenn vor sein Volck achten könne.« Was unter ›guten Werken‹ bzw. »rechtschaffene[n] Früchte[n]«, im Gegensatz zur katholischen Rechtfertigungspraxis, zu verstehen ist, erläutert er kurz vorher: »Man würde hier trefflich fehlen, wenn man sich der Hand der guten Wercke, oder eigenen Heiligkeit bedienen wollte. Diese lässet zwar GOtt nicht unbelohnt, wenn sie aus dem Glauben gehen; Aber das ewige Leben muß und kann keineswegs verdienet, sondern ergriffen werden, durch ein gläubiges Zueignen [...].«[82]

Durchgängig findet man in den Jubiläumspredigten diese kritischen Äußerungen gegenüber der katholischen Kirche. Teilweise können sie als generelle Kritik gegenüber einer der anderen Konfessionen eingestuft werden. Allerdings lässt das verwendete Vokabular auch noch den ›lutherischen Erzfeind‹ erkennen.[83] Neben allgemeiner Kritik, wie sie oben angeführt wurde, finden sich auch die Metaphern von der ›päbstlichen Abgötterey‹, den ›Greuel des Pabstthums‹ oder auch der auf den Papst gemünzte ›Höllische(r) Pharao‹. Dass diese kritischen Äußerungen häufig innerhalb der Darstellung vergangener Zeiten erfolgt, ist sicherlich dem kurfürstlichen Verbot jeglicher antikatholischer Tendenzen gezollt, denn so nahm man der Aktualität der Kritik in gewisser Weise die Schärfe. Dass eine solche Relativierung aber auch übergangen wurde, zeigt das bereits angeführte Beispiel von Wernsdorf, der als Warnung anführt, dass Gott die jetzt Abfallenden weiterhin an die ›katholischen Irrtümer‹ glauben lasse (s.o.): »Denn dafür, daß sie die Wahrheit nicht behalten haben, daß sie seelig würden, wird ihnen GOtt geben kräfftige Irrthümer, daß sie gläuben den Lügen von Päpstlicher Infallibilität, von Fürbitte der Heiligen, vom Fegfeuer, von einerley Gestalt im H. Abendmahl u. s. f.«.[84]

Die Auseinandersetzung darüber, wie sich das Papsttum in Opposition zur weltlichen Macht entwickelte und dabei Grenzen überschritt, leitet über zur

81 Chladenius: Dritte Predigt [s. Anm. 44], 52.

82 Chladenius: Dritte Predigt [s. Anm. 44], 58, 62. Vgl. dazu auch Klausing: Erste Predigt [s. Anm. 67], 12.

83 Dass eine antikatholische Haltung im frühen 18. Jahrhundert zu den prägenden Merkmalen lutherischer Identität zählte, darauf weist auch Flügel: Konfession [s. Anm. 5] hin, vgl. 148.

84 Wernsdorf: Predigt [s. Anm. 9], 42.

Frage, wie sich die Christen angesichts der gegenwärtigen Lage der evangelischen Kirche verhalten sollten.

3 *›Evangelische Bekenner‹ und ›Rechtschaffene Lutheraner‹*

Aussagen, inwieweit die Wittenberger Prediger angesichts der gegenwärtigen Entwicklungen in Kursachsen den Jüngsten Tag unmittelbar erwarteten, sind im Nachhinein weniger von Bedeutung und nur spekulierend zu treffen.[85] Alle Theologen äußerten sich dazu, wie sich die ›Gläubigen‹ gegenwärtig, aber auch zukünftig zu verhalten haben. Diese ›Verhaltensanweisungen‹ erhalten, wie z.B. bei Klausing zu sehen sein wird, eine signifikante Note hinsichtlich der Gnade und Treue Gottes bzw. eine besondere Einschränkung des Gehorsams gegenüber der weltlichen Obrigkeit, die v.a. bei Wernsdorf erkennbar wird.

Klausing, der wie bereits dargelegt die Gegenwart der Feiernden als »gefährlicher« als zu Zeiten des Apostels Paulus ansieht, ruft, ausgehend von seinem Predigttext 1Tim 6,12-16, zum »Kampf des Glaubens« auf.[86] Im Glauben sieht er das vornehmste Stück der wahren »Evangelischen und Christlichen Religion«, an dem es festzuhalten gelte. Das andere Stück ist die Ausübung dieses Glaubens in der »wahren Gottseeligkeit«. Anliegen seiner Predigt ist demnach die Ermahnung, standhaft im Glauben an Jesus Christus zu bleiben und diesen Glauben »nach seinem Stande und Amte« auszuüben. Die Ausübung gemäß dieses »Standes und Amtes« erläutert Klausing näher mit Hilfe der Person des Timotheus und verknüpft diese Duplizität eines christlichen Lebens gleichzeitig mit der Forderung nach einem Bekenntnis. Timotheus sei nicht nur Christ gewesen, sondern auch Lehrer und Bischof. Darüber hinaus hätte er nicht nur in seiner Taufe sich zu Christus bekannt, sondern dieses auch mit einem öffentlichen Bekenntnis »vor vielen Zeugen« bei seiner Einsetzung als Bischof von Ephesus getan. Dieses müssten sich, nach der Meinung Klausings, auch die Gläubigen der feiernden Gemeinde zum Vorbild nehmen. Auch sie hätten einen »doppelten Beruf«, sie seien »allgemein« Christen und übten gleichzeitig einen Beruf gemäß ihres Standes und Amtes aus. Darin käme ihre künftige »Glaubensbeständigkeit« zum Tragen. Daneben hätten sie bei ihrer Taufe ein öffentliches Bekenntnis abgelegt und täten dies wiederholt bei der Beichte, so dass sie der Forderung, ihren Glauben auch zu bekennen, regelmäßig nachkämen.[87]

Auch bei Chladenius findet sich eine vielschichtige Semantik des Begriffs ›bekennen‹: Das evangelische Bekenntnis sei wichtiger Bestandteil der luthe-

---

85 Eine solche eindringliche Zeitdeutung findet man außer bei Klausing und Chladenius innerhalb der Predigten von Wernsdorf und Haferung nicht.

86 Alle folgenden Zitate entnommen aus KLAUSING: Erste Predigt [s. Anm. 67].

87 Vgl. hier bes. KLAUSING: Erste Predigt [s. Anm. 67], 13. Auch weist Klausing auf das bereits geleistete, öffentliche Bekenntnis hin, das in der Confessio Augustana vorliege.

rischen Identität. Ganz gleich ob als Lehrer oder Zuhörer, ob vor vielen oder wenigen Zeugen oder ob mündlich oder schriftlich – das Bekenntnis zu Gott und dem rechten Glauben bringe den ›wahren Evangelischen Christen‹ hervor.[88] Dabei betont er die Treue zu den Bekenntnisschriften: »Dieselben können keine Evangelischen Bekenner seyn, die sich der Evangelischen Glaubensbücher schämen, und dieselben auf allerhand Art und Weise lästern, folglich sich einen eigenen Glauben schmieden, nach ihrem eignen Gehirn, nicht aber nach der Art und Sinn Göttliches Worts, und der wohlhergebrachten Glaubens-Bekäntnissen, die wir billig als ein grosses Kleinod halten.«[89] Folge dieses ›Bekennertums‹ sei unverzagter Mut und Tapferkeit, auch angesichts der bedrohlichen gegenwärtigen Lage: »[...] Sie [die christliche Kirche; Anm. der Vf.in] wird wohl bleiben, wenn auch die Feinde sich an sie machen wollten, [...] so wird doch der HErr mitten unter seinen gläubigen Bekennern seyn, und sie selbst beschirmen, auch zu rechter Zeit ihre Feinde dämpffen.«[90]

Klausing betont neben dem Bekenntnis immer wieder die ›Ausübung‹ des Glaubens: »Es ist ja nicht genug, daß wir von der reinen lauteren Christ-Lutherischen Glaubens-Lehre, allein uns rühmen, wann wir dabey eines wahren gottseeligen, oder Christlichen Lebens und Wandels uns nicht auch zugleich befleißigen.«[91] Diese Betonung geht sogar so weit, dass am Ende seiner Predigt die Standhaftigkeit im Glauben und die rechtmäßige Ausübung dieses Glaubens einen spezifischen Charakter hinsichtlich der Treue und Gnade Gottes erhält: »So lange wir beständig bleiben, und in der wahren Gottseligkeit, so lange bleibet GOtt und Christus JEsus auch beständig in und bey uns mit seiner Gnade, und Krafft des Worts und der Sacramente.«[92] Klausing vermittelt seinen Zuhörern damit zweierlei: Einerseits seien die gegenwärtigen Zeiten bedrohlich und gefährlich und auch die »künfftigen Zeiten [...] [lassen] das Hertze und alle Glieder beben [...]«. Gerade aber angesichts dieser Gefahr gelte es am Glauben festzuhalten und den Mut nicht zu verlieren, »von der einmahl erkannten und bekannten Evangelischen-Christ-Lutherischen Religion und Glaubens-Lehre [...]

88 Vgl. CHLADENIUS: Dritte Predigt [s. Anm. 44], 60. An dieser Stelle verstärkt Chladenius die Forderung nach Bekenntnistreue zusätzlich mit einem Beispiel aus dem militärischen Bereich und verweist auf die ›Treue eines Soldaten‹, der sich seines Auftrages nicht schämt und seinem ›Feldherrn‹ bis in den Tod folgt; vgl. ebd.

89 Hinter dem Vorwurf, sich den Glauben »nach ... [dem] eignen Gehirn« zu entwerfen, stehen wohl die auch an der Wittenberger Universität aufkommenden rationalistischen Strömungen. CHLADENIUS: Dritte Predigt [s. Anm. 44], 60.

90 CHLADENIUS: Mit CHristo! Andere Jubel-Predigt Am Andern Jubel-Tage d. 1. Nov. Vormittage in der Schloß-Kirchen zu Wittenberg gehalten aus Psalm. XLVI, 2.-6. von Martino Chladenio Der H. Schrifft Doctore und Professore Publico. In: Ders.: Im Nahmen JESU! [s. Anm. 44], 29–48, 42.

91 KLAUSING: Erste Predigt [s. Anm. 67], 15.

92 KLAUSING: Erste Predigt [s. Anm. 67], 19.

zu weichen [...] biß auf die Erscheinung Christi.«[93] Der »Kampf des Glaubens« erhält durch diesen Ausblick auf zukünftige Zeiten fast schon die Dimension eines ›Endkampfes‹.

Innerhalb der Predigten von Wernsdorf, Chladenius und Haferung kommt daneben das Verhältnis der Gläubigen zur weltlichen Obrigkeit zum Ausdruck. Gemeinsam ist ihnen allen die Betonung des grundsätzlichen Gehorsams gegenüber der Obrigkeit, allerdings wie sich bei Wernsdorf zeigen lässt, auch mit Einschränkungen. Ein wichtiger Begriff innerhalb dieses Zusammenhangs ist der der »Rechtschaffenheit«.[94]

Chladenius führt diesen Begriff in seinen Predigten zum einen i.S. der ›Rechtschaffenheit im Glauben‹ ein, als auch das ›rechtschaffen‹ sein i.S. des Führens eines ordentlichen und sittsamen Lebens. Ausdruck eines »rechtschaffenen Christen« ist das Festhalten am »edlen Gut des Glaubens« in der Ausübung des Gebots der Liebe. Hier grenzt er sich erneut deutlich von den Lehren der katholischen Kirche ab und kritisiert, dass die Verehrung verstorbener Heiliger oder die Anbetung von Reliquien nicht diesem Gebot entsprächen, sondern dass es vielmehr gelte, die noch Lebenden auf Erden zu versorgen.[95] Er führt weiter aus: »Daß die Liebe nicht zu suchen sey in Klöstern und Cellen, sondern in den Häusern bey tugendhaften Ehemännern und Eheweibern, gottseeligen Eltern und Kindern, fromme Herren und Haußgenossen, redlichen Handwerckern und Arbeitern, in der Policey, bey frommen und gottseeligen Regenten und Unterthanen, da ein ieder in seinem Stande und Beruff treulich und fleißig sich erweiset [...] allezeit auf das Exempel CHristi acht hat, und nach demselben sein gantzes Leben, Thun und Lassen durchgehends einrichtet.«[96] Ein »rechtschaffener Christ« »darff [demnach] nicht verzagen«, sondern müsse vielmehr

93 KLAUSING: Erste Predigt [s. Anm. 67], 18.

94 Dabei wird der gesamte Bedeutungsumfang des Begriffs ausgeschöpft, vergleicht man die Textstellen innerhalb der Predigten mit den Erläuterungen im Grimmschen Wörterbuch. So umfasst »rechtschaffen«, ein im 16. Jh. häufig verwendetes Wort, neben den Bedeutungen »tüchtig«, »durchgebildet« oder »vollkommen«, auch das »in seiner art recht und richtig[e]«. Für den Begriff wird einerseits das rechtschaffen sein »im Glauben« angeführt, ebenso wie der Bezug auf »das sittlich rechte«. Auch ein Verweis der Verwendung des Begriffs in Luthers Tischreden wird angegeben: »die wahre rechtschaffene theologia stehet in der practiken, brauch und ubung.« Vgl. JACOB und WILHELM GRIMM: Art. »rechtschaffen«, in: Deutsches Wörterbuch in 16 Bde. Hg. v. J. u. W. Grimm, Bd. 14. Leipzig 1854–1960, Sp. 426–429. <http://kompetenzzentrum.uni-trier.de/Projekte/WBB2009/DWB//wbgui_py> (Zugriff am 9. Oktober 2011).

95 Vgl. CHLADENIUS: Erste Predigt [s. Anm. 66], 18–21, hier bes. 19.

96 CHLADENIUS: Erste Predigt [s. Anm. 66], 20. Chladenius hat hier die gesamte Gesellschaft einer Stadt, wie Wittenberg, und v.a. seine Zuhörer im Blick. Wie auch Klausing folgt er hier der lutherischen Ständelehre und spricht einem jeden sein rechtmäßiges Tun nach seinem »Stande und Beruffe« zu; ebd.

aus dieser erwachsenen »Glaubens-Freudigkeit« Glaubenssicherheit gewinnen und so angesichts gleich welcher gegenwärtiger Lage, auf Gott vertrauen und seinen Mut zur Standhaftigkeit im Glauben nicht verlieren.

Diese von Chladenius geforderte »Glaubens-Freudigkeit«, die im Gegensatz zu den Vorfahren den feiernden Gläubigen zuteil werde, findet deutlich ihren Ausdruck in allen seinen drei Predigten. Trotz seiner eigenen Einschätzung, sich in den letzten Zeiten zu bewegen, spricht er den Gläubigen in jeglicher Hinsicht Zuversicht zu und zweifelt nicht an dem Fortbestand der evangelischen Kirche. »Fürchtet euch dahero nicht, wenn auch Babel durch Göttliches Verhängniß hie und da der Kirchen GOttes einigen Abbruch thut, auch dann und wann eine Beute davon träget, es soll ihnen doch nicht gelingen, GOtt wird sein Erbe dennoch schützen, und den Feinden nicht gantz zu Theil werden lassen. [...] Er wird unsere arme Kirche schützen, das weiß ich und bin gewiß in Gott [...].«[97]

Bei Wernsdorf nimmt der Begriff der »rechtschaffenen Lutheraner« bereits im Titel seiner gedruckten Predigt einen prominenten Platz ein.[98] Er versucht, ausgehend von der Zinsgroschen-Erzählung aus Mt 22,15-22 in einer emblematisch angeordneten Predigt der Frage nachzugehen, ob es recht gewesen ist, »daß Lutherus eine Reformation vorgenommen, und das Pabstthum angegriffen?«[99] Die Jubelmünze, mit welcher Wernsdorf sein Predigtanliegen bildlich

97 CHLADENIUS: Zweite Predigt [s. Anm. 89], 45f. In dieser unerschrockenen Zuversicht predigt Chladenius auch am letzten Festtag, so dass seine Predigten einer Klimax folgen. In seiner Predigt am Vormittag in der Stadtkirche legt er den verordneten Predigttext unter folgender Propositio aus: »Den mit GOtt erneuerten Bund der Evangelischen Kirche, worinnen enthalten ist I. an Seiten der Gläubigen, daß sie sein Volck seyn sollen, II. an Seiten des grossen GOttes, daß er ihr GOtt seyn wolle!« CHLADENIUS: Dritte Predigt [s. Anm. 44], 56. Auch dieser Bund, den die Gläubigen an diesem Tage mit Gott neu schließen könnten, da sie dem vergangenen Werk der Reformation gedenken würden, untermauerte die unumstößliche Zuversicht auf einen Fortbestand der evangelischen Kirche. »An seiner Treue [der Treue Gottes – Anm. d. Vf.in] haben wir auch bey vorstossendem Creutz im geringsten nicht zu zweiffeln, sein Bund bleibt unverbrüchlich [...].« Ebd. 70.

98 Vgl. GOTTLIEB WERNSDORF: J.N.J! Des theuren Mannes D. Mart. Lutheri wahre Beschaffenheit und *aller rechtschaffenen Lutheraner* [Hervorhebung durch die Vf.in] Schuldigkeit Wurde vermittels einer Evangelischen Jubel-Müntze Mit ihrem Bild und Überschrift Am ersten Feyer-Tage des Andern Christ-Lutherischen Jubel-Festes War eben der XXIII. Sonntag nach Trinitatis 1717. In der Schloß-Kirchen zu Aller-Heiligen in Wittenberg aus dem sonst gewöhnlichen Sonntags-Evangelio Matth. XXII. 15–22. Der anwesenden sehr grossen Versammlung Schrifftmäßig gewiesen Von Gottlieb Wernßdorffen Der Heil. Schrift DOCT. und PROF. PUBL. der Kirchen zu Aller-Heiligen Probste und des Geistl. CONSISTORII ASSESORE daselbst. Wittenberg, druckts und verlegts die Gerdesische Wittwe. 1719. [s. Anm. 9].

99 WERNSDORF: Predigt [s. Anm. 9], 15. Emblematisch meint in diesem Zusammenhang, dass Wernsdorf den Reformator und sein Werk mit Hilfe einer ›Evangeli-

unterstreichen möchte, zeigt auf der einen Seite das Bild Martin Luthers, der die offene Bibel in der Hand hält. Als Umschrift ist zu lesen: »Wir wissen, daß du wahrhaftig bist, und lehrest den Weg GOttes recht, und du fragst nach niemand, denn du achtest nicht das Ansehen der Menschen.«[100] Auf der anderen Seite der Münze ist das Bild eines aufrichtigen Lutheraners zu sehen, der mit seiner rechten Hand einen Zinsgroschen auf einen mit Krone und Szepter belegten Tisch legt, mit der linken Hand hingegen sein Herz auf einen Altar. Die Umschrift hier lautet: »Dem Kayser, was des Kaysers ist, Und GOtte, was GOttes ist.«[101] Bei der Erläuterung der zweiten Seite der Medaille beschreibt er das Missverhältnis, welches zwischen weltlicher und geistlicher Obrigkeit durch das Papsttum entstanden sei und den Anspruch an einen »rechtschaffenden Lutheraner«: »›Gebt dem Kayser, was des Kaysers ist und GOtte, was GOttes ist.‹ [...] sind die Worte, M. L. welche uns, so wohl, wohin Lutherus mit seiner Reformation geziehlet, als auch, worzu sich ein jeglicher Lutheraner im Gewissen verbunden achten solle, erinnern können.«[102] Die Ehre und der Gehorsam sowie der geforderte Zins seien von einem rechtschaffenen Lutheraner gegenüber der weltlichen Obrigkeit abzulegen. Gleichzeitig sei aber auch Gott gegenüber der ihm gebührende Glaube zu schenken, wie auch die ihm gebührende Ehre und Gehorsam zu leisten.[103]

In seiner Applicatio, in der Wernsdorf deutlich seine Zuhörer aufruft, rechtschaffene Lutheraner zu sein,[104] überträgt er schließlich diese Aussagen in die Gegenwart und kommt zu einer deutlichen Einschränkung:[105] Gott sollten die Gläubigen »Busse und Lebens-Aenderung« geben. Damit einher geht die Aufforderung, nicht nur die »reine Evangelische Religion« zu bekennen, sondern auch im Leben nach dem Evangelium zu handeln. Trotz jeglicher Anfechtungen gelte es darüber hinaus, Gott zu loben und zu danken für das reine Evangelium und den Ausgang aus der Finsternis. Das dritte, was Gott gegenüber zu leisten sei, seien Bitte und Gebet, die angesichts des »ietzigen Zustands« der »arme[n] Kirche« und dem immer kleiner werdenden »Häußgen im Weinberge« dringend notwendig seien. Die Einschränkung nun folgt gegenüber der Obrigkeit: So sollten die rechtschaffenen Lutheraner zunächst dem Kaiser Ehre und Dank

schen Jubel-Müntze‹ erläutern und betrachten möchte. Ausführlich geht Loofs auf Aussehen und Form dieser Jubelmünze ein, vgl. LOOFS: Jahrhundertfeier [s. Anm. 5] 31, bes. FN 2.

100 WERNSDORF: Predigt [s. Anm. 9], 17. Der Wortlaut der Umschrift findet sich so im Predigttext Mt 22,16.

101 WERNSDORF: Predigt [s. Anm. 9], 17; vgl. Mt 22,21.

102 WERNSDORF: Predigt [s. Anm. 9], 36.

103 Vgl. WERNSDORF: Predigt [s. Anm. 9], 37–39.

104 »[...] M. L. o! so lasst uns doch auch als rechtschaffene Lutheraner erweisen [...].« WERNSDORF: Predigt [s. Anm. 9], 41.

105 Vgl. im Folgenden bes. WERNSDORF: Predigt [s. Anm. 9], 43–51.

erweisen, dafür dass »er die allgemeine Ruhe zu erhalten, und den Erb-Feind Christlichen Nahmens zu dämpffen, keine Sorge noch Kosten gesparet, auch unser Evangelischen Religion, so sich zwar aller Orten bedrängen lassen muß, gleichwohl, in dero eignen Erb-Landen, Platz und Raum allergnädigst gegönnet hat.«[106] Auch gebührten dem König, »unserer allerhöchste[n] Landes-Obrigkeit« Ehre, Gehorsam, Zins und Gebet. Den Gehorsam gegenüber dem König schränkt Wernsdorf nun aber folgendermaßen ein: »So dann Gehorsam, daß wir Ihm in allen Dingen, *so nicht wider GOTT und Gewissen lauffen* [Hervorhebung durch die Vf.in], uns seinem Willen unterwerffen [...].«[107] Grenze des Gehorsams sind also Gottes Gebote und das eigene Gewissen. Das ›freie Gewissen‹ erinnert in diesem Zusammenhang an die Formulierungen der Religionsversicherungen, die der Kurfürsten-König selbst zuvor verkündet hatte.[108] Dass diese Grenze rechtmäßig sei, erläutert Wernsdorf bereits auch an anderer Stelle seiner Predigt, als er auf Luther verweist, der das Missverhältnis zwischen weltlicher und geistlicher Obrigkeit aufhob und jedem »das Seinige« zusprach. Auch wenn die Obrigkeit als Gottes Ordnung angesehen werden müsse und es gelte, sich ihr gegenüber rechtmäßig zu verhalten, sei man in »Religions- und Gewissens-Sachen« allein dem Wort Gottes verpflichtet: »Wolte sie [die Obrigkeit – Anm. der Vf.in] aber die Gräntzen der ihr zukommenden Hoheit überschreiten, die Gewissen beschweren, und zur Verläugnung der Evangelischen Wahrheit anhalten, da solle man mit Petro sagen: Man muss GOtt mehr gehorchen, denn dem Menschen, dahero lediglich sich an GOtt und dessen Wort halten, und diesem nachfolgen, weltliche Obrigkeit möchte dazu sagen, was sie wolle.«[109] Wernsdorf übernimmt hier eine Argumentationsfigur, die sich bereits in Luthers Schrift *Von weltlicher Obrigkeit, wie weit man ihr Gehorsam schuldig sei* von 1523 findet: Luther argumentierte hier ausgehend von verschiedenen Bibelstellen. Neben Röm 13 führt er Mt 22, Apg 5 sowie Ps 113 und Gen 1 an.[110] Er betont, dass die

---

106 Wernsdorf: Predigt [s. Anm. 9], 44.

107 Wernsdorf: Predigt [s. Anm. 9], 45.

108 »[...] Als versichern Wir dieselbe anbei, daß wie bei Antretung Unserer hohen Kurwürde und Landesregierung also jetzt fort nach aufgenommenen Katholischen Glauben wir gemeldete Unsere liebe Landstände und Untertanen bei deren Augsburgischen Konfession hergebrachter Gewissensfreiheit, Kirchen, Gottesdienst, Zeremonien, Universitäten, Schulen und fort allen anderen, wie dieselbe solche anjetzt besitzen, allergnädigst kräftigst erhalten und handhaben, so denn auch niemanden zu Unserer jetzt angenommenen Katholischen Religion zwingen, sondern jedwedem sein *Gewissen* [Hervorhebung durch die Vf.in] frei lassen [...].« Vgl. Kap. I.

109 Wernsdorf: Predigt [s. Anm. 9], 40.

110 Röm 13,1.3: »1 Jedermann sei untertan der Obrigkeit, die Gewalt über ihn hat. Denn es ist keine Obrigkeit, außer von Gott; wo aber Obrigkeit ist, die ist von Gott angeordnet. 3 Denn vor denen, die Gewalt haben, muß man sich nicht fürchten wegen guter, sondern wegen böser Werke.« Mt 22,21: »So gebt dem Kaiser, was

»seele« nicht unter kaiserlicher Gewalt stehe und dieser lediglich »uber leyb, guot und ehre« herrsche.[111] In der Schrift heißt es weiter: »Wenn nu deyn furst oder welltlicher herr dyr gepuet, mit dem Bapst zuo hallten, sonst oder so zuo glewben, oder gepeutt dyr buecher von dyr zuo thun, solltu also sagen: ›Es gepuertt Lucifer nicht, neben Gott zuo sitzen. Lieber herr, ich bynn euch schuldig zuo gehorchen mit leyb unnd guott, [...]. Heysst yhr aber mich glewben unnd buecher von myr thun, so will ich nicht gehorchen.‹«[112] Wernsdorf wendet dieses Aussagen Luthers in seiner Predigt auf den zeitgenössischen Kontext an und relativiert damit den Gehorsam gegenüber dem kursächsischen Landesherrn. Angesichts der gegenwärtigen Lage war dies nicht ohne eine gewisse Brisanz, da eine klare politische Botschaft mitschwang. Würde es zu einer Rekatholisierung Kursachsens kommen und damit auch der bisher versicherte konfessionelle Status des Landes aufgehoben werden, müssten die »rechtschaffenen

---

des Kaisers ist, und Gott, was Gottes ist!« Apg 5,29: »Petrus aber und die Apostel antworteten und sprachen: ›Man muß Gott mehr gehorchen als den Menschen.‹« Ps 113,4: »Der Herr ist hoch über alle Völker; seine Herrlichkeit reicht, so weit der Himmel ist.« Gen 1,28: »Und Gott segnete sie und sprach zu ihnen: Seid fruchtbar und mehret euch und füllet die Erde und machet sie euch untertan und herrschet über die Fische im Meer und über die Vögel unter dem Himmel und über das Vieh und über alles Getier, das auf Erden kriecht.« Alle Zitate nach Lutherbibel Standardausgabe mit Apokryphen, revidierte Fassung von 1984. Hg. v. der EKD. Nördlingen 1999.

111 MARTIN LUTHER: Von weltlicher Obrigkeit, wie weit man ihr Gehorsam schuldig sei 1523 (WA 11), 266. Allgemein zum Thema ›Die weltliche Obrigkeit bei Luther‹ bzw. zur ›Zwei-Reiche-Lehre‹ vgl. z.B. Reich Gottes und Welt. Die Lehre Luthers von den Zwei Reichen. Hg. v. HEINZ-HORST SCHREY. Darmstadt 1969 (WdF 113). KURT NOWAK: Zweireichelehre. Anmerkungen zum Entstehungsprozeß einer umstrittenen Begriffsprägung und kontroversen Lehre. In: ZThK 78, 1981, 105–127. Luther und die politische Welt. Wissenschaftliches Symposion in Worms vom 27. Oktober bis 29. Oktober 1983. Hg. v. ERWIN ISERLOH u. GERHARD MÜLLER. Stuttgart 1984 (Historische Forschung 9). VOLKER MANTEY: Zwei Schwerter – Zwei Reiche. Martin Luthers Zwei-Reiche-Lehre vor ihrem spätmittelalterlichen Hintergrund. Tübingen 2005 (SuR. Neue Reihe 26).

112 MARTIN LUTHER: Von weltlicher Obrigkeit, wie weit man ihr Gehorsam schuldig sei 1523 (WA 11), 267. Ursprünglich hatte Martin Luther 1523 diese Schrift aus Anlass des Verbots seiner Übersetzung des Neuen Testaments und der Konfiskation der vorhandenen Exemplare im Herzogtum Sachsen und Bayern geschrieben. Vgl. Einführungen zu Leben und Werk Martin Luthers z.B. VOLKER LEPPIN: Martin Luther. Darmstadt 2006 (GMR). GERHARD EBELING: Luther. Einführung in sein Denken. Tübingen [5]2006. ALBRECHT BEUTEL: Martin Luther. Eine Einführung in Leben, Werk und Wirkung. Zweite verbesserte Auflage. Leipzig 2006. BERNHARD LOHSE: Martin Luther. Eine Einführung in sein Leben und sein Werk. Dritte vollständig überarbeitete Auflage. München 1997. DIETRICH KORSCH: Martin Luther zur Einführung. Zweite überarbeitete Auflage. Hamburg 2007. Luther-Handbuch. Hg. v. ALBRECHT BEUTEL. Tübingen 2005.

Lutheraner« nicht dem Kurfürsten, sondern allein Gott gehorchen, und damit an ihrem Bekenntnis festhalten. Ein genereller Aufruf zum ›Widerstand gegen die Staatsgewalt‹ darf hieraus allerdings nicht abgeleitet werden. Am Ende seiner Predigt formuliert Wernsdorf daher folgendermaßen: »Sie werden sich wundern, daß wir einem jeden das Seinige, dem Kayser, was des Kaysers, dem Könige, was des Königes, aber auch GOtte, was GOttes ist, geben: Wundern über unsere Standhafftigkeit im Bekennen, über unsere Unsträfflichkeit im Leben, und unsere Freudigkeit im Leiden.«[113]

Die »rechtschaffenen Lutheraner« sollten demnach die gegenwärtige konfessionelle Lage annehmen, sich »unsträflich« verhalten und trotz des eher »betrüblichen« Zustands ihrer evangelischen Kirche weiterhin an ihrem Bekenntnis festhalten und gemäß ihres Glaubens an Gott leben.

Resümee

Zusammenfassend können die Wittenberger Predigten nicht nur als Zeugnisse einer lutherisch orthodoxen Dogmatik, die sich einer reinen Schriftauslegung verpflichtet fühlte, angesehen werden, sondern sie stellen durch die besondere Rückbindung an den zeitgenössischen Kontext des Jubiläums auch eine wichtige Quelle für eine gegenwartsdiagnostische Applikation reformatorischer Erinnerung dar. Mit Hilfe der Aufnahme von Zeitdiagnosen und gegenwärtiger Selbstverortung gelang es den Wittenberger Predigern, neben dem Rückblick auf das zu erinnernde Ereignis der Reformation und der herausragenden Tat Martin Luthers, ›Überlebensstrategien‹ für die feiernden Gläubigen zu entfalten. Dabei war die Erinnerung an die ›Zeit der Vorfahren‹ und die Errungenschaften Martin Luthers konstitutiv, da so das Verhalten der rechtschaffenen Lutheraner in der Geschichte verortet werden konnte. Martin Luther, der das Missverhältnis zwischen weltlicher und geistlicher Obrigkeit aufhob und ›Gott und dem Kaiser‹ das jeweils Zustehende zusprach, wird als Gewährsmann für die Grenze des Gehorsams angeführt. Zwar gilt dieser Gehorsam gegenüber der von Gott eingesetzten weltlichen Obrigkeit, allerdings nur soweit, wie es nicht zum Verleugnen des eigenen evangelischen Bekenntnisses komme – angesichts des politischen Kontextes des Jubiläums eine hervorzuhebende

113 Wernsdorf: Predigt [s. Anm. 9], 50. Auch hier orientiert er sich an Luthers Schrift. Dieser ging in seiner Argumentation sogar so weit, dass er die Verantwortung der Fürsten für ihr tyrannisches Verhalten relativierte: »Denn solch Tyrannen handelln, wie welltlich fursten sollen. Es sind welltliche fursten, Die wellt aber ist Gottis feyndt, darumb muessen sie auch thun was Gott widder, der wellt eben ist, das sie ja nicht ehrloß werden, sondern welltliche fursten bleyben. Darumb laß dichs nicht wundern, ob sie wider das Euangelion toben und narren, Sie muessen yhrem tittel unnd namen gnuog thun.« Luther: Von weltlicher Obrigkeit [s. Anm. 111], 267.

Einschränkung. In diesem Zusammenhang argumentieren die Jubelprediger v. a. historisch. Luthers Aussagen über die ›Grenzen des Gehorsams gegenüber der Obrigkeit‹ wenden sie analog auf die zeitgenössische Gegenwart an. So erhält die erneut aufgezeigte ›Grenze des Gehorsams‹ für die ›rechtschaffenen Lutheraner‹ eine historische Aufwertung i.S. der ›Geschichte als Lehrmeisterin der Gegenwart‹.

Dass die Bekanntgabe des Konfessionswechsels des Kurprinzen kurz vor der Feier des Jubiläums 1717 das Bedrohungs- und Gefährdungsgefühl der kursächsischen Lutheraner verstärkte, ist deutlich innerhalb der Predigten nachweisbar. Die Prediger konnten nicht mehr von einem katholischen Intermezzo ausgehen. Ihre Hoffnung auf einen lutherischen Kurprinzen war verloren gegangen und so fiel die Diagnose der gegenwärtigen Lage ambivalent aus: Zwar betonten alle, wenn auch in unterschiedlichem Maße, den Anlass zu Jubel und Freude und damit die Rechtmäßigkeit der Feier eines Reformationsjubiläums. Trotzdem aber überwog die negative Zeitdiagnose, wie sie auch im Gedicht von Nikolaus Graf von Zinzendorf, zu Beginn dieses Aufsatzes, zu finden ist. Damit auf engste verbunden war der Aufruf zum ›Kampf des Glaubens‹, zur Standhaftigkeit und Beständigkeit im Glauben und dem Festhalten an dem evangelischen Bekenntnis.

Kann man das Reformationsjubiläum von 1617 als Ausdruck des bis dahin erreichten »Ausmaß[es] konfessioneller Vereinheitlichung«[114] in Kursachsen ansehen, so ist das Jubiläum 1717 als Ausdruck des Festhaltens am lutherischen Wahrheits- und Führungsanspruch einzuordnen. Die Bekräftigung dieses Wahrheitsanspruchs wird auch darin deutlich, dass sich die Wittenberger Prediger nicht an das Mäßigungsgebot gegenüber anderen Konfessionen, welches der Kurfürst verordnet hatte, hielten. Die Beschreibungen des ›betrüblichen Zustands‹ der evangelischen Kirche und die Einschätzungen, sich in ›gefährlichen und betrübten Zeiten‹ zu bewegen, ließen die Wittenberger Prediger gleichwohl nicht an der Zuversicht auf den Fortbestand der evangelischen Kirche und ihrem Vertrauen auf Gottes Gnade zweifeln: »Es ist kein Zweiffel, daß eine Zeit vor der andern durch Göttliches Verhängniß vor die arme Evangelische Kirche gefährlicher gewesen, dennoch aber hat iedesmahl GOtt seinen Schutz und Hülffe zu rechter Zeit erzeiget, daß man hat sehen müssen, wie Er bey seiner Gemeine beständig zu halten pflege.«[115] Und Wernsdorf endet in seiner Predigt: »Unsere Hasser und Neider werden uns nichts anhaben können, sondern vielmehr uns bey unserer Gewissens-Freyheit und ungehindertem Genusse des reinen seeligmachenden Wortes lassen müssen.«[116]

---

114 KELLER: Sachsen [s. Anm. 8], 173.
115 CHLADENIUS: Zweite Predigt [s. Anm. 90], 39.
116 WERNSDORF: Predigt [s. Anm. 9], 50.

Deutsche Lutheraner? Amerikanische Protestanten?

Die Selbstdarstellung deutscher Einwanderer im Reformationsjubiläum 1817

Wolfgang Flügel

Die USA galten bis weit in das 19. Jahrhundert hinein als ein protestantisch geprägtes Land. Dennoch war das Reformationsjubiläum von 1817, mithin das erste seiner Art in Nordamerika, ein Minderheitenphänomen. Es wurde nämlich anders als etwa die Säkularfeiern anlässlich Luthers 400. Geburtstag im Jahr 1883[1] nicht von allen Protestanten inszeniert, sondern lediglich von den Lutheranern und damit von einer Denomination, die seit jeher in den USA gegenüber zahlreichen anderen Glaubensgemeinschaften nur einen quantitativ nachgeordneten Platz einnimmt.[2] Daraus ergibt sich die Frage, ob das Jubiläum Ausdruck einer Sonderidentität war. Unter diesem Blickwinkel gelten die folgenden Überlegungen dem bislang von der Forschung kaum thematisierten amerikanischen Reformationsjubiläum des Jahres 1817.[3]

Allgemein besteht der zentrale Sinn eines historischen Jubiläums darin, unter dem Zwang der ›runden Zahl‹ Schlüsselmomente der eigenen Geschichte zu vergegenwärtigen und für die Gegenwart mit Sinn aufzuladen.[4] Dies erfolgt in doppelter Weise. Zunächst betont die jubiläumscharakteristische Wiederho-

---

1 Vgl. Hartmut Lehmann: Martin Luther in the American Imagination. München 1988 (American Studies. A Monograph Series, 63), 176–193.

2 Vgl. Lehmann: Imagination [s. Anm. 1], 75, 81. Während sich in der ersten Hälfte des 19. Jahrhunderts nur etwa 2,9% der US-Amerikaner zum Luthertum bekannten, gehörten 34% den Methodisten und 20,5% den Baptisten an; vgl. Wolfhart Pentz: Sozialprotestantimus in den USA und Deutschland. Social Gospel und christlich soziale Bewegung bis 1914. München 2005, 24.

3 Kurze Erwähnungen etwa bei Lehmann: Imagination [s. Anm. 1], 77–81; H. Georg Anderson: The Early National Period 1790–1840. In: The Lutherans in North America. Hg. v. E. Clifford Nelson. Philadelphia 1980, 81–144, hier 110f. sowie Abdel Ross Wentz: A Basic History of Lutheranism in America. Philadelphia [2]1964, 71, 88 u. 91f.

4 Allgemein zum historischen Jubiläum vgl. Winfried Müller: Das historische Jubiläum. Zur Geschichtlichkeit einer Zeitkonstruktion. In: Das historische Jubiläum. Genese, Ordnungsleistung und Inszenierungsgeschichte eines institutionellen Mechanismus. Hg. v. W. Müller. Münster 2004 (Geschichte. Forschung und Wissenschaft, 3), 1–75; zu diesem Zusammenhang am Beispiel der Konfessionsjubiläen in Sachsen vgl. Wolfgang Flügel: Konfession und Jubiläum. Zur Institutionalisierung der lutherischen Gedenkkultur in Sachsen 1617–1830. Leipzig 2005 (Schriften zur sächsischen Geschichte und Volkskunde, 14).

lung des Gedenkens im regelmäßigen Zeitintervall retrospektiv das Alter der gedenkenden Institution, das zum Ausweis von Vitalität, Leistungsvermögen und Zukunftsfähigkeit stilisiert wird. Andererseits ist das vergegenwärtigte Geschehen selbst prinzipiell ein Schlüsselereignis der eigenen Geschichte, das als fester Bestandteil des ›kulturellen Gedächtnisses‹ wesentliche Werte und Leitideen der gedenkenden Institution symbolisiert. Diese Inszenierung der Vergangenheit erfolgt demnach mit dem Ziel, bei den Feiergemeinden Zustimmung zu den Leitideen der den Jubiläumsmechanismus adaptierenden Institution im Sinne eines Wir-Gefühls zu generieren.[5] Grundvoraussetzung für diese Affirmation von Identität ist jedoch, die Leitideen mit den aktuellen Gegebenheiten in Übereinklang zu bringen.

Daher sind zur Beantwortung der Frage, warum und mit welchen Intentionen die Lutheraner in den USA ihr Reformationsjubiläum von 1817 inszenierten, zunächst einige Bemerkungen zu den Besonderheiten des nordamerikanischen Luthertums notwendig.

I Deutsche? Amerikaner? Lutheraner in den USA um 1800

Die nordamerikanischen Lutheraner bildeten in einem von Protestanten englisch-calvinistischer Provenienz geprägten Umfeld sowohl eine religiöse als auch eine sprachliche Minderheit: Das Luthertum war im Wesentlichen die Denomination jener rund 300.000 deutschen Einwanderer und deren Nachkommen, die in den Jahren nach 1800 in verschiedenen Teilen der USA lebten.[6] Deren

5 Grundlegend zur identitätsstiftenden Funktion der Geschichtserinnerung vgl. etwa Jan Assmann: Kollektives Gedächtnis und kulturelle Identität. In: Kultur und Gedächtnis. Hg. v. J. Assmann u. Tonio Hölscher. Frankfurt/Main 1988, 9–19; ders.: Erinnern um dazuzugehören. Kulturelles Gedächtnis, Zugehörigkeitsstruktur und normative Vergangenheit. In: Generation und Gedächtnis. Erinnerung und kollektive Identitäten. Hg. v. Kristin Platt u. Mihran Dabag. Opladen 1995, 51–75; darauf aufbauend und auf das Jubiläum bezogen Emil Brix: Kontinuität und Wandel im öffentlichen Gedenken in den Staaten Mitteleuropas. In: Der Kampf um das Gedächtnis. Öffentliche Gedenktage in Mitteleuropa. Hg. v. E. Brix u. Hannes Stekl. Wien [u.a.] 1997, 13–21, sowie Hannes Stekl: Öffentliche Gedenktage und gesellschaftliche Identitäten. In: ebd., 91–116, besonders 91f.

6 Zur ethnischen Zusammensetzung des Luthertums vgl. George M. Marsden: Religion and American Culture. University of Notre Dame 1990, 63; Gilson A. C. Waldkoenig: Abdel Ron Wentz and the Canon of American Religion. In: Lutheran Quarterly, 8 (1994), 181–196, hier 189; Kerstin Löw: Deutsches Luthertum in »amerikanischer Wildnis«. Eine religionssoziologische Studie über die Akkulturation deutscher Lutheraner am Beispiel der Kolonie New York. Marburg 2003, 24f. Zur ersten Masseneinwanderung deutscher Protestanten im 18. Jahrhundert vgl. Georg Fertig: Lokales Leben, atlantische Welt. Die Entscheidung zur Auswanderung vom Rhein nach Nordamerika im 18. Jahrhundert. Osnabrück 2000 (Studien

wichtigstes Siedlungsgebiet lag in Pennsylvania, wo rund 120.000 Deutsche, die ihren Lebensunterhalt als Handwerker, Farmer und Kaufleute verdienten, etwa ein Drittel der Gesamtbevölkerung dieses Bundesstaates bildeten.[7] Schon mit deutlichem Abstand folgten Niederlassungen in anderen Ostküstenstaaten, etwa in New York und seit dem frühen 19. Jahrhundert auch in westlicheren Territorien, etwa in Ohio oder Missouri.[8]

Sehr oft waren geschlossene deutsche Ansiedlungen entstanden, wodurch die Einwanderer ihre religiösen und kulturellen Eigenheiten bewahren konnten.[9] Damit korreliert, dass die Lutheraner sowohl gegenüber der englischen

---

zur historischen Migrationsforschung, 7), 21–29. Zuverlässige Statistiken über die Bevölkerungszahlen liegen erst ab der zweiten Hälfte des 19. Jahrhunderts vor. Zur Problematik der Berechnung und Zahlenangaben vgl. Hans-Jürgen Grabbe: Vor der großen Flut. Die europäische Migration in die Vereinigten Staaten von Amerika 1783–1820. Stuttgart 2001 (USA-Studien, 10), 98–103.

7 Vgl. Farley Grubb: German Immigration to Pennsylvania, 1709 to 1820. In: Journal of Interdisciplinary History 20, 1990, 417–436, hier 417; Mary Jane Haemig: Heutige Situation der Lutherischen Kirchen in den USA und Kanada. Historische Entwicklung und rechtliche Situation. In: Die Kirchen der Gegenwart I. Hg. v. Erich Geldbach [u.a.]. Göttingen 2007 (Bensheimer Hefte, 107), 174–188, hier 174.

8 Zu der deutschen Bevölkerung des Staates New York vgl. Löw: Luthertum [s. Anm. 6], zu der von New York City vgl. Agnes Bretting: Deutsche Siedlungsviertel in New York City 1830–1930. In: Von Deutschland nach Amerika. Zur Sozialgeschichte der Auswanderung im 19. und 20. Jahrhundert 5. Hg. v. Günter Moltmann. Stuttgart 1992, 57–104, zur deutschen Bevölkerung im frühen 19. Jahrhundert vgl. ebd., 65. Eine umfangreiche Studie für Missouri vgl. Walter D. Kamphoefner: Westfalen in der Neuen Welt. Eine Sozialgeschichte der Auswanderung im 19. Jahrhundert. (Studien zur Historischen Migrationsforschung, 15), erweiterte Neuausgabe Göttingen 2006.

9 Vgl. Hermann Wellenreuther: Ausbildung und Neubildung. Die Geschichte Nordamerikas vom Ausgang des 17. Jahrhunderts bis zum Ausbruch der Amerikanischen Revolution 1775. Münster 2001 (Geschichte Nordamerikas in atlantischer Perspektive von den Anfängen bis zur Gegenwart, 2), 466f.; Bretting: Siedlungsviertel [s. Anm. 8], 61–63. Zum kulturellen Habitus der deutschstämmigen Bevölkerung würden, so berichtete Benjamin Franklin (1706–1790), Eigenschaften wie Fleiß und Bescheidenheit zählen, aber auch die Vorliebe für Bier sowie der Hang zu geselligen Vergnügungen: »They seldom meet fort the simple purpose of eating and drinking in what are justly called ›feeding parties‹.« Wolfgang Splitter: Pastors, People, Politics. German Lutherans in Pennsylvania 1740–1790. Trier 1998 (Mosaic. Studien und Texte zur amerikanischen Kultur und Geschichte, 4), 63. Ähnlich auch Bretting: Siedlungsviertel [s. Anm. 8], 66f. Damit korreliert das Selbstbild der Deutschen; vgl. Kamphoefner: Westfalen [s. Anm. 8], 125, 129. In einer ähnlichen Situation befanden sich auch die französischen Einwanderer; vgl. ebd., 121. Allgemein war eine solche kulturelle Abgrenzung, wie am Beispiel der protestantischen Gebiete, die infolge des Wiener Kongresses an das katholische Bayern gefallen waren, überzeugend gezeigt werden konnte, ein Phänomen vor

Tradition, die die amerikanische Kultur prägte,[10] als auch gegenüber den anderen Protestanten Distanz wahrten.[11] Doch unter dem Druck einer schnell wachsenden Bevölkerung und der daraus resultierenden Durchmischung der Siedlungsgebiete konnte besonders in den Ostküstenstaaten eine solche Abgrenzung im frühen 19. Jahrhundert immer weniger aufrechterhalten werden.[12] Diese Situation verschärfte den Druck auf die deutschstämmigen Lutheraner, ihren religiösen und sprachlichen Ort in der sich seit der amerikanischen Unabhängigkeit formierenden US-Gesellschaft zu finden. Hierzu gab es idealiter zwei Möglichkeiten: Einerseits konnte eine Integration, entsprechend der gegenwärtigen Diskussion verstanden als grundlegende Akzeptanz der Grundlagen der Gesellschaft ohne vollständige Anpassung an die Kultur, erfolgen. Andererseits bestand die Möglichkeit einer Akkulturation im Sinne einer Angleichung/Anpassung an die Umgebung, die sich in der allmählichen Übernahme kultureller Praktiken manifestiert.[13] In unterschiedlichem Maß brachten beide Varianten einige Probleme für die deutschstämmige Minderheit mit sich. Sie erwuchsen vor allem daraus, dass mit lutherischem Bekenntnis

---

allem bei scharf abgeschlossenen Siedlungsinseln; vgl. WERNER K. BLESSING: Staat und Kirche in der Gesellschaft. Institutionelle Autorität und mentaler Wandel in Bayern während des 19. Jahrhunderts. Göttingen 1982 (Kritische Studien zur Geschichtswissenschaft, 51), 5.

10 Vgl. MARSDEN: Religion [s. Anm. 6], 63; LÖW: Luthertum [s. Anm. 6], 27–33.

11 Vgl. LÖW: Luthertum [s. Anm. 6], 32f. In diese Richtung zielt auch die Beobachtung, wonach die Deutschen in Texas im 19. Jahrhundert soziale Kontakte vorwiegend untereinander pflegten; vgl. BEATE RESE: Texas – Ziel deutscher Auswanderung im 19. Jahrhundert. Pfaffenweiler 1996 (Reihe Geschichtswissenschaft, 36), 133. Am Beispiel der Heiratsverbindungen zwischen Deutschen und Amerikanern zeigt dies auch KAMPHOEFNER: Westfalen [s. Anm. 8], 128–130 sowie MARK HÄBERLEIN: The Integration of German Immigrants in eightennth Century North-America. The Case of Lancaster, Pennsylvania. In: Atlantic Migrations. Regions and Movements in Germany and North-America/USA during the 18th and 19th Century. Ed by SABINE HEERWART and CLAUDIA SCHURMANN. Münster 2007 (Atlantic Cultural Studies, 3), 135–164, 141.

12 Eine Änderung trat erst infolge einer um 1830 einsetzenden Masseneinwanderung ein. Deutsche Siedlungen entstanden nun z.B. in New York City und im ländlich geprägten Mittelwesten; vgl. BRETTING: Siedlungsviertel [s. Anm. 8], 58, 61, 92; KAMPHOEFNER: Westfalen [s. Anm. 8], 13, 20, 238.

13 Zum Begriff der Integration vgl. KARSTEN LEHMANN: Religion und Integration – Spezifika der politischen Debatte und Perspektiven der Forschung. In: Religion und Migration. Hg. v. HELGA NAGEL u. MECHTHILD M. JANSEN. Frankfurt/Main 2007, 29–44, hier 29f. Zum Begriff der Akkulturation und zur Diskussion vgl. ANNE AENGENVOORT: Migration – Siedlungsbildung – Akkulturation. Die Auswanderung Nordwestdeutscher nach Ohio, 1830–1914. Stuttgart 1999 (Vierteljahresschrift für Sozial- und Wirtschaftsgeschichte, Beihefte 150), 242–252.

und deutscher Sprache zwei grundlegende Säulen ihrer kulturellen Identität zumindest tendenziell zur Disposition standen.[14]

Hierbei wirkten zwei Gegebenheiten förderlich: Erstens besaß das Luthertum in den USA niemals jene Privilegien wie in den deutschen Territorien bis 1918. Galt dort die rechtliche Gleichstellung der Bekenntnisse lediglich für die eigene lutherische, die reformierte und die katholische Konfession, wobei die evangelischen Kirchen oftmals ›Staatskirchen‹ gewesen waren, so schrieb das First Amendment zur US-Verfassung die Glaubensfreiheit für jedwede Form der Religionsausübung bei gleichzeitiger strikter Trennung von Staat und Kirche fest. Daher konnten sich in den USA zahlreiche neue religiöse Gruppen bilden, was den Konkurrenzdruck auf das Luthertum erheblich förderte.[15] Zu dieser Konkurrenz von außen trat nach Meinung vieler Theologen eine Gefährdung von innen: Wie ihren Kollegen jenseits des Atlantiks erschien ihnen besonders der Deismus im Gefolge der Aufklärung als ein Feind,[16] der um so leichter

---

14 Die kulturelle Identität wird von verschiedenen Aspekten geprägt. Zu nennen sind neben Sprache und Religion auch Nation sowie Wertvorstellungen, Sitten und Gebräuche. Zur Diskussion vgl. etwa Lothar Krappmann: Soziologische Dimensionen der Identität. Strukturelle Bedingungen für die Teilnahme an Interaktionsprozessen. Stuttgart [9]2000; Heinz Schilling: Nationale Identität und Konfession in der europäischen Neuzeit. In: Nationale und kulturelle Identität. Studien zur Entwicklung des kollektiven Bewußtseins in der Neuzeit. Hg. v. Bernhard Giesen. Frankfurt/Main 1991, 192–252; Werner Gephart: Religion und Identität im Horizont des Pluralismus. Frankfurt/Main 1999 sowie die Sammelbände: »Gottes auserwählte Völker.« Erwählungsvorstellungen und kollektive Selbstfindung in der Geschichte. Hg. v. Alois Mosser. Frankfurt/Main [u.a.] 2001; Identitäten. Hg. v. Aleida Assmann u. Heidrun Friese. Frankfurt/Main 1998 (Erinnerung, Geschichte, Identität, 3). Speziell für die Bedeutung von Religion, Sprache und ethnischer/nationaler Zugehörigkeit für die Identitätsbildung von Migranten vgl. etwa Andrea Lauser, Cordula Weisskóppel: Einleitung. Die neue Aufmerksamkeit für Religion in der Migrations- und Transnationalismusforschung. Ein Plädoyer für die ethnografische Mikro- und Kontextanalyse. In: Migration und religiöse Dynamik. Ethnologische Religionsforschung im transnationalen Kontext. Hg. v. A. Lauser u. C. Weissköppel. Bielefeld 2008. Einleitung, 7–32.

15 Vgl. Thomas A. Askew u. Richard V. Pierard: The American Church Experience. A Concise History. Grand Rapids 2004, 73. In diesem Zusammenhang galt ihre Klage auch dem im Kontext des »Second Great Awakening« (etwa 1800 bis 1830) v.a. von Baptisten und Methodisten getragenen »evangelical emotionalism«; vgl. Splitter: Pastors [s. Anm. 9], 277, 323; Löw: Luthertum [s. Anm. 6], 29.

16 Vgl. Splitter: Pastors [s. Anm. 9], 268. Zur Ausbreitung des Deismus vgl. auch Sidney E. Mead: Das Christentum in Nordamerika. Glaube und Religionsfreiheit in vier Jahrhunderten. Göttingen 1987, 61–63 sowie Lucian Hölscher: Der Raum des Religiösen. Semantische Strukturen des religiösen Lebens im 19. Jahrhundert – eine problemgeschichtliche Skizze. In: Transatlantische Religionsgeschichte. 18. bis 20. Jahrhundert. Hg. v. Hartmut Lehmann. Göttingen 2006, 109–123, hier 120. Allerdings plädiert Hermann Wellenreuther mit Hinweis auf die in den USA

Eingang in die USA finden konnte, da mangels Alternativen die benötigten Gemeindepfarrer in Deutschland rekrutiert werden mussten.[17]

Dem begegneten die Theologen erfolgreich, indem sie die Gründung von Seminaren und Akademien zum Zweck der Pfarrerausbildung forcierten.[18] Da-

---

weitverbreitete Praxis der Hausandachten dafür, derartigen Klagen mit Skepsis zu begegnen; vgl. HERMANN WELLENREUTHER: Die atlantische Welt des 18. Jahrhunderts. Überlegungen zur Bedeutung des Atlantiks für die Welt der Frommen im Britischen Weltreich. In: ebd., 9–30, hier 29. Allgemein zur innerprotestantischen Auseinandersetzung um aufgeklärtes Gedankengut und die daraus resultierende Spaltung in einen aufklärungskritischen konservativen und einen liberalen Protestantismus vgl. FRIEDRICH WILHELM GRAF: Die Spaltung des Protestantismus. Zum Verhältnis von evangelischer Kirche, Staat und ›Gesellschaft‹ im frühen 19. Jahrhundert. In: Religion und Gesellschaft im 19. Jahrhundert. Hg. v. WOLFGANG SCHIEDER. Stuttgart 1993 (Industrielle Welt, 54), 157–190, besonders 158–164.

17 Zur Rekrutierung der Pfarrer in Europa vgl. ANDERSON: Early National Period [s. Anm. 3], 104; SPLITTER: Pastors [s. Anm. 9], 256; HAEMIG: Kirchen [s. Anm. 7], 175. Diese Praxis, die nur einen Aspekt der engen Verbindung des amerikanischen Klerus' mit Europa markiert, verfolgten auch andere Denominationen; vgl. WELLENREUTHER: Atlantische Welt [s. Anm. 16], 16f. u. 22.

18 Mit Verweis darauf, dass sich das Luthertum in Amerika in einer völlig anderen Situation als in Deutschland befände, hatte bereits in den 1760er Jahren der ›Vater des Luthertums in Nordamerika‹, Heinrich Melchior Mühlenberg (1711–1787), eine Predigerausbildung in Amerika gefordert; vgl. KARL OTTO STROHMIDEL: Turning Confessionalist. Heinrich Melchior Mühlenberg und das Luthertum im pluralistischen Pennsylvania. In: Amerikastudien. Eine Vierteljahresschrift 38, 1993, 383–398, hier 391. Dies geschah nicht zuletzt vor dem Hintergrund einer »de-academization of the Pennsylvania German Lutheran Clergy«; vgl. WOLFGANG SPLITTER: Order, Ordination, Subordination: German Lutheran Missionaries in Eighteenth Century Pennsylvania. In: The Creation of the British Atlantic World. Ed. by ELIZABETH MANCKE and CAROL SHAMMAS. Baltimore/London 2005, 209–232, hier 218–221 (Zitat 220). Zum Hintergrund: Auf ein Hilfeersuchen reagierend berief Gotthilf August Francke (1696–1769) Mühlenberg im Jahr 1742 in die amerikanischen Kolonien, der dort das Luthertum in seiner Struktur organisierte und damit entscheidend prägte. Allgemein zum Wirken Mühlenbergs pars pro toto vgl. THOMAS J. MÜLLER: Kirche zwischen zwei Welten. Die Obrigkeitsproblematik bei Heinrich Melchior Mühlenberg und die Kirchengründung der deutschen Lutheraner in Pennsylvania. Stuttgart 1994 (Transatlantische Historische Studien. Veröffentlichungen des Deutschen Historischen Instituts Washington, DC, 2), 96–103; SPLITTER: Pastors [s. Anm. 9]; LEONARD RICHARD RIFORGIATO: Missionary of moderation: Henry Melchior Mühlenberg and the Lutheran Church in English America. Diss. University Park 1971; PAUL A. BAGLYOS: The Mühlenbergs become Americans. In: Lutheran Quarterly 19, 2005, 43–62. Das Wirken der lutherischen Pastoren im Bereich des nordamerikanischen Bildungswesens beschränkte sich jedoch nicht nur auf die Gründung von Seminaren zur Theologenausbildung. So planten etwa die Theologen John Christopher Kunze (1744–1807) und Justus Henry Christian Helmuth (1745–1825) die Gründung einer deutschen Lateinschule, an der

mit leiteten sie einen Generationswechsel im Pfarramt ein, der einen wichtigen Wendepunkt im deutsch-amerikanischen Luthertum markiert:[19] Seit etwa 1810 hatte die Mehrzahl der in den USA tätigen Pastoren nicht mehr in Deutschland, sondern an diesen Bildungsstätten studiert,[20] außerdem konnten mit steigender Absolventenzahl vakante Pfarrstellen zunehmend besetzt werden. Die Einrichtung der theologischen Seminare bildete daher eine Maßnahme, um dem für die religiöse Identität der Lutheraner bedrohlichen Pfarrermangel zu begegnen.

Zugleich förderten die Seminare jedoch eine Entwicklung, die mit der deutschen Sprache die zweite Säule der Identität der in den USA lebenden Deutschen tangierte. Die in Nordamerika ausgebildeten Theologen zählten nämlich zu jenen Deutschamerikanern, die nicht mehr in der alten Heimat, sondern in den USA geboren worden waren. Vor dem Hintergrund einer zunehmenden Durchmischung der Siedlungsgebiete war für diesen Personenkreis zumindest im öffentlichen Bereich englisch zur Umgangssprache geworden.[21] Da sich nun auch die Pastoren dieser Sprache bedienten, erhielt deren Verwendung darüber hinaus auch im Gottesdienst, im Regelfall eine wichtige Bastion der deutschen Sprache, tendenziellen Vortrieb.[22] Diese Entwicklung erweist sich als ambivalent: Einerseits beschleunigte sich der Bedeutungsverlust der deutschen Sprache als Bindeglied aller Amerikaner mit deutschen Wurzeln, andererseits bestand die Chance, dass die englischsprachigen Theologen den immer weniger ihrer alten Muttersprache mächtigen Deutschamerikanern der zweiten und dritten Generation die lutherische Identität erhalten konnten.[23]

---

sich die Kinder deutscher Lutheraner auf den Besuch der neuen University of the State of Pennsylvania (heute University of Pennsylvania, Philadelphia) vorbereiten konnten. Während dieses Vorhaben scheiterte, war ein ähnlicher Plan erfolgreich: Helmuth war 1786/7 maßgeblich an der Gründung eines der ältesten Colleges, das in den USA existiert, des Franklin College in Lancaster, Pennsylvania (heute Franklin&Marshall College), beteiligt; vgl. allgemein Charles H. Glatfelter: Pastors and people. German Lutheran and Reformed churches in the Pennsylvania field. 1717–1793. 1. Bd. Breinigsville 1980, 57f.; Splitter: Pastors [s. Anm. 9], 179–186; ders.: Order [s. oben in dieser Anm.], 228–231.

19 Vgl. Splitter: Pastors [s. Anm. 9], 256.

20 Vgl. Splitter: Pastors [s. Anm. 9], 256.

21 In diesem Sinne auch Rese, die für die erste Generation Sprachschwierigkeiten konstatiert, während ab der dritten Englisch gesprochen wurde; vgl. Rese: Texas [s. Anm. 11], 133f. Aengenvoort macht hingegen geltend, dass die Deutschen in der Öffentlichkeit zwar Englisch redeten, in ihrer Privatsphäre jedoch noch lange an der deutschen Sprache festhielten; vgl. Aengenvoort: Migration [s. Anm. 13], 276.

22 Zum besonderen Beharrungsvermögen der deutschen Sprache im Gottesdienst vgl. Kamphoefner: Westfalen [s. Anm. 8], 201–204. Zur tendenziellen Ausbreitung des Englischen vgl. Splitter: Pastors [s. Anm. 9], 313. Vgl. auch Maldwyn Allen Jones: American Immigration. Chicago ²1992, 65.

23 Zum Bedeutungsverlust der deutschen Sprache vgl. Müller: Zwei Welten [s. Anm. 18], 222f.; zum Beitrag, den die englischsprechenden Theologen für den Erhalt

Nachdem die Sprachbarriere überwunden war, führte der enge räumliche Kontakt zu Angehörigen anderer Denominationen vor allem in städtischen Ballungsräumen nicht selten zu Öffnungstendenzen.[24] Ihren sichtbaren Ausdruck findet diese Entwicklung u.a. darin, dass sich in den Jahren um 1800 zahlreiche englisch-lutherische Gemeinden von den deutsch-lutherischen abspalteten, oder dass diese allein in Pennsylvania sogar mehrere tausend Gemeindeglieder an andere protestantische englischsprachige Denominationen verloren hatten.[25] Ein solcher Wechsel der religiösen Zugehörigkeit ging oft einher mit dem sozialen Übertritt zu einer anderen Bevölkerungsgruppe.[26] Da zudem im Zeitraum zwischen 1780 und 1820 nur vergleichsweise wenige deutsche Lutheraner in die USA einwanderten, bestand die Gefahr, dass die »besondere [deutsch-] lutherische theologische Identität nahezu erlosch.«[27] Diese konfliktträchtige Gemengelage bildete die Folie für das Reformationsjubiläum 1817.

---

der lutherischen Identität leisteten vgl. Strohmidel: Turning Confessionalist [s. Anm. 18], 398. Zu diesen Zusammenhängen allgemein vgl. Friederike Baer: The Trial of Frederick Eberle. Language, Patriotism, and Citizenship in Philadelphia‘s German Community, 1790 to 1830. New York/London 2008 sowie auch Wolfgang Flügel: Selbstbildnis mit Amerika – Hallenser Pastoren in Pennsylvania in der Ära nach Mühlenberg. In: Freiheit, Fortschritt und Verheißung. Blickwechsel zwischen Europa und Nordamerika seit der frühen Neuzeit. Hg. v. Claus Veltmann, Jürgen Gröschl u. Thomas Müller-Bahlke. Halle/Saale 2011 (Kataloge der Franckeschen Stiftungen 27), 117–129, hier 125–127.

24 Zur Tendenz der konfessionellen Öffnung bei durchmischten Siedlungsgebieten vgl. Blessing: Staat [s. Anm. 9], 57.

25 Als Beispiel sei auf eine Sezession von 1805 in Philadelphia verwiesen. Einige Gemeindeglieder verließen die deutschsprachige St. Michaelis und Zions Gemeinde und gründeten die englischsprachige St. Johns Lutheran Church; vgl. Anderson: Early National Period [s. Anm. 3], 97; Splitter: Pastors [s. Anm. 9], 314. Damit war das Sprachproblem jedoch noch nicht abschließend geklärt: Elf Jahre später reichte eine »Anzahl Glieder der Sanct Michaelis und Zions Gemeinde« der Synode von Pennsylvania ein Memorial ein, in welchem sie die Einführung der englischen Sprache in ihrer Gemeinde forderten; vgl. Protokoll der »Verhandlungen der Deutschen Evangelisch-Lutherischen Synode von Pennsylvanien und den benachbarten Staaten«, gehalten zu Philadelphia, in der Trinitatis Woche 1816. In: Evangelisches Magazin unter der Aufsicht der Deutschen Evangelisch-Lutherischen Synode. Auf das Jahr 1817, 1–10, hier 5, Punkt 7. Zu ähnlichen Spaltungen in New York vgl. Anderson: Early National Period [s. Anm. 3], 95. Zum Wechsel in andere Denominationen; vgl. Splitter: Pastors [s. Anm. 9], 323.

26 Vgl. Timothy L. Smith: Religion and Ethnicity in America. In: The American Historical Review 83, 1978, 1155–1185, hier 1160.

27 Haemig: Kirchen [s. Anm. 7], 174.

II Das Reformationsjubiläum: Brücke zwischen Deutschland und Amerika

Angesichts des affirmativen Geltungsanspruchs des historischen Jubiläums musste sich diese für die deutschamerikanischen Lutheraner problematische Situation sowohl in der Inszenierung der Säkularfeier 1817 als auch in den gehaltenen Festpredigten widerspiegeln. Die Aufmerksamkeit gilt dabei besonders den zwei folgenden, auf den ersten Blick einander widerstreitenden Themen: Die Stärkung der ethnischen und religiösen Identität der deutsch-lutherischen Minderheit bildete das erste, deren Stellung zur US-Gesellschaft das zweite.

Große Bedeutung in dem Zusammenhang besaß die Tatsache, dass sich mit dem Reformationsjubiläum zahlreiche Bezüge sowohl auf die alte deutsche als auch auf die neue amerikanische Heimat herstellen ließen. Bereits die Tatsache, dass überhaupt eine solche Säkularfeier zelebriert worden war, besaß einen Verweischarakter auf die alte Heimat, stellt doch die Inszenierung von Reformationsjubiläen eine bei den Lutheranern in Deutschland seit 1617 populäre kulturelle Praxis dar. Die deutschstämmigen Einwanderer, vor allem die Pastoren, deren Väter mitunter selbst Pfarrer gewesen waren und als solche ähnliche Jubiläumsfeiern aus ihrer Berufspraxis kannten,[28] haben diese Tradition nach Nordamerika mitgebracht.[29] Die nach Amerika emigrierten Theologen konnten daher völlig unabhängig von den Jubiläumsinitiativen, die im Sommer 1817 in Deutschland formuliert wurden, eigene Säkularfeiern anregen: Bereits im Jahr 1815, lange bevor die Kirchenbehörden in der alten Heimat die Säkularfeier anordneten, hatte die Evangelisch-Lutherische Synode des Staates New York die Synoden von Nord-Carolina und von Pennsylvania von ihrem Jubiläumsvorhaben in Kenntnis gesetzt und zur Nachahmung aufgerufen.[30] Diese Aufforderung wurde nicht nur im Folgejahr jenen 47 Pastoren und 34 Gemeindevertretern vorgelesen, die sich im Juni 1816 anlässlich der Tagung der Synode von Pennsylvania versammelt hatten, sondern auch im *Evangelischen Magazin*, das

---

28 Zu den Pfarrerdynastien in deutschen Territorien vgl. pars pro toto Harald Schieckel: Die Pfarrerschaft und das Beamtentum in Sachsen-Thüringen. In: Beamtentum und Pfarrerschaft 1400–1800. Hg. v. Günther Franz. Limburg 1972, 149–178. Für Nordamerika vgl. Baglyos: Mühlenbergs [s. Anm. 18].

29 Zu den Pfarrern als Erinnerungsspezialisten und Jubiläumsmultiplikatoren vgl. Wolfgang Flügel u. Stefan Dornheim: Die Universität als Jubiläumsmultiplikator in der Frühen Neuzeit. Akademiker und die Verbreitung des historischen Jubiläums. In: Jahrbuch für Universitätsgeschichte 9, 2006, 51–70, hier 63–69.

30 Vgl. die Festschrift von Frederick Christian Schaeffer: »The Blessed Reformation.« A sermon preached in St. Paul's Church in the City of New York, on the 31st of October, 1817, on Occasion of the Solemnization of the Third Centurial Jubilee in Commemoration of the Reformation commenced by Dr. Martin Luther, on the 31st of October, 1517. Accompanied with an Account of the Solemnities and the Order of the Divine Service. New York 1817, 39; vgl. schließlich Lehmann: Imagination [s. Anm. 1], 77f.

zu den wichtigsten Periodika des zeitgenössischen deutsch-amerikanischen Luthertums zählte, zumindest stichpunktartig veröffentlicht.[31] Damit ist der Jubiläumsgedanke breit publiziert worden.

Die knappen Beschreibungen der Säkularfeier, die sich ausschließlich auf den Gottesdienstablauf beschränken, geben Hinweise darauf, dass sowohl die anordnenden Kirchengremien als auch verschiedene Pfarrer dem formalen Vorbild deutscher Reformationsjubiläen folgten: Entsprechend der Anordnungen mehrerer Synoden und Ministerien[32] standen Festgottesdienste, die bis zu drei Stunden dauern konnten,[33] im Mittelpunkt der Säkularfeier. Vorgesehen waren Vor- und Nachmittagsgottesdienste, wobei z.B. Justus Henry Christian Helmuth (1745–1825), seit 1779 Pfarrer der ›St. Michael und Zion‹-Kirche in Philadelphia, der größten Stadt Pennsylvanias, diesen Ablauf noch ergänzte. Indem er die Säkularfeier um einen Abendgottesdienst erweiterte, konnte er am Nachmittag einen speziellen Kindergottesdienst zum Zweck der Katechese abhalten.[34] Damit fügte er eine Inszenierungsform in den Festablauf ein, die in Deutschland spätestens im 18. Jahrhundert verpflichtender Bestandteil der Reformationsjubiläen geworden war.[35] Vermutlich hatte er eine solche Kinderkatechese als Schüler während des Religionsfriedensjubiläums von 1755 in Helmstedt, seiner Geburtsstadt, selbst erlebt.[36]

31 Protokoll der Evangelisch-Lutherischen Synode von Pennsylvanien [s. Anm. 25], 6, Punkt 14,3f. Hier ist der Brief erwähnt, mit dem die Synode von New York über ihr Jubiläumsvorhaben informierte sowie der Beschluss, am 31. Oktober 1817 auch in Pennsylvania die Säkularfeier zu begehen. Zu den Anwesenheitslisten vgl. ebd., 1–3. Informationen zur Feier des Reformationsjubiläums fehlen dagegen, da das Evangelische Magazin im Sommer 1817 letztmalig erschien.

32 Etwa die Anordnung des Ministeriums in Pennsylvania vom Juni 1817 und die der Evangelical Lutheran Synode of Pennsylvania vom 23. August 1817; vgl. Thomas Branagan: A Glimpse of the Beauties of Eternal Truth, contrasted with the Deformity of popular Error. Intended as a Preliminary to the Grand Centurial Jubilee of the Reformation of the Year 1517, to be celebrated in Denmark & North America. Philadelphia 1817, 13, 21. Hinzu kommt schließlich der Beschluss der zwischen dem 21. und 24. September 1817 tagenden »Special Conference of Evangelical Lutheran Preachers in Ohio and Western Pennsylvania«; vgl. Lehmann: Imagination [s. Anm. 1], 77f.

33 Vgl. Schaeffer: Reformation [s. Anm. 30], 42.

34 Vgl. die Festschrift von Justus Henry Christian Helmuth: Der 31ste October, 1817, zum feyerlichen Angedenken an den 31sten October, 1517, mit Rührung begangen in der St. Michaelis und Zions Gemeinde in Philadelphia. Philadelphia 1817, 9–14.

35 Vgl. Flügel: Konfession [s. Anm. 4], 165f.

36 Das Religionsfriedensjubiläum 1755 wurde im gesamten protestantischen Deutschland begangen; vgl. Axel Gotthard: Der Augsburger Religionsfrieden. Münster 2004 (Religionsgeschichtliche Studien und Texte, 148), 616–621. Zur Säkularfeier in Helmstedt vgl. Heinrich Engelbert Schwarz: Jubelacten des jüngsthin mit vielen

Bedeutete der Rückgriff auf die Jubiläumstradition einerseits einen Kulturtransfer aus der alten Heimat, so fügte sich das Reformationsjubiläum andererseits an prominenter Stelle in die von zahlreichen Anniversarien geprägte zeitgenössische Memorialkultur der USA ein. Es ist demnach gleichermaßen als Zeichen von kultureller Modernität und von Anpassungsfähigkeit zu verstehen, dass die Lutheraner ein Reformationsjubiläum zelebrierten und damit als erste Religionsgruppe in den USA überhaupt die gesamte Eigengeschichte der Denomination zum Gegenstand der Erinnerungskultur machten.[37] Hinzu kommt, dass sie mit ihrer Säkularfeier eine Tradition beschworen, deren longue durée in Nordamerika, das sich seine Geschichte erst konstruieren musste, eine besondere Aufmerksamkeit generieren konnte.

Im Regelfall bildeten nämlich jene Ereignisse den Gegenstand des historischen Gedenkens in den USA, die wie der Independence Day (4. Juli 1776), die Vereidigung von George Washington zum ersten US-Präsidenten (30. April 1789) oder auch die Gründung der eigenen Kirchgemeinde nicht länger als 50 Jahre zurücklagen.[38] Dagegen existierten nur wenige für die nordamerikanische Identitätsbildung relevante Ereignisse älteren Datums, die als erinnerungswür-

Solemnitäten sowohl in Chursachsen als andern Landen gefeyerten zweyhundertjährigen Freuden- und Dankfestes wegen des heilsamen Religionsfriedens. Leipzig 1755, 1597–1599.

37 Jubiläen jener protestantischen Denominationen, die in der Tradition von Jean Calvin (1509–1564) standen, sind, etwa anlässlich dessen 300. Geburtstages 1809, nicht nachweisbar. Im Kontext der Genese der amerikanischen Memorialkultur begannen spätestens im 19. Jahrhundert auch ethnische Minderheiten bzw. Denominationen, eigene Erinnerungskulturen auszubilden. Bei den Deutsch-Amerikanern bildete nach derzeitigem Erkenntnisstand das Reformationsjubiläum 1817 den Anfangspunkt dieser Entwicklung. Zur Memorialkultur der Deutsch-Amerikaner vgl. Heike Bungert: From Celebrating the Old to Celebrating the New: The Foundation of a German-American Identity 1859–1914. In: Sites of Memory in American Literatures and Cultures. Hg. v. Udo J. Hebel. Heidelberg 2003 (American Studies, 101), 193–212, hier 193–196. Das im Aufsatztitel genannte Jahr 1859 verweist auf den 100. Geburtstag von Friedrich Schiller. Aus diesem Anlass fand die erste Feier statt, die überregional von allen Deutschamerikanern begangen wurde.

38 Bereits 1777 wurde der erste Jahrestag des Independence Days feierlich zelebriert; vgl. William Gordon: The Separation of the Jewish tribes after the death of Solomon, accounted for, and applied to the present day, in a sermon preached befor the General court, on Friday, July the 4th, 1777. Being the anniversary of the Declaration of independency. Boston 1777. An die Amtseinführung Washingtons wurde spätestens 1814 erinnert; vgl. Jeremiah Spofford: An oration pronounced at Hampstead, New-Hampshire, April 30th, 1814, at the celebration of the anniversary of the inauguration of His Excellency George Washington, first president of the United States. Haverhill, Mass. 1814. Zum Jubiläum einer Kirchgemeinde vgl. pars pro toto W. M. Parkinsons: Jubilee. A Sermon, containing a History of the Origin of The First Baptist Church in the City of New York, and its Process, during

dig eingeschätzt wurden. Zu nennen sind etwa die Landung der Forefathers, der ersten Siedler Neuenglands (20. Dezember 1620), sowie die Entdeckung Amerikas durch Christoph Kolumbus im Jahr 1492.[39]

Mit ihrer Säkularfeier stellten die Lutheraner diesen Ereignissen der amerikanischen Nationalgeschichte die Reformation zur Seite, wobei sie auf eine Tradition verwiesen, deren Dauer fast bis an den Zeitpunkt der Entdeckung der Neuen Welt hinanreicht. Durch den Verweis auf die Dignität des Alters ihrer Denomination schienen sie ihre lutherische Geschichte mit der amerikanischen als gleichwertig behauptet zu haben. Dieser Umstand in Verbindung mit der nicht unwichtigen Tatsache, dass die Reformation auch das Gründungsgeschehen anderer Denominationen tangierte, das Luthertum gleichsam als protestantische Leitdenomination erschien, dürfte mit dafür gesorgt haben, dass die Säkularfeier 1817 auf eine breite Aufmerksamkeit stoßen konnte.

III Jubiläumsinszenierungen als Indikator für lutherische Öffnung oder Abgrenzung

Die Frage ist nun, in welchem Maß die unterschiedlichen Träger der Säkularfeier 1817 mit ihren Inszenierungen Zeichen für Integration und Akkulturation setzten. Nicht verwunderlich ist zunächst, dass die englischsprachigen lutherischen Synoden eine Öffnung der Säkularfeiern als Zeichen denominationsübergreifender Gemeinsamkeit durchaus wünschten. So hatte etwa die Evangelisch-Lutherische Synode von Pennsylvania explizit alle Protestanten eingeladen, der Feier beizuwohnen.[40] Inwieweit diesem Aufruf jedoch Folge geleistet wurde, lag letztendlich in der Hand der einzelnen Pastoren. Ob nämlich Angehörige anderer protestantischer Kirchen tatsächlich an der Ju-

---

the first fifty Years since its constitution: Delivered in the Meeting-House of said Church, Jan. 1, 1813. New York 1813.

39 Die Ankunft der Forefathers an Bord der ›Mayflower‹ wurde seit 1769 in Plymouth, dem Landungsort, zum Gegenstand einer Memorialfeier, die in den Jahren um 1800 überregionale Bedeutung erlangt hatte; vgl. Udo J. Hebel: The Forefathers' Day Celebrations of 1802 and the Enactment of Federalist Constructions of the American Republic. In: The Construction and Contenstation of American Cultures and Identities in the Early National Period. Hg. v. U. J. Hebel. Heidelberg 1999 (American Studies, 78), 303–330, hier 303; ders.: The Rise and Fall of Forefathers' Day as a Site of National American Memory. In: Sites of Memory [s. Anm. 37], 141–192, 142f. Zum Jubiläum 1792 vgl. etwa Jeremy Belknap: A discourse, intended to commemorate the discovery of America by Christopher Columbus: delivered at the request of the Historical Society in Massachusetts, on the 23d day of October, 1792, being the completion of the third century since that memorable event. Boston 1792.

40 »[...] and that our brethren of other protestant churches, be invited to join with us in the said celebration [...]«; Beschluss der Synode vom 23. August 1817, Abdruck in: Branagan: Glimpse [s. Anm. 32], 13.

biläumsfeier teilnahmen, hing wesentlich davon ab, in welchen Sprachen die Zelebranten die Gottesdienste feierten und ihre Predigten publizierten. Die erhaltenen Festschriften der Pfarrer Frederick Christian Schaeffer, Frederick Henry Quitman und des bereits erwähnten Justus Henry Christian Helmuth[41] lassen hier verschiedene Möglichkeiten erkennen. Dabei hingen die Sprachwahl und damit die Tendenz zur Öffnung oder Abgrenzung gleichermaßen von der Biographie und der theologischen Lehrmeinung des jeweiligen Theologen sowie vom Grad der ethnischen und denominationellen Durchmischung der örtlichen Ansiedlung ab.

Die erste Option wählte der Pastor der lutherischen Gemeinde in New York City, Frederick Christian Schaeffer (1792–1832).[42] Als Sohn eines aus Deutschland eingewanderten Pfarrers gehörte er zu jener Theologengeneration, die bereits in den USA geboren war und hier auch studiert hatte.[43] Zweisprachig aufgewachsen wandte er sich während des Reformationsjubiläums an zwei divergierende Zuhörerkreise. Dabei wird deutlich, dass er im Sinne der anordnenden Synode die Säkularfeier nicht zur Demonstration lutherischer Abgrenzung, sondern bewusst als denominationsübergreifendes Ereignis geplant hatte: Zwar feierte Schaeffer am Vormittag einen deutschsprachigen Gottesdienst in der lutherischen Kirche, mit dessen Wiederholung am Nachmittag in englischer Sprache wandte er sich jedoch an einen ungleich größeren, die Grenzen der deutsch-lutherischen Gemeinde weit übergreifenden Rezipientenkreis. Bereits bei der Vorbereitung des Nachmittagsgottesdienstes rechnete Schaeffer mit einem Besucherandrang, der das Fassungsvermögen der lutherischen Kirche übersteigen würde. Deshalb hatte er den Bischof der episkopalen Kirche von New York, John Henry Hobart (1775–1830) gebeten, ihm für diesen Gottesdienst

41 Schaeffer: Reformation [s. Anm. 30]; Frederick Henry Quitman: Three Sermons; the first preached before The Evangelical Lutheran Synod, confered in Christ's Church, in the Town of Claverack, on Sunday the 7th of September, 1817; and the second and third on the Reformation by Doctor Martin Luther. Hudson 1817; Helmuth: 31ste October [s. Anm. 34]. Weiterhin zu nennen sind die beiden Festschriften: Die Augsburgische Confeßion Der Evangelisch Lutherischen Kirche nebst einer kurzen Reformations-Geschichte zum Andenken der hundertjährigen Gedächtnißfeier der Reformation. [Hg. vom Singe-Chor der Evangelisch-Lutherischen Gemeinde in York.] York 1817; David Frederick Schaeffer: Historical Adress Commemorative in the Blessed Reformation Commenced by Dr. Martin Luther on the 31st of October A. D. 1517 Delivered in the Lutheran Church at Frederickstown on the 31st of October 1817. Frederickstown 1817; zur letztgenannten Schrift vgl. Lehmann: Imagination [s. Anm. 1], 80.

42 Schaeffer hatte anstelle des verhinderten Quitman die New Yorker Lutheraner auf jener Synode in Pennsylvania repräsentiert, die 1816 den Jubiläumsbeschluss gefasst hatte; vgl. Verhandlungen [s. Anm. 30], 6, Punkt 14,1.

43 Zur Person vgl. http://www.famousamericans.net/frederickdavidschaeffer/ (Zugriff am 23.8.2007).

St. Paul's Church zur Verfügung zu stellen. Doch auch dieses Gotteshaus, das 5000 Personen Platz bot, erwies sich als zu klein, weshalb mehrere tausend Bürger keinen Zugang zum Festgottesdienst erhalten konnten.[44]

Mit dem Charakter einer denominationsübergreifenden Veranstaltung korreliert weiterhin, dass sowohl Bischof Hobart als auch weitere Vertreter der episkopalen und der reformierten Gemeinde sowie der Mährischen Brüder der Einladung Schaeffers, ihm während der Festgottesdienste als Konzelebranten zu assistieren, Folge leisteten.[45] Dieser Umstand und ebenso die Tatsache, dass die Musik von ›The Handel and Haydn Society‹ (Boston) aufgeführt sowie der Druck der Festschrift von der New York Historical Society besorgt worden war, verdeutlichen, wie stark Lutheraner wie Schaeffer denominations- und ethnieübergreifend in die sozialen Netzwerke[46] integriert waren. Zugleich liefert gerade die Jubiläumsfeier in New York Indizien für eine Akkulturation der Lutheraner, die ein die engen Grenzen der eigenen Denomination überschreitendes protestantisches Zusammengehörigkeitsgefühl zeigen konnten. Letztendlich deutet sich hier eine Transkonfessionalität[47] an, die für amerikanische Protestanten charakteristisch ist und die vermutlich auch die Akkulturation der Lutheraner erleichterte.

Auch Pfarrer Frederick Henry Quitman (1760–1832) machte, wenngleich auf andere Art und Weise als Schaeffer, seine Predigten nicht nur den deutschsprachigen Lutheranern zugänglich. In Deutschland geboren, kam er nach seinem Theologiestudium, das er in Halle (Saale) bei dem Neologen Johann Salomo Semler (1725–1791) absolviert hatte und einem Aufenthalt in den Niederlanden in den 1780er Jahren in die USA. Dort war Quitman schließlich seit 1798 Pastor an der ›St. Peter und St. Paul‹ Kirche in Rhinebeck, einer v.a. von deutschen und niederländischen Familien besiedelten Kleinstadt nördlich von New York City,

---

44 Vgl. SCHAEFFER: Reformation [s. Anm. 30], 40–42. Dieser Sachverhalt findet auch Erwähnung auf der Homepage der Gemeinde; vgl. http://www.stmatthewnyc.org/Timeline-%20St%20M.html (Zugriff am 23.8.2007).

45 Vgl. SCHAEFFER: Reformation [s. Anm. 30], 41.

46 Im Falle Schaeffers reichten sie bis nach Deutschland, was sich daran zeigt, dass er ein Exemplar seiner Festschrift an einen Professor Gubitz – gemeint wohl der Verleger, Publizist und Künstler Friedrich Wilhelm Gubitz (1786–1870) – nach Berlin geschickt hatte, der seinerseits eine Übersetzung durch Hartwig von Hundt-Radowsky (1780–1835) veranlasste; vgl. FRIEDRICH CHRISTIAN SCHAEFFER: Die gesegnete Reformation. Eine Rede, gehalten in der St. Paulskirche zu Neu-York am dritten hundertjährigen Jubelfeste, den 31. Oktober 1517 von Dr. Martin Luther begonnenen Kirchenverbesserung nebst einer Beschreibung der dabei stattgefundenen gottesdienstlichen Feierlichkeiten. Berlin 1818.

47 Vgl. WELLENREUTHER: Atlantische Welt [s. Anm. 16], 24f. Der Begriff meint den Umstand, dass v.a. im 18. Jahrhundert angesichts einer nur geringen ›Theologendichte‹ die Dienste eines jeden protestantischen Pfarrers unabhängig von dessen Denomination akzeptiert wurden.

und wurde als solcher 1817 zum Präsidenten der Evangelical Lutheran Synod des Staates New York gewählt.[48] Gleichermaßen gut deutsch, holländisch und englisch sprechend, unterstützte er die Verbreitung von lutherischen Liederbüchern und Bekenntnisschriften, die, in englischer Sprache publiziert, von beiden ethnischen Gruppen verstanden werden konnten.[49] Angesichts der Bevölkerungsstruktur Rhinebecks hielt er seine Predigten zum Reformationsjubiläum zwar auf Deutsch, aber er übersetzte sie auf Bitten der Evangelisch-Lutherischen Synode des Staates New York für die Drucklegung ins Englische.[50]

Während Theologen wie Schaeffer und Quitman mit der Jubiläumsfeier ein Zeichen der Öffnung setzten, vollzogen andere eine Abgrenzung gegenüber dem englischsprachigen Umfeld. Ein Beispiel dafür bildet der bereits erwähnte Justus Henry Helmuth, Senior der Evangelisch-Lutherischen Synode von Pennsylvania sowie einer der einflussreichsten Prediger des zeitgenössischen amerikanischen Luthertums.[51] In Helmstedt geboren und in Halle (Saale) ausgebildet, nahm er noch vor Ausbruch der amerikanischen Revolution einen Ruf nach Pennsylvania an. Streng am lutherischen Bekenntnis festhaltend, lehnte er das Gedankengut der Aufklärung, wie es die im zeitgenössischen Amerika populären Gelehrten Thomas Paine (1737–1809) oder Joseph Priestley (1733–1804) verbreitet hatten, kompromisslos ab.[52] Aufgrund dieser Haltung, mit der er unter den Theologen in Pennsylvania keinesfalls allein war, verwarf Helmuth die Verwendung des Englischen im Kirchengebrauch kategorisch, stattdessen erblickte er im Beibehalt des Deutschen als der Sprache Martin Luthers die unabdingbare

48 Zur Person vgl. http://www.famousamericans.net/frederickhenryquitman/ (Zugriff am 24.10.2007).

49 Zur Sprachkenntnis Quitmans vgl. Benjamin A. Kolodziej: Frederick Henry Quitman and the Catechesis of the American Lutheran Enligthenment. In: Concordia Theological Quarterly 7, 2006, 341–366, hier 342. Zur Herausgebertätigkeit Quitmans vgl. Anderson: Early National Period [s. Anm. 3], 106.

50 Vgl. Quitman: Sermons [s. Anm. 41], To the Reader [Blatt 1 u. 2].

51 Vgl. Anderson: Early National Period [s. Anm. 3], 96.

52 Zur Person vgl. A. Gregg Roeber: J. H. C. Helmuth, Evangelical Charity, and the Public Sphere in Pennsylvania, 1793–1800. In: The Pennsylvania Magazine of History and Biography 121, 1997, 77–100, besonders 79–84; weiterhin http://www.famousamericans.net/justuschristianhenryhelmuth/ (Zugriff am 16.8.2007); http://www.archives.upenn.edu/histy/features/1700s/people/helmuth_justus_h_c.html (Zugriff am 15.12.2007). Zu Helmuths Ablehnung der Aufklärung vgl. A. Gregg Roeber: »Through a Glass, Darkly«. Changing German Ideas of American Freedom 1776–1806. In: Transatlantic Images and Perceptions. Germany and America since 1776. Hg. v. David E. Barclay u. Elisabeth Glaser-Schmidt. Washington 1997, 19–40, hier 27–29. In diesem Sinn nahm Helmuth Einfluss auf die Schulbildung; vgl. Splitter: Pastors [s. Anm. 9], 281–284. Aus derselben Motivation heraus gab er zahlreiche Gesangbücher, einen revidierten Luther-Katechismus und das Evangelische Magazin [s. Anm. 25] heraus; vgl. ebd., 255 u. 311.

Voraussetzung für die Fortexistenz des Luthertums.[53] Folgerichtig vollzog er eine Engführung des Reformationsjubiläums: Während der Säkularfeier predigte er ausschließlich auf Deutsch, und auch seine Jubiläumsfestschrift, der er außerdem eine Lutherbiographie und einen Abdruck der Confessio Augustana beifügte, publizierte er in dieser Sprache.[54]

Die Gründe für die sprachliche Engführung lagen jedoch nicht ausschließlich in theologischen Motiven. Darauf verweist Helmuths Engagement, die deutsche Sprache über ihre Verwendung im Gottesdienst hinaus als zweite offizielle Sprache in Pennsylvania zu etablieren.[55] Es scheint, als ob der Theologe zugunsten der Stärkung der deutschen Identität generell gegen jene zunehmende Anglisierung auftrat, die sich auch in den bereits erwähnten Abspaltungen englischsprachig-lutherischer Gemeinden dokumentiert. Daraus ergibt sich die Frage, welche Position Helmuth generell zu Integration und Akkulturation der deutschen Lutheraner bezog.

IV Zwischen alter und neuer Heimat

Detaillierte Aussagen zur Selbstverortung der Lutheraner erlauben die Festpredigten. Das besondere Interesse muss in diesem Zusammenhang der Frage gelten, wie die Theologen die Reformationsgeschichte zur Traditionsbildung der eigenen Gemeinden genutzt haben. Hierbei ist von besonderer Bedeutung, dass der Verweis auf Martin Luther bzw. auf die Publikation der Ablassthesen völlig unabhängig von der theologischen Reformationsdeutung per se nicht nur auf das Gründungsgeschehen des Luthertums, sondern auch auf zentrale Momente der deutschen Geschichte zielte. Insofern beinhaltete die Reformationsvergegenwärtigung zwei wichtige Bausteine des Selbstbewusstseins der deutsch-amerikanischen Lutheraner und konnte damit tatsächlich der Affirmation sowohl der lutherischen als auch der ethnischen Identität dienen. Dieser Zusammenhang verdeutlicht einmal mehr, dass die eigene Kirche für Immigranten sowohl einen Hort der Ethnizität als auch eine Brücke zwischen der alten und neuen Heimat bilden kann.[56]

---

53 Allgemein vgl. AENGENVOORT: Migration [s. Anm. 13], 277f.; zu Pennsylvania vgl. JONES: Immigration [s. Anm. 22], 65; speziell zu Helmuth vgl. ANDERSON: Early National Period [s. Anm. 3], 97 und SPLITTER: Pastors [s. Anm. 9], 313.

54 Kurze Anzeige von Dr. Luthers fruehen Lebensjahren. In: HELMUTH: 31ste October [s. Anm. 34], 19–30; Die Augsburgische Confeßion. In: ebd., 31–80. Ähnlich die Festschrift des Singe-Chors, die ebenfalls eine Reformationsgeschichte und den Abdruck der Confessio Augustana enthält; vgl. Augsburgische Confeßion [s. Anm. 41].

55 Vgl. SPLITTER: Pastors [s. Anm. 9], 310f.

56 Vgl. AENGENVOORT: Migration [s. Anm. 13], 252–255. Zum Zusammenhang von religiöser und regionaler Identität vgl. RALF ROLOFF: Religion und regionale Identität.

Schaeffer, Quitman und Helmuth legten in ihren Predigten ein unterschiedliches Gewicht auf die Darstellung der Reformationsgeschichte und die Konstruktion von Kontinuitätslinien zwischen deutschem und amerikanischem Luthertum. Dabei überrascht nicht, dass für Schaeffer als Vertreter jener Theologengeneration, die bereits in den USA geboren war und sich weitestgehend in die Gesellschaft eingefügt hatte, dieses Thema nur untergeordnete Relevanz besaß. Selbstverständlich ging auch er in seiner Predigt auf die Reformationsgeschichte ein, stellte jedoch keinen unmittelbaren Bezug zur eigenen Festgemeinde her. Stattdessen behauptete er lapidar, dank des Buchdruckes habe sich die Reformation ausgehend von Wittenberg zunächst in Deutschland, dann in Europa und schließlich in der restlichen Welt ausgebreitet und werde dies in Gestalt der Evangelical Church in Amerika auch weiterhin tun.[57] Ähnlich knapp verwies er auch auf die europäische Tradition der Reformationsjubiläen, die ihm lediglich zur Legitimation der eigenen Säkularfeier diente:[58] »In the year 1617 and 1717, the commencement of the Reformation was celebrated in Europe. The *thirty first of October*, in 1817, was again hailed as an auspicious era; and [...] the recent Central Jubilee must have been splendidly solemnized. [Hervorhebungen im Original – Anm. d. Verf.]«[59]

Anders argumentierten dagegen die in Deutschland geborenen Theologen. Hier ist vor allem auf Helmuth hinzuweisen, der die transatlantischen Verbindungen und die deutsche Prägung des Luthertums in seiner Festpredigt betonte. So nutzte er den Verweis auf das Reformationsjubiläum in Europa, um die amerikanischen Lutheraner als integralen Bestandteil jener transnationalen

---

Zur Bedeutung der Religion als Faktor regionaler Kooperation und Integration. In: Religion – Staat – Politik. Zur Rolle der Religion in der nationalen und internationalen Politik. Hg. v. Manfred Brocker [u.a.]. Wiesbaden 2003, 339–351. Eine solche Koppelung von territorialem Raum und religiöser Identität gab es bereits bei den protestantischen Landeskirchen in der Alten Welt; vgl. Hölscher: Raum [s. Anm. 16], 118. In den USA zeigt sich dieser Zusammenhang besonders plakativ in der seit den 1780er Jahren verstärkt erfolgten Aufnahme der Bezeichnung ›deutsch‹ in den offiziellen Namen vieler lutherischer Kirchgemeinden. Zur engen Verbindung von ethnischem und religiösem Bewusstsein vgl. Smith: Religion [s. Anm. 26], 1155–1185.

57 So etwa die Behauptung Schaeffers: »the ›Evangelical Church‹ extending her pale«; Schaeffer: Reformation [s. Anm. 30], 19, 22 u. 27f.

58 Zu diesem Aspekt der Selbstreferentialität vgl. Winfried Müller: Instrumentalisierung und Selbstreferentialität des historischen Jubiläums. Einige Beobachtungen zur Eigengeschichte und Geltungsanspruch eines institutionellen Mechanismus. In: Geltungsgeschichten. Über die Stabilisierung und Legitimierung institutioneller Ordnungen. Hg. v. Gert Melville u. Hans Vorländer. Köln [u.a.] 2002, 265–284, besonders 266.

59 Account of the Solemnities and the order of divine service on the 31st of October, 1817. In: Schaeffer: Reformation [s. Anm. 30], 38–42, hier 39.

Festgemeinde darzustellen, die sich zur Feier des Reformationsgedenkens konstituiert habe: Die Alte Welt mache »herrliche Anstalten, dieses Jubiläum [...] zu begehen und die evangelischen Prediger in Amerika haben [...] beschlossen, dasselbe mit ihren Brüdern in Europa an dem nemlichen Tag auf eine würdige Weise zu feiern.«[60]

Dieser Kunstgriff stellte sicherlich den charakteristischen Versuch einer sprachlichen und religiösen Minderheit dar, die eigene Situation im affirmativen Sinn positiv auszudeuten.[61] Allerdings handelte es sich hierbei um mehr als nur um eine Kompensationsfloskel. Diese Äußerung korrespondiert nämlich zunächst mit der auch von zeitgenössischen deutschen Festrednern geäußerten Vorstellung eines ›Weltprotestantismus‹.[62] Außerdem ergänzt sie die folgenden Aussagen Helmuths, mit denen dieser die eurozentrierte Geschichte des Luthertums mit der der eigenen amerikanischen Gemeinde in Beziehung zueinander stellte und so an den Erfahrungshorizont des Einzelnen anknüpfte. Mit diesem Vorgehen verfolgte der Redner das Ziel, die Reformationserinnerung zu intensivieren, zu plausibilisieren und so letztendlich die deutsch-lutherische Identität seiner Zuhörer zu stärken. In Verbindung damit kam es ihm, ganz in pietistischer Tradition stehend, darauf an, mit seinen Festpredigten bei jedem Einzelnen zur Beförderung von Bekehrung und individueller Frömmigkeit sowie zu Trost und Ermahnung beizutragen.[63]

---

60 Helmuth: 31ste October [s. Anm. 34], 11. Ähnlich: Die evangelischen Kirchen haben »allgemein jedesmal das hundertjährige Reformationsfest gefeiert [...] Man macht auch nun wieder grosse und herrlichen Anstalten in Europa, dieses hundertjährige Jubiläum, den 31sten October, A. D. 1817, zum drittenmal zu begehen; und die evangelischen Prediger in Amerika haben in ihren letzten Versammlungen beschlossen, dasselbe mit ihren Brüdern in Europa an dem nemlichen auf eine würdige Weise zu feiern.« Augsburgische Confeßion [s. Anm. 41], 1. Auf der Gegenseite lassen sich vereinzelte Hinweise in deutschen Jubiläumspublikationen finden, dass man dort um das Reformationsgedenken der amerikanischen Lutheraner wusste; vgl. Wichmann von Meding: Kirchenverbesserung. Die deutschen Reformationspredigten des Jahres 1817. Bielefeld 1986 (Unio und Confessio, 11), 23. Weiterhin sei auf die Übersetzung der Festschrift von Schaeffer ins Deutsche verwiesen; vgl. Anm. 46.

61 Auch die katholische Diaspora-Gemeinde in der sächsischen und damit lutherischen Stadt Meißen nutzte im Jahr 1906, während des Jubiläums anlässlich des 800. Todestages des Hl. Bennos, Bischof von Meißen, dieses Argumentationsmuster, indem sie auf die Tatsache verwies, dass das Bennojubiläum von zahlreichen anderen Gemeinden begangen wird; vgl. Wolfgang Flügel: Bennojubiläen im Kernland der Reformation. In: Monumenta Misnensia. Jahrbuch für Dom und Albrechtsburg Meißen 7, 2005/2006, 41–51, hier 47.

62 Vgl. Meding : Kirchenverbesserung [s. Anm. 60], 23.

63 Vgl. Fred A. van Lieburg: Internationale pietistische Erzähltraditionen vom 17. bis zum 21. Jahrhundert. In: Interdisziplinäre Pietismusforschungen. Beiträge zum Ersten Internationalen Kongress für Pietismusforschung. Hg. v. Udo Sträter [u.a.]. Tübingen 2005 (Hallesche Forschungen, 17/2), 733–743, hier 738–741.

Die Reformation und die Ausbreitung reformatorischen Gedankenguts thematisierte Helmuth als Erfolgsgeschichte: »das Licht dieses Segenstages [der Reformation – Anm. d. Verf.] hat sich so gar auch über diese Abendlande verbreitert, wo [...] die finsterste Nacht des Heidenthums auch noch zu der Zeit herrschte, als es [die Reformation – Anm. d. Verf.] seine Stralen in Europa anfing«.[64] Diese Ausbreitung des Luthertums nach Nordamerika stellte der Theologe mit Migrationshintergrund in unmittelbaren Zusammenhang zur Immigration der eigenen Vorfahren: »Wir und unsere Vor-Väter«, so betonte Helmuth, »wurden von den Stralen dieses neuen Tageslichtes über grosse Gewässer in diese unbebauete Wüste geleitet, und sein heller Glanz verbreitet sich noch über uns und unsere Kinder. Das theure Evangelium wird hier überall bis an und über der heidnischen Grenze verkündigt [...]«.[65]

In diesem Prozess verortete Helmuth schließlich seine Gemeinde in Philadelphia, deren Historie er im Sinne einer heilsgeschichtlichen Aufwertung auf die der Reformation des 16. Jahrhunderts bezog. Mit seiner Argumentation stellte sich der Theologe in weiten Teilen in die gängige lutherische Tradition, was sich nicht nur am ausgebreiteten Geschichtsbild,[66] sondern auch in sei-

64 Helmuth: 31ste October [s. Anm. 34], 12; ähnlich auch in einem Lied, das von der Gemeinde im Abendgottesdienst vor der Predigt Helmuths gesungen wurde: »Das Licht das Luther angesteckt, / verstrahlt auch diese Lande; / [...]. Hier, wo schwaerzeste Finsterniß / Das Land wie Nacht bedeckte; / Wo toedtlich gift'ger Schlangenbiß / Der Wilden schreckend weckte; / Da stehen Tempel Gottes nun [...]«; ebd., 16.

65 Helmuth: 31ste October [s. Anm. 34], 12.

66 Zum Geschichtsbild der lutherischen Orthodoxie und der Ausdeutung der gängigen Topoi vgl. ausführlich Hans-Jürgen Schönstädt: Antichrist, Weltheilsgeschehen und Gottes Werkzeug. Römische Kirche, Reformation und Luther im Spiegel des Reformationsjubiläums 1617. Wiesbaden 1978 (Veröffentlichungen des Instituts für Europäische Geschichte Mainz, 88, Abteilung für abendländische Religionsgeschichte), 86–303; Harm Cordes: Hilaria evangelica academica. Das Reformationsjubiläum von 1717 an den deutschen lutherischen Universitäten. Göttingen 2006 (Forschungen zur Kirchen- und Dogmengeschichte, 90), 130–300; weiterhin Thomas Kaufmann: Dreißigjähriger Krieg und Westfälischer Friede. Kirchengeschichtliche Studie zur lutherischen Konfessionskultur. Tübingen 1998 (Beiträge zur historischen Theologie, 104); Volker Leppin: Antichrist und Jüngster Tag. Das Profil apokalyptischer Flugschriftenpublizistik im deutschen Luthertum 1548–1618. Gütersloh 1999 (Quellen und Forschungen zur Reformationsgeschichte, 69). Die für das Geschichtsbild der lutherischen Orthodoxie charakteristische Naherwartung des Jüngsten Tages ist in der Reformationsausdeutung Helmuths nicht nachweisbar. Dieser Befund korreliert jedoch sowohl mit den Vorstellungen, denen Helmuth als Vertreter des Halleschen Pietismus anhing, als auch mit den Zeitkonstrukten, die in den Reformationsjubiläen des 18. Jahrhunderts sichtbar werden; vgl. Flügel: Konfession [s. Anm. 4], 215–217; ders.: Zeitkonstrukte im Reformationsjubiläum. In: Jubiläum. [s. Anm. 4], 77–99, besonders 82–95. Allge-

ner Sprache zeigt. Dabei unterstützen die von ihm benutzten Metaphern und Deutungsschemata seine Aussagen zusätzlich auf einer symbolischen Ebene, insofern sie einerseits die Distanzierung vom Gedankengut der Aufklärung unterstreichen und andererseits einen Anschluss an eine aus der alten Heimat bekannte Sprachtradition markieren.[67]

In seiner Darstellung setzte Helmuth die Geschichte des deutschen Luthertums mit der seiner amerikanischen Gemeinde in Beziehung zueinander. Dabei verwies er auf zahlreiche strukturelle Analogien, die er in der Vergangenheit von Reformation und ›St. Michael und Zion‹ erkannt haben wollte und die bereits bei der jeweiligen Genese einsetzten: Entsprechend des klassischen Topos protestantischer Geschichtsdeutung sei seit dem vierten Jahrhundert die Kirche im vorreformatorischen Europa von Aberglaube und Abgötterei bestimmt gewesen, lediglich eine kleine Schar aufrechter Bekenner habe das wahre Christentum vertreten.[68] Ebenso negativ kennzeichnete Helmuth auch den Anfangszustand des amerikanischen Luthertums: Von Auswanderern gebildet, war die »Deutsche Gemeinde« zunächst »gering, verachtet und klein«.[69] Die ungenannte Ursache dafür war, dass aufgrund eines gravierenden Pfarrermangels kaum geschlossene Pfarrgemeinden existiert hatten.[70] Erst im Ergebnis göttlichen Eingreifens sei es zu einer Verbesserung gekommen: In Analogie zu Luther, den Helmuth in Übereinstimmung mit einem im Luthertum gängigen Geschichtsbild in seiner Predigt bereits als »Werkzeug in der Hand des Herrn« bei der Heraufführung der Reformation benannt hatte,[71] charakterisierte er den

mein zur Eschatologie vgl. GERHARD EBELING: Erwähnungen zur Eschatologie. In: G. EBELING: Wort und Glaube 3. Tübingen 1975, 428–447.

67 Zum Zusammenhang von Religion und Kommunikation vgl. KLAUS TANNER: Einleitung. In: Religion und symbolische Kommunikation. Hg. v. K. TANNER. Leipzig 2004, 10–11 sowie MARKUS BUNTFUSS: Metaphern – Schlüssel zur religiösen Kommunikation. In: ebd., 38–57.

68 Vgl. HELMUTH: 31ste October [s. Anm. 34], 9. Zu ähnlichen Deutungen in Deutschland vgl. MEDING: Kirchenverbesserung [s. Anm. 60]. Zur kleinen Schar der ›Zeugen der Wahrheit‹ als Argument in der lutherischen Kirchengeschichtsschreibung v.a. vom 16. bis zum 18. Jahrhundert vgl. JOHANNES BURKHARDT: Alt und Neu. Ursprung und Überwindung der Asymmetrie in der reformatorischen Erinnerungskultur und Konfessionsgeschichte. In: Historische Anstöße. Festschrift für Wolfgang Reinhard zum 65. Geburtstag am 10. April 2002. Hg. v. PETER BURSCHEL [u.a.]. Berlin 2002, 152–171, hier 158; THOMAS FUCHS: Protestantische Heiligen-memoria im 16. Jahrhundert. In: Historische Zeitschrift 267, 1998, 587–614, hier 592f.

69 HELMUTH: 31ste October [s. Anm. 34], 13.

70 Vgl. MÜLLER: Zwei Welten [s. Anm. 18], 97.

71 Sowohl die traditionelle lutherisch-orthodoxe als auch die pietistische Deutung führte jegliches Geschehen auf göttliche Urheberschaft zurück, wobei die Menschen lediglich als Werkzeuge Gottes fungieren. Dementsprechend habe Gott auch die Reformation durch sein Werkzeug Luther heraufgeführt; vgl. etwa KAUFMANN: Westfälischer Friede [s. Anm. 66], 18f. Zitat: Helmuth: 31ste October [s. Anm. 34],

von Gotthilf August Francke (1696–1769) aus dem Waisenhaus Halle (Saale) nach Pennsylvania geschickten ›Vater des Luthertums in Nordamerika‹ Heinrich Melchior Mühlenberg (1711–1787): »Der Herr war es, der den frommen Mühlenberg [...] sandte.«[72] Dessen Wirken verwies unmittelbar auf ein Gründungsereignis der Gemeinde in Philadelphia, insofern unter seiner »Anleitung vor mehr als 70 Jahren [tatsächlich erst am 14.8.1748 – Anm. d. Verf.] unsere Verehrungswürdige St. Michaelis Kirche [...] eingeweihet wurde.«[73]

Auch im weiteren Verlauf der Geschichte sowohl des Luthertums in Deutschland als auch seiner eigenen nordamerikanischen Gemeinde erblickte Helmuth Analogien, was er durch seine Wortwahl unterstrich: In Europa war der »Kirchen-Himmel mit schwarzen Wolken ueberzog[en]: – Der Bauern-Krieg [...] der dreißig jährige Krieg, und was sich sonst in diesem Zwischenraume auch unter den Evangelischen selbst ereignete.«[74] Diese »schwarzen Gewitter-Wolken« hatten die Zeitgenossen immer wieder »mit ihrem bruenstigen Gebet« vertreiben können.[75] In Philadelphia sei die Gemeinde von St. Michael und Zion zuweilen ebenfalls durch eine »schwarze Wolke«[76] bedeckt gewesen: Eine Seuche hatte zahlreiche Todesopfer gefordert, auch waren Schäden infolge einer Brandkatastrophe zu beklagen.

Die Folgen konnten, so Helmuth, jedoch rasch überwunden werden, so dass sich die Gemeinde zu ihrem Vorteil entwickeln konnte. Als Beweis für die Wahrheit seiner Ausführungen verwies der Theologe sowohl auf die große Zahl von 1000 Personen, die an der Jubiläumsfeier teilnahmen, als auch auf jene Gemeindemitglieder, welche sich »in der gegenwärtigen Versammlung insbesondere der ersten Ereignisse unserer theuren Gemeinde erinnern können«.[77] Diese Zeitzeugen fungierten demnach als personifiziertes, die gesamte Vergangenheit der Gemeinde umfassendes Gedächtnis.

Vorrede. An anderer Stelle erfolgt die Charakterisierung Luthers als ein »gelehrter aber vornehmlich ein redlicher, frommer Mann«; ebd., 10.

72 Helmuth: 31ste October [s. Anm. 34], 13. Zu Mühlenberg vgl. Anm. 18.

73 Helmuth: 31ste October [s. Anm. 34], 13.

74 Helmuth: 31ste October [s. Anm. 34], 11.

75 Helmuth: 31ste October [s. Anm. 34], 12 (beide Zitate). Zur Krisenproblematik vgl. Hartmut Lehmann: Die Krisen des 17. Jahrhunderts als Problem der Forschung. In: Transformationen der Religion in der Neuzeit. Beispiele aus der Geschichte des Protestantismus. Hg. v. H. Lehmann. Göttingen 2007 (Veröffentlichungen des Max-Planck-Instituts für Geschichte, 230), 11–20. Zu den Krisensymptomen und deren Ausdeutung schon durch die lutherische Orthodoxie vgl. Leppin: Antichrist [s. Anm. 66], 252–262; Flügel: Konfession [s. Anm. 4], 75f. Danach galten Krisensymptome als Warnung bzw. Strafe Gottes für menschliches Fehlverhalten, der durch eine Änderung des Verhaltens entgegengewirkt werden musste.

76 Helmuth: 31ste October [s. Anm. 34], 13.

77 Helmuth: 31ste October [s. Anm. 34], 14.

Schienen die Entwicklungsstränge des deutschen und amerikanischen Luthertums in der Vergangenheit in Analogie zueinander verlaufen zu sein, so traten sie in der zeitgenössischen Gegenwart auseinander, wobei Helmuth die positive Tendenz auf der Seite des Letzteren verortete. In seiner Interpretation trat »schwarzes Gewölke [...] es heisset Unglaube [...] vor die erwärmende Sonne [...] und macht auch unser geliebtes Vaterland [gemeint Deutschland – Anm. d. Verf.] dunkel, und es ist zu befürchten, daß unterschiedliche der Auswanderer [...] diesen tödtenden Gift auch unter uns verbreiten [...]«.[78] Doch, so die – ungeachtet der auch in seiner eigenen Gemeinde geführten Sprachdebatte[79] sowie der andauernden Auseinandersetzung mit der Aufklärung – optimistische Hoffnung des Redners, werden sich »Amerika's Einwohner [...] nicht leicht von einem solchen trostlosen Dunkel verleiten lassen, das Licht mit dieser Finsterniß zu vertauschen.«[80] Im Gegensatz zu Europa, wo sich das Luthertum in einer Krise befinde, werde, so die Zukunftsgewissheit, die Gemeinde sowohl an der lutherischen Lehre als auch an ihrer deutschen Kultur festhalten: Offenkundig nicht alle, aber doch »viele unserer lieben Kinder [besorgten] Sein [Gottes – Anm. d. Verf.] Lob lieblich« und führten »unsere kleinen Laemmer auf die Weide ihrer deutschen Voreltern«.[81] Hinzu käme eine Bekehrung der deutschen Einwanderer: »[...] einige, welche mit Finsternis bedeckt, hier das Licht des Heils fanden, dass sie im Vaterlande nicht sehen konnten, so fanden, dass sie nicht allein in diesem Lichte selbst zu wandeln anfingen, sondern sogar [...] dahin ringen, auch anderen einen hellen Gnadentag zu verschaffen.«[82]

Damit entwarf Helmuth in seiner Predigt ein ambivalentes Bild. Einerseits hielt er unverkennbar an der deutschen Tradition fest, was sich etwa darin zeigt, dass er Deutschland mehrfach als Vaterland bezeichnete, dessen Sprache und kulturelle Gepflogenheiten innerhalb der Gemeinde in Philadelphia zu perpetuieren seien. Auch schien er das Luthertum als den eigentlichen und grundlegenden Träger religiöser Erneuerung zu verstehen. In diesem Sinne verwies er nicht nur auf den Wittenberger Reformator, sondern auch auf die lutherischen Theologen Philipp Jacob Spener (1635–1705) und dessen Schüler August Hermann Francke (1663–1727).[83] Mit Sicherheit verband der in Halle

78 Helmuth: 31ste October [s. Anm. 34], 14f. Dass Helmuth hierbei die Vertreter aufgeklärten Gedankengutes meinte, lässt sich erschließen aus seiner Warnung vor denen, die sich auf ihr »vermeintes gutes Herz« verlassen und daher die »Tiefe ihres inneren Seelen-Verderbens noch nie durchschauet« sowie vor den »philosophischen Christen«, die keinen Heiland brauchen, der »Suender retten wird«; ebd. 18.

79 Vgl. Anm. 25.

80 Helmuth: 31ste October [s. Anm. 34], 15.

81 Helmuth: 31ste October [s. Anm. 34], 14.

82 Helmuth: 31ste October [s. Anm. 34], 15.

83 Helmuth: 31ste October [s. Anm. 34], 12.

(Saale) ausgebildete Helmuth damit auch eine Anspielung auf seine eigene Person – inwieweit diese von der Gänze seiner Zuhörer bemerkt worden war, muss offen bleiben. In religiöser Überhöhung galt ihm andererseits seine amerikanische Wirkungsstätte als gelobtes Land, als das neue, »gesegnete Zion«,[84] in dem reformatorisches Gedankengut weit und tief verbreitet war und in dem eine neue Erweckung[85] stattfand.

Es ist als ein Ausdruck von ›Zivilreligion‹[86] zu verstehen, dass Helmuth ein derartiges Bekenntnis zur neuen Heimat formulierte. Diese stilisierte er zugleich als Ort eines sich auch künftig ausbreitenden Luthertums, wobei er sich in Übereinklang etwa mit Schaeffer befand.[87] Dabei propagierte Helmuth zwar ein eigenständiges deutschsprachiges Luthertum, welches er jedoch als legitimen Teil einer übergeordneten protestantischen Gemeinschaft verstand. So heißt es im Abschluss seiner Predigt: »Erwecke die Einwohner dieser Abendlande [...] Segne die ganze Stadt und alle christlichen Gemeinden in derselben mit dem Geist der Wahrheit. Vornehmlich siehe in Gnaden auf unsere Gemeinde herab [...].«[88]

Obgleich Helmuth während der Säkularfeier keinerlei Aussagen darüber traf, ob sein Bekenntnis zur neuen Heimat auch für Bereiche jenseits der religiösen Ebene galt, so ist dies anzunehmen. Immerhin kann es als politische

---

84 Helmuth: 31ste October [s. Anm. 34], 13.

85 Zur Erweckung als charakteristisches Phänomen v.a. der amerikanischen Religiosität vgl. Hartmut Lehmann: Christianisierung Amerikas und die Dechristianisierung Europas im 19. und 20. Jahrhundert. In: Säkularisierung. Der europäische Sonderweg in Sachen Religion. Hg. v. H. Lehmann. Göttingen 2004 (Bausteine zu einer europäischen Religionsgeschichte im Zeitalter der Säkularisierung, 5), 126–143, hier 131–133; William Reginald Ward: The Protestant Evangelical Awakening. Cambridge 1992, 241–295 (Amerika), 57–63 (pietistische Traditionen, Halle).

86 Der Begriff der *civil religion* wurde von Robert N. Bellah 1967 geprägt. Er bezeichnet letztendlich ein kollektiv getragenes religiöses Weltbild eines modernen Gemeinwesens; vgl. Thomas Hase: Zivilreligion. Religionswissenschaftliche Überlegungen zu einem theoretischen Konzept am Beispiel der USA. Würzburg 2001 (Religion in der Gesellschaft, 9), 203. Zur Diskussion vgl. weiterhin Rainer Withöfl: Civil Religion und Pluralismus. Frankfurt/Main 1998 (Kontexte. Neue Beiträge zur Historischen und Systematischen Theologie, 25); Janez Perčič: Religion und Gemeinwesen. Zum Begriff der Zivilreligion. Münster 2004 (Forum Philosophie, 8) sowie den Sammelband Religion des Bürgers. Zivilreligion in Amerika und Europa. Hg. v. Heinz Kleger u. Alois Müller. München 1986 (Religion – Wissen – Kultur. Studien und Texte zur Religionssoziologie, 3).

87 Vgl. Anm. 57. Als ein weiteres Beispiel ist auf Schaeffers Bruder David Frederick, Pastor in Frederickstown, Maryland zu verweisen; vgl. Lehmann: Imagination [s. Anm. 1], 80–82.

88 Helmuth: 31ste October [s. Anm. 34], 22. Interessant in diesem Zusammenhang ist, dass Helmuth im Kontext der Reformatoren neben Luther auch Huldrych Zwingli (1484–1531) erwähnt, nicht aber Calvin; ebd., 11.

Zustimmung gelten, dass er 1790 und 1800 den Tod von Benjamin Franklin und George Washington beklagte, was mit dem allgemeinen Lob korrelierte, das zahlreiche lutherische Pastoren der US-Verfassung und den hier verankerten bürgerlichen Freiheiten zollten.[89]

V Integrationen: Deutsche als Amerikaner, Lutheraner als Protestanten

Während Helmuth bei allem Wohlwollen, welches er gegenüber der neuen Heimat hegte, für die Identitätsstärkung der deutschen Lutheraner als autonome Gruppe innerhalb der amerikanischen Gesellschaft eintrat, plädierte Frederick Henry Quitman für eine stärkere Akkulturation dieser Bevölkerungsgruppe sowohl in religiöser als auch in ethnischer Hinsicht. Dieser Sachverhalt wird vor allem in seiner zweiten Predigt,[90] die er anlässlich der Säkularfeier hielt, deutlich.

Nachdem er seine erste[91] der breiten Darstellung der Reformationsgeschichte gewidmet hatte, zeigte er als Vertreter der aufgeklärten Theologie in seiner zweiten, dass die als »glorious revolution«[92] interpretierte Reformation in zahlreichen Ländern Fuß gefasst und diese maßgeblich geprägt habe. In diesem Zusammenhang beschrieb er eine Gesellschaft, die konsequent auf den »principles, upon the reformers generally acted«[93] fuße, wobei er unter diesen Prinzipien eine Glaubensfreiheit verstand, die durch Offenbarung, Vernunft sowie christliche Moralvorstellungen abgestützt werde.[94]

Obgleich Quitman diese Idealgesellschaft nicht benannte, gibt es deutliche Indizien dafür, dass er diese in den USA realisiert sah. Einerseits verwies er wiederholt auf die große Bedeutung der Glaubensfreiheit, indem er mehrfach betonte: »No man, or society of men is authorized, to rule over the conscience of others, but every one has the right, to think for himself, and to worship God

---

89 Vgl. JUSTUS HENRY CHRISTIAN HELMUTH: Klagen über den Tod des General Washingtons am 22sten Februar 1800, in dem Deutsch Evangelisch Lutherischen Zion, zu Philadelphia. Philadelphia 1800. Das Lob auf die Verfassung findet sich in den Festreden, welche die lutherischen Pastoren anlässlich der Anniversarien des Unabhängigkeitstages hielten; vgl. SPLITTER: Pastors [s. Anm. 9], 263–268, 295; ROEBER: Helmuth [s. Anm. 51], 80, 88. Helmuth »thanked God for the blessings of the American Republic.« Ebd., 90. Dem Lob, das Helmuth Washington zollte, steht seine Ablehnung Thomas Jeffersons gegenüber; vgl. SPLITTER: Order [s. Anm. 18], 231. Hier auch ein Hinweis auf einen Gedenkgottesdienst für Benjamin Franklin.

90 Vgl. QUITMAN: Sermons [s. Anm. 41], 29–42.

91 Vgl. QUITMAN: Sermons [s. Anm. 41], 14–28.

92 QUITMAN: Sermons [s. Anm. 41], 5.

93 QUITMAN: Sermons [s. Anm. 41], 30.

94 Vgl. QUITMAN: Sermons [s. Anm. 41], 31f. (Glaubensfreiheit), 33f. (Vernunft und Offenbarung als Quellen religösen Wissens), 35f. (Moral).

after his own conceptions.«[95] Damit bezog er sich auf das First Amendment der US-Verfassung, was seinen Zuhörern mit einiger Sicherheit bewusst gewesen sein dürfte. Andererseits stellte Quitman einen unmittelbaren Bezug zwischen den positiven Folgen, die von den reformatorischen Prinzipien ausgingen und seiner eigenen Festgemeinde bzw. den Lesern seiner Festschrift her: »To this principle [Glaubensfreiheit – Anm. d. Verf.] we are indebt for all the privileges, wich, as a nation, we enjoy; for all the prosperity, of which we can reasonably boast, even our independence, [...]«.[96] Mit diesem Verweis knüpfte er an den zumeist von Aufstiegschancen geprägten Erfahrungshorizont seiner Rezipienten an, denen es im Regelfall in wirtschaftlicher und sozialer Hinsicht besser erging als in der alten Heimat.[97]

Im Zusammenhang mit der Betonung der Glaubensfreiheit sind zwei Momente für Quitmans Sicht auf das deutsche Luthertum in den USA aufschlussreich. Erstens interpretierte der Prediger die aus der reformatorischen Glaubensfreiheit resultierende religiöse Pluralität nicht als Bedrohung für die Lutheraner. Hatte er bereits mit der Publikation der englischsprachigen Festschrift ein Zeichen für die Öffnung gegenüber dem englischsprachigen Umfeld gesetzt, so stellte er nun im Sinne einer Akkulturation der Lutheraner in den nordamerikanischen Protestantismus die institutionelle Abgrenzung des Luthertums zugunsten einer die einzelne Denomination übergreifenden protestantischen Glaubenspraxis infrage.[98] Ähnlich wie Schaeffer, der nach eigener Aussage weniger Lutheraner als vielmehr Christ sei,[99] verstand sich auch Quitman in einem übergreifenden Sinn als Protestant[100] und ergänzte an anderer Stelle, die in der Confessio Augustana beschworene kirchliche Einheit läge nicht in der Uniformität ihrer Riten, »but in a common effort, to preach

95 Quitman: Sermons [s. Anm. 41], 37. Ähnlich: »No man, or society of men is authorized, to rule over the conscience of others, or to erect a general standard of religious faith and practice.« Ebd., 31.

96 Quitman: Sermons [s. Anm. 41], 37. Damit stimmt seine Einschätzung überein, die USA seien die »most enlightened nation of earth«; zit. nach Kolodziej: Quitman [s. Anm. 49], 346.

97 Vgl. Aengenvoort: Migration [s. Anm. 13], 97–102; Bretting: Siedlungsviertel [s. Anm. 8], 97. Auch wenn die hier angeführten Beispiele erst aus der Mitte des 19. Jahrhunderts stammen, darf eine ähnliche Aufstiegstendenz auch für die Jahre um 1817 angenommen werden.

98 Zu Quitmans Vorstellung einer protestantischen Kirche vgl. Kolodziej: Quitman [s. Anm. 49], 360–362. Mit seiner Haltung folgte er letztendlich einer Entwicklung des frühen 19. Jahrhunderts, die auch in Deutschland, etwa in der Kirchenunion des preußischen Königs Friedrich Wilhelm III. von 1817 erkennbar ist.

99 Vgl. Schaeffer: Reformation [s. Anm. 30], 31. Ähnlich auch dessen Behauptung, »the most laudable and benefical exertions are universally made by evangelical Christians to remove every sectarian barrier«; ebd., 28.

100 »As Protestants we are entitled [...]«; Quitman: Sermons [s. Anm. 41], 31.

and to explain the Gospel«.[101] Damit verzichtete der Theologe zwar auf die Chance, die performative Wirkmächtigkeit von übergreifenden standardisierten Ritualen und Zeremonien für die Betonung einer überdenominationellen protestantischen Gemeinsamkeit zu nutzen,[102] befand sich aber mit seiner Aussage in Übereinstimmung mit der Wirklichkeit des nordamerikanischen Kirchenwesens.

Zweitens verstand Quitman die reformatorische Glaubensfreiheit und damit die Reformation insgesamt als entscheidenden Katalysator für eine Entwicklung, die auch jenseits der religiösen Ebene, dem intendierten Wirkungsfeld der Reformatoren,[103] in allen Bereichen der Gesellschaft positive Folgen hervorbrachte. Als verantwortlich hierfür verwies er auf den kausalen Zusammenhang, dass die religiösen Freiheiten »the parent of civil freedom«[104] seien und als solche etwa die Entwicklung eines modernen Zivil- und Strafrechts zum Schutz von Leben und Eigentum des Einzelnen befördert haben.[105] Der Glaube an diese Kausalität bildet einen Grundkonsens der amerikanischen Gesellschaft,[106] der nicht nur bei Quitman, sondern auch in anderen, anlässlich der Säkularfeier 1817 publizierten Schriften anklingt. So behauptete auch die Evangelical Lutheran Synod of Pennsylvania in ihrer Jubiläumsankündigung die Wechselwirkung von reformatorischer und politischer Freiheit: »What the 4th day of July 1776 is and must be to our precious political liberty, that the 31st of October of the year 1517, should be, in respect to our religious liberty.«[107]

Ausgehend von diesem Wirkungszusammenhang benannte Quitman weitere »happy effects«[108] der Reformation, die sich ebenfalls *extra muros ecclesiae* in

101 Zitat: Quitman: Sermons [s. Anm. 41], 33. Zur Confessio Augustana vgl. Leif Grane: Die Confessio Augustana. Einführung in die Hauptgedanken der lutherischen Reformation. Göttingen ⁵1996, besonders 70–80.

102 Für Quitman stellten alle Riten in der religiösen Praxis Irrtümer dar, die für die innerprotestantischen Trennungen verantwortlich waren; vgl. Kolodziej: Quitman [s. Anm. 49], 360. Zur Funktion von Zeremoniell und Ritualen vgl. etwa Barbara Stollberg-Rilinger: Zeremoniell, Ritual, Symbol. Neue Forschungen zur symbolischen Kommunikation in Spätmittelalter und Früher Neuzeit. In: Zeitschrift für historische Forschung, 27, 2003, 389–405, besonders 397.

103 Vgl. den Verweis, dass »[...] the same principles, wich inspired the reformers with an holy zeal for promoting genuine religious knowledge and practice.« Quitman: Sermons [s. Anm. 41], 30.

104 Quitman: Sermons [s. Anm. 41], 37.

105 Vgl. Quitman: Sermons [s. Anm. 41], 38.

106 Vgl. Dietmar Herz: Politik und Religion in den USA. In: Religion [s. Anm. 16], 46–67, hier 52.

107 Branagan: Glimpse [s. Anm. 32], 13. Ähnlich auch Schaeffer: »[...] spiritual blessings, the moral light, the religious and political liberty wich WE [Hervorhebung im Original – Anm. d. Verf.] so eminently enjoy.« Schaeffer: Reformation [s. Anm. 30], 8.

108 Quitman: Sermons [s. Anm.41], 14.

verschiedenen kulturellen Bereichen entfaltet haben. Dabei antizipierte er letztendlich all jene Wirkungsfelder der Reformation, die knapp 100 Jahre später Ernst Troeltsch thematisieren sollte:[109] Zunächst verwies Quitman darauf, dass die zur Verbreitung reformatorischen Wissens notwendige Lesefähigkeit die Entwicklung in Kunst und Wissenschaft beeinflusst habe.[110] Damit klingt das von allen Festrednern thematisierte und von der Forschung immer wieder diskutierte lutherische Selbstbild an, wonach ein speziell reformatorischer Zusammenhang von Bibelübersetzung, Schulwesen, Lesefähigkeit und Glauben existiere.[111] Von dieser Konstellation ausgehend nahm die Reformation außerdem, so Quitmann, Einfluss auf die Wirtschaft, insofern tausende von Müßiggängern wieder sinnvollen Aktivitäten zugeführt worden seien.[112] Diese Aussage zielte nicht nur unausgesprochen auf die Insassen ehemaliger Klöster, sondern auch darüber hinaus auf die gesamte Bevölkerung. Dies legt eine Äu-

---

109 Vgl. Ernst Troeltsch: Die Bedeutung des Protestantismus für die Entstehung der modernen Welt (1906/1911). In: Ernst Troeltsch. Schriften zur Bedeutung des Protestantismus für die moderne Welt (1906–1913). Hg. v. Trutz Rendtorff. Berlin [u.a.] 2001 (Ernst Troeltsch. Kritische Gesamtausgabe, 8), 250 (Familie), 252 (Recht), 257 (Staat), 262 (Menschenrechte) und 269 (Wirtschaft).

110 Vgl. Quitman: Sermons [s. Anm. 41], 15 und 38. Vgl. dazu: »We are admonished to search the Scriptures, our Lordintimating by this expression, that we ought to employ all the powers of our minds [...] to arrive to a sound understanding of the divine Oracles.« Ebd., 34.

111 Es wurde darauf verwiesen, dass bereits Luther der Schulbildung großen Wert beigemessen habe, da Bildung einerseits dem Verfall der Sitten und dem Aberglauben entgegenwirke, andererseits ihr Besitz besonders für Prediger unabdingbar sei; vgl. Liederbeilage zu Helmuth: 31ste October [s. Anm. 34], 10 u. 14f. Ähnlich betonte auch Schaeffer die Wissenserweiterung infolge der Reformation; vgl. Schaeffer: Reformation [s. Anm. 30], 12. Dabei handelte es sich um ein Standardargument, das spätestens seit dem Jubiläum der Konkordienformel 1676 Eingang in die lutherische Jubiläumskultur gefunden hatte; vgl. Flügel: Konfession [s. Anm. 4], 113–115. Zur habitusprägenden Bildungsaffinität der Protestanten vgl. Gerhard Schmidtchen: Protestanten und Katholiken. Soziologische Analyse konfessioneller Kultur. Bern ^{2}1979, 38–55. Zum Zusammenhang von Protestantismus und Bildung vgl. Martin Schreiner: Evangelische Schulen und der Bildungsauftrag des Protestantismus. In: Der Bildungsauftrag des Protestantismus. Hg. v. Friedrich Schweitzer. Gütersloh 2002 (Veröffentlichungen der Wissenschaftlichen Gesellschaft für Theologie, 20), 216–233, hier 216–220. Speziell zur Bildungsreform Franckes vgl. etwa Walter Sparn: Religiöse und theologische Aspekte der Bildungsgeschichte im Zeitalter der Aufklärung. In: Handbuch der deutschen Bildungsgeschichte. Hg. v. Christian Berg [u.a.]. Bd. II.: 18. Jahrhundert. Vom späten 17. Jahrhundert bis zur Neuordnung Deutschlands um 1800. Hg. v. Notger Hammerstein u. Ulrich Hermann. München 2005, 134–168, hier 137.

112 Vgl. Quitman: Sermons [s. Anm. 41], 38.

ßerung des Redners nahe, in der das protestantische Arbeitsethos[113] deutlich anklingt: Infolge der Reformation sei »love of order and honest industry«[114] gewachsen und die Bevölkerung der »fatal lethargy, wich had depressed the human mind for many centuries past«,[115] entrissen. Unter Rekrutierung auf das von Eigenschaften wie Fleiß und Sparsamkeit geprägte Selbstbild der deutschen Einwanderer[116] sprach der Theologe zugleich die Kategorie der Selbstverantwortlichkeit an, die sich auch darin zeige, dass in protestantischen Territorien soziale Haltungen ausgeprägter seien.[117]

Diese auf die USA bezogene Beschreibung einer idealen Welt verknüpfte Quitman mit der Auswanderung der eigenen Vorfahren: Geleitet vom Gedankengut der Reformation hätten sie die Intoleranz und die Unterdrückung in der alten – nebenbei bemerkt sehr oft protestantischen! – Heimat verlassen, um in Amerika eine neue aufzubauen.[118] Mit dieser Behauptung griff der Redner implizit auf den heilsgeschichtlich überhöhten amerikanischen Gründungsmythos vom Aufbruch in eine ›bessere Welt‹ zurück.[119] Damit konzedierte er zugleich, dass die deutschen Lutheraner Teilhabe an der Auswanderung als gemeinsamer Grunderfahrung der amerikanischen Nation besaßen und folglich einen Teil von ihr bildeten. Eine weitere heilsgeschichtliche Aufladung erfuhr dieses Konstrukt, da in der traditionellen zeitgenössischen Auslegung die Emigration nach Amerika mit dem Exodus des Volkes Israel gleichgesetzt wurde, womit die Amerikaner als neues Volk Gottes erschienen.[120]

---

113 Zur Diskussion vgl. den Sammelband: Der wirtschaftliche Erfolg und der gnädige Gott. Christliche Arbeitsmoral, Sozialstaat und Globalisierung. Texte zum Symposium »Zwischen Grossmünster und Paradeplatz« vom 19. Januar 2007 in Zürich. Hg. v. ERWIN KOLLER u. JOHANNES FISCHER. Zürich 2007 sowie ANDREAS PAWLAS: Die lutherische Berufs- und Wirtschaftsethik. Eine Einführung. Neukirchen-Vluyn 2000. Zur Prägung vgl. SCHMIDTCHEN: Protestanten [s. Anm. 111], 111–129.

114 QUITMAN: Sermons [s. Anm. 41], 38.

115 QUITMAN: Sermons [s. Anm. 41], 15.

116 Vgl. KAMPHOEFNER: Westfalen [s. Anm. 8], 125, 129.

117 Vgl. QUITMAN: Sermons [s. Anm. 41], 41.

118 »It is this principle, wich induced many of the first settlers of this happy country, and also your ancestors, to flee from intolerance and persecution, and to seek an asylum in this western hemisphere«; QUITMAN: Sermons [s. Anm. 41], 37. Als zentrales Motiv für die Auswanderung wurde immer wieder der Wunsch angegeben, das Leben dem Streben nach materiellem und immateriellem Glück zu widmen. In diesem Kontext spielten religiöse Überlegungen eine, aber keinesfalls die entscheidende Rolle; vgl. FERTIG: Lokales Leben [s. Anm. 6], 41, 195. Zur Diskussion vgl. GRABBE: Flut [s. Anm. 6], 259–265; RESE: Texas [s. Anm. 11], 10–17.

119 Vgl. HERZ: Politik [s. Anm. 106], 54f.; PAUL A. BAGLYOS: American Lutherans and the Dawn of the Republic. In: Lutheran Quarterly, 13 (1999), 50–74, besonders 53f.

120 Vgl. HERZ: Politik [s. Anm. 106], 54f.

VI Zusammenfassung

Mit ihrem Reformationsjubiläum des Jahres 1817 adaptierten die in den USA lebenden deutschstämmigen Lutheraner den Jubiläumsmechanismus und inszenierten damit eines der frühesten historischen Jubiläen in Nordamerika. Ihre besondere inhaltliche Aufladung erfuhr die Säkularfeier, weil ihre Trägergruppe eine religiöse und ethnische Minderheit bildete, für die die Reformationsvergegenwärtigung auf die alte Heimat verwies. Damit konnte das Reformationsjubiläum der Affirmation sowohl der religiösen als auch der ethnischen Identität dienen und bildete zugleich einen wichtigen Indikator dafür, wie sich die deutschstämmigen Lutheraner in der nordamerikanischen Gesellschaft verorteten.

Hierbei ist eine Bandbreite deutlich geworden, die zwischen zwei Polen changiert: Einerseits ist eine weitgehende Öffnung gegenüber dem englisch-calvinistischen Umfeld festzustellen, andererseits eine Engführung, d.h. Abgrenzung bei gleichzeitiger Betonung der sprachlichen und religiösen Eigenständigkeit. Die Positionierung erfolgte zunächst durch ein formales Kriterium, nämlich durch die Wahl der in Gottesdienst und Festschrift verwendeten Sprache: Die Theologen sorgten bereits durch ihre Entscheidung, ob sie auf Deutsch oder Englisch predigten und/oder ihre Festschriften publizierten, für Öffnung oder Abgrenzung gegenüber anderen Denominationen und damit letztendlich auch gegenüber der englisch geprägten Alltagskultur. Diese Entscheidung war keineswegs eine Generationenfrage. Gerade das Beispiel Quitmans hat gezeigt, dass auch in Deutschland geborene Redner für eine Öffnung optieren konnten.

Mit der Sprachwahl korrespondiert auf der inhaltlichen Ebene, wie im Sinne einer ethnischen Identitätsformung die Reformation ausgedeutet wurde. In diesem Kontext thematisierten besonders die Theologen mit eigener Migrationserfahrung die Verbindungen des amerikanischen Luthertums nach Deutschland. Dies erfolgte jedoch auf unterschiedliche Art und Weise. Helmuth bezog unter einem retrospektiven Blickwinkel die Reformationsgeschichte in Deutschland und in Philadelphia aufeinander, was ihn zur Betonung des Luthertums als eigenständiger Denomination im protestantischen Umfeld führte. Demgegenüber beleuchtete Quitman vor allem die von der Reformation ausgehenden positiven Wirkungen für die gegenwärtige Gesellschaft, wobei er einen Schulterschluss zu anderen Protestanten herstellte.

Ungeachtet der unterschiedlichen Positionen gelangten jedoch die Theologen auf unterschiedlichen Argumentationswegen zu dem Schluss, dass die neue Heimat für die reformatorische Lehre die besten Möglichkeiten zu einer Ausbreitung gebe.

Das Dresdner Lutherjubiläum 1883

Sebastian Kranich

> »Es bedarf [...] nicht einer Aufzählung der unzähligen Lutherfeiern. Sie tragen überall dasselbe Gepräge.« Mit dieser Begründung beendete der Journalist Emil Bierey die Berichterstattung der *Dresdner Nachrichten* »von den Aeußerlichkeiten der Lutherfeier, den Fackelzügen, Reden und Predigten, der kaum mehr übersehbaren Lutherliteratur, den Stößen von Lutherfest-Gedenkblättern, den ganzen Sammlungen von Luther-Denkmünzen.«[1]

Auch heute noch sind die Zeugnisse des Lutherjubiläums 1883 kaum zu übersehen. Bisherige Studien stellen sich dieser Problematik meist, indem sie entweder anhand ausgewählter Quellen die Lutherdeutung in den Mittelpunkt rücken[2] oder die lokalen Feiern beschreiben.[3] Im Unterschied zu anderen Refor-

---

1 Dresdner Nachrichten, 28. Jg., Nr. 317, 13.11.1883, 1.

2 Unterschiedliche Lutherinterpretationen in Jubiläumsreden arbeiten heraus Hartmut Lehmann: Das Lutherjubiläum 1883. In: Protestantische Weltsichten. Transformationen seit dem 17. Jahrhundert. Hg. v. H. Lehmann. Göttingen 1998, 105–129 und Rudolf Mohr: Die Lutherfeiern des Jahres 1883. In: Monatshefte für evangelische Kirchengeschichte des Rheinlandes, 34 (1985), 57–111. Auf die Lutherdeutung zum Jubiläum in Leipzig gehen knapp ein Hartmut Mai: Melanchthonrezeption in Leipzig im 19. Jahrhundert. In: Philipp Melanchthon und Leipzig. Beiträge und Katalog zur Ausstellung. Hg. v. Günther Wartenberg in Zusammenarbeit mit Christian Winter u. Rainer Behrends. Leipzig 1997, 97–113, sowie Markus Hein: Lutherrezeption in den Predigten und Ansprachen bei den Reformationsfeierlichkeiten in Sachsen im 19. Jahrhundert. In: Lutherinszenierung und Reformationserinnerung. Hg. v. Stefan Laube u. Karl-Heinz Fix. Leipzig 2002 (Schriften der Stiftung Luthergedenkstätten in Sachsen-Anhalt, 2), 145–161. Die zeitgenössische nationale Lutherdeutung nimmt in den Blick Martin Greschat: Der Held der Nation. Die Gestalt Luthers im Kaiserreich. In: Luther in seiner Zeit. Persönlichkeit und Wirken des Reformators. Hg. v. M. Greschat u. Günther Lottes. Stuttgart [u.a.] 1997, 107–126.

3 Im Kontext der weiteren städtischen Reformationsjubiläen im 19. Jahrhundert ist das Lutherjubiläum 1883 beschrieben für Eisleben; vgl. Martin Treu: Lutherfeiern in Eisleben im 19. Jahrhundert. In: Preußische Lutherverehrung im Mansfelder Land. Hg. v. Rosemarie Knape u. M. Treu. Leipzig 2002, 33–54; ders.: »[...] ihr steht auf heiliger Erde.« Lutherverehrung im Mansfelder Land des 19. Jahrhunderts. In: Lutherinszenierung [s. Anm. 2], 85–96; und Erfurt; vgl. Harald Baum: »Gewaltig wie er selber einst gewesen [...]«. Zu Luther-Ehrungen im 19. Jahrhundert in Erfurt. In: »Er fühlt der Zeiten ungeheuren Bruch und fest umklammert er sein Bibelbuch

mationsjubiläen liegt zum Lutherjubiläum 1883 keine Monographie vor. Dessen umfassendste Darstellung hat Hans Düfel geleistet.[4] Udo Wennemuth analysiert die Erinnerung an den Reformator in Baden als regionalen Sonderfall.[5]

Sonderfälle in Reformationsjubiläen zu postulieren, ist zwar streng genommen kaum möglich, wenn man die Gleichartigkeit der Inszenierungen und Jubiläumsmechanismen, die der kulturellen Praxis Jubiläum im Allgemeinen und dem Ablauf von Reformationsjubiläen im Besonderen eignen, betrachtet.[6] Und doch lassen sich regionale wie zeitbedingte Besonderheiten ausmachen. In diesem Sinn war das gesamte Lutherjubiläum 1883 in der Kette der Reformationsjubiläen durch die Jahrhunderte zweifellos etwas Besonderes: Es war das Reformationsjubiläum auf dem Höhepunkt der bürgerlichen Fest- und Denkmalskultur. Nach all den Hauptjubiläen zum Thesenanschlag (1517), zu Augsburger Bekenntnis (1530) und Religionsfrieden (1555), den verschiedenen regionalen Nebenjubiläen zur Einführung der Reformation in Ländern und Städten sowie dem Gedenken an den Sterbetag Luthers wurde hier erstmals der

---

[...]« Zum Lutherkult im 19. Jahrhundert. Hg. v. Hardy Eidam u. Gerhard Seib. Berlin 1996, 132–137. Für Mühlhausen liegt vor: Ulla Kerkhoff: »Heute abend Karpfen blau«. Zur Lutherfeier in Mühlhausen 1883. In: Ebd., 138–140. Zum Jubiläum in Dresden gibt es eine gute Hauptseminararbeit von Swen Steinberg: Konfessionelles Jubiläum oder kommunales Fest? Das Lutherjubiläum 1883 in Dresden. TU Dresden 2003/04, außerdem den reich illustrierten Beitrag von Swen Steinberg und Sebastian Kranich: Jubel in Dresden. Das Lutherjubiläum 1883. In: Dresdner Geschichtsbuch 14. Hg. v. Stadtmuseum Dresden. Altenburg 2009, 123–134.

4 Hans Düfel: Das Lutherjubiläum 1883. Ein Beitrag zum Luther- und Reformationsverständnis des 19. Jahrhunderts, seiner geistesgeschichtlichen, theologischen und politischen Voraussetzungen, unter besonderer Berücksichtigung des Nationalismus. In: Zeitschrift für Kirchengeschichte, 95 (1984), 1–94. Düfel wertet besonders die Allgemeine Evangelisch-Lutherische Kirchenzeitung (folgend AELKZ) aus und verliert trotz Schwerpunktsetzung auf die Lutherdeutung das Gesamtphänomen nicht aus dem Blick. Die zentrale Lutherfeier in Wittenberg wird besonders gewürdigt. Mit der Betrachtungsweise der Reformationsjubiläen als ›multimediale Ereignisse‹ kommen jetzt auch zwei Praktische Theologen zu einem integrierten Ansatz: Peter Cornehl u. Wolfgang Grünberg: Protestantismus – eine deutsche Religion? Die Lutherfeiern 1883 und 1983. In: Politische Erinnerung und kollektive Identität. Hg. v. Harald Schmid u. Justyna Krzymianowska. Würzburg 2007, 67–99.

5 Udo Wennemuth: Luthererinnerung in Baden 1883. In: Lutherinszenierung [s. Anm. 2], 97–126.

6 In denen ihre Wirkkraft liegt, wie Emil Bierey schon zeitgenössisch konstatierte: »Gerade diese Wiederkehr derselben Züge, deren einzelne Aufführung nur monoton und ermüdend wirken könnte, verleiht ihnen ihre Bedeutung und Macht«; Dresdner Nachrichten, 28. Jg., Nr. 317, 13.11.1883, 1. Vgl. dazu insgesamt: Wolfgang Flügel: Konfession und Jubiläum. Zur Institutionalisierung der lutherischen Gedenkkultur in Sachsen 1617–1830. Leipzig 2005 (Schriften zur sächsischen Geschichte und Volkskunde, 14).

Geburtstag des Reformators gefeiert. Eine »Jubiläumsfiliation«,[7] die prädestiniert war, Luther selbst und seine Leistungen in den Mittelpunkt zu stellen. Damit einher ging die Feier der Nation sowie der eigenen bürgerlichen Leistungen und Tugenden. Nach Ausmaß und medialer Durchdringung in ganz Deutschland reicht wohl kein Reformationsjubiläum heran an das Lutherjubiläum 1883, in dem vergleichsweise weniger Krisen zu verarbeiten waren als in den Reformationsjubiläen 1817 nach der Napoleonischen Ära, in der vorrevolutionären Stimmung 1830 oder gar im Weltkriegsjubiläum 1917.

Seinem Charakter nach blieb auch dieses Reformationsjubiläum in der Hauptsache ein Kirchenjubiläum, was schon am Ablauf mit Einläuten und den durch die Spitzen von Staat und Kommune besuchten Hauptgottesdiensten am Haupttag des Jubiläums – Luthers Tauftag – zu erkennen ist. Des Weiteren blieb es ein Jubiläum der Schulen und Universitäten, das an dessen Geburtstag inszeniert wurde. Doch kam 1883 zugleich die »Verbürgerlichung der reformatorischen Jubiläumskultur«[8] zum Gipfelpunkt. Die Ausschmückung der

---

7 Johannes Burkhardt: Reformations- und Lutherfeiern. Die Verbürgerlichung der reformatorischen Jubiläumskultur. In: Öffentliche Festkultur. Politische Feste in Deutschland von der Aufklärung bis zum ersten Weltkrieg. Hg. v. Dieter Düding [u.a.]. Reinbek bei Hamburg 1988, 212–236, hier 212. Gegen Burkhardt ist festzuhalten, dass der Sterbetag Luthers schon 1746 begangen wurde. Das Gedenken an biografische Daten Luthers war nicht unproblematisch, da es den Vorwurf einer protestantischen Heiligenverehrung provozieren konnte. An dieser Problematik arbeitet sich z.B. ab: Johann Heinrich Leidenfrost: Gedächtniß-Rede Von der Würdigkeit D. Martin Luthers unter die Heiligen aufgenommen zu werden, Am 18. Febr. 1746. als an dem Todes-Tage dieses vor zwey Jahrhunderten zur Ruhe gegangenen Mannes Gottes bey Volkreicher Versammlung in dem oberen Hör-Saal der Schule zu Torgau gehalten. Torgau 1746. Auch 1883 wird klargestellt: »Wir feiern nicht den Menschen Luther. Wir wollen keine Heiligen-Verehrung an ihm treiben. Aber was Gott durch Luther Großes an uns gethan hat, [...] das wollen wir am Jubel- und Dankfeste laut preisen.« Gustav Moritz Franz: Predigt am Jubel- und Dankfeste zur Feier des zum 400sten Male wiederkehrenden Geburtstages Dr. Martin Luthers, am Tauftage Luthers – 11. November, XXV. P. Tr. – in der Kreuzkirche zu Dresden gehalten. Dresden 1883, 4. Zugleich wird Luther die gewöhnlichen Heiligen überbietend geschickt in die Nähe der Apostel gerückt, einschließlich einer Spitze gegenüber dem Papsttum: »Gott wolle uns in Gnaden bewahren, daß wir im römischen Sinne einen Heiligendienst mit unserem Luther treiben und aus ihm einen Sanct Luther machen wollten, es sei denn in dem Sinne, in welchem wir von einem Sanct Petrus und von einem Sanct Paulus reden als von heiligen Menschen und auserwählten Rüstzeugen des Herrn.« Ernst Julius Meier: Luther der deutsche Paulus. Predigt am Luthertage, den 11. November 1883 in der Frauenkirche zu Dresden gehalten. Leipzig 1883, 3. Die Neuartigkeit der Feier des Luthergeburtstags war den Zeitgenossen bewusst. Hofprediger Emil Frommel stellte bei der Wittenberger Feier fest: »Im Jahre 1783 dachte kein Mensch an ein Lutherjubiläum«; zit. n. Düfel: Lutherjubiläum [s. Anm. 4], 38.

8 Burkhardt: Reformations- und Lutherfeiern [s. Anm. 7], 121.

Städte, die Festzüge, Illuminationen, Musik- und Theaterstücke, das Errichten von Denkmalen, das Pflanzen von Bäumen, ein kommerzielles Interesse usw. hatte es schon zu früheren Jubiläen gegeben. Doch geschah dies 1883 alles in einer neuen Quantität und zum Teil auch in einer neuen Qualität. In den historischen Festzügen wurden nun in den Lutherorten Eisleben und Erfurt Szenen aus dem Leben Luthers geboten bzw. in Wittenberg die Zeit und der Geist Luthers vermittels historischer Kostümierung – hier aber anders als in Eisleben und Erfurt ohne Lutherdarsteller – vergegenwärtigt.[9] Zugleich setzte ab 1883 eine »Inflation der Lutherdenkmale« ein, in der vor allem der von Ernst Rietschel geschaffene Typus nachwirkte,[10] in dem historistische und symbolische Auffassung verschmolzen waren.[11] Das Jubiläum markierte zudem den Beginn einer Flut von Lutherdramen. 1883 entstanden allein zwölf Dramen, darunter die populären Stücke von Hans Herrig, Wilhelm Henzen und Otto Devrient, die Einblicke in die Zeit der Reformation geben sollten.[12] In diesem breiten Rückgriff in die Geschichte zur Konstruktion einer nationalprotestan-

---

9 In Erfurt wurde Luther mit seinen Begleitern nach dem Vorbild seiner Ankunft auf der Reise nach Worms 1521 eingeholt. In Eisleben wurde Luther ebenfalls mit einer Kutsche eingeholt, hier in Begleitung von Justus Jonas durch die Mansfelder Grafen in Anlehnung an die Ankunft im Februar 1546. Im historischen Wittenberger Festzug fehlte dagegen das Element des Adventus. Luther selbst wurde nicht dargestellt. Im Hauptwagen saß das Kurfürstenpaar. Eine Ankunft Luthers in Wittenberg wurde nicht inszeniert und musste wohl auch nicht inszeniert werden. Es reichte aus, den Genius loci zu vergegenwärtigen, einfach durch den Zug vom Elstertor zur Schlosskirchentür, wo *Ein feste Burg ist unser Gott* intoniert wurde; vgl. Illustrierte Zeitung, Nr. 2107, 17.11.1883, 444.

10 Christiane Theiselmann: Das Wormser Lutherdenkmal Ernst Rietschels (1856–1868) im Rahmen der Lutherrezeption des 19. Jahrhunderts. Frankfurt/Main 1992, 250. Dieser Denkmalstyp ist vor allem im sächsisch-thüringischen Raum, im Kernland der Reformation, aber auch in den Vereinigten Staaten verbreitet, »wo Luther als der geeignete Protektor des ausgewanderten Deutschtums angesehen wurde.« Ebd.

11 Zu symbolischen Darstellungen von Geltungsansprüchen institutioneller Ordnungen vgl. Institutionalität und Symbolisierung. Verstetigungen kultureller Ordnungsmuster in Vergangenheit und Gegenwart. Hg. v. Gert Melville im Auftrag des Sonderforschungsbereichs 537. Köln [u.a.] 2001; Dauer durch Wandel. Institutionelle Ordnungen zwischen Verstetigung und Transformation. Hg. v. Stephan Müller [u.a.]. Köln [u.a.] 2002; Das Sichtbare und das Unsichtbare der Macht. Institutionelle Prozesse in Antike, Mittelalter und Neuzeit. Hg. v. Gert Melville im Auftrag des Sonderforschungsbereichs 537. Köln [u.a.] 2005; Institutionelle Macht. Genese – Verstetigung – Verlust. Hg. v. André Brodocz [u.a.]. Köln [u.a.] 2005.

12 Vgl. Tanja Reiper: Die Darstellung Luthers in Literatur und Schauspiel. In: Bibelbuch [s. Anm. 3], 154–157.

tischen Leitkultur[13] kam Luther vor allem als »Symbol für kulturelle Leitideen«, als »Symbol für den Kulturprotestantismus«[14] zu stehen. Für eine Vielzahl ähnlicher Geschichtskonstruktionen steht paradigmatisch die glänzende Rede des Historikers Heinrich von Treitschke mit ihrem wirkmächtigen nationalliberalen Lutherbild, in dem Luthers Leben und Charakter ganz mit der deutschen Geschichte und Gegenwart verwoben wurde.[15] Doch waren gerade aus der Theologie zum Jubiläum vermehrt auch Stimmen zu hören, die sich gegen eine beliebige Ausweitung der historischen und gegenwärtigen Bedeutung Luthers für die Kultur wandten. So stellten Albrecht Ritschl und Adolf Harnack der nationalliberalen ihre kulturliberale Lutherdeutung[16] entgegen. Sie betonten in ihren Jubiläumsreden das Religiöse als Triebkraft Luthers und arbeiteten mit der Figur seiner (nur) indirekten Wirkung auf andere Kulturfelder. Ritschl suchte »in Luthers Leistungen für die Erneuerung der christlichen Religion und Kirche« den »Schlüssel seiner indirecten Wirkungen auf die Staatsbildung

13 Vgl. dazu Nationalprotestantische Mentalitäten in Deutschland (1870–1970). Konturen, Entwicklungslinien und Umbrüche eines Weltbildes. Hg. v. Hartmut Lehmann u. Manfred Gailus. Göttingen 2005 (Veröffentlichungen des Max-Planck-Instituts für Geschichte, 214).

14 Winfried Müller: Das Historische Jubiläum. Zur Geschichtlichkeit einer Zeitkonstruktion. In: Das historische Jubiläum. Genese, Ordnungsleistung und Inszenierungsgeschichte eines institutionellen Mechanismus. Hg. v. W. Müller. Münster 2004 (Geschichte. Forschung und Wissenschaft, 3), 1–75. Zum Kulturprotestantismus vgl. Friedrich Wilhelm Graf: Kulturprotestantismus. Zur Begriffsgeschichte einer theologiepolitischen Chiffre. In: Archiv für Begriffsgeschichte, 28 (1984), 214–268; Kulturprotestantismus. Beiträge zu einer Gestalt des modernen Christentums. Hg. v. Hans-Martin Müller. Gütersloh 1992.

15 Heinrich von Treitschke: Luther und die deutsche Nation. In: H. v. Treitschke: Aufsätze, Reden und Briefe. Hg. v. Karl Martin Schiller. Bd. 1, Gestalten und Charaktere. Meersburg 1929, 233–249. Vgl. Hartmut Lehmann: »Er ist wir selber: der ewige Deutsche«. Zur lang anhaltenden Wirkung der Lutherdeutung von Heinrich von Treitschke. In: »Gott mit uns«. Nation, Religion und Gewalt im 19. und frühen 20. Jahrhundert. Hg. v. H. Lehmann u. Gerd Krumeich. Göttingen 2000, 91–103.

16 Vgl. Frank Hofmann: Albrecht Ritschls Lutherrezeption. Gütersloh 1998 (Die Lutherische Kirche. Geschichten und Gestalten, 19); Adolf von Harnack als Zeitgenosse. Reden und Schriften aus den Jahren des Kaiserreichs und der Weimarer Republik. Hg. und eingeleitet von Kurt Nowak. Mit einem bibliographischen Anhang von Hanns-Christoph Picker. 2 Bde. Berlin [u.a.] 1996; Christian Nottmeier: Adolf von Harnack und die deutsche Politik 1890–1930. Eine biographische Studie zum Verhältnis von Protestantismus, Wissenschaft und Politik. Tübingen 2004 (Beiträge zur historischen Theologie, 124). Cornehl u. Grünberg: Protestantismus [s. Anm. 4], unterscheiden für 1883 vier Lutherdeutungen: nationalliberal, kulturliberal, konfessionell-konservativ sowie radikalaufklärerisch bzw. marxistisch-sozialistisch. Diese idealtypische Unterscheidung ist, trotz aller Mischformen in den Quellen, sachgerecht.

und die geistige Cultur.«[17] Harnack erklärte Luthers Wirken aus einem Punkt heraus: »Freunde und Gegner haben ihn zum Nationalhelden, zum Politiker, zum Theologen, zum Stifter einer neuen Kirche machen wollen. Er ist das alles nicht gewesen [...]. Die Frage nach dem Zweck und Ziel des menschlichen Lebens, nach dem Frieden und der Seligkeit des Gewissens – sie war das einzig Treibende in seinem Leben.«[18]

Ein Gegengewicht zur schnellen ideologischen Vereinnahmung oder Verunglimpfung Luthers bildete auch die neu einsetzende wissenschaftliche Beschäftigung mit dem historischen Luther, die ihren Anfangsimpuls nicht zuletzt aus der Konkurrenz gegenüber dem Katholizismus erhielt. So warb die Verlagsbuchhandlung Hermann Böhlau für die geplante Gesamtausgabe der Werke Luthers zuvörderst damit, dass diese »sogut ein deutsches Nationaldenkmal, als der Kölner Dom«[19] seien. Und die Gründung des *Vereins für Reformationsgeschichte* 1883 hatte laut *Allgemeiner Evangelisch-Lutherischer Kirchenzeitung* ihren Anlass im »tendenziöse[n] Treiben der ultramontanen Geschichtsschreibung.«[20] Wie kaum ein anderer verkörperte der Kirchengeschichtler Julius Köstlin das Bemühen, dem historischen Luther gerecht zu werden. Seine Lutherbiografie[21] und vor allem die darauf basierende populärwissenschaftliche Volksausgabe,[22] die im

---

17 ALBRECHT RITSCHL: Festrede am vierten Seculartage der Geburt Martin Luthers 10. November 1883 vor der Georg-August-Universität gehalten. Göttingen 1883, 4.

18 ADOLF HARNACK: Martin Luther in seiner Bedeutung für die Geschichte der Wissenschaft und der Bildung. Rede bei der Feier zum vierhundertjährigen Gedächtnis der Geburt Martin Luthers, gehalten in der Aula der Großherzoglich-Hessischen Ludwigs-Universität in Gießen am 10. November 1883. In: A. HARNACK: Reden und Aufsätze. Bd. I. Gießen 1904, 146.

19 Die Anfangssätze der Verlagsanzeige lauten: »Allerorts rüstet man sich bereits, den Tag festlich zu begehen, an welchem der große Reformator geboren ist und das Gedächtnis desselben neu zu beleben, sein Bild dem deutschen Volke unvertilgbar einzuprägen. Dazu genügen keine noch so herrlichen Denkmale in Bild und Wort. Ein Denkmal hat er sich selbst errichtet in seinem lebendigen Worte, das einst die Nation ergriff und verjüngte, das noch heute fortlebt in seinen Werken. ›Luthers Werke‹, sagt der Nestor unserer Kirchenhistoriker, ›sind so gut ein deutsches Nationaldenkmal, als der Kölner Dom‹.« Sächsisches Kirchen- und Schulblatt, Nr. 4, 25.1.1883, 36. Als Nestor zitiert wird hier Karl August von Hase. Der Kölner Dom war 1881 auf Betreiben des Kaisers als nationales Symbol vollendet worden. Dazu und zum »Lutherjubiläum 1883 im Spiegel der Weimarana«; vgl. CORNEHL u. GRÜNBERG: Protestantismus [s. Anm. 4], 87f.

20 AELKZ 1883, 175. Zur Gründung des Vereins vgl. DÜFEL: Lutherjubiläum [s. Anm. 4], 69f.

21 JULIUS KÖSTLIN: Martin Luther. Sein Leben und seine Schriften. 2 Bde. Elberfeld 1875. Berlin ^{4}1889.

22 JULIUS KÖSTLIN: Martin Luther der deutsche Reformator. Festschrift zur Feier des 400jährigen Geburtstages Martin Luthers, 10. November 1883. Hg. v. der Historischen Commission der Provinz Sachsen. Halle 1883.

Jubiläumsjahr 21 Auflagen erlebte, präsentierten Luther als wirkmächtigste Gestalt der deutschen Geschichte, ohne »die Einseitigkeiten und Schattenseiten seiner Persönlichkeit und Wirksamkeit«[23] verschweigen zu wollen. Zugleich spielte Köstlin eine führende Rolle beim Zustandekommen der Weimarer Lutherausgabe und im *Verein für Reformationsgeschichte*,[24] dessen erstes Heft er zur damals brennendsten protestantisch-katholischen Kontroverse um die Deutung Luthers verfasste.[25]

Gegen Luther als antikatholisch-triumphalistischen Helden der Nation[26] wandte sich vor allem das – in Sachsen dominierende – Neuluthertum.[27] In bemerkenswertem Kontrast zur selbstbewussten Leistungsschau in den Festumzügen wurde in den Kirchen oft von Buße gepredigt.[28] Das Sächsische Kirchen- und Schulblatt warnte vor Darstellungen, die »ein Zerrbild von Luther geben und ihn lediglich als Mann der deutschen Sache, der Freiheit, des Kampfes gegen Rom« feierten. Beim Predigen solle man sich hüten »vor aller Rühmerei, vor jeglichen stolzen Worten, als ob wir Evangelischen es nun hätten, keines mehr bedürften [...] Im Gegentheil, man schlage den ernsten Bußton an.«[29] Damit grenzte sich das Blatt wie die einflussreiche konfessionell-konservative *Allgemeine Evangelisch-Lutherische Kirchenzeitung* theologisch und politisch vom liberalen und nationalen Protestantismus ab und näherte sich dem gemäßigten Katholizismus an.[30] Zugleich lag in der Betonung von Buße

23 Köstlin: Luther [s. Anm. 22], 2.

24 Vgl. Düfel: Lutherjubiläum [s. Anm. 4], 68–70.

25 Köstlin setzt sich besonders mit dem 1881 erschienenen Band 3 »Die politisch-kirchliche Revolution der Fürsten und Städte und ihre Folgen für Volk und Reich bis zum sogenannten Augsburger Religionsfrieden von 1555« der »Geschichte des deutschen Volkes seit dem Ausgang des Mittelalters« von Johannes Janssen auseinander; vgl. Julius Köstlin: Luther und J. Janssen, der deutsche Reformator und ein ultramontaner Historiker. Halle 1883.

26 Vgl. Greschat: Held [s. Anm. 2].

27 Zum Neuluthertum vgl. Friedrich Wilhelm Kantzenbach: Gestalten und Typen des Neuluthertums. Beiträge zur Erforschung des Neokonfessionalismus im 19. Jahrhundert. Gütersloh 1968; Friedrich Wilhelm Graf: Konservatives Kulturluthertum. In: Zeitschrift für Theologie und Kirche 85, 1988, 31–76; Das deutsche Luthertum und die Unionsproblematik im 19. Jahrhundert. Hg. v. Wolf-Dieter Hauschild. Gütersloh 1991 (Die lutherische Kirche. Geschichte und Gestalten, 13).

28 So z.B. an exponierter Stelle unter Anwesenheit des deutschen Kronprinzen beim Festgottesdienst der Lutherfeier in Wittenberg in der Predigt des Magdeburger Generalsuperintendenten Schultze, der die Gemeinde rhetorisch fragt: »Ist unsere Freiheit Gebundenheit an ihn [Christus – Anm. d. Verf.]?« – und die Frage stellvertretend beantwortet mit: »Der Luthertag muß für uns alle ein Tag der Buße werden!« So zit. nach Düfel: Lutherjubiläum [s. Anm. 4], 33f.

29 Sächsisches Kirchen- und Schulblatt, Nr. 40, 4.10.1883, 337f.

30 Vgl. Düfel: Lutherjubiläum [s. Anm. 4], 28–32. Zur Ausrichtung der AELKZ insgesamt vgl. Programme evangelischer Kirchenzeitungen im 19. Jahrhundert.

die Aktualisierung eines Elements, das von Anbeginn konstitutiv für Reformationsjubiläen gewesen war.[31]

Recht wenig beachtet wurde bisher, dass die Grundsteinlegungen für die ersten Lutherkirchen im Rahmen der Lutherjubiläen in Leipzig und Dresden[32] erfolgten. Die Lutherkirchen nahmen ihren Ausgang in Sachsen und waren als Inszenierungszeichen der Reformationserinnerung zunächst nicht unumstritten. Ihre Errichtung bedeutete einen Bruch mit der Tradition, evangelische Kirchen nach Evangelisten und Aposteln zu benennen. Ein »Civilname« für eine Kirche, der zugleich das Missverständnis barg, aus Luther einen »Sankt Luther« zu machen wurde ebenso kritisiert wie eine mögliche spaltende Wirkung der Benennung, sei doch »der Streit« um Luther »am heißesten. Was die Einen an ihm loben, verwerfen die Anderen.«[33]

Im Folgenden wird der Versuch unternommen, Lutherdeutung *und* Lutherinszenierung in der Rückbindung an ihre Träger am Beispiel Dresdens zu analysieren. Das Gesamtereignis Lutherjubiläum soll anhand eines überschaubaren Quellenbestands gleichermaßen in theologischer wie historischer Perspektive für eine Stadt exemplarisch in den Blick genommen werden.

I Feiervorbereitungen - Zusammenspiel mit klaren Rollen

Das Grundgerüst der Dresdner Feier zum 400. Geburtstag von Martin Luther war mit einer Verordnung des Evangelisch-lutherischen Landeskonsistoriums vom 20. März 1883 gegeben.

Die oberste kirchliche Behörde hatte für Sachsen in Abstimmung mit dem Kultusministerium Sonntag, den 11. November als kirchlichen Hauptfeiertag mit Festgottesdienst am Vormittag und Gottesdienst für die Schuljugend am Nachmittag festgelegt. Der Vormittag des 10. November war für schulische Feiern reserviert, danach sollten das Fest um 13 Uhr eingeläutet werden und am Nachmittag vorbereitende Gottesdienste folgen.[34] Vor Ort lag die Koordination der Feier in den Händen des Dresdner Stadtrates, dem lokalen Organ der staatlichen Verwaltung. Der Rat stand der Stadt aber nicht nur als exekutive

---

Hg. und eingeleitet von Gottfried Mehnert. Witten 1972 (Evangelische Presseforschung, 2).

31 Vgl. Flügel: Konfession [s. Anm. 6], 71–74.

32 Grundsteinlegung der Lutherkirche in Leipzig – der erste evangelische Kirchbau in der Stadt nach der Reformation – am 10.11.1883. Grundsteinlegung der Martin-Luther-Kirche in Dresden-Neustadt am 12.11.1883.

33 Sächsisches Kirchen- und Schulblatt, Nr. 45, 13.11.1885, 385–386 (Zitat) und Nr. 7, 14.2.1884, 53–56.

34 Vgl. AELKZ, Nr. 17, 27.4.1883, 405. Auch in anderen Landeskirchen wurde der Geburtstag Luthers der Schulfeier und der Tauftag Luthers der kirchlichen Hauptfeier zugeordnet.

Gewalt gegenüber, sondern repräsentierte auch die Stadt.[35] Neben das Kultusministerium und das Konsistorium, die Schulfeiern bzw. die kirchliche Feier angeordnet hatten, trat als dritter Festorganisator mit Inszenierungshoheit im Mai 1883 ein Ausschuss für das Lutherjubiläum, der aus je fünf Mitgliedern des Rates und des zweiten städtischen Kollegiums, der Stadtverordneten, bestand. Oberbürgermeister Alfred Stübel gab als Kurs des Ausschusses vor, »daß die Tendenz der anzuregenden Feierlichkeiten die politische Bedeutung des Tages in den Vordergrund treten lassen müßte [...]« Die Organisation der »rein kirchlichen«[36] Feiern sei Sache der Kirchenbehörden. Ein erstes vorläufiges Programm sah die Verteilung von Schriften über Luther bei den Schulfeiern, einen geschlossenen städtischen Festakt, den gemeinsamen Kirchgang von Rat und Stadtverordneten sowie einen öffentlichen Festakt auf dem Neumarkt vor. Einen Reibungspunkt zwischen städtischer und kirchlicher Feier hätte der geschlossene Festakt des Rates bilden können, in dessen Mittelpunkt ein »von einem Laien zu haltender Vortrag über die Bedeutung Luthers für das deutsche Volk«[37] stehen sollte, da er zeitgleich zu den liturgischen Vorbereitungsgottesdiensten am Sonnabend geplant war. Doch sah Konsistorialrat und Superintendent Gustav Moritz Franz darin keine Interessenkollision, da der Teilnehmerkreis von Festakt und liturgischen Gottesdiensten sich nicht überschneide und die Teilnehmerzahl des Festakts im Vergleich zur Zahl aller Gemeindeglieder gering sei.[38] Dieser Bescheid ist charakteristisch für das einvernehmliche Vorgehen von städtischen und kirchlichen Behörden in Vorbereitung und Durchführung des Jubiläums in Dresden.[39] Die Planungen von Kirchenvorständen und städtischem Ausschuss waren eng miteinander abgestimmt und von wechselseitigem Entgegenkommen geprägt. So verzichtete der Kirchenvorstand der Frauenkirche auf den Abendgottesdienst am 11. November, der mit dem Ablauf der öffentlichen Feier auf dem Neumarkt kollidiert wäre. Die Stadt wiederum entsprach dem Antrag von Franz auf Subskription eines Exemplars der Weimarer Lutherausgabe für die Stadtbibliothek.[40] Einzig

35 Zum Zwei-Kollegien-System bestehend aus Stadtrat und Stadtverordneten vgl. Gundula Ulbricht: Kommunale Vertretung und Verwaltung. In: Geschichte der Stadt Dresden. Bd. 3: Von der Reichsgründung bis zur Gegenwart. Hg. v. Holger Starke. Stuttgart 2006, 40–58.

36 Protokoll des Ausschusssitzung vom 19.5.1883, Stadtarchiv Dresden (folgend StAD), Ratsarchiv (folgend RA), Acta die vierte Säcularfeier des Geburtstages Dr. Martin Luthers betr., B.I.80, fol. 4f.

37 Schreiben an die Stadtverordneten vom 20.6.1883, StAD, RA, Säcularfeier [s. Anm. 36], fol. 16 f.

38 Vgl. Schreiben von Franz an den Stadtrat vom 25.5.1883, StAD, RA, Säcularfeier [s. Anm. 36], fol. 9–11.

39 Zu diesem Ergebnis kommt auch Steinberg: Jubiläum [s. Anm. 3], 26f.

40 Vgl. Ratsplenarsitzungsprotokoll vom 16.10.1883, StAD, RA, Säcularfeier [s. Anm. 36], fol. 58.

die vom Ausschuss angeregte Aufführung des Oratoriums *Luther in Worms* von Ludwig Meinhardus in der Kreuzkirche scheiterte am Einspruch des Kirchenvorstandes aus finanziellen sowie zeitlichen Gründen und wohl auch aufgrund ästhetischer Vorbehalte gegen das musikdramatische Werk.[41]

Das Zusammenspiel zwischen Kirchenvorständen und Stadt zeigt exemplarisch der Beginn des Prozesses, der 1885 mit der Errichtung eines Lutherdenkmals vor der Frauenkirche seinen Abschluss finden sollte. Am 3. Juli 1883 bat der Kirchenvorstand der Johannesparochie die Kircheninspektion um die Genehmigung von Kollekten für »die Errichtung einer bildlichen Erinnerung an Luthers Person«, die »je nach dem Ertrage [...] entweder als Bronze- bzw. Marmorbild innerhalb der Kirche, oder als Büste mit Sockel im Kirchgarten«[42] aufgestellt werden sollte. Die Inspektion gab dem Anliegen am 24. Juli grundsätzlich statt, präferierte ein »Brustbild Luthers in der Kirche« und regte – ein Zeichen veränderter Melanchthonrezeption – an, »ob nicht auch Melanchthons Bild dazu zu nehmen sein möchte, da unser protestantisches Volk sich gewöhnt hat, auch an kirchlicher Stätte Luther vereint mit seinem Freunde und Gefährten Melanchthon zu sehen.«[43] Der städtische Festausschuss hatte dagegen zunächst nur die Aufstellung einer ephemeren Gipskopie der Lutherstatue des Wormser Denkmals für die Feier auf dem Neumarkt im Blick gehabt.[44] Erst nach den Plänen der Johanneskirche war hier davon die Rede, die mit einem veränderten Kopf nach einer früheren Vorlage Ernst Rietschels versehene Gipsfigur, »in Bronce zur Zierde eines der öffentlichen Plätze Dresdens ausführen zu lassen.« Dafür sollte nun die Johanneskirche mit ihrem eigenen Denkmal zurückstehen und bei den anderen Kirchenvorständen für ein gemeinsames Denkmal werben, erwartete man doch, »daß ein solches Unternehmen, sobald es einmal von den Kirchenvorständen in Fluß gebracht ist, auch bei Vertretern der politischen Gemeinde auf Förderung [...] werde hoffen dürfen.«[45] Selbst wenn der Johanneskirchenvorstand sich nicht in dieser Weise

41 Vgl. dazu Steinberg: Jubiläum [s. Anm. 3], 14f.

42 Schreiben des Kirchenvorstandes der Johannesparochie an die Kircheninspektion zu Dresden vom 3. Juli 1883, StAD, RA, Rath zu Dresden Abtheilung für Kirchensachen, Acta, die Lutherfeier im Jahre 1883 betr., DXXXVIII. 8c, fol. 1f. Zum Folgenden vgl. Sebastian Kranich: »Kommt und helft uns Luthern feiern.« Zur Entstehung des Lutherdenkmals vor der Dresdner Frauenkirche. In: Die Dresdner Frauenkirche. Jahrbuch zu ihrer Geschichte und Gegenwart. Bd. 13. Hg. v. Heinrich Magirius. Regensburg 2009, 57–67.

43 Schreiben der Kircheninspektion an den Kirchenvorstand der Johannesparochie zu Dresden vom 24. Juli 1883, ebd., fol. 4.

44 Vgl. Schreiben an die Stadtverordneten vom 20.6.1883, StAD, RA, Säcularfeier [s. Anm. 36], fol. 16f.

45 Brief von Dr. Baehr an Oberbürgermeister Stübel vom 18.7.1883, StAD, RA, Acta betreffend die Einrichtung eines Lutherdenkmals in Dresden 1883, G. XXXVb. 17, unfol.

einspannen ließ, war er doch bereit, angesichts der Pläne für ein öffentliches Lutherdenkmal unspezifisch für irgendeine »bildliche Erinnerung an Martin Luther« zu sammeln.[46]

Selbstverständlich waren Kirchenkollekten für Denkmale im öffentlichen Raum nicht. Auch wenn etwa der Kirchenvorstand der St. Petri Kirche die Kollekten des 10. und 11. November als »Ehrenbeitrag« für das Dresdner Lutherdenkmal bestimmte,[47] sammelten viele Dresdner Gemeinden für Kirchbaufonds. Besonders die konfessionell-lutherische Seite spielte Denkmale gegen aus ihrer Sicht Wichtigeres aus. So meinte der *Pilger aus Sachsen* angesichts der Errichtung von Lutherdenkmalen 1883: »Möge nur nicht vergessen werden, daß das beste Denkmal, das wir Luther setzen können, in der Wiederherstellung und Aufrechterhaltung der Kirche besteht, die nach seinem Namen genannt wird.«[48] Und der Bericht des Blatts zur Einweihung des Dresdner Denkmals 1885 schließt: »Das ist Alles sehr schön und gut, aber noch besser und nothwendiger wären Kirchen in der Großstadt.«[49]

Auf der höchsten kommunalen Ebene fanden solche Differenzen allerdings keinen öffentlich-sichtbaren Niederschlag. Dem elfköpfigen Denkmalskomitee unter Vorsitz des Oberbürgermeisters gehörten mit Konsistorialrat und Superintendent Franz sowie Oberhofprediger Ernst Volkmar Kohlschütter die ranghöchsten lutherischen Geistlichen Dresdens an.[50] Und den zum Reformationstag 1883 veröffentlichten Aufruf von 135 Honoratioren zur Errichtung eines Lutherdenkmals in Dresden unterzeichneten auch zwölf Pfarrer, unter ihnen neben anderen konservativen Lutheranern der spätere Oberhofprediger Franz Wilhelm Dibelius sowie der liberale Theologe und Gemeindereformer Emil Sulze.[51] In diesem Aufruf heißt es über Luther: »Wir feiern in ihm Deutschlands größten Sohn. Das Bild seiner gottbegnadeten Persönlichkeit lebt in unseren Herzen. Wir möchten es aber auch kommenden Geschlechtern bezeugen, daß sie für uns lebendig geblieben ist. Laßt uns darum auch in unserer Stadt ein

---

46 Vgl. Schreiben des Kirchenvorstandes der Johannesparochie an die Kircheninspektion vom 3. Oktober 1883, StAD, RA, Kirchensachen [s. Anm. 42], fol. 5–7. Der Kircheninspektion war das noch zu offen formuliert. Sie erwartete, dass die Kollekten »eventuell für ein allgemeines Lutherdenkmal Verwendung finden.« Auszug aus dem Sitzungsprotokoll der 1. Ratsabteilung vom 8. Oktober 1883, ebd., fol. 8.

47 Vgl. Schreiben des Kirchenvorstands der Annenparochie an die Kircheninspektion vom 29.9.1883 mit Notum vom 5.10.1883, StAD, RA, Kirchensachen [s. Anm. 42], fol. 13–14r und Schreiben des Kirchenvorstands von St. Petri an die Kircheninspektion vom 7.11.1883, StAD, RA, Kirchensachen [s. Anm. 42], fol. 30.

48 Der Pilger aus Sachsen, 49. Jg., Nr. 46, 18.11.1883, 365.

49 Der Pilger aus Sachsen, 51. Jg., Nr. 44, 1.10.1885, 351.

50 Vgl. Protokoll der konstituierenden Sitzung des Denkmalkomitees vom 5.11.1883, StAD, RA, Lutherdenkmal [s. Anm. 45], fol. 1f.

51 Vgl. Aufruf »An unsere Mitbürger.« Erste Beilage zum Dresdner Anzeiger, 154. Jg., Nr. 304, 31.10.1883.

Denkmal errichten, das von unserer Begeisterung für Luther reden möge für alle Zeiten. Laßt sein erhabenes Bild in der Kraft und Schönheit, wie es einst Meister Rietschel's Hand hier geschaffen, in Erz uns gießen und auf einem öffentlichen Platze unserer Stadt auch zu deren Ehre aufrichten.«[52]

Das Denkmal als Inszenierungszeichen wie die Inszenierung des ganzen Jubiläums sollte Kraft, Einigkeit, Ausstrahlung und Zukunftsfähigkeit der Protestanten vor Augen stellen. Selbstvergewisserung und die symbolische Darstellung der Geltungsbehauptungen einer protestantischen Leitkultur waren die Zwecke, auf die die Feier des Luthergeburtstages zielten. Alles in allem erfüllte das Jubiläum, folgt man dem Urteil der Zeitgenossen, weithin diese Erwartungen. Zugleich kann nicht übersehen werden, dass der Protestantismus auch im Gedenken an Luther plural verfasst war und plural verfasst blieb. Die protestantische Leitkultur, die in Sachsens Hauptstadt nicht nur dem Anspruch nach existierte, war keine Einheitskultur. Die verschiedenen sozialen Träger, politischen und kirchlichen Richtungen konkurrierten bereits im Vorfeld um die Deutung Luthers und der Reformation.

Das Dresdner Stadtbürgertum war 1883 politisch konservativ und liberal, teilweise auch antisemitisch orientiert. An seiner Spitze standen mit Stadtverordnetenvorsteher Karl Gustav Ackermann ein Freikonservativer, mit Oberbürgermeister Stübel ein Nationalliberaler und der antisemitisch-reformistisch orientierte Gustav Leberecht Hartwig behauptete als Kopf des *Dresdner Allgemeinen Hausbesitzervereins* eine starke Stellung im Stadtparlament.[53]

Die freikonservative Sicht Luthers und der Reformation publizierte der Journalist Emil Bierey in den auflagenstarken *Dresdner Nachrichten*[54] zur ›Lutherwoche‹. Neben emphatischen Bekenntnissen zum Wirken Luthers und dem Lob der Wirkungen der Reformation auf vielen Kulturgebieten kam die Kritik an dessen »finsterem Trotze und schädlichem Eigensinn« nicht zu kurz, zu dem die »entschlossene Unbeugsamkeit« des Reformators bisweilen »ausartete«. Bierey kritisierte konkret zweierlei: Erstens sei Luther im Marburger Religionsgespräch nicht auf Huldrych Zwingli zugegangen und habe damit die Chance auf eine Einigung des Protestantismus vertan. Zweitens habe die Kirchenreform »vor den Thoren der Adelsschlösser [...] stillhalten« sollen, wodurch die Bauern zur Gewalt getrieben worden seien.[55] Eine so klar politisch konnotierte Kritik stieß

52 Aufruf »An unsere Mitbürger.« Erste Beilage zum Dresdner Anzeiger, 154. Jg., Nr. 304, 31.10.1883.

53 Vgl. Reichsgründung [s. Anm. 35], 46f. u. 55.

54 Mit einer Auflage von 38000 war das Blatt 1883 eine der wichtigsten regionalen konservativen Zeitungen in Deutschland. Bierey pflegte vor allem Kontakte zu Karl Gustav Ackermann; vgl. Jörg Requate: Journalismus als Beruf. Göttingen 1995 (Kritische Studien zur Geschichtswissenschaft, 109), 318–320.

55 Vgl. Emil Biereys Kommentare zur Lutherwoche in den Dresdner Nachrichten, 28. Jg., Nr. 310–315, 6.11.–11.11.1883, Zitat in Nr. 313, 1.

im traditionellen Luthertum auf konfessionelles Unverständnis. Der *Pilger aus Sachsen* notierte zum ersten Kritikpunkt: »Wer das Festhalten am Worte Gottes für Unduldsamkeit und Starrsinn auslegt, steht selbst nicht auf dem Worte Gottes.« Zum zweiten Kritikpunkt hieß es apodiktisch: »Gewaltsamer Aufruhr gegen die Obrigkeit ist Sünde und in Gottes Wort verboten.«[56]

Die Liberalen[57] luden den Kritiker der Amtskirche und Kämpfer für die Zivilstandsgesetzgebung, den Theologen Michael Baumgarten, der von 1874 bis 1881 Mitglied des Reichstags für die Fortschrittspartei gewesen war, zu einem Vortrag über *Luthers Kirche der Zukunft* ein. Im überfüllten Saal der Stadtverordneten kritisierte Baumgarten die Vermengung von Kirche und Politik sowie die Kluft zwischen Arm und Reich.[58] Sozialethische Aspekte der Reformation kamen zudem in Vorträgen im *Christlich-sozialen Verein*, so etwa über *Luther's Lehre vom Berufe und von der Arbeit*,[59] oder im *Verein für sociale Reform* zur Sprache.[60] Schließlich markierte das Jahr 1883, was bisher in den Arbeiten zu diesem Lutherjubiläum kaum in den Blick gekommen ist, mit dem Gesetz über die Krankenversicherung der Arbeiter auch den Beginn der Bismarckschen Sozialgesetzgebung.

Als Gegengewicht zu vorschnellen geschichtspolitischen und tagesaktuellen politischen Instrumentalisierungen wurde in Dresden, analog zu den Bestrebungen Köstlins und des *Vereins für Reformationsgeschichte*, die 1880 gegründete *Gesellschaft für sächsische Kirchengeschichte* aktiv. Sie veranstaltete drei öffentliche Vorträge in *Braun's Hotel*. Lic. Franz Wilhelm Dibelius, Konsistorialrat, Gemeindepfarrer und habilitierter Kirchengeschichtler, sprach über *Luther in Dresden*, Konsistorialassessor Lic. Bernhard Kühn über *Luther – 1522 – in Wittenberg* und Pastor Lic. Martin Rade über *Luther in Rom*.[61] Am interessantesten sind hier die Vorträge von Dibelius und Rade. Dibelius' gleichnamige Abhandlung erschien in den *Beiträgen zur Sächsischen Kirchengeschichte*. In ihr werden die Aufenthalte Luthers in Dresden 1516, 1517 und 1518 über das Lokalhistorische hinaus als Momentaufnahmen der theologischen Entwicklung Luthers untersucht. Zugleich schreibt auch Dibelius gegen die katholische Re-

56 Der Pilger aus Sachsen, 49. Jg., Nr. 46, 18.11.1883, 366.

57 Unter den Einladenden befanden sich u.a. der Leiter der Kirchen- und Schulverwaltung Otto Leonhard Heubner, der als Revolutionär von 1848/49 zum Tode verurteilt worden war sowie der emeritierte linksliberale langjährige Pfarrer der Annenkirche Ernst Heinrich Pfeilschmidt, der 1848 die Trauerrede auf Robert Blum in der Frauenkirche gehalten hatte; vgl. Erste Beilage zum Dresdner Anzeiger, 154. Jg., Nr. 288, 15.10.1883.

58 Vgl. Fünfte Beilage zum Dresdner Anzeiger, 154. Jg., Nr. 291, 18.10.1883.

59 Dresdner Nachrichten, 28. Jg., Nr. 292, 19.10.1883, 1.

60 Vgl. Dresdner Nachrichten, 28. Jg., Nr. 315, 11.11.1883, 2.

61 Die Vorträge fanden am 17.10., am 24.10 und am 1.11.1883 statt; vgl. Erste Beilage zum Dresdner Anzeiger, 154. Jg., Nr. 284, 11.10.1883.

formationsgeschichtsschreibung an.[62] Mit dem gerade 26-jährigen Martin Rade kam ein liberaler Theologe zu Wort, dessen volkstümliche und quellengesättigte Darstellung Luthers ab 1883 in Kolportageheften erschien[63] und der bald darauf mit der Gründung der Zeitschrift *Christliche Welt* zu einem der wichtigsten Multiplikatoren des Kulturprotestantismus werden sollte.[64]

Aber auch das Evangelisch-lutherische Landeskonsistorium propagierte gezielt das Mittel des Vortrags, um Wissen zu verbreiten. »Abgesehen von der rein kirchlichen Jubelfeier« regte es »die Veranstaltung von Vorträgen in den der Jubelfeier vorangehenden Tagen oder Wochen« an, »da solche Vorträge besonders geeignet erscheinen, das Leben und Wirken Luther's sowie Wesen und Bedeutung seines Werkes noch in anderer Weise in das Licht zu setzen, als dies in den unmittelbar dem Zwecke der Erbauung dienenden Predigten geschehen kann.«[65] Diese Vorträge fanden in einigen Dresdner Gemeinden im geistlichen Rahmen statt, so etwa fünf Vorträge in »Predigtform« in der Annenparochie oder nach dem Muster von »Missionsstunden«, wie etliche der sechs Vorträge in Dresden-Neustadt. Thematisch waren sie meist als Ergänzungsprogramm für den Kirchgänger angelegt und behandelten etwa Luthers Verhältnis zu Gottesdienst, Kirchenlied, Familie, Schule oder sie boten Biographisches.[66] Anders gelagert waren die Vorträge des liberalen Theologen Emil Sulze. Er teilte der Kircheninspektion mit, er beabsichtige, »die Bedeutung der Reformation durch Vergleichung mit den Ergebnissen des Humanismus, der Renaissance und der Reformationsbestrebungen des Jesuitismus in das rechte Licht zu stellen.«[67] Darüber hinaus sprach

---

62 FRANZ WILHELM DIBELIUS: Luther in Dresden. In: Beiträge zur Sächsischen Kirchengeschichte. Zweites Heft. Leipzig 1883, 315–354. Zur Motivation des Heftes vor dem Jubiläum: »Und wenn gerade jetzt, ehe wir das Lutherfest feiern, ein Janssen uns nötigt, die Strasse zu fegen, so kommt es wohl vor allem darauf an, den Kot wegzuräumen, den er mit einer von heimlichem Fanatismus gekräftigten Hand uns mitten auf die Strasse geworfen, um uns den Weg zur Jubiläumskirche zu sperren, aber deutscher Gründlichkeit entspricht es, auch die Winkel zu säubern. Und solche Reinigungsarbeit soll, wie ich denke, bei unsrer Untersuchung nicht ganz fehlen.« Ebd., 316.

63 Vgl. MARTIN RADE: Dr. Martin Luthers Leben, Taten und Meinungen auf Grund reichlicher Mitteilungen aus seinen Briefen und Schriften dem Volke erzählt. 3 Bde. Neusalza 1887.

64 Vgl. CHRISTOPH SCHWÖBEL: Martin Rade. Das Verhältnis von Geschichte, Religion und Moral als Grundproblem seiner Theologie. Gütersloh 1980; ANNE-CHRISTINE NAGEL: Martin Rade – Theologe und Politiker des sozialen Liberalismus. Eine politische Biographie. Gütersloh 1996 (Religiöse Kulturen der Moderne, 4); AXEL MEISSNER: Martin Rades »Christliche Welt« und Armenien. Bausteine für eine internationale politische Ethik des Protestantismus. Halle 2001.

65 AELKZ, Nr. 17, 27.4.1883, 405.

66 Vgl. StAD, RA, Kirchensachen [s. Anm. 42], Zitate fol. 9 u. 13.

67 StAD, RA, Kirchensachen [s. Anm. 42], fol. 11.

Sulze kurz nach dem Jubiläum im kaufmännischen Verein *Urania* bei dessen Lutherfeier und auf einem Familienabend des Vereins im Gewerbehaussaal.[68] Die Reaktion des konservativ-konfessionellen *Sächsischen Schulblatts* auf Sulzes Ausführungen beim Familienabend über Gotthold Ephraim Lessings *Nathan den Weisen*, in dem er »Lessing als Luther des 18. Jahrh.«[69] dargestellt habe, ließ dann doch einen Antisemitismus, genauer einen Antijudaismus aufblitzen, der sich im Dresdner Jubiläum sonst kaum artikulierte.[70] Für diese Zeitung waren Versöhnung und Toleranz zwischen den Religionen unzeitgemäß. Auch wenn sich, so das Blatt, die »Reformjuden und Alles, was damit zusammenhängt, [...] über diesen Vortrag sehr gefreut haben« werden. Dass diese Äußerungen konfessionell-antijüdisch und nicht völkisch-antisemitisch gemeint waren, legt die Gleichsetzung von Juden und Katholiken in einer vorangehenden Notiz über die das »Maß der Gemüthlichkeit übersteigend[e] [...] Lutherfeier in Reichenberg« (Nordböhmen, heute Liberec) nahe: »Dort illuminierten nicht nur Katholiken und Israeliten mit, sondern an dem großen Festbankett nahmen auch Herren und Damen aller Konfessionen Theil.«[71]

68 Vgl. Dresdner Nachrichten, 28. Jg., Nr. 324, 20.11.1883, 2; Nr. 327, 23.11.1883; Dresdner Anzeiger, 154. Jg., Nr. 329, 25.11.1883.

69 Sächsisches Kirchen- und Schulblatt, Nr. 50, 14.12.1883, 432f.

70 Dazu trug sicher bei, dass die antijüdischen Spätschriften Luthers 1883 noch kaum im Blick waren und Luther damit noch nicht als Kronzeuge des Antisemitismus aufgebaut werden konnte. Die tendenziell antisemitischen Dresdner Nachrichten lobten das Verhalten der Dresdner Juden beim Jubiläum, ohne sich allerdings eine Drohung gegen das Judentum selbst verkneifen zu können: »Auch das Judenthum wird [...] die Erkenntnis gewonnen haben, welch starke Macht das Christentum [...] ist, als daß man es ungestraft höhnen oder reizen könnte. In dieser Beziehung verzeichnen wir das taktvolle Verhalten hervorragender Israeliten Dresdens bei dem Lutherfeste (Betheiligung am Kirchgange, Illumination u.s.w.) mit besonderer Genugtuung.« Dresdner Nachrichten, 28. Jg., Nr. 317, 13.11.1883, 1. Insgesamt waren antisemitische Attacken beim Reformationsjubiläum 1883 die Ausnahme. So benannte die Allgemeine Zeitung vom 14.11.1883 die Gefühle des »gebildeten Deutschen« auf solche Ausfälle Adolf Stoeckers mit dem Satz: »Für seine semitenfeindlichen Hetzereien empfindet man einfach Ekel.« So zit. n. Burkhardt: Reformations- und Lutherfeiern [s. Anm. 7], 226.

71 Sächsisches Kirchen- und Schulblatt, Nr. 50, 14.12.1883, 432f. Aus theologischen Positionen speiste sich auch die Kritik des Blatts an einem öffentlichen wissenschaftlichen Vortrag von Prof. Benjamin Vetter, der am 12.11.1883 im Königlichen Polytechnikum Dresden zu hören war: »Während so überall das Volk aufs ernsteste an das durch Luther wieder hervorgebrachte Gotteswort erinnert wurde, hielt fast zur gleichen Zeit mit dem Lutherfest ein Professor Dr. Vetter in der Aula des Dresdner Polytechnikums einen Vortrag über die Stammväter der Vögel, in welchem er den Nachweis versuchte, daß die Vögel ursprünglich auf Bäumen lebende Reptilien gewesen [...]. Allerdings kein schöner Beitrag zum Lutherfeste für die Jugend am Po-

Bei den Inszenierungsorten, Inszenierungsformen und Inszenierungszeichen[72] konzentrierten sich die Hauptträger des Jubiläums auf ihre Kernbereiche und -kompetenzen, griffen aber auch darüber hinaus. Die Kirche plante, wie vom Konsistorium vorgegeben, für den 10. November Vorbereitungs-, sowie für den 11. November Haupt-, Schüler- und Abendgottesdienste in allen Parochialgemeinden. Das bedeutete pro Kirche vier Gottesdienste, ausgenommen die Frauenkirche, wo der Abendgottesdienst wegen der Feier auf dem Neumarkt ausfiel. Als zentraler Ort der kirchlichen Feiern war als Hauptkirche der Stadt die Kreuzkirche vorgesehen, in der zudem für Samstag zum Beginn der kirchlichen Feier nach einem einstündigen Festgeläut eine musikalische Vesper stattfinden sollte. Über das vom Konsistorium angeordnete Festgeläut hinaus ging das Turmblasen des Chorals *Ein feste Burg ist unser Gott* am Samstagabend von den Kirchtürmen der Stadt. Mit den geplanten Festzügen zu den Hauptgottesdiensten in den einzelnen Kirchen konnte die Stadt ebenfalls als Feierraum genutzt werden.[73] Hatte das Stadtbürgertum als überdauerndes Zeichen der Feier ein Lutherdenkmal auserkoren, so wurden »die evangelischen Christen der Stadt und ihrer Umgebung« zur Unterstützung einer *Luther-Jubiläums-Stiftung* aufgerufen, als »bleibendes, unserer evangelisch-lutherischen Kirche dienendes Liebeswerk«, für die Zeit »wenn Festwort und Festlied längst verklungen sind.«[74] Die Stiftung sollte ein *Martin-Luther-Haus* für vernachlässigte Mädchen in Obergorbitz bei Dresden finanzieren, das der dortigen Diakonen-Bildungsanstalt mit Rettungshaus angegliedert werden würde. Eine etwaige Konkurrenz von Denkmal und Stiftung wurde im *Dresdner Anzeiger* zurückgewiesen: »Das Schöne ist nicht des Guten Feind.«[75]

Für die Schüler aller Volksschulen und höheren Schulen in Dresden standen selbstverständlich die Feiern in der Schule am 10. November im Mittelpunkt, bei denen »an evangelische, durch Fleiß und sittliches Verhalten sich auszeichnende Schüler und Schülerinnen auf Luther und sein Reformationswerk bezügliche

---

lytechnikum. Wie würde unser Luther gegen diese Wegeskamotierung des Schöpfers dareinfahren!« Sächsisches Kirchen- und Schulblatt, Nr. 48, 1.12.1883, 415f.

72 Zur Inszenierung als Modus der Darstellung der Geltungsansprüche und Prinzipien institutioneller Ordnungen vgl. »Institutionalität und Geschichtlichkeit«. Ein neuer Sonderforschungsbereich stellt sich vor. Eine Informationsbroschüre im Auftrag des SFB 537. Hg. v. GERT MELVILLE. TU Dresden 1997, 16–18.

73 Vgl. Ordnung der Lutherfeier in Dresden. In: Erste Beilage zum Dresdner Anzeiger, 154. Jg., Nr. 307, 3.11.1883.

74 Aufruf zu einer Luther-Jubiläums-Stiftung. In: Dresdner Nachrichten, 28. Jg., Nr. 208, 27.7.1883, 5.

75 Dresdner Anzeiger, 154. Jg., Nr. 309, 5.11.1883. Die vorstehenden Sätze lauten: »Möchten doch alle unsere Mitbürger [...] freudig dazu beisteuern, durch ein Denkmal das Gedächtnis Luthers [...] zu ehren! Man sage auch nicht, daß dadurch andern kirchlichen oder mildthätigen Stiftungen, welche mit dem Namen Luthers geschmückt in's Leben treten sollen, die Mittel entzogen würden.«

Bücher vertheilt werden.«[76] Die großzügigen Bücherprämien[77] zielten auch hier darauf, einen »dauernden Einfluß des Festes«[78] zu erreichen. Interessant ist, dass der Schulausschuss des Stadtrats hierbei nicht auf Werke von Universitätstheologen zurückgriff, sondern Bücher von Pädagogen wählte.[79] So bekamen 200 Ausgezeichnete in den höheren Schulen ein Lutherbuch des Herbartianers Wilhelm Rein, das sich zwar an den Forschungen Köstlins orientierte, jedoch programmatisch mit Zeilen Johann Gottfried Herders über Luther gerahmt war.[80] Und 5.000 Mal wurde an den Volksschulen eine Lutherschrift des Dresdner Schuldirektors Ernst Weber verteilt, die vom *Sächsischen Pestalozziverein* herausgegeben wurde.[81] Zugleich waren die Schüler von vornherein über die Schulgottesdienste, zu denen sich »die Schulklassen in festlichen Zügen«[82] begaben, Teil der kirchlichen und als wesentliche Akteure des großen Festzuges Teil der stadtbürgerlichen Inszenierung.[83]

Am großartigsten suchte sich die Stadt in Szene zu setzen. Die Eliten organisierten eine Lutherfeier im Gewerbehaussaal als geschlossene Veranstaltung,[84] deren Mitte ein Festvortrag bildete, suchten aber zugleich ihre Zugehörigkeit zu Kirche und gesamter Stadtbevölkerung symbolisch darzustellen. Nach der separaten Feier am Sonnabend zogen die Vertreter der staatlichen und städ-

---

76 Vgl. Ordnung der Lutherfeier [s. Anm. 73].

77 Den Gesamtaufwand für die Feiern in den städtischen Schulen bezifferte der Schulausschuss mit 6242,20 Mark, davon 3471,70 Mark für Bücherprämien; vgl. Protokoll Schulausschuss Dresden vom 8.12.1883, StAD, RA, Säcularfeier [s. Anm. 36], fol. 208.

78 Abschrift Schreiben Stadtrat an die Stadtverordneten vom 22.9.1883, StAD, RA, Säcularfeier [s. Anm. 36], fol. 52.

79 Keine Regel ohne Ausnahme: In der Annenschule kam für die oberen Klassen Köstlins Lutherbuch zur Verteilung; vgl. Fünfte Beilage zum Dresdner Anzeiger, 154. Jg., Nr. 315, 11.11.1883, 22.

80 Wilhelm Rein: Das Leben Dr. Martin Luthers dem deutschen Volk erzählt. Leipzig 1883.

81 Ernst Weber: Dr. Martin Luther. Zur vierhundertjährigen Gedächtnisfeier seiner Geburt der protestantischen Jugend dargestellt von Ernst Weber, Schuldirektor in Dresden und Redakteur der Deutschen Jugendblätter. Zum Besten des Sächsischen Pestalozzivereins herausgegeben vom Vorstande desselben. Dresden 1883.

82 Ordnung der Lutherfeier [s. Anm. 73].

83 Laut Festzugsordnung bildeten Gymnasien, Realschulen, Seminare, Handelsschulen und höhere Privatschulen einen eigenständigen Block. Volksschulen waren nicht beteiligt; vgl. Erste Beilage zum Dresdner Anzeiger, 154. Jg., Nr. 310, 6.11.1883. Die Schulen nahmen zur anschließenden Feier auf dem Neumarkt an herausgehobenem Ort, direkt neben der Lutherstatue Aufstellung; vgl. Programm zur Lutherfeier, StAD, RA, Säcularfeier [s. Anm. 36], fol. 73f.

84 Vgl. Einladungsliste zum Festakt im Gewerbehaussaal, StAD, RA, Säcularfeier [s. Anm. 36], fol. 103–106.

tischen Institutionen am Sonntag geschlossen zum Hauptgottesdienst in die Kreuzkirche[85] und nahmen den abendlichen städtischen Festzug auf dem Neumarkt in Empfang. Den massenwirksamen Festzug wie die Ausschmückung und Illumination der Stadt als Feierraum plante und finanzierte die Stadt zu einem großen Teil. Zur Beteiligung an den »Feierlichkeiten außerhalb der Kirche«,[86] namentlich dem Zug zur Feier auf dem Neumarkt, als deren Mittelpunkt »ein großes Gipsstandbild Luthers«[87] dienen sollte, waren alle wichtigen Bildungseinrichtungen, wirtschaftlichen Korporationen und freie Vereine, einschließlich der christlichen, eingeladen.[88] Hier sollte sich, ohne »den Ernst der Feier in Frage zu stellen«,[89] auf offenem Platze die Menge um Luther versammeln und so ein Zeugnis für den Reformator abgeben. Die Illumination von Lutherstatue und Frauenkirche wurden als emotionale Gipfelpunkte inszeniert. Im Festbericht der *Dresdner Nachrichten* spiegelt sich diese Inszenierungsabsicht: Das Lutherstandbild »leuchtete an sich mit seiner gypsernen Reinheit in das Dunkel der Nacht hinein; die das Standbild umgebenden Gas-Kandelaber mit ihren Milchglasglocken strömten aber außerdem ein wahres Lichtermeer aus, zugleich die Statue verklärend.« Der Eindruck der Feier wurde »erhöht durch die Lichtwirkung, welche die in allen Fenstern illuminierte Frauenkirche und die elektrischen Sonnen und die bengalischen Flammen von den Nachbarhäusern aus erzielten. Es war ein allen Theilnehmern unvergeßliches Zauberbild.«[90] Um die Art der Beleuchtung der Kirche war zuvor heftig diskutiert worden. Sie hatte für das protestantische Bürgertum auch im Blick auf den katholischen Hof offenbar eine hohe Bedeutung. Nachdem von Stadtverordnetenvorsteher Ackermann zunächst eine Illumination aller Kirchen nach dem Vorbild des Confessio-Augustana-Jubiläums 1830 ins Spiel gebracht[91] und eine Reihe weiterer

---

85 Vgl. Ordnung des Festzuges zum Festgottesdienst in der Kreuzkirche, StAD, RA, Säcularfeier [s. Anm. 36], fol. 169.

86 Dresdner Anzeiger, 154. Jg., Nr. 302, 29.10.1883.

87 Schreiben an die Stadtverordneten vom 20.6.1883, StAD, RA, Lutherdenkmal [s. Anm. 45], fol. 16f.

88 Vgl. Einladungsschreiben von Stübel vom 24.10.1883, StAD, RA, Säcularfeier [s. Anm. 36], fol. 62 und Dresdner Anzeiger, 154. Jg., Nr. 302, 29.10.1883.

89 Dresdner Anzeiger, 154. Jg., Nr. 302, 29.10.1883.

90 Dresdner Nachrichten, 28. Jg., Nr. 316, 12.11.1883, 1. Der Dresdner Anzeiger, Dritte Beilage, 154. Jg., Nr. 316, 12.11.1883, 14, schrieb zur Illumination der Frauenkirche am Ende der Feier: »Der riesige Kuppelbau wurde insgesamt durch 32 bengalische Leuchtpatronen bestrahlt und kamen hierbei ca. 200 Kilo Rothfeuer zur Verwendung. Die schönen Linien der Frauenkirche zeichneten sich durch diese Beleuchtung gehoben in wunderbarer Pracht vor dem dunklen Hintergrunde ab. Es war ein geradezu überwältigender Eindruck der Allen der Theilnehmer an der Feier unvergesslich sein wird.«

91 Vgl. Protokoll der Sitzung des städtischen Ausschusses für das Lutherjubiläum vom 19.5.1883, StAD, RA, Säcularfeier [s. Anm. 36], fol. 4f.

Beleuchtungsweisen der Frauenkirche erwogen worden waren,[92] plante man u.a. aus technischen Gründen eine Beleuchtung durch bengalisches Feuer.[93] Die Stadtverordneten wollten jedoch eine ebenso eindrucksvolle Beleuchtung, wie die »elektrische Beleuchtung der katholischen Hofkirche bei Gelegenheit der Silberhochzeit des Königspaares«[94] und schlugen dafür eine Reduzierung der bengalischen Flammen vor. Auch wenn eine elektrische Beleuchtung schließlich nicht erfolgte, wurde ein knappes Drittel des städtischen Feieretats, ausgenommen die Mittel für die Schulfeiern, für die Illumination der Frauenkirche ausgegeben. Ursprünglich vorgesehen war sogar, mehr als die Hälfte des Etats dafür zu verwenden.[95] Sonst beschränkte man sich auf Kosten der Stadt auf die Beleuchtung der öffentlichen Gebäude, an denen der Festzug entlang führte. Den »evangelischen Mitbürgern« war indes vom Rat der Stadt die »Beleuchtung der Privathäuser« und deren »Schmuck [...] mit Flaggen, Kränzen u.s.w.« über den offiziellen Schmuck hinaus zugedacht.[96] Als Übergreifen der städtischen Inszenierung in den Raum der Kirche kann die opulente Ausschmückung der Kreuzkirche als Hauptkirche für 2.340 Mark auf Stadtkosten interpretiert werden, die zunächst so nicht geplant war,[97] und über die der *Dresdner Anzeiger* kolportierte, dass »die glückliche Idee der Rosenverwendung, des Symbols Luthers«[98] eine Idee des Oberbürgermeisters gewesen sei.

92 Vgl. StAD, RA, Säcularfeier [s. Anm. 36], fol. 29–49.

93 Die Dresdner Nachrichten, 28. Jg., Nr. 279, 6.10.1883, 2, bedauerten daraufhin, »daß der ursprüngliche Plan, die mächtige Kuppel der Frauenkirche, besetzt mit Gaslampen oder Talgnäpfchen [...] in ihrer herrlichen Silhouette zauberisch durch die Nacht leuchten zu lassen, aufgegeben worden ist«. Das Blatt stellte die Frage, »ob die große Fläche der Frauenkirchenkuppel derartig gleichmäßig in farbiges Licht gesetzt werden kann, daß die ganze Masse in den reizvollen Linien ihrer Contouren sich farbig vom dunklen Nachthimmel abhebt und ob nicht nur eine Glutlohe an deren Stelle tritt«.

94 Verhandlungen der Stadtverordneten zu Dresden im Jahre 1883. 27. (2127) öffentliche Sitzung, 11.10.1883, 316, StAD, Stadtverordnetenakten (folgend SV), Lutherfeier 1883 und die Errichtung eines Lutherdenkmals 1885 betr. (sowie die 400jährige Reformationsfeier im Jahre 1917 betr., L 23). Vgl. auch Schreiben der Stadtverordneten an den Rat vom 12.10.1883, StaD, RA, Säcularfeier [s. Anm. 36], fol. 56.

95 Vgl. Kostenaufstellungen StAD, RA, Säcularfeier [s. Anm. 36], fol. 207–211.

96 Ordnung der Lutherfeier [s. Anm. 73]. Der städtische Schulausschuss hatte überdies die Illumination aller Schulen beschlossen; vgl. Dresdner Anzeiger, 154. Jg., Nr. 313, 9.11.1883.

97 Sie kostete 2.340 Mark, statt bewilligter 500 Mark; vgl. Vorläufige Übersicht der Kosten der Feier, StAD, RA, Säcularfeier [s. Anm. 36], fol. 207. Diese Kostenexplosion musste im Nachhinein begründet werden; vgl. Sitzungsbericht des Festausschusses vom 26.11.1883, StAD, RA, Säcularfeier [s. Anm. 33], fol. 198.

98 Fünfte Beilage zum Dresdner Anzeiger, 154. Jg., Nr. 315, 11.11.1883, 21.

Zusammenfassend ist festzuhalten: Die Vorbereitungen zur Dresdner Feier waren durch das Profil der Inszenierungsträger und deren Lutherdeutungen und Inszenierungsabsichten geprägt. Bei allen Differenzen ist eine Klammer zu erkennen, die auf organisatorischer Ebene im Zusammenspiel der staatlichen, städtischen und kirchlichen Entscheidungsträger lag und auf inhaltlicher Ebene am besten mit dem Begriff Kulturprotestantismus zu fassen ist.[99] Im Zuge der Verbürgerlichung der Jubiläumskultur war das Stadtbürgertum schon in der Vorbereitung den Trägern des Schul- und des Kirchenfestes zumindest ebenbürtig, wenn nicht überlegen. Der Charakter, den das Fest dabei gewann, rief auch Kritiker wie den Stadtverordneten Lingke auf den Plan, der in einer Sitzung des Kollegiums äußerte: »Er denke sich eine Lutherfeier dem Charakter das Reformators entsprechend einfach, würdig und ernst, begangen durch Glockengeläute und Gottesdienst, nicht aber hätte er sich eine äußerliche Feier gewünscht, wie sie in Aussicht genommen sei.«[100]

Vielfach kam es zu Übergängen und zum Austausch von Inszenierungsformen und -zeichen. Vortrag, Festzug und Denkmal wurden einerseits als Elemente der bürgerlichen Festkultur auch im Kirchenfest adaptiert. Andererseits sollte die städtische Feier auf dem Neumarkt in einem ästhetisierten, religiös-erhebenden Moment gipfeln. Verwundern muss das nicht, waren doch die Stadtbürger die Träger des Kulturprotestantismus und als solche die Verantwortlichen für das Jubiläum, ob sie nun als Vertreter von Kirche, Schule oder Stadt die Feier planten, oder verschiedene Rollen innehatten, wie etwa der Schulrat und Schuldirektor Moritz Heger, der zunächst als Kirchvorsteher im Festkomitee der Johannesparochie war, dann aber im Auftrag der Stadt die Organisation des großen Festzuges übernahm.[101]

II (K)ein Lutherort, Katholizismus, Kommerz, Konkurrenz – Feiern in einer protestantischen Stadt?

Die Feier fand statt wie geplant, offene Konflikte Fehlanzeige. Probleme im Hintergrund bestanden dennoch. Ein erstes Manko lässt der *Dresdner Anzeiger* zu Beginn seines Festberichts erkennen: »Dresden, die Hauptstadt des Landes, das man mit Recht die Wiege der Reformation nennt, Dresden, das in so viel-

99 Zu diesem kulturellen und milieubedingten Zusammenhang vgl. GANGOLF HÜBINGER: Zum Verhältnis von Liberalismus und Protestantismus im wilhelminischen Deutschland. Tübingen 1994. Speziell für Dresden vgl. SEBASTIAN KRANICH: Evangelisch-Lutherische Landeskirche. In: Reichsgründung [s. Anm. 35], 104–113.

100 Verhandlungen der Stadtverordneten zu Dresden im Jahre 1883, 29. (2129.) öffentliche Sitzung, 1.11.1883, 357, StAD, SV, Lutherfeier, [s. Anm. 94].

101 Vgl. Schreiben des Kirchenvorstandes der Johannesparochie vom 3.7. und 3.10. 1883, StAD, RA, Kirchensachen [s. Anm. 42], fol. 1f.; 5–7 und Dresdner Anzeiger, 154. Jg., Nr. 302, 29.10.1883.

facher Beziehung zur Geschichte der Reformation, selbst zu Luthers Person stand, diese Stadt durfte bei der Feier des 10. November nicht in zweiter Reihe stehen.«[102] Genau genommen sind es gar drei Mankos, die hier anklingen: Erstens war Dresden seit 1815 politisch Hauptstadt eines Sachsen, zu dem Wittenberg und der Kurkreis nicht mehr gehörten, und auf dessen Territorium südlich von Leipzig mit der Mark Zöllsdorf, wo sich ein Gut Martin Luthers befunden hatte, nur noch eine bescheidene Lutherstätte lag. Zweitens war Luthers Beziehung zu Dresden durch dessen fast lebenslangen Konflikt mit Herzog Georg dem Bärtigen keine sonderlich gute gewesen. Drittens stand Dresden zur Lutherfeier 1883 in der zweiten Reihe, ungefähr auf Augenhöhe mit Leipzig, aber klar hinter den Lutherorten Wittenberg, Erfurt und Eisleben, allein schon was die Zahl auswärtiger Besucher – je 30.000 bis 50.000 Gäste – und die Presseberichterstattung anging.

Dresden fehlte zum Geburtstag des Reformators ein authentischer Lutherort, wenn auch nicht völlig. Spätestens seit 1839 stand die Behauptung im Raum, Luther habe bei seinem zweiten Besuch in der Stadt 1517 nicht im Augustinerkloster, sondern im Eckhaus Schlossstraße/Sporergasse gewohnt.[103] Dieses Haus war zum 300-jährigen Jubiläum der Einführung der Reformation in Dresden bereits besonders geschmückt worden. 1883 befand sich hier das Restaurant *Zur Katze*, dessen »zahlreiche Insassen« zur Lutherfeier »vom Parterre bis zur sechsten Etage hinauf ohne Ausnahme, abgesehen von der Konfession, dem großen Reformator zu Ehren ihre Fenster illuminierten«.[104] Das Restaurant, das in Anzeigen unter der Überschrift »Zur Katze (Altes Lutherhaus.)« mit dem Slogan »Biere pompös«[105] warb, präsentierte sich 1885 zur Einweihung des Lutherdenkmals vor der Frauenkirche als »Sammelort im historischen Hause« und stellte die »Chronik sowie die Ansicht des Hauses zu Luther's Zeit im Restaurationslocal«[106] aus. Zudem war auf einer Tafel an der Fassade zu lesen: »Hier wohnte Dr. Martin Luther im Juli 1517.«[107]

Tradition und Geschäftssinn standen jedoch auf historisch wackeligen Füßen. Franz Wilhelm Dibelius, der den lediglich drei Aufenthalten Luthers in Dresden, 1516, 1517 und 1518 nachgegangen war, schrieb jedenfalls, Luther habe auch im Juli vor dem Thesenanschlag zweifellos »auch diesmal bei seinen

102 Fünfte Beilage zum Dresdner Anzeiger, 154. Jg., Nr. 315, 11.11.1883, 21.

103 Vgl. Karl Gottfried Ziller: Der dreiundzwanzigste April 1539 oder die Reformation in der Stadt Dresden, ein Beitrag zur besonderen Geschichte der evangelischen Kirche Sachsens. Dresden 1839.

104 Dresdner Nachrichten, 28. Jg., Nr. 311, 7.11.1883, 1. Im Festbericht des Dresdner Anzeigers, Dritte Beilage, 154. Jg., Nr. 316, 12.11.1883, ist das Haus unumwunden als »ehemalige Wohnstätte Luthers« bezeichnet.

105 Dresdner Nachrichten, 30. Jg., Nr. 279, 6.10.1885, 6.

106 Dresdner Nachrichten, 30. Jg., Nr. 304, 31.10.1885, 5.

107 Dresdner Nachrichten, 30. Jg., Nr. 305, 1.11.1885, 1.

Ordensbrüdern«[108] gewohnt. Das Ergebnis der historischen Forschung war somit: Es existierte in Dresden kein Gebäude mehr, in dem Luther sich einst aufgehalten hatte. Das Augustinerkloster war abgerissen und die Schlosskirche von 1517, wo Luther vor Herzog Georg gepredigt hatte, stand auch nicht mehr.

An diese Leerstelle konnte nun der Neumarkt mit dem Lutherdenkmal treten – ein Platz, an dem der Reformator bestenfalls einmal vorbeigekommen sein wird. Der Inszenierungsort der Feier wurde mit dem dauerhaften Denkmal zum Erinnerungsort an Luther, was er bis heute ist,[109] und intentional auch an die Lutherfeier. Das Denkmalskomitee beschloss »an der Rückseite des Denkmals anzubringen ›Errichtet 1885‹ (in arabischen Ziffern), auf den Kranz aber die Worte zu setzen: ›Jubelfeier am 10. November 1883‹«.[110]

Doch war zum Jubiläum nicht nur ein Lutherort zu suchen. Man musste zur Feier in der Residenz auch auf die Anwesenheit des Monarchen verzichten, während etwa bei der Hauptfeier in Wittenberg im September 1883 der preußische Kronprinz Friedrich Wilhelm zugegen gewesen war. Der katholische König Albert ließ sich mitsamt seiner Familie sonst häufig bei öffentlichen Großveranstaltungen in Dresden sehen. Hier aber schied er ob seiner Konfession aus. Die Spannungen zur katholischen Kirche in der Stadt, die immer wieder auch Reibungspunkte zum Hof implizierten, begleiteten das Jubiläum atmosphärisch und konnten bisweilen deutlicher sichtbar werden. Eigentümlich erscheint auf diesem Hintergrund die Komödie, die sich im Vorfeld der Feier auf der Brühlschen Terrasse unweit des Schlosses und der katholischen Hofkirche abspielte: »›Eure Sünden sind Euch vergeben‹ – so rufen die Dresdner Buchhändler allen Besuchern der kirchenhistorischen Ausstellung auf der Terrasse zu. Jeder, welcher dieselbe verlässt, erhält am Ausgange einen Original-Ablaßbrief des Papstes Innocentius VIII. aus dem Jahre 1485!!« Das Souvenir war auf dem »Original-Holzstock« hergestellt worden.[111] Bemerkenswert ist auch eine lange Rechtfertigung und Erklärung von Seiten der evangelischen Hofkirche im Nachgang des Jubiläums, deren erste Sätze lauten:

> »Die Berichte, welche in den Dresdner Tageblättern und sonst über die hiesige Lutherfeier erstattet worden sind, haben das, was die evangelische Hofkirche betrifft, mit Stillschweigen übergangen. Aus welchem Grunde, ist dem Schreiber dieses unbekannt. Derselbe hat aber auch gehört, es sei privatim und öffent-

---

108 Dibelius: Luther [s. Anm. 62], 345.

109 Die Hauptfeierlichkeiten des Reformationsjubiläums 1917 fanden allerdings auf dem Altmarkt statt. Erst nach der Zerstörung Dresdens am 13./14. Februar 1945 rückte das Luther-Denkmal vor der Ruine der Frauenkirche in den Rang einer Ikone.

110 Sitzungsprotokoll des Denkmalkomitees vom 3.10.1885, StAD, RA, Lutherdenkmal [s. Anm. 45], fol. 79.

111 Dresdner Nachrichten, 28. Jg., Nr. 310, 6.11.1883, 2.

> lich die Frage aufgeworfen worden, warum nicht auch diese Kirche festlich geschmückt und für die Besucher derselben kein Festzug veranstaltet worden sei. Es soll auch der Verdacht ausgesprochen worden sein, es möchten diesen Unterlassungen unwürdige Nebenrücksichten zu Grunde gelegen haben.«[112]

Schließlich blitzte der kulturelle Gegensatz zum Katholizismus noch einmal in der Stadtverordnetenversammlung in einer Debatte zur Einweihung des Lutherdenkmals 1885 auf. Der Kopf des *Dresdner Hausbesitzervereins* Gustav Leberecht Hartwig monierte den »dürftigen Ausfall der Enthüllungsfeier« verglichen mit dem »Glanz« und der »Pracht« von Festen der katholischen Kirche. Dieser Vergleich nach Maßstäben bürgerlicher Repräsentationskultur wurde im Gremium unter Verwendung gängiger konfessioneller Stereotypen zurückgewiesen. Oberbürgermeister Stübel konstatierte, die Feier »habe gar nicht durch Glanz und Prunk wirken« sondern »ihr würdigste Einleitung durch die Betheiligung am Gottesdienste« finden sollen. Der Stadtverordnete Paul Osterloh berief sich sogar auf Luther und das Johannesevangelium. Wenn Hartwig »von einer Feier mit Glanz und Schimmer gesprochen habe, so dürfe man nicht vergessen, daß Luther uns gelehrt, im Geist und in der Wahrheit anzubeten, nicht aber in glanzvoller Pracht.«[113]

So sehr man zum Jubiläum 1883 selbst auf äußere Effekte gesetzt hatte, so sehr konnte der Protestantismus zwei Jahre darauf auch als Religion der Innerlichkeit und Wahrhaftigkeit[114] dem Katholizismus entgegengestellt werden. Doch war das Grundproblem der Balance von Verinnerlichung und Veräußerlichung, von Ernst und Volksfeststimmung, von Tiefe und Trivialisierung auch zur Feier des Luthergeburtstages schon virulent. Wie diese Balance in den

112 Dresdner Anzeiger, 154. Jg., Nr. 325, 21.11.1883, 3.

113 Verhandlungen der Stadtverordneten zu Dresden im Jahre 1885, 37. (2213.) öffentliche Sitzung, 3. Dezember 1885, 454, StAD, SV, Lutherfeier [s. Anm. 94]. Diese Äußerung steht wahrscheinlich in Beziehung zu Ernst Julius Meier: Die Predigt des Lutherdenkmals. Predigt am Reformationsfest 1885 vor der Enthüllung des Luther-Denkmals in der Frauenkirche gehalten. Dresden 1885. Meier hatte unter dem Leitgedanken der »Reformationsfeier« als »Enthüllungsfeier« zum Unterschied zwischen katholischer und evangelischer Kirche u.a. ausgeführt: »Wohl, der Vorhang, mit dem Rom das Heiligthum der evangelischen Wahrheit, der Gnade Gottes in Christo verdeckt, besticht Tausende durch den Glanz seiner Bilder, durch all' die sinnenfällige Pracht und die sichtbare Herrlichkeit, mit der die römische Kirche ausgestattet ist, wie eine Königin in rauschendem Glanze einhergehend neben ihrer armen und doch im Herrn so reichen Schwester, unserer Kirche, die als die Kirche des Geistes, als die Kirche der Innerlichkeit in evangelischer Schlichtheit und Einfalt ihren Wandel führt, Ernst machend mit dem Worte: ›Gott ist ein Geist, und die in anbeten, müssen ihn im Geist und in der Wahrheit anbeten.‹« Ebd., 6–8, Schlusszitat Joh. 4,24.

114 Als Überblick zum Protestantismus vgl. Friedrich Wilhelm Graf: Der Protestantismus. Geschichte und Gegenwart. München 2006 (Beck'sche Reihe, 2108).

Reformationsjubiläen durch die Jahrhunderte jeweils hergestellt wurde, gilt es noch genauer zu erforschen. Als systematischer Anhaltspunkt dafür kann die »umfangreiche Begriffsbestimmung« des Jubiläums durch den Dresdner Oberhofprediger Matthias Hoë von Hoënegg von 1630 als »›Denck-, Lob- und Dankfest‹« sowie »als ›Buß-‹ und ›Betfest‹«[115] dienen.

War im ersten Reformationsjubiläum 1617 in Sachsen in Absetzung von katholischen Kirchenfesten auf Elemente der Volksbelustigung gezielt verzichtet worden,[116] so war 1883 die neuartige Entwicklung des Festes in Richtung eines ›Events‹ nicht mehr aufzuhalten. So reisten etwa zu den Lutherfeiern in Wittenberg, Eisleben und Erfurt Tausende als Touristen an, für die u.a. in den Häusern Fensterplätze und Balkone für die optimale Sicht auf den Festzug vermietet wurden.[117] Hinzu kam eine damit verbundene, bei Lutherjubiläen bisher ungekannte, Kommerzialisierung.

In Dresden, wo keine Touristenströme zu erwarten waren, bemühten sich die Inszenierungsträger um die Ernsthaftigkeit der Feier. Das Evangelisch-lutherische Landeskonsistorium versuchte in Zusammenarbeit mit Innenministerium und Polizei meist erfolgreich, Tanzveranstaltungen zu verhindern.[118] Das hatte für Dresden zumindest einen positiven Nebeneffekt. Der »Reichtum an Musik« beim Festzug, wo vor jeder der zwölf Abteilungen ein »stattliche[r] Musikchor« marschierte, wurde nur dadurch möglich, dass hier »alle Tanzveranstaltungen, wie ganz in Ordnung, zum Wegfall gekommen waren.«[119] Oberbürgermeister Stübel betonte im Blick auf diesen Festzug den »Ernst der Feier«[120] und der Ausschuss für das Lutherjubiläum lehnte ein Angebot des *Gewerbevereins* als unangemessen ab, in die städtische Lutherfeier im Gewerbehaussaal ein »Souper« zu integrieren, damit der Wirt keinen Verlust macht.[121] Dagegen entschie-

115 Vgl. FLÜGEL: Konfession [s. Anm. 6], 77.

116 Vgl. FLÜGEL: Konfession [s. Anm. 6], 60f.

117 Vgl. Illustrierte Zeitung, Nr. 2107, 17.11.1883, 444; BAUM: Gewaltig [s. Anm. 3], 135f.; TREU: Lutherfeiern [s. Anm. 3], 45.

118 Vgl. dazu STEINBERG: Jubiläum [s. Anm. 3], 10f. Zum Confessio-Augustana-Jubiläum 1830 waren Tanzveranstaltungen in Sachsen noch die Regel gewesen. Nach der neulutherischen Wende der Landeskirche schienen sie 1883 undenkbar. Einzelne Wirte wurden sogar wegen »Tanzvergnügen am Lutherfeste bestraft«; s. in L.: Die Lutherfeste 1830 und 1883. In: Sächsisches Kirchen- und Schulblatt, Nr. 39, 25.9.1884, 325–328, Zitat 328.

119 Dresdner Nachrichten, 28. Jg., Nr. 316, 12.11.1883, 1.

120 Dresdner Anzeiger, 154. Jg., Nr. 302, 29.10.1883.

121 Vgl. Schreiben Gewerbeverein an Stadtrat vom 9.8.1883 und Sitzungsprotokoll des Festkomitees vom 27.8.1883, StAD, RA, Säcularfeier [s. Anm. 36], fol. 25–28. An und für sich waren Festessen der Bürgerschaft zum Lutherjubiläum nicht ungewöhnlich und fanden 1883 z.B. in Eisleben – hier wurde auch getanzt – und Mühlhausen auch in ausgiebiger Weise statt. Die Ablehnung des Soupers in Dresden könnte aus der zu engen Verknüpfung mit der offiziellen Redeveranstaltung, aber auch

den sich die städtischen Kollegien kurz vor der Feier noch eine »Festspeisung der Armen aller Confessionen und Religionen« ins Programm zu nehmen – auf Kosten der Stadt (2.000 Mark). Die Entscheidung fiel einstimmig bei Enthaltung des Stadtverordneten Lufft, für den die Lutherfeier grundsätzlich »eine innere Angelegenheit der lutherischen Kirche« war.[122] Dieser Umgang mit den Programmpunkt Festessen war nicht der Normalfall. In Eisleben war es z.B. genau entgegengesetzt. Hier gab es ein mehrgängiges Bankett für das Bürgertum, eine früher übliche Armenspeisung ist dagegen in den Quellen nicht mehr erwähnt.[123]

Untrennbar mit der Luthererinnerung waren seit je Devotionalien verbunden, die gegen alle Kritik evangelischer Theologie an der Vergegenständlichung des Glaubens auch 1883 noch eine Rolle spielten. So wurden die »kostbarsten Luther-Reliquien« der Königlichen Sammlungen in musealisierter Form im Pretiosensaal des *Grünen Gewölbes* zum Jubiläum ausgestellt: ein Kristallglas, ein Gold- und ein Silberbecher aus dem Besitz Luthers, zwei seiner Ringe, ein Schwert – angeblich seine Hauswaffe – sowie ein Ring Melanchthons.[124]

In der Metamorphose des Souvenirs erreichten Erinnerungsstücke an die Reformation und den Reformator 1883 eine beachtliche Verbreitung – auch zum Fest in Dresden: »Die improvisierten Händler mit auf Luther bezüglichen Festschriften, Oeldruck und sonstigen Bildern, Medaillen und Denkmünzen machten wie es schien, treffliche Geschäfte. Einen glücklichen Einfall hatte ein Händler, der das Modell einer Lutherkirche herumfuhr, die mit Hunderten von Denkmünzen in Silber, Bronce und Zinnguß behängt war.«[125] Die *Dresdner Nachrichten* werteten dieses Phänomen durchaus positiv: »Die moderne Industrie sorgt dafür, daß eine Erinnerung an das große Fest [...] auch in der ärmsten Hütte vom Vater zum Sohne sich vererben kann.«[126] Und auch das Konsistorium sperrte sich nicht gegen diese Entwicklung, sondern legte eigene Wertmaßstäbe an die Produkte an. Es warb in einer Verordnung für »künstlerisch schön im Rococostyle und aus Meißner Porzellan ausgeführte und reich mit Gold geschmückte Tassen [...], von welchen die Obertasse mit dem Bilde Luthers (nach Lukas Cranach) gezeichnet ist, während die Untertasse links das Geburts- und rechts das Sterbehaus Luthers nebst passender Inschrift enthält« als »würdige Festgabe[n]«.[127] Diffiziler war dagegen der Umgang mit reformati-

mit dem Einfluss neulutherischer Vorstellungen, ähnlich wie beim Tanzverbot, erklärt werden.

122 Verhandlungen der Stadtverordneten zu Dresden im Jahre 1883, 29. (2129.) öffentliche Sitzung, 1.11.1883, 357, StAD, SV, Lutherfeier [s. Anm. 94].

123 Vgl. Treu: Lutherfeiern [s. Anm. 3], 45.

124 Dresdner Nachrichten, 28. Jg., Nr. 314, 10.11.1883, 1f.

125 Dresdner Nachrichten, 28. Jg., Nr. 315, 11.11.1883, 2.

126 Dresdner Nachrichten, 28. Jg., Nr. 310, 6.11.1883, 1.

127 Dresdner Nachrichten, 28. Jg., Nr. 221, 9.8.1883, 1.

onshaltigen Nahrungsmitteln. Die »Martinshörnchen« als »ein in Eisleben, der Heimath unseres großen Reformators ungemein beliebtes Gebäck« konnten die *Dresdner Nachrichten* noch uneingeschränkt als »Delicatesse« empfehlen, zumal der Konditor in einer Eisleber Konditorei gelernt hatte, die »sich im Nachbarhause Dr. Martin Luthers befand« und dieser sich deshalb »berufen fühlte«, den Dresdnern »diese Ware zum Lutherfeste vorzuführen«.[128] Bei Lutherbüsten, Luthermedaillons u.ä. aus Schokolade erhob der *Dresdner Anzeiger* dagegen den »Anspruch« auf eine »gewisse künstlerische Herstellungsweise«, andernfalls sei »gegen die Benutzung von Luthers Bild zu Reklamezwecken« zu protestieren. »Nicht in letztere Kategorie« fielen »die Luther-Reliefs aus Lübecker Marzipan«, die »Hugo Baßler, Pillnitzer Landstraße 74 empfiehlt, da die Ausführung wohl in den meisten Fällen vor deren Zerstörung abhält.«[129] Auch für den Pilger aus Sachsen war die Trivialisierung des Reformators in Form von »Luther-Cigarren, Luther-Chocolade, ja Luther-Wichse« ein »Missbrauch des Namens [...] zur Geschäftsreklame«, der jedoch »ungefährlich«[130] gewesen sei. Es kam also nach Einschätzung der Zeitgenossen immer darauf an, wo das reformationshaltige Produkt zu verorten war. Je stärker es den Charakter eines ästhetischen Erinnerungs- und Vergegenwärtigungsstückes an Luther und die Reformation aufwies, umso eher konnte es auf Beifall hoffen. Je mehr der Reformator aber bloßes Etikett für eine Ware war, desto kritischer die Urteile.

Das massenwirksamste Ereignis der Dresdner Feierlichkeiten war der straff organisierte Festzug zur städtischen Feier auf dem Neumarkt. In diesem Ritual mit über 11.000 Teilnehmern und noch weit mehr Zuschauern präsentierte die Bürgerschaft sich selbst, ihren Öffentlichkeitsanspruch und ihr damit verbundenes Bekenntnis zu Luther und seiner Lehre.[131] Der Weg der Teilnehmer führte vor Aufstellung der Abteilungen auf dem Markt am frei zugänglichen Standbild Luthers unter freiem Himmel vorbei. Der Zug war kein historischer Festzug, sondern ein Zug der »Korporationen«. Dennoch enthielt er eine wichtige historische Reminiszenz: Als erste Korporation marschierte die Buchdruckergenossenschaft. Im historischen Kostüm schritt Johannes Gutenberg mit seinen Gehilfen Peter Schöffer und Johannes Fust, begleitet

---

128 Dresdner Nachrichten, 28. Jg., Nr. 310, 6.11.1883, 2.

129 Fünfte Beilage zum Dresdner Anzeiger, 154. Jg., Nr. 315, 11.11.1883, 23.

130 Der Pilger aus Sachsen, 49. Jg., Nr. 46, 18.11.1883, 366.

131 Das Gedicht, das Stadtverordnetenvorsteher Ackermann auf dem Neumarkt vortrug, trug die Überschrift »Gottes Wort und Luther's Lehr', Sie vergehen nimmermehr.« Die ersten beiden Strophen lauteten: »Gott dem Vater und dem Sohne / Sei beim Fackelschein der Nacht / Von der Stadt auf offnem Markte / Lob und Preis und Dank gebracht // Was wir glauben, was wir hoffen, / Was uns Ruh' und Frieden schafft, / Luther's Lehre bleib' erhalten / Uns in Reinheit und in Kraft.« Dritte Beilage zum Dresdner Anzeiger, 154. Jg., Nr. 316, 12.11.1883, 13.

von 18 mittelalterlich gekleideten Pagen. Das Element einer Prozession kam darin zum Tragen, dass Gutenberg »eine mächtige Bibel aufgeschlagen vor sich her« trug. In dieser Inszenierung flossen Elemente von Reformations- und Buchdruckerjubiläum zusammen. Die *Dresdner Nachrichten* erklärten sie knapp so: »Ohne Gutenberg kein Luther!«[132] Wurde mit der Gestalt Gutenbergs und der Ausbreitung reformatorischer Schriften durch den Buchdruck eine weiter zurückreichende Verbindung von Bürgertum und Reformator hergestellt, so gab es zur Feier auch aktuellere Möglichkeiten der Analogiebildung. Bildungsbürger durften sich etwa durch den Vergleich von Luther und Friedrich Schiller, dessen Geburtstag ebenfalls der 10. November war, angesprochen fühlen. In der eingeführten Interpretationsfigur des Aufstiegs Luthers aus einfachen Verhältnissen hieß es in diesem Blatt: »Beide Männer erhoben sich als schlichte Söhne ihres Volkes zu höchstem Ruhm.«[133] Als weiteres gemeinsames Merkmal wurde ihr »Idealismus« angeführt, dem man »am meisten die höchsten Güter« verdanke: »Freiheit des Glaubens und Freiheit des Gedankens!«[134] Das technikbegeisterte Wirtschaftsbürgertum dürfte sich eher über die Tat eines Möbelfabrikanten gefreut haben, der an seinem Haus anlässlich der Lutherfeier »zwei große Bogenlampen nach Edison's System« anbrachte und damit in Dresden erstmals elektrisches Licht für die Straßenbeleuchtung einsetzte. Die Dresdner Nachrichten kommentierten: »Edison und Luther! Eine sinnreichere Kombination der Erschließer des geistigen und natürlichen Lichtes konnte kaum besser [...] versinnbildlicht werden.«[135]

Solche Deutungen konnten gut nebeneinander existieren. Die Vorrangstellung der Buchdrucker im Zug – die Kosten der Kostüme von Gutenberg, Schöffer und Fust übernahmen die Stadt, die der Pagenkostüme die Buchdrucker – war unter den Teilnehmern unbestritten. Um die weitere Gestaltung gab es allerdings Differenzen. Die Bildungsbürger stritten, auch untereinander, um ihren Rang innerhalb des Festzugs und damit um ihren Platz in der Selbstdarstellung der Kommune. Der Organisator des Zugs, Moritz Heger, berichtete dem Oberbürgermeister nach dem Ereignis von den

> »Verhandlungen mit verschiedenen Corporationen, die nicht immer leicht, manchmal sehr heikler Natur waren. Es sah manchmal in meiner Wohnung aus, wie in Wallensteins Lager. Es giebt eine Menge Ansprüche, ferner Rangstreitigkeiten, die im Interesse des Ganzen möglichst zu begleichen sind. So z.B. verlangten die Akademiker (Polytechnikum, Kunstakademie und Thierarzneischule) a) daß sie einen besonderen Zug formieren könnten b) daß sie Chargierte zu Pferde und c) einen Vierspänner zum Gebrauche ihrer Corpssenioren stellen

132 Dresdner Nachrichten, 28. Jg., Nr. 316, 12.11.1883, 1.
133 Dresdner Nachrichten, 28. Jg., Nr. 314, 10.11.1883, 3.
134 Dresdner Nachrichten, 28. Jg., Nr. 314, 10.11.1883, 3.
135 Dresdner Nachrichten, 28. Jg., Nr. 315, 11.11.1883, 2.

dürften. Unter den Gymnasien war ebenfalls ein Streit wegen der Reihenfolge der höheren Schulen ausgebrochen usw. usf.«[136]

Tatsächlich marschierten Akademiker und Gymnasiasten im Festzug vor den Abteilungen der Kaufleute und Handwerker und den anschließenden Militärvereinen, der *Scheibenschützengesellschaft*, dem *evangelischen Jünglingsverein*, dem *Christlich-sozialen Verein* und den Bürgervereinen.[137] Damit war der Zug aber noch nicht zu Ende. Es folgten in zwei Schlussabteilungen 3.000 Dresdner Fabrikarbeiter, »ansehnliche und kräftige Männergestalten, Veteranen der Arbeit, wie rüstige Jünglinge, elastischen Schrittes marschierend.«[138] Zur Zeit des Sozialistengesetzes waren, damit über ein Viertel der Teilnehmer des Zuges Arbeiter. Auch an der Einweihung des Lutherdenkmals 1885 nahmen Arbeiter in Gestalt der Arbeiterschaft der *Seidel- und Naumannschen Nähmaschinenfabrik* mit eigenem Banner teil.[139] Diese symbolträchtige Integration des Proletariats in die bürgerliche Festinszenierung und die kommunale Festgesellschaft waren angesichts der sich verfestigenden Spaltung zwischen Bürgertum und Arbeiterschaft für die *Dresdner Nachrichten*

»[...] fast der wichtigste Teil der großen Kundgebung. Gar mancher dieser Mitbürger hat wohl schon wiederholt einen sozialdemokratischen Stimmzettel abgegeben – sei es drum! Aber willig und freiwillig ergriffen und trugen sie die Fackeln zu Ehren des großen Gottesstreiters, der auch ihr Befreier vom ärgsten Geistes- und Gewissensdruck gewesen ist und sie bekundeten damit ihre untrennbare Gemeinschaft mit den anderen Volksklassen, ihr unauflösliches Zubehör zur evangelischen Kirche, ihre ernste religiöse Denkart, die aus ihrem Herzen zu reißen die kaltherzig berechnende Agitation der sozialdemokratischen Führer sich bisher vergebens gemüht hat.«[140]

Der Normalfall war die Beteiligung von Fabrikarbeitern an den Festzügen zum Lutherjubiläum 1883 nicht. In den historischen Festzügen in Erfurt und Wittenberg fehlten sie ganz. In Leipzig marschierten nur die Vereine der Buchhandlungsgehilfen, Schriftgießer und Buchdrucker, die als Arbeiteraristokratie und über die Verbindung Reformation – Buchdruck zur Teilnahme prädestiniert waren.[141] Und in Eisleben fand ein separater Zug des *Eislebener Arbeiter-Vereins*, der Organisation der nichtsozialdemokratischen Arbeiter, statt. Diese 300 Ar-

136 Brief von Moritz Heger an Oberbürgermeister Stübel vom 17.11.1883, StAD, RA, Säcularfeier [s. Anm. 36], fol. 181f.

137 Vgl. Ordnung des Festzuges am Abend des 11. November; Erste Beilage zum Dresdner Anzeiger, 154. Jg., Nr. 310, 6.11.1883.

138 Dresdner Nachrichten, 28. Jg., Nr. 316, 12.11.1883, 1.

139 Vgl. Dresdner Nachrichten, 30. Jg., Nr. 305, 1.11.1885, 1.

140 Dresdner Nachrichten, 28. Jg., Nr. 317, 13.11.1883, 1.

141 Vgl. Illustrierte Zeitung, Nr. 2095, 25.8.1883, 155; Nr. 2107, 17.11.1883, 444; Nr. 2108, 24.11.1883.

beiter zogen durch die Straßen, getrennt vom bürgerlichen Festzug mit seinen etwa 1.000 Teilnehmern.[142]

Trotz der Schwierigkeiten bei der Suche nach einem Lutherort, dem latenten Konflikt mit dem Katholizismus und der Gefahr der völligen Trivialisierung des Luthergedenkens – gerade der Festzug mit der Feier auf dem Neumarkt präsentierte Dresden als Stadt protestantischer Bürger. Zum Höhepunkt der kommunalen Lutherfeier gelang trotz aller Konkurrenzen gerade mit der symbolträchtigen Integration der Arbeiterschaft eine Inszenierung protestantischer Dominanz. Wie schwer diese kulturelle Dominanz später erschüttert werden sollte, konnten die Zeitgenossen bestenfalls ahnen.

III Luther der Deutsche. Interpretationen in Reden und Predigten

Was für das ganze Lutherjubiläum 1883 zwölf Jahre nach der Reichsgründung gilt, galt auch für die Interpretation Luthers und der Reformation zur Dresdner Feier: Luther war vor allem der Deutsche und die Reformation das nationale Schlüsselereignis. Im Einzelnen wurden die Verbindungen unterschiedlich konstruiert, je nach Redesituation und Deutungsabsicht der Interpreten. Diesen unterschiedlichen Konstruktionen innerhalb eines gemeinsamen protestantischen Interpretationsrahmens gilt im Folgenden das Interesse. Vorauszuschicken ist nur, dass in den Dresdner Reden und Predigten der Theologe Luther nicht von Luther als Deutschem getrennt wurde. Als Deutscher wie als Theologe wurde der Reformator auch in Beziehung zu den kulturellen Wirkungen der Reformation gesetzt. Es verbietet sich daher hier – wie im Blick auf das ganze Jubiläum – die Theologie gegenüber »Nebenwirkungen«[143] auf anderen Kulturfeldern auszuspielen oder gar »die gewisse Säkularisierung« des »Werkes« von Luther – »denn um die Kultur geht es hier, nicht um Glaube, Kirche oder Frömmigkeit«[144] – zu behaupten.

Die wichtigste Rede des Dresdner Lutherjubiläums im »außerkirchlichen Raume«[145] hielt Wilhelm Roßmann, Vortragender Rat in der Generaldirektion der Königlichen Sammlungen für Kunst und Wissenschaft, bei der Feier des Rates der Stadt im Gewerbehaussaal. Zudem dauerte sie mit fast 1 ¾ Stunden am längsten und war rhetorisch nicht die beste, so dass ihr »zuletzt die Ver-

142 Vgl. Treu: Lutherfeiern [s. Anm. 3], 45.

143 Mohr: Lutherfeiern [s. Anm. 2], 69.

144 Gottfried Maron: 1883–1917–1933–1983: Jubiläen eines Jahrhunderts. In: G. Maron: Die ganze Christenheit auf Erden. Martin Luther und seine ökumenische Bedeutung. Hg. v. Gerhard Müller u. Gottfried Seebass. Göttingen 1993, 188–208, Zitat 190.

145 Wilhelm Rossmann: Luther und die Deutsche Nation. Festrede bei der am 10. November von der Stadt Dresden veranstalteten Luther-Feier. Dresden 1883, 3.

sammlung nur geringe Theilnahme schenkte.«[146] Dem Inhalt nach war sie, dem Anlass, Ort und der Anwesenheit der Spitzen der Stadt, des Konsistoriums und dreier in Evangelicis beauftragter Staatsminister angemessen, die politischste Rede. Roßmann kommentierte in einer Geschichtserzählung vermittels Analogiebildung die aktuelle politische und kulturelle Lage.

Im Zentrum der Rede stand Luther als Schöpfer des modernen Staatsgedankens und dessen Obrigkeitsschrift[147] als »Magna Charta des modernen deutschen Staatslebens.«[148] Luther wurde von Roßmann zugleich als großer Theologe wie als genialer Politiker dargestellt, der mit seiner Hinwendung zu den Fürsten die »aussichtsreichsten Punkte der Krystallisation« für eine neue Staatsbildung »klaren Blickes erkannt«[149] habe. Das »nationale Bewußtsein«[150] Luthers betonend gelangte Roßmann in die Gegenwart, in das »aus dem Grunde des Deutschthums und des Evangeliums geborene [...] Reich«.[151] Den Begriff des ›protestantischen Kaiserreichs‹, der Katholiken provozieren musste, vermied der Staatsbeamte allerdings gezielt. Der zweite ›Reichsfeind‹, die Sozialdemokratie, wurde dagegen durch die Art der Darstellung von Reformationsgeschichte und reformatorischer Theologie immer wieder kritisiert. Gegen anderweitige Behauptungen stellte Roßmann zunächst klar, Luther sei »von Haus aus keine oppositionelle, sondern im Gegentheil eine positive Natur«[152] gewesen. Seine Gegnerschaft zum linken Flügel der Reformation bildete dann das historische Gewand für Roßmanns Zurückweisung der Sozialdemokratie: Der Reformator habe sich in Wittenberg gegen »doctrinäre und radicale Elemente sehr armseliger Natur« gestellt, »wie sie jederzeit bereit sind sich des verneinenden Princips einer positiv gedachten Reform zu bemächtigen«.[153] Während hier auf den Umgang mit Freiheit und vielleicht auch auf die ablehnende Haltung der Sozialdemokratie zur Bismarckschen Sozialgesetzgebung,[154] speziell zur 1883 diskutierten Krankenversicherungspflicht, angespielt wurde, wies das

---

146 Dresdner Nachrichten, 28. Jg., Nr. 316, 12.11.1883, 1.

147 Martin Luther: Von weltlicher Obrigkeit, wieweit man ihr Gehorsam schuldig sei. In: WA 11, 229–281.

148 Rossmann: Luther [s. Anm. 145], 24.

149 Rossmann: Luther [s. Anm. 145], 26.

150 Rossmann: Luther [s. Anm. 145], 18.

151 Rossmann: Luther [s. Anm. 145], 27.

152 Rossmann: Luther [s. Anm. 145], 17.

153 Rossmann: Luther [s. Anm. 145], 28.

154 Vgl. Quellensammlung zur Geschichte der deutschen Sozialpolitik 1867–1914. Hg. v. Hansjoachim Henning u. Florian Tennstedt. I. u. II. Abteilung. Darmstadt 1994ff.; Peter Erli: »Nachtwächterstaat« oder »Praktisches Christenthum«? Religiöse Kommunikation innerhalb der parlamentarischen Diskussion im deutschen Reichstag um die Einführung der Sozialversicherung 1881–1889. Gütersloh 2008 (Religiöse Kulturen der Moderne, 14).

Attribut »anarchistische Bestrebungen«[155] für Theologen wie Andreas Karlstadt, Gabriel Zwilling und die Zwickauer Propheten noch in eine andere Richtung. Kritik am Bürgertum im Blick auf die aktuelle Lage im historischen Gewand war dabei nicht ausgeschlossen. So erklärte Roßmann »die herandrängende sociale Gefahr«[156] im Mittelalter, die sich in Forderungen nach materieller Gleichheit manifestiert hatte, aus der Spaltung zwischen Arm und Reich. Und seine Beschreibung der Situation, in die Luther hineingeboren wurde, trug deutlich die Züge konservativer Kulturkritik: »Socialismus und Skeptizismus berührten sich« in einer »Welt voll Materialismus und Gemüthskälte, voll üppigen Genießens und roher Lüderlichkeit.«[157]

Hätte Roßmann nun diese Art der Analogiebildung auch für das mittelalterliche Papsttum und den zeitgenössischen Katholizismus durchgeführt, wäre seine Rede wohl in einem großen Eklat geendet. Doch wählte der Redner hier geschickt eine andere Denkfigur. Er historisierte die »entartete Kirche«[158] des Jahres 1517 konsequent und setzte die »heutige deutsche katholische Kirche« scharf ab von »jener alten, entarteten und frivol gewordenen Kirche«.[159]

Deren positiven Wandlungsprozess führte er allerdings auf die Wirkungen der Reformation zurück. Es sei offensichtlich, »welche gewaltigen Veränderungen die Reformation durch Beispiel wie durch indirecten Zwang im Laufe der Zeit auch in der deutschen katholischen Welt hervorgebracht hat.« Der Protestantismus blieb die kulturell überlegene nationale Größe, »protestantische Denkweise« die Basis »des gemeinsamen Volkslebens«.[160] Unter dieser Prämisse konnte der Kunstexperte Roßmann schließlich auch der katholischen Kirche ihren gegenwärtigen Platz und ihr Recht als kulturelle Stufe zugestehen: »Ist die protestantische Kirche die Kirche des vollkommenen Mannesalters Jesu Christi, die Kirche der muthigen Begeisterung und der That, so weiß die katholische in den Kleinen, in den Mühseligen und Beladenen durch sinnige Symbole, durch heilige Kunst das tröstliche Gefühl der Gottesnähe lebhafter zu erregen.«[161] Am Schluss der Rede stand eine versöhnliche, ja in den Grenzen der Nation ökumenische Vision, mit deutlichem Anklang an Lessings Ringparabel: »Vertrauen wir der Kraft des nationalen Geistes, daß die Zeit komme, wo zwischen beiden Kirchen nur ein Streit bleibt, derselbe, welcher zwischen den im Reiche geeinten Stämmen geblieben ist und immer bleiben soll: der edle und offene

155 Rossmann: Luther [s. Anm. 145], 29.
156 Rossmann: Luther [s. Anm. 145], 7.
157 Rossmann: Luther [s. Anm. 145], 16.
158 Rossmann: Luther [s. Anm. 145], 16.
159 Rossmann: Luther [s. Anm. 145], 34.
160 Rossmann: Luther [s. Anm. 145], 34.
161 Rossmann: Luther [s. Anm. 145], 34.

Wettstreit, durch die Entfaltung der eigensten Gaben und Kräfte dem Andern zuvorzukommen in der Arbeit für's Ganze.«[162]

Denselben hochoffiziösen Charakter wie die städtische Feier im Gewerbehaussaal hatte der Gottesdienst in der Kreuzkirche am nächsten Morgen. Auch hier waren die gleichen Eliten wie im Gewerbehaussaal zugegen, einschließlich der erwähnten Staatsminister.[163] Es predigte der Dresdner Stadtsuperintendent Gustav Moritz Franz. Den gängigen nationalen Interpretationsrahmen der Person Luthers erweiterte er gleich zu Beginn der Predigt: Luthers Geburt werde »weit über die Grenzen unsers Vaterlandes« gefeiert, auch über die Grenzen der deutschen Sprache hinaus, letztlich »in der ganzen evangelischen Christenheit«.[164] Etwaige Einwände gegen die Feier einer Person als katholische Heiligenverehrung bzw. als Überschätzung der Bedeutung der Einzelperson in der Geschichte wies Franz unter Verweis auf die Größe Luthers, genauer auf das Große, was »Gott durch ihn gethan hat«,[165] zurück. Im Anschluss hätte nun eine große Ehrung von Luthers Person als ›Werkzeug‹ Gottes folgen können. Franz aber sprach als Lutheraner über Luthers Werk und Wirkung auf Grundlage des Bibelspruchs Johannes 7,38: »Wer an mich glaubet, wie die Schrift sagt, von deß Leibe werden Ströme lebendigen Wassers fließen.«[166] Sein erstes Thema waren Evangelium, Bibel, Predigt und Sakramente. Ganz gezielt ging es um das, was Kirche nach der Confessio Augustana ausmacht. Der 11. November 1883, der Tag als Luther »durch die heilige Taufe in den Gnadenbund«[167] aufgenommen wurde, bot Franz die Gelegenheit, neben der Predigt als »Mittelpunkt«[168] des evangelischen Gottesdienstes das Abendmahl als Erinnerung an die »Taufgnade« und »Höhepunkt«[169] des Gottesdienstes zu betonen und in diesem Zusammenhang auch gleich eine Regieanweisung zu geben: »[...] darum wirst du auch geliebte Festgemeinde, gern während der auf die Predigt jetzt folgenden Abendmahlsfeier versammelt bleiben.« Die anschließende Aufforderung zur Beteiligung am Wechselgesang in der Abendmahlsliturgie mit Angabe der Antwort »erheben wir zum Herrn« auf »die Herzen in die Höhe«[170] ist ein Hinweis darauf, dass es um die Abendmahlspraxis der Gottesdienstbesucher wohl nicht so gut bestellt

162 ROSSMANN: Luther [s. Anm. 145], 34.
163 Vgl. Dritte Beilage zum Dresdner Anzeiger, 154. Jg., Nr. 316, Montag den 12. November 1883, 13.
164 FRANZ: Predigt [s. Anm. 7], 3.
165 FRANZ: Predigt [s. Anm. 7], 4.
166 FRANZ: Predigt [s. Anm. 7], 5.
167 FRANZ: Predigt [s. Anm. 7], 3.
168 FRANZ: Predigt [s. Anm. 7], 6.
169 FRANZ: Predigt [s. Anm. 7], 7.
170 FRANZ: Predigt [s. Anm. 7], 8.

war.[171] Mehr als auffällig ist es, dass diese konfessionellen Themen auch bei der abendlichen Feier auf dem Neumarkt im Gedicht, das Gustav Ackermann vortrug, einen prominenten Platz einnahmen. Es hieß dort in den Strophen zwei bis vier:

Was wir glauben, was wir hoffen,
Was uns Ruh' und Frieden schafft,
Luther's Lehre bleib' erhalten
Uns in Reinheit und in Kraft.

Ob sie leugnen und verspotten,
Und ob weithin Haß entbrennt,
Uns eint nach der Väter Glauben
Leib und Blut im Sakrament.

Uns're Bibel, Buch der Bücher,
Hat uns Luther aufgethan,
Und als Waffe uns gegeben
Gegen Irrthum Trug und Wahn.[172]

Letzteres war auch das zweite Thema in der Predigt von Franz. Nach dem Thema ›Kirche‹ ging es um den »Segensstrom der Glaubens- und Gewissensfreiheit«,[173] die »noch heute von Rom verdammt« werde, aber doch »anerkannt bei allen gebildeten Völkern«[174] sei. Damit einher ging die Warnung vor dem Missbrauch der Freiheit zur Zerstörung von Ordnungen, die ihrerseits erst Freiheit ermöglichten – ein Thema, das jeder Sozialphilosophie zugrunde liegt. War es Roßmann im Gewerbehaus um staatliche Ordnungen gegangen, so thematisierte Franz in der Hauptkirche der Stadt kirchliche: »Wenn man sich von heilsamen kirchlichen Ordnungen zu entwöhnen anfängt, dann kömmt die Freiheit selbst in Gefahr.«[175] Konkret folgte die Bitte an die Gemeinde, sich einen Pfarrer als Beichtvater zu

171 Vgl. Franz: Predigt [s. Anm. 7], 7: »O, daß doch diese Jubelfeier dazu beitragen möge, daß viele Glieder der lutherischen Kirche, welche seit langer Zeit nicht zum heiligen Abendmahl gegangen sind, zur Gnadentafel ihres Heilandes wieder kommen.« In seiner Ephorie Dresden-Stadt lag der Jahresdurchschnitt der Kommunikanten 1880 bei 27 Prozent, im Landesdurchschnitt waren es knapp 50 Prozent; vgl. Günther Wartenberg: Zur Entwicklung der Stadt Dresden und ihrer evangelisch-lutherischen Kirchgemeinden in der zweiten Hälfte des 19. Jahrhunderts. In: 7. Kolloquium zur dreibändigen Dresdner Stadtgeschichte 2006, 29.3.2003. Hg. v. der Landeshauptstadt Dresden. Dresden 2004, 8–18, hier 12.

172 Vgl. Dritte Beilage zum Dresdner Anzeiger, 154. Jg., Nr. 316, 12.11.1883, 14.

173 Franz: Predigt [s. Anm. 7], 8.

174 Franz: Predigt [s. Anm. 7], 9.

175 Franz: Predigt [s. Anm. 7], 10.

wählen und den Katechismusunterricht der Jugend zu fördern. Das alles hatte einen sehr konkreten Hintergrund. War Franz doch der Superintendent, der den Beginn der Parochialteilungen der Dresdner Massengemeinden engagiert vorantrieb, um die geistliche Betreuung der Gemeindeglieder wieder angemessen gewährleisten zu können.[176]

Im dritten Teil seiner Predigt richtete Franz schließlich den Blick auf die Kommune, deutlicher als Roßmann im Gewerbehaus, der doch sehr staatstragend geblieben war. Zunächst ging es ihm um reformatorische Säkularisierung im dogmatischen Sinn: die Welt in ihrer Weltlichkeit freizugeben. Er stellte die »Wiedereinsetzung der natürlichen Gottesordnungen«[177] vermittels der »Verlegung des Heiligseins von dem religiösen Gebiet auf das sittliche Gebiet«[178] heraus. In deren Folge hätten sich »Segensströme über den irdischen Beruf, [...] die Ehe und das christliche Haus [...] und über den Staat als eine sittliche Gottesordnung ergossen«.[179] Im Unterschied zur katholischen Kirche mit ihrem »theokratischen Kirchenbegriff«[180] beschränke Luther die Kirche auf das »religiöse Gebiet«. Unter »den Begriff des Christenthums, ›der Christenheit‹, wie Luther mit Vorliebe sagte, fallen alle Gebiete des menschlichen Lebens, aber nicht unter den der Kirche.«[181]

Das Religiöse stellte für Franz die Kraft des Sittlichen dar. Das Bewährungsfeld dieser von religiösen Überzeugungen getragenen Sittlichkeit läge nicht auf kirchlichem Gebiet, sondern im häuslichen Leben, in der Arbeit und in der Verantwortung für die Kommune. Folgerichtig schloss Franz seine Predigt mit einem Appell an die protestantischen Stadtbürger, Luther in ihrer und durch ihre Lebenspraxis zu danken: »Danket ihm durch die Pflege christlich-sittlichen Sinnes in euern Häusern, in der Erziehung eurer Kinder. Danket ihm durch christliche Treue in eurem Berufe und Ausübung desselben nach streng religiös-sittlichen Grundsätzen. Danket ihm durch christliche Bürgertugenden in unserem bürgerlichen Gemeinwesen, in der Gemeinde und im Staate und durch kräftige Abwehr jedes Versuches einer neuen Vermischung von Staat und Kirche.«[182]

---

176 Vgl. WARTENBERG: Entwicklung [s. Anm. 171]; SEBASTIAN KRANICH: Gustav Moritz Franz. In: Biographisch-Bibliographisches Kirchenlexikon. Bd. 30 (2009), 433–441.

177 FRANZ: Predigt [s. Anm. 7], 10.

178 FRANZ: Predigt [s. Anm. 7], 11. Nach Franz sind Frömmigkeit und Sittlichkeit in der Person Jesu deckungsgleich gewesen und werden es erst in der Vollendung des Reichs Gottes wieder sein. Bis dahin hat die religiöse Gemeinschaft das sittliche Handeln in der Welt religiös zu motivieren.

179 FRANZ: Predigt [s. Anm. 7], 12.

180 FRANZ: Predigt [s. Anm. 7], 11.

181 FRANZ: Predigt [s. Anm. 7], 12.

182 FRANZ: Predigt [s. Anm. 7], 12.

Mit einer Ausnahme sind von den vielen weiteren Predigten, die zum Lutherjubiläum 1883 in Dresden gehalten wurden, nur die in der Presse abgedruckten Dispositionen und Grundgedanken erhalten.[183] Die Ausnahme bildet die Predigt Ernst Julius Meiers: *Luther der deutsche Paulus.*[184] Der rhetorisch begabte Superintendent der Ephorie Dresden-Land bot in der Frauenkirche eine Vielzahl von Variationen der Beziehung von Nation und Reformation. Sein Ansatzpunkt war die Untrennbarkeit von Luther, dem »deutschen Mann von Luther dem Christen«. Sei »irgend Einer ein ganzer Mann aus einem Gusse, der sich nicht zerreißen und zerstücken lässt, so ist er es.«[185] Doch irgendwelchen »eitlen nationalen Selbstruhm« aus diesem Grund wies er zurück: »Luther gehört nicht blos einem Volke, er gehört der ganzen Welt an, ist nicht blos eine nationale, sondern eine weltgeschichtliche Gestalt, wie er auch nicht blos einer Confession, sondern der ganzen Christenheit angehört«.[186] Eine besondere Berufung des deutschen Volkes konnte er nur in dessen besonderer Verantwortung für die »Güter des Gnadenwerkes der Reformation« erkennen: Denn »wem viel gegeben ist, von dem wird auch viel gefordert.«[187] Wie Franz erweiterte Meier den nationalen Interpretationsrahmen für Luther, wie Franz bestritt auch er jede Gleichsetzung der Ehrung Luthers mit einer Heiligenverehrung. Doch setzte er den Reformator zugleich geschickt in der Wertigkeit über die Heiligen und rückte ihn in die Nähe der Apostel: »Gott wolle uns in Gnaden bewahren, daß wir im römischen Sinne einen Heiligendienst mit unserem Luther treiben und aus ihm einen Sanct Luther machen wollten, es sei denn in dem Sinne, in welchem wir von Sanct Petrus und Sanct Paulus reden als von heiligen Menschen Gottes und auserwählten Rüstzeugen des Herrn.«[188] Das Bemerkenswerteste an der Festpredigt des Lutheraners Meier, die im Einzelnen hier nicht wiedergegeben werden kann, ist ihre antitriumphalistische Haltung. Meier, der ein guter Kenner der Theologie Luthers war,[189] brachte seinen Hörern Luthers *Theologia crucis* nah, in einer Zeit, in der seelische Abgründe, Ängste und Zweifel im populären Lutherbild noch wenig Platz hatten. Für ihn war der Reformator »der deutsche Theolog im vollsten Sinne des Wortes, den sich Gott zu seinem Dienste insonderheit durch die Hochschule des Kreuzes und der Anfechtung

183 Vgl. Fünfte Beilage zum Dresdner Anzeiger, 154. Jg., Nr. 315, 11.11.1883, 21; Dritte Beilage zum Dresdner Anzeiger, 154. Jg., Nr. 316, 12.11.1883, 13; Dresdner Anzeiger, 154. Jg., Nr. 325, 21.11.1883, 3.

184 Meier: Luther [s. Anm. 7].

185 Meier: Luther [s. Anm. 7], 16.

186 Meier: Luther [s. Anm. 7], 5.

187 Meier: Luther [s. Anm. 7], 5.

188 Meier: Luther [s. Anm. 7], 3.

189 Vgl. Bernhard Kühn: Oberhofprediger Dr. theol. et phil. Ernst Julius Meier. In: Beiträge zur Sächsischen Kirchengeschichte, 12 (1897), 1–55.

hindurch erzogen.«[190] Die »Freude« des Lutherjubiläums sei ein »Kind vieler Schmerzen und Thränen, heißer Kämpfe und Anfechtungen.« Luther habe es »freilich nicht so weit gebracht als Manche, die sich Protestanten nennen und sich stolz rühmen: ›mit unsrer Macht ist's wohl gethan‹; er hat uns singen lehren: ›mit unsrer Macht ist nichts gethan‹.«[191] Sein Glaube sei »nicht etwa nur eine Naturgabe, eine schöne und edle Blüthe des deutschen Geistes [...], sondern eine Gnadengabe, eine Frucht schwerer und saurer Kämpfe«.[192] Neben allen kulturellen Wirkungen der Reformation, die Meier benennt – einschließlich der Spitze gegen die Sozialdemokratie, der »Geist der Reformation« sei »das gründlichste Gegengift gegen den Geist der Revolution«[193] – legt er den Schwerpunkt auf die »deutsche Bibel«, das »deutsche Lied«[194] und den Katechismus. Deren Gebrauch wäre »der schönste Segen der Lutherfeier«.[195]

Diesem Aufruf zur Frömmigkeitspraxis folgt eine Interpretation Luthers als »Vorbild«,[196] in der es von Superlativen nur so wimmelt: Luther ist ein »Mann der That, der rastlosesten, unermüdetsten Thatkraft«, ein »gewaltiger Beter«, der »mit seinem Gebete Wunder thut«, ein »Riesenarbeiter«, ein »Mann von Stahl und Eisen«, eine »deutsche Eiche«, ein »Kind an rührender Demuth«,[197] voll »selbstloser Liebe, herzlichsten Erbarmens« und »tiefften Ernstes«[198] usw. Ob sich die Hörer mit dem anschließenden Appell »Luthers Nachfolger« zu »sein in Gesinnung und Wandel«[199] wohl etwas erschlagen und überfordert fühlten? Analytisch bleibt zu einem solchen ›Über-Luther‹ mit Hartmut Lehmann festzuhalten: »Hinter dem ordnungs- und kulturliebenden, glaubensstarken deutschen Luther von 1883 tauchen eine Reihe von [...] Lebensformen der späten Bismarckära auf, die durch den Hinweis auf Luther verdrängt, deren Fehlverhalten durch Luthers Vermächtnis kompensiert, deren Versagen durch Luthers Vorbild korrigiert werden soll.«[200]

Nachdem Luther als Vorbild fast in den Rang des *usus elenchticus legis*, des überführenden und anklagenden Gesetzes, eingerückt worden war, ermuntert Meier die Gemeinde im dritten Teil der Predigt, sich »von ihm mahnen und warnen«[201] zu lassen. Überraschend ist hier der dem Predigtthema geschul-

190 MEIER: Luther [s. Anm. 7], 6.
191 Beide Zitate: MEIER: Luther [s. Anm. 7], 7.
192 MEIER: Luther [s. Anm. 7], 8.
193 MEIER: Luther [s. Anm. 7], 9.
194 MEIER: Luther [s. Anm. 7], 11.
195 MEIER: Luther [s. Anm. 7], 12.
196 MEIER: Luther [s. Anm. 7], 12.
197 MEIER: Luther [s. Anm. 7], 14.
198 MEIER: Luther [s. Anm. 7], 15.
199 MEIER: Luther [s. Anm. 7], 16.
200 LEHMANN: Lutherjubiläum [s. Anm. 2], 125.
201 MEIER: Luther [s. Anm. 7], 5.

dete Anfangsvergleich von Luther und Paulus als »Patrioten«, die eine »heilige Vaterlandsliebe«[202] hegten. Wie Paulus gegenüber Israel so habe auch »Luther die Sünden seines deutschen Volkes mit unerhörtem Freimuth, mit einem heiligen Zorne gestraft, aus dem doch das herzliche Erbarmen mit der Seele unseres Volkes geredet hat.«[203] Die rhetorische Figur – Was würde Luther heute sagen? – eröffnet dem Prediger dann die Möglichkeit zu konservativer Zeitkritik. Ihre gelungenste Formulierung findet sich bezüglich der Hoffnung auf eine neue »Glaubensbegeisterung in unserem Volke [...], das in vielen Stücken stark sein mag, aber am wenigsten im Glauben, das so viel vernünftelt und darum so viel verzweifelt, so viel Weltschmerz hat und so wenig göttliche Traurigkeit, so viel kritisiert und so wenig betet, so viel in den Blättern der Zeit liest und so wenig im Buche des Lebens.«[204] Abschließend sprach Meier wie Franz die Hörer ebenfalls direkt an, allerdings mit Begriffen, wie »christlicher Adel« und »Kriegsleute«,[205] die Schriften Luthers entlehnt waren. Auch lief der Predigtschluss nicht so klar auf das Bürgertum hinaus, wie im repräsentativen Festgottesdienst in der Hauptkirche der Stadt.

Je nach Vergleichsmaßstab zeigen die Rede und die zwei Predigten unterschiedliche Schnittmengen. Luthers Theologie, seine Person, sein Werk und seine Wirkung kommen überall vor. Die Theologie am stärksten in den Predigten, was nicht überrascht, hier aber in ganz unterschiedlichen Akzentsetzungen. Luther als Person, oder besser als Ideal, ist am stärksten in der Predigt Meiers geschildert, weniger in der Rede Roßmanns und steht eher am Rande in der Predigt von Franz. Dient Roßmann Luthers Werk vor allem zur Legitimation des Staates, zielt Meier massiv auf Buße und Erschütterung von Selbstgewissheit. Am konkretesten wird Franz mit seinen praktischen und praktikablen Aufforderungen. Und was Luther, den Deutschen angeht, bleibt zu konstatieren: Er kann im Mittelpunkt stehen wie bei Roßmann und Meier, kann aber auch im Hintergrund bleiben, wie bei Franz. Die jeweilige konkrete Füllung der Formel ist ohnehin hochvariabel.

Die Reden in den Bildungseinrichtungen, die am Vormittag des 10. November gehalten wurden, seien in diesem Zusammenhang wenigstens noch erwähnt. Am Königlichen Polytechnikum sprach Paulus Arnold Gaedecke, der hier einen Lehrstuhl für Geschichte innehatte, und sagte voraus, »daß der Luther der Geschichte«, den die Wissenschaft zu erforschen beginne, »größer und imposanter« sein werde »als jener der Legende«.[206] Darüber hinaus gibt der Zeitungsbericht u.a. Aussagen zu Luthers Psyche wieder, zu dessen »dä-

202 Meier: Luther [s. Anm. 7], 17.
203 Meier: Luther [s. Anm. 7], 18.
204 Meier: Luther [s. Anm. 7], 19.
205 Meier: Luther [s. Anm. 7], 19.
206 Fünfte Beilage zum Dresdner Anzeiger, 154. Jg., Nr. 315, 11.11.1883, 21.

monischer und zugleich kindlich gutartiger Natur«,[207] die mit »ihren Tugenden und Schwächen« verallgemeinert werden als »Verkörperung des deutschen Volkscharakters«.[208]

Von Gaedeckes Vorgänger Otto Kaemmel, der am Polytechnikum noch als Privatdozent gelehrt hatte, stammt eine von zwei gedruckten Schulreden.[209] Als Konrektor des königlichen Gymnasiums zu Dresden-Neustadt beschäftigte er sich mit der Frage: »Was verdankt das deutsche Volk seinem Martin Luther?«[210] Im Mittelpunkt stand zunächst ein völkisch gewendeter ›deutscher Paulus‹. Luther habe, so Kaemmels These, »das deutsche Volk zu der dem germanischen Geiste entsprechenden Form des Christentums«[211] geführt. Das damit verbundene Problem der nationalen Festlegung Luthers, die seinen Transfer als Symbol des Protestantismus in andere Nationen verhindert, fing er so auf: »Wo der Protestantismus sein Banner entfaltet, da kommt jedes Volkstum zu seinem Rechte, und in allen Zungen der Erde klingt heute der Ruf des Heilandes, wie ihn Thorwaldsens herrliches Standbild darstellt, das echt protestantische Christusideal: ›Kommt her zu mir alle, die ihr mühselig und beladen seid, ich will euch erquicken!‹«[212] Im zweiten Teil ging es, wie für Schulreden nicht anders zu erwarten, schwerpunktmäßig um Bildung. Dieses Thema stand auch im Mittelpunkt der anderen überlieferten Schulrede, gehalten von Oberlehrer Friedrich Grundt in der Kreuzschule.[213] In ihr wurde Luthers Sprachverständnis anhand seiner Bibelübersetzung traktiert. Etwas kryptisch blieb eine Formulierung am Schluss: »In Luthers Person und Werk hat das deutsche Volk, welchem die eigentliche Weltmission des Christentums anvertraut worden ist, den reinsten und vollkommensten Ausdruck seines Glaubens und Lebens gefunden, darum liegen in lutherischem Glauben und Leben die starken Wurzeln unserer

207 Fünfte Beilage zum Dresdner Anzeiger, 154. Jg., Nr. 315, 11.11.1883, 22.

208 Fünfte Beilage zum Dresdner Anzeiger, 154. Jg., Nr. 315, 11.11.1883, 21.

209 Knappe Angaben zu weiteren Reden in Dresdner Schulen vgl. Fünfte Beilage zum Dresdner Anzeiger, 154. Jg., Nr. 315, 11.11.1883, 22; Dresdner Nachrichten, 28. Jg., Nr. 315, 11.11.1883, 2.

210 Otto Kaemmel: Was verdankt das deutsche Volk seinem Martin Luther? Festrede in der Aula des königlichen Gymnasiums zu Dresden-Neustadt am 10. November 1883. Dresden 1883.

211 Kaemmel: Festrede [s. Anm. 210], 4.

212 Kaemmel: Festrede [s. Anm. 210], 9. Die von Berthel Thorvaldsen für die Kathedrale in Kopenhagen geschaffenen Großplastiken von Christus und den 12 Aposteln hatten Vorbildcharakter für die religiöse Kunst des 19. Jahrhunderts. Der Christusfigur konnte man schließlich »in verkleinerter Wiederholung in jedem Pfarrhaus begegnen«. Carl Neumann: Art. »Christliche Kunst, Wesen und Geschichte.« RGG[1] 3, 1850–1865, Zitat 1864.

213 Vgl. Friedrich Grundt: Rede zur vierhundertjährigen Jubelfeier des Geburtstages Dr. Martin Luthers, gehalten in der Aula der Kreuzschule zu Dresden am 10. November 1883 Vorm. 9 Uhr. Dresden 1883.

Kraft.«[214] Diese Formulierung kann exemplarisch genommen werden für die Schwierigkeiten, die entstehen konnten, wenn man den ›deutschen Luther‹ mit der ›ganzen Welt‹ in hegemonialer Absicht vermitteln wollte.

IV Lutherkirche und Lutherdenkmal als sichtbare Erinnerungszeichen

Die Zeugnisse des Dresdner Lutherjubiläums sind verwahrt in Bibliotheken und Archiven. Auch die Reformationskantate des Kreuzkantors Friedrich Oskar Wehrmann nach einem Text von Franz Knauth, die am 10. November 1883 in einer musikalischen Vesper in der Kreuzkirche erstmals aufgeführt[215] und als Klavierauszug gedruckt wurde,[216] ist heute nicht mehr zu hören. Vor aller Augen aber stehen bis heute als bleibende Inszenierungszeichen des Jubiläums die Martin-Luther-Kirche in Dresden-Neustadt und das Lutherdenkmal vor der Frauenkirche.

Der Grundstein zur Martin-Luther-Kirche wurde am 12. November 1883 gelegt.[217] Das Anwachsen der Bevölkerung in diesem Stadtteil hatte eine neue Kirche ohnehin schon länger nötig gemacht.[218] Das Jubiläum bot dann die Gelegenheit der Benennung mit dem Namen des Reformators. Auch der anliegende Platz und die angrenzende Straße erhielten den Namen ›Martin Luther‹. Die äußere neuromanische Baugestalt der Kirche lässt keinen Bezug zu Luther erkennen. Ihr Name war, wie eingangs erwähnt, aufgrund der möglichen Analogie zur Benennung von katholischen Kirchen nach Heiligen und wegen seiner erinnernden Funktion an das Lutherjubiläum 1883 umstritten. Der Superintendent von Dippoldiswalde, Hermann Opitz, meinte in einem gedruckten Schreiben an den Kirchenvorstand der Lutherkirche:

> »Für die Benennung ›Lutherkirche‹ wird auf das Lutherfest im Jahre 1883 zurückgewiesen. Es ist aber nicht überall im rechten Sinn und mit bleibender Frucht gefeiert worden. Dem Subjektivismus und der Begriffsverwirrung, welche bei dem Lutherfest zu Tage getreten ist, darf durch die Benennung ›Lutherkirche‹ nicht Vorschub geleistet werden. Wer will es dann verhindern, daß Huß-, Wiklef-, Calvin- und andere Kirchen erstehen. So wird der Kirchenstreit den Kirchen an

214 Grundt: Rede [s. Anm. 213], 23.

215 Berichte zur Aufführung in: Dresdner Nachrichten, 28. Jg., Nr. 315, 11.11.1883, 3; Fünfte Beilage zum Dresdner Anzeiger, 154. Jg., Nr. 315, 11.11.1883, 21.

216 Reformations-Kantate von Franz Knauth, zum ersten Male aufgeführt zur IV. Säcularfeier des Geburtstages Dr. Martin Luther's am 10. November 1883 in der Kreuzkirche zu Dresden für Chor, Soli und Orchester komponiert und Sr. Excellenz dem Königlichen Sächsischen Staatsminister Herrn Dr. von Gerber in größter Ehrerbietung zugeeignet von Friedrich Oskar Wehrmann, Op. 35. Leipzig 1884.

217 Vgl. Dresdner Nachrichten, 28. Jg., Nr. 317, 13.11.1883, 1f.; Dresdner Anzeiger, 154. Jg., Nr. 317, 13.11.1883, 15.

218 Eine Kirche an dieser Stelle war schon seit 1859/60 im Gespräch gewesen; vgl. Dresdner Nachrichten, 28. Jg., Nr. 317, 13.11.1883, 1.

die Stirn geschrieben, in welchen wir zusammenkommen, Gott im Geist und in der Wahrheit anzubeten.«[219]

Für Opitz war diese Benennung also mit dem Sichtbarmachen der pluralistischen Verfassung des Protestantismus verbunden. Er machte deutlich, dass Identifikation mit Luther nicht notwendig Integration über Luther bedeuten musste. Dieses beachtliche Argument fand allerdings kein großes Echo. Wichtiger blieb die Zurückweisung der Analogie zur Heiligenverehrung. Der Name der neuen Kirche wurde zur Einweihung am 10. November 1887 von Stadtsuperintendent Franz Dibelius in der Weiherede geschichtlich und theologisch mit der einzigen Predigt Luthers am 25. Juli 1517 in Dresden legitimiert: »[...] daran erinnere ihr Name Martin-Luther-Kirche: Es soll hier Gottes Wort verkündigt werden, so wie es Luther einst in unserer Stadt verkündigt hat, in die Tiefe der Herzen dringend, neues Leben weckend, Seligkeit bringend.«[220] Der Pfarrer der Kirche, Paul Sturm, begründete das Recht der Namensgebung, wie im Luthertum üblich, mit Werk und Glauben des Reformators. Am Rande kam aber auch das protestantische Bürgertum ins Spiel. Den einzigen baulichen Verweis auf Luther in der Kirche hatten schließlich die Volksschullehrer der Parochie gestiftet: Ein Luthermedaillon im Altarraum, geschaffen von Gustav Kietz. Im Blick auf die »werthvolle Gabe unserer Lehrer«[221] und seinen Predigttext[222] kam Sturm auf die im »Gegensatz zu dem unevangelischen römischen Wesen« stehende »Pflege des allgemeinen Priesterthums«[223] zu sprechen.

Bei der Errichtung der Martin-Luther-Kirche stand die Erinnerung, das Gedenken an den Reformator von der Grundsteinlegung bis zur Einweihung im Mittelpunkt. Diese Kirche und andere Lutherkirchen deshalb glattweg als »Luther-Denkmalskirchen«[224] zu klassifizieren erscheint dennoch schwierig. Denn es ist kein spezifischer architektonischer Typus von Lutherkirchen auszumachen und auch ihre Funktion war nicht in erster Linie die eines Denkmals, sondern des ganz normalen gottesdienstlichen Gebrauchs. In diesem Zusammenhang ist es auch interessant, dass Franz Dibelius in seiner Weiherede zwar viel vom Gedenken an Luther sprach, aber von einem Denkmal nichts wissen

219 Sächsisches Kirchen- und Schulblatt Nr. 45, 13.11.1885, 385–386.

220 Franz Wilhelm Dibelius: Weiherede. In: Einweihung der Martin-Luther-Kirche zu Dresden-Antonstadt am 10. November 1887. Dresden 1888, 3–8, hier 5.

221 Paul Sturm: Predigt. In: Einweihung [s. Anm. 220], 9–17, hier 11.

222 1Petr 2,5: »Auch ihr, als die lebendigen Steine, bauet euch zum geistlichen Hause und zum heiligen Priesterthum, zu opfern geistliche Opfer, die Gott angenehm sind durch Jesum Christum.« Sturm: Predigt [s. Anm. 221], 11.

223 Sturm: Predigt [s. Anm. 221], 11.

224 Jutta Schuchard: Luther auf dem Postament. Gedanken und Überlegungen zu Lutherdenkmälern. In: Bibelbuch. [s. Anm. 3], 73–88, hier 75. Ein Einfluss des im 19. Jahrhundert entstandenen Typus der Denkmalskirche auf das Phänomen der Lutherkirchen ist gleichwohl wahrscheinlich.

wollte: »Nicht daß wir einem Menschen diese Stätte weihten, sie wird allein dem dreieinigen Gott geweiht. Nicht, daß wir einen Heiligen verehrten, wir halten daran fest: ›Es ist in keinem Andern Heil denn in Jesu Christo allein!‹ Nicht einmal, daß wir der Person Luthers ein Denkmal stiften wollten: das hat schon drüben auf dem Neumarkt seinen Platz.«[225]

Seit der Enthüllung am Reformationstag 1885 stand das Lutherdenkmal dort. Die Bedeutung, die ihm beigemessen wurde, war allerdings vielschichtiger als die Formulierung von Dibelius es nahe legt. Schon im Aufruf zur Errichtung finden sich drei Hinsichten der Ehrung. Es sollte errichtet werden zu Ehren Luthers, zu Ehren der Stadt und zu Ehren seines Schöpfers, des Bildhauers Ernst Rietschel. Nur auf den ersten Blick ist es eine einfache Kopie der Hauptfigur des Wormser Reformationsdenkmals. Seine Entstehung jedoch war begleitet von einem Streit um den Kopf der Statue.[226] Als im Juli 1883 bekannt wurde, dass in Worms eine vom Rietschelschüler Adolf Donndorf gefertigte Überarbeitung des von Ernst Rietschel geschaffenen Lutherkopfes die Statue zierte und zugleich eine bald als ›echter Lutherkopf‹ titulierte frühere Fassung des Kopfes von Ernst Rietschel auftauchte, gab es einen Schlagabtausch in der Presse, der einiges vom Geist der Zeit erkennen lässt. Der künstlerische Unterschied zwischen den beiden Köpfen war folgender: Donndorf hatte die Gesichtszüge Luthers stärker herausgearbeitet. Sie wiesen deutlich in Richtung einer neobarock-pathetisch-wilhelminischen Denkmalsauffassung. Der Kopf von Rietschel war im Ausdruck dagegen, bei allen Anklängen an diese neue Auffassung, doch klassizistisch-ethisch-historistisch gehalten.

Doch war der Streit um Kunst zugleich eine Auseinandersetzung um verschiedene Lutherbilder und damit letztlich um die Verfassung von Kommune und Nation. Der Kopf Donndorfs wurde als Darstellung eines antikatholischen ›Fanatikers‹ gebrandmarkt. Die *Preußischen Jahrbücher* schrieben 1885 im Rückblick auf den Streit: »Ja, das schien der fanatische, sinnliche Luther zu sein, den die Katholiken uns vorwerfen, nicht der edle Glaubensheld, den das protestantische Bewußtsein verehrt.«[227] Die Rietschelsche Fassung der Statue wurde dagegen von Anbeginn hoch gelobt. So schrieb der einflussreiche Bildhauer Johannes Schilling in einem Gutachten: »[...] sie läßt seine [Luthers – Anm. d. Verf.] hohen Ziele ahnen. Das ist der gottselige Ausdruck freudiger Überzeugungstreue, welche Luther kennzeichnet. [...] die Statue, wie sie jetzt

225 Dibelius: Weiherede [s. Anm. 220], 4.

226 Vgl. dazu ausführlich Sebastian Kranich: Die Nation im Lutherdenkmal vor der Dresdner Frauenkirche. Ein Streit um Luthers Kopf. In: Reichsgründung 1871. Ereignis – Beschreibung – Inszenierung. Hg. v. Michael Fischer [u.a.]. Münster [u.a.] 2010, 139–163.

227 Gustav Buchholz: Das Dresdner Lutherdenkmal und der Streit um den ächten Lutherkopf Rietschels. In: Preußische Jahrbücher, 56 (1885), 589–596, hier 594.

dasteht, [...] das ist Luther!«[228] Und in einem Brief des Oberbürgermeisters Stübel hieß es unter Verwendung dieses Gutachtens Ende 1883: »[...], daß die Stadt Dresden nach ihren kirchlichen Traditionen durchaus keinen besonderen Beruf dazu hat, in Luther gerade vorzugsweise den religiösen Eiferer und Streiter, anstatt des edlen gottbegnadeten Sehers und Glaubenshelden zu ehren und in dem hier aufzurichtenden Denkmal darzustellen.«[229]

Im Kern ging es hier um das gleiche Problem, wie es in der Kritik des Superintendenten Opitz an der Benennung ›Lutherkirche‹ zu Sprache kam. Luther sollte einigen, nicht trennen. Er sollte integrieren, die Protestanten untereinander sowie die Bürger der Stadt und die Nation, zwar unter protestantischem Vorzeichen, aber doch zu erträglichen Bedingungen für die Katholiken. Doch konnte Luther das 1883 leisten?

In seiner *Predigt des Lutherdenkmals,*[230] gehalten vor dessen Einweihung, ließ Ernst Julius Meier Luther in Dresden einziehen wie 1517 und die Statue, den »Mann von Stahl und Eisen« sprechen: »Halte, was du hast, lutherische Gemeinde, lutherische Stadt, daß dir Niemand deine Krone nehme, und daß du, theure Stadt Dresden, seist und bleibest eine echt evangelische Stadt, wie eine Stadt edler Bildung, wie eine Stadt der Kunst und Wissenschaft, auch eine Stadt des Glaubens, eine Herberge Gottes, wie man einst Magdeburg in den Tagen der Reformation nannte, eine Stadt auf dem Berge, die da leuchtet vor den Städten des Landes, auf der die verklärten Blicke unseres Luther mit Freuden ruhen, über der er im Geiste rufen könne: ›dies ist die Stadt, an der ich Wohlgefallen habe.‹«[231] In dieser Stadt sollte durchaus »Platz für die ›katholischen Mitchristen‹« sein. Mit ihnen sollte man »nach der guten Gewohnheit unseres Landes und unserer Stadt in herzlicher Eintracht und gutem Frieden leben.« Sonst aber hieß es für Meier: »Rom oder Evangelium – ein drittes giebt es nicht.«[232]

Dresden als protestantische, ja durchaus auch als lutherische Stadt zu behaupten: Das war die Absicht der gesamten Inszenierung des Lutherjubiläums 1883 und seiner bleibenden Inszenierungszeichen im Stadtraum. Das lokale Spannungsverhältnis zu katholischer Kirche wie katholischem Hof und die innenpolitische Lage des Deutschen Reichs am Ende des Kulturkampfs und zur Zeit des Sozialistengesetzes blieben dabei immer präsent. Zugleich waren die Interessenkonflikte innerhalb des protestantischen Bürgertums permanent vorhanden.

---

228 Schreiben von Johannes Schilling an Oberbürgermeister Stübel vom 30.11.1883, StAD, RA, Lutherdenkmal [s. Anm. 45], fol. 6f.

229 Schreiben von Oberbürgermeister Stübel an Hermann Rietschel vom 10.12.1883, StAD, RA, Lutherdenkmal [s. Anm. 45], fol. 8–10.

230 Meier: Enthüllung [s. Anm. 113].

231 Meier: Enthüllung [s. Anm. 113], 4f.

232 Meier: Enthüllung [s. Anm. 113], 16.

Und doch wurde das Lutherjubiläum 1883 von diesem protestantischen Bürgertum groß zelebriert, innerhalb einer ›saturierten Nation‹, deren Leitfigur für Stabilität, inneren und äußeren Frieden Martin Luther sein sollte. Unmittelbar bevor die Hülle des Lutherdenkmals vor der Frauenkirche fiel, beendete der Stadtrat und spätere sächsische Finanzminister Wilhelm Rüger seine Rede mit den Sätzen: »Nicht um des Kampfes, sondern um des Friedens willen kämpfte Luther der Held, und wie es seinem starken Willen gelang, den Frieden zu erhalten, so lange er am Leben war, so möge auch dieser Stadt der Friede gewahrt bleiben, länger und dauernder noch, als das Erz, aus welchem sein Bild geformt ist. Das walte Gott!«[233]

Mit der Zerstörung Dresdens am 13. Februar 1945 sollte es anders kommen. Das Lutherdenkmal lag vom Sockel gestürzt vor der zerstörten Frauenkirche, nachdem in den Reformationsjubiläen 1917 und 1933 aggressivere, nationalistischere und schließlich auch einseitig antisemitisch entstellte Lutherbilder populär geworden waren. Verschont blieb die Martin-Luther-Kirche Dresden-Neustadt, die als »einzige evangelische Kirche im ursprünglichen Stadtgebiet« – abgesehen vom Wiederaufbau der Frauenkirche – »seit ihrem Bestehen ihre äußere und innere Gestalt im wesentlichen bewahrt hat.«[234]

---

233 Dresdner Anzeiger, 156. Jg., Nr. 304, 31.10.1885, 3.

234 Hartmut Mai: Die Martin-Luther-Kirche. In: 1887–1987. Martin-Luther-Kirche Dresden-Neustadt. Hg. v. Kirchenvorstand der Martin-Luther-Gemeinde zu Dresden Neustadt. Dresden 1987, 3–15, hier 6f.

Martin Luther als evangelischer Schutzheiliger

Die Reformationsfeiern an der Universität Halle-Wittenberg 1927–1941

Teil 1: Die Feiern

Silvio Reichelt

Zwischen 1927 und 1941[1] fand an der Universität Halle-Wittenberg jährlich eine Reformationsfeier statt, in deren Zentrum eine Festrede stand. Die Initiative hierzu ging von der Theologischen Fakultät aus, die sich in besonderer Weise um die Pflege des reformatorischen Erbes bemühte und in der Feier eine Möglichkeit sah, das Profil der Fakultät sowie der gesamten Universität zu schärfen. Die Hallesche Alma Mater hatte bereits im 19. Jahrhundert ihre führende Stellung in Preußen verloren und war zu einer mittleren Provinzuniversität herabgesunken.[2] So konzedierte der Rektor in seiner Festrede zum Universitätsjubiläum 1894, Halle sei nach der Gründung der Berliner Universität ins zweite Glied zurückgetreten, hob aber hervor, dass der Anschluss Wittenbergs durch einen Zuwachs an Lehrkräften und Tradition zumindest einen gewissen Ausgleich geschaffen hätte.[3]

Tatsächlich hatte gerade die Theologische Fakultät als Bewahrerin der Lehrstühle Martin Luthers und Philipp Melanchthons ihre Position bewahren und festigen können und stand noch 1930 hinsichtlich der Einschreibungen im Reich an dritter Stelle.[4] Insbesondere auf dem Gebiet der Lutherforschung und Reformationserinnerung kamen wichtige Impulse immer wieder aus Halle: Der hallesche Lutherforscher Julius Köstlin war Mitbegründer und zeitweiliger Vorsitzender des *Vereins für Reformationsgeschichte* und beteiligte sich an der Initiative zur Einsetzung einer Kommission zur Herausgabe von Luthers Werken.[5] Sein Kollege Willibald Beyschlag war einer der Gründer des *Evange-*

---

1 1939 musste die Feier wegen der kriegsbedingten Schließung der Universität ausfallen. Der Vorlesungsbetrieb wurde zwar offiziell am 15. Oktober 1939 wieder aufgenommen, aber die Rückkehr zur Normalität dauerte erheblich länger.

2 Vgl. Heinz Kathe: Halle – Eine mittlere Universität der Provinz? In: Martin-Luther-Universität. Von der Gründung bis zur Neugestaltung nach zwei Diktaturen. Hg. v. Gunnar Berg u. Hans-Hermann Hartwich. Opladen 1994, 57–79.

3 Vgl. Willibald Beyschlag: Des 200jährigen Jubiläums der Universität Halle Wittenberg Festbericht. Halle 1895.

4 Nach Tübingen und Leipzig; vgl. Christian Stephan: Die stumme Fakultät. Biographische Beiträge zur Geschichte der Theologischen Fakultät der Universität Halle. Doessel 2005, 164.

5 Vgl. Ernst Wolf: Hallische Lutherforschung (Köstlin, Kattenbusch, Loofs). In: 250 Jahre Universität Halle. Streifzüge durch ihre Geschichte, Forschung und Lehre. Hg. v. Johannes Weigelt. Halle 1944.

lischen Bundes; die politische Interessenvertretung des Protestantismus hatte bis 1912 ihren Sitz an der Saale. Im frühen 20. Jahrhundert hielten Friedrich Loofs, Ferdinand Kattenbusch und Johannes Ficker das Ansehen Halles in der historischen Theologie und Lutherforschung hoch.[6]

Über den Rahmen der Theologie hinaus nutzte die Doppeluniversität Halle-Wittenberg die Bekanntheit der älteren Schwester immer wieder geschickt, um das eigene Ansehen national und international aufzuwerten. So hat beispielsweise einer der vier Festtage des Universitätsjubiläums 1894 in Wittenberg stattgefunden, obwohl dieses Jubiläum ein dezidiert Hallesches war. Als Begründung diente das Interesse vieler ausländischer Besucher, die ihre Teilnahme an den Feierlichkeiten mit einem Besuch der Lutherstätten verbinden wollten.[7] Die Jubiläumsfeiern konnten jedoch nicht über den Niedergang der Universität hinwegtäuschen. Was im 19. Jahrhundert als schleichender Abstieg begonnen hatte, beschleunigte sich nach dem Ende des Kaiserreichs zu einer rasanten Talfahrt. In den 20er und 30er Jahren stand die Universität wiederholt zur Disposition. Beweggründe für eine mögliche Schließung einzelner Fakultäten oder sogar des gesamten Standortes waren Sparanstrengungen aufgrund der Wirtschaftskrise,[8] der überdurchschnittliche Rückgang der Immatrikulationen sowie Erwägungen im Dritten Reich, die Universität in die historischen deutschen Ostgebiete[9] zu verlegen. In Preußen geriet eine Bindestrich-Universität dabei schneller ins Visier als Berlin oder etwa Göttingen, zumal Halle unter der Sogwirkung Leipzigs stand.[10] Wäre eine halbe Stunde östlich Leipzig nicht sächsisch und zwei Stunden südlich Jena nicht thüringisch und damit für preußische Stellenanwärter uninteressant, so gäbe es wohl keine Universität Halle mehr, schrieb die *Vossische Zeitung* in einem Universitätsportrait im Dezember 1932.[11]

In der Stunde der Not besann sich der Lehrkörper auf den ›evangelischen Schutzheiligen‹ der Universität. Martin Luther wurde zum Namenspatron und Retter der Halleschen Alma Mater erklärt. Anhand der zwischen 1927 und 1941 jährlich stattgefundenen Reformationsfeiern und -reden soll die Instru-

---

6 Vgl. Stephan: Stumme Fakultät [s. Anm. 4].

7 Vgl. Beyschlag: Festbericht [s. Anm. 3].

8 Vgl. Elke Stolze: Die Martin-Luther-Universität während der Herrschaft des Faschismus. [Diss. masch.] Halle 1982, 28; Helmut Heiber: Universitäten unterm Hakenkreuz. Teil 1. München 1991, 92.

9 1938 wurde die Verlegung nach Eger im Sudetenland, 1940 nach Posen erwogen; vgl. Walter Zöllner: Die Universität Halle am Ende der Weimarer Demokratie und unter besonderer Berücksichtigung der Geschichtswissenschaft. In: Martin-Luther-Universität [s. Anm. 2], 80–96, hier 89f.

10 Vgl. Heiber: Universitäten [s. Anm. 8], 92.

11 In der Serie »Bilder deutscher Universitäten«, Teil 3, Vossische Zeitung, 03. 12.1932.

mentalisierung der Eigengeschichte[12] zum Zweck der Bestandserhaltung in folgender Arbeit analysiert werden. Das Bemühen um das Erbe der Reformation kulminierte in der Verleihung des Namens *Martin-Luther-Universität* im Jahr 1933 und begründet letztlich die Relevanz der Beschäftigung mit dem Forschungsgegenstand. Unter Einbeziehung bisher nicht beachteter Dokumente aus dem Universitätsarchiv Halle, insbesondere zum Widerstand gegen die nationalsozialistische Feierpraxis, können aber auch die Grenzen einer derartigen Instrumentalisierung gezeigt werden, denn 1941 ist es schließlich zum Abbruch der tradierten akademischen Festkultur gekommen.

Zu Teilbereichen dieses Themas liegt bereits eine 1982 publizierte Dissertation von Elke Stolze über die *Martin Luther-Universität während der Herrschaft des Faschismus*[13] sowie das von Henrik Eberle 2002 verfasste Werk[14] über die Universitätsgeschichte während der NS-Zeit vor. Keiner der beiden Autoren bezieht jedoch die ersten Reformationsfeiern von 1927 bis 1932 in die Untersuchung ein; Eberle behauptet außerdem fälschlich, dass es nach 1938 keine Feiern mehr gegeben habe. Beide Autoren vergeben deshalb die Chance, das falsche Bild, wonach die Luther-Besinnung in Halle erst unter dem Einfluss der Nationalsozialisten stattgefunden habe und die 1933 erfolgte Namensverleihung in einem direkten Zusammenhang mit der Machtergreifung Hitlers zu bewerten sei, zu korrigieren. Noch in einer Sammelrezension über die Neuerscheinungen zum Universitätsjubiläum 2002 liest man deshalb leider: »Auf Luther besann man sich in Halle erst wieder im Jahr 1933, als die Universität im Zeichen der vollzogenen Machtergreifung der Nationalsozialisten ihren heutigen Namen erhielt.«[15] Inhaltlich knüpft diese falsche Aussage an die 1967 eingereichte Dissertation von Werner Prokoph an, der die Reformationsfeiern vollständig ignorierte und dessen ausführliche Beschäftigung mit den Umständen der Namensverleihung auch deshalb in der Behauptung gipfelte, sie sei »zu Zwecken des faschistischen Missbrauchs«[16] erfolgt. Der folgende Beitrag soll neues Licht in ein wichtiges Kapitel Hallescher Universitätsgeschichte bringen, das bis heute zum Selbstverständnis der Hochschule beiträgt.

---

12 Grundlegend vgl. WINFRIED MÜLLER: Das historische Jubiläum. Zur Geschichtlichkeit einer Zeitkonstruktion. In: Das historische Jubiläum. Genese, Ordnungsleistung und Inszenierungsgeschichte eines institutionellen Mechanismus. Hg. v. W. MÜLLER. Münster 2004 (Geschichte. Forschung und Wissenschaft, 3), 1–75.

13 Vgl. STOLZE: Universität [s. Anm. 8].

14 Vgl. HENRIK EBERLE: Die Martin Luther-Universität in der Zeit des Nationalsozialismus. Halle 2002, 170–175.

15 MATTHIAS STICKLER: Neuerscheinungen zum 500. Jahrestag der Gründung der Martin-Luther-Universität Halle-Wittenberg. In: Jahrbuch für die Geschichte Mittel- und Ostdeutschlands 50, 2005, 307–316, hier 307.

16 Vgl. PROKOPH, WERNER: Demokratische Bestrebungen und faschistischer Ungeist an der Universität Halle-Wittenberg in den Jahren 1929 bis 1934. [Diss. Masch.] Halle 1968, 206.

I Die ersten Reden 1927–1929

»Was man seit Jahren vermisste – eine Unterlassung, die man eigentlich nicht recht begreifen konnte – fand in diesem Jahr Berücksichtigung: Eine Reformationsfeier der Universität.« So beginnt die Berichterstattung der *Halleschen Nachrichten*.[17] Nachdem in den turbulenten Nachkriegsjahren keinerlei reformatorisches Gedenken an der Universität in Halle stattgefunden hatte und Rektor sowie Theologen sich auf die Teilnahme an den zahlreichen Wittenberger Reformationsjubiläen beschränken mussten,[18] wollte der Senat 1927 an die akademische Luthererinnerung der Kaiserzeit anknüpfen und diese neu akzentuieren. Auf Antrag der Theologischen Fakultät beschloss der Senat am 4. Juli 1927 deshalb eine jährlich stattfindende Reformationsfeier, deren Höhepunkt eine akademische Festrede sein sollte.[19] Die etablierte Hallesche Lutherforschung, die Erinnerung an die Wittenberger Traditionslinie der Universitätsgeschichte sowie die aktuelle wissenschaftliche Arbeit wurden hierfür zusammengeführt und bildeten die drei Konstituenten einer neuartigen akademischen Sondertradition, die zum Alleinstellungsmerkmal der Universität wurde.

Johannes Ficker, angesehener Theologe und Kirchenhistoriker an der Halleschen Alma Mater, eröffnete den Reigen der Reformationsreden mit dem Thema *Luther als Professor*. Ficker war 1919 einem Ruf nach Halle gefolgt und engagierte sich bis zu seiner Emeritierung 1929 vor allem für den Ausbau des Lehrangebots im Bereich Christliche Archäologie und Kirchliche Kunst.[20] Der langjährige Direktor der Wittenberger Lutherhalle, Oskar Thulin, trat in den 1930er Jahren in die akademischen Fußstapfen Fickers und sollte 1941 die Tradition der Halleschen Reformationsfeiern beenden, die Ficker 1927 begann.

Fickers Wahl des Themas entsprach ganz dem Selbstverständnis des Halleschen Lehrkörpers: Schließlich waren er und seine Kollegen Amtsnachfolger Luthers. So, wie Luther die Vorlesung »zur Feierstunde der Erhebung [sowie] ein Gottesdienst seines akademischen Berufes« [21] wurde, formulierte der Redner auch das eigene Selbstverständnis. Der Reformator wurde als Hochschullehrer vorgestellt, der die Thesen verfasst hatte und als Akademiker, der

17 Hallesche Nachrichten, 01.11.1927.

18 Die Hallesche Universität wurde vom jeweiligen Festkomitee der Stadt Wittenberg zur Teilnahme an der Bannbullenfeier im Dezember 1920 und an der Katechismusfeier 1922 eingeladen. Studenten aller Fachrichtungen und Vertreter der Theologischen Fakultät folgten der Einladung und demonstrierten die historische Verbundenheit beider Universitätsstädte. Auf die Teilnahme an ähnlichen Feiern in Eisenach und anderen Lutherstädten verzichteten die Hallenser hingegen.

19 Universitätsarchiv Halle (folgend UA Halle), Rep. 4, Akte 2098.

20 Vgl. Stephan: Stumme Fakultät [s. Anm. 4], 105–109.

21 Johannes Ficker: Luther als Professor. Rede gehalten am 31. Oktober 1927. Halle 1928 (Hallische Universitätsreden, 34), 3.

die Bibel übersetzt hatte. Ficker entwarf ein Bild des Wittenberger Doktors der Heiligen Schrift und betonte, dass Reformation und Hochschule »innerlichst« zusammengehören.

Während Ficker in seiner Rede keinerlei direkten Bezug auf Beweggründe für die jährliche Reformationsfeier nimmt, stellt der Redner des Jahres 1928, der Historiker Robert Holtzmann, die legitimatorische Funktion der Veranstaltung deutlich heraus. Bereits in der Einleitung seines Beitrags spricht er vom Niedergang des Wittenberger Zweiges und von Halle als dem Gralshüter des reformatorischen Erbes. Die Universität fühle sich berufen, das »*officium nobile* [Hervorhebung im Original – Anm. d. Verf.] einer Reformationsfeier zu übernehmen.«[22] Zugleich betonte Holtzmann die Einzigartigkeit der jährlichen Feierpraxis in Halle,[23] die über den engen theologischen Rahmen hinaus von allen Fakultäten mitgetragen wurde.[24] So schloss sich dem Historiker Robert Holtzmann im Jahr 1929 der Wirtschaftswissenschaftler Gustav Aubin an.[25] Alle Redner nahmen jedoch in ihren Beiträgen Bezug auf Luther und die Reformationsgeschichte.

II Suche nach ideeller Absicherung: Die frühen dreißiger Jahre

Im Jahr 1930 wich der Senat erstmals von der wenige Jahre zuvor begonnenen Tradition einer Reformationsfeier am 31. Oktober in der Aula der Universität ab. Grund war das Jubiläum der Confessio Augustana, welches im Sommer begangen wurde. Im Anschluss an die Hauptfeier in Augsburg Ende Juni hatte ein aus diesem Anlass konstituiertes Festkomitee der mitteldeutschen Lutherstädte weitere Feiertage im Stammland der Reformation vorgesehen, um den vielen

---

22 Robert Holtzmann: Deutsche Geschichte und konfessionelle Spaltung. Rede gehalten am 31. Oktober 1928. Halle 1928 (Hallische Universitätsreden, 38), 4.

23 Zu besonderen Luther- und Reformationsjubiläen gab es an verschiedenen deutschen Universitäten eine akademische Feier. In Leipzig war das Reformationsfest zudem mit dem Rektoratswechsel verknüpft. Eine jährliche akademische Reformationsfeier lässt sich aber nur für die Universität Halle nachweisen, ein Schreiben an den Rektor der Heidelberger Universität vom 21. August 1933 bestätigt dies; vgl. Antwortschreiben auf Anfrage des Rektors der Universität Heidelberg, UA Halle, Rep. 27, Akte 2079.

24 Die Wahrnehmung der akademischen Reformationsfeiern ist oft auf den Fachbereich der Theologie beschränkt. Beschlussfassung, Vorbereitung und Rednerliste der Feiern in Halle 1927–1941 beweisen jedoch, dass die Reformationsfeier eine Angelegenheit der gesamten Universität war. Die Ergebnisse des DFG-Projekts *Geist der Zeit* an der Universität Halle-Wittenberg, das etwa 300 Reden zusammengetragen und analysiert hat, belegen die Richtigkeit dieser Feststellung für alle untersuchten protestantischen Universitäten seit Beginn der Reformationsjubiläen 1617.

25 Vgl. Gustav Aubin: Der Einfluss der Reformation in der Geschichte der deutschen Wirtschaft. Rede gehalten am 31. Oktober 1929. Halle 1929 (Hallische Universitätsreden, 44).

internationalen Besuchern auch die Besichtigung der Lutherstätten zwischen Eisenach und Wittenberg zu ermöglichen. Zum zentralen Ort der mitteldeutschen Feierlichkeiten wurde die Stadt Halle bestimmt, eine Entscheidung, die vor allem mit dem Engagement der Theologischen Fakultät begründet wurde.[26]

Als Teil der Veranstaltungsreihe hielt am 3. Juli 1930 Johannes Ficker in der Aula eine Rede über *Die Eigenart des Augsburger Bekenntnisses,*[27] während sein Kollege Ernst Kohlmeyer am 4. Juli 1930 in der Wittenberger Schlosskirche zur Festversammlung sprach. Demonstrativ bekannte man sich so zum Wittenberger Erbe, denn der gewählte Ort war schließlich Universitätskirche und Begräbnisstätte Luthers und Melanchthons. Kohlmeyers rhetorischer Weg führte die Zuhörer *Von Augsburg nach Wittenberg*. Man gedenke der Schöpfung Luthers »in schwerer Zeit«,[28] schloss der Redner, womit er sich nicht nur auf die allgemein schwierige Lage des Landes in der Weltwirtschaftskrise bezog, sondern subkutan auch auf die der Universität.

Wenige Tage später, am 15. Juli 1930, überreichte ihr der preußische Kultusminister Adolf Grimme ein neues Statut. Dieses erscheint als ambivalent: Einerseits signalisierte es zumindest mittelfristig den Fortbestand der Hochschule, andererseits nahm es ihr den *Friedrich*. Diese Reduktion zur *Vereinigten Universität Halle-Wittenberg* zeigt exemplarisch, dass der Kampf des Alten gegen das Neue in der Zeit der Weimarer Republik auch ein Kampf um Worte, um die semantische Besetzung von Schlüsselbegriffen war:[29] Der Verlust des alten Namens indiziert nämlich, dass bei der sozialdemokratischen Landesregierung die preußisch-konservative, auf die Monarchie verweisende Traditionslinie der Alma Mater nicht hoch im Kurs stand. Doch nolens volens half der neue Status quo, den Weg für eine Neubenennung zu ebnen. Der Universität blieben als zweite Traditionslinie Luther und Wittenberg, deren Bedeutung nun einmal mehr gewürdigt wurde: Rektor Otto Eißfeldt, selbst Theologe, betonte deshalb mit Verweis auf die akademische Augustana-Feier, dass »die Reformation nicht nur als kostbarstes Traditionsgut, sondern auch als Quelle dauernder Kraft an unserer Universität in Ehren gehalten werden muß.«[30]

---

26 Mitteldeutsche Augustanafeier in Halle (2. und 3. Juli) und Wittenberg (4. Juli 1930); vgl. Sitzungsprotokoll vom 14. Februar 1930 zur Vorbereitung der Zentralen Feier, Stadtkirchenarchiv Wittenberg, Akte A II 206.

27 Johannes Ficker: Die Eigenart des Augsburger Bekenntnisses. Rede gehalten am 03. Juli 1930. Halle 1930 (Hallische Universitätsreden, 47).

28 Ernst Kohlmeyer: Von Augsburg nach Wittenberg. Rede gehalten am 4. Juli 1930. Halle 1930 (Hallische Universitätsreden, 49), 23.

29 Vgl. Das Reich ist eine Republik. Beiträge zur Kommunikation und Sprache der Weimarer Zeit. Hg. v. Horst Dieter Schlosser. Frankfurt am Main 2003.

30 Chronik der Preußischen Vereinigten Friedrichs-Universität Halle-Wittenberg für das Etatjahr 12. Juli 1929 bis zum 12. Juli 1930. Hg. v. Rektor u. Senat. Halle 1931, 8.

In ihrem Existenzkampf verschafften die Theologen mittels Erbpflege der Universität aber nicht nur Entlastung, sondern belasteten sie auch durch eine Auseinandersetzung, die sich in ihren Reihen abspielte. Das preußische Kultusministerium hatte bei der Neubesetzung des Lehrstuhls für Praktische Theologie eine erste Vorschlagsliste der Fakultät ignoriert und letztendlich den umstrittenen Theologen Günther Dehn als Hochschullehrer durchgesetzt, dessen politische Orientierung im Kollegium auf Ressentiments stieß. Die Hallenser Ordinarien beugten sich aber schließlich dem ministeriellen Wunsch mit dem Votum »nicht untragbar«, was bei Dehns Amtsantritt zu tumultartigen Auseinandersetzungen in Halle führte.[31] So riefen deutschnationale Studentenverbände im Herbst 1931 zum Auszug aus der ›Dehn-Universität‹ Halle auf und fassten sogar den Beschluss, nach Leipzig und Jena abzuwandern[32] – ein Vorgang, der als willkommener Vorwand für die Befürworter der Universitätsschließung hätte dienen können. Dass es sich bei der Studentenreaktion nicht nur um eine leere Drohung handelte, zeigt die Hallesche Reformationsfeier des Jahres 1931. Jubiläums- und Festsituationen sagen auch etwas über die Akzeptanz institutioneller Ordnungen. Durch Fernbleiben oder Gegeninszenierungen kann die mit der Feier erhoffte Stabilisierungsleistung in Gefahr geraten.[33] Der Germanist Georg Baesecke bekam dies zu spüren, denn er musste am 31. Oktober 1931 zu seinem »tiefen Bedauern ohne die Jugend- und Farbenpracht der studentischen Vertreter« über *Die Sprache der Lutherbibel* reden.[34] Die Studentenschaft blieb aus Protest gegen Dehn der

31 Dehn stand dem religiösen Sozialismus nahe. Dem Theologen wurde nach einem 1928 in Magdeburg über *Kirche und Völkerversöhnung* gehaltenen Vortrag in deutschnationalen Kreisen ein ›volksfeindlicher Pazifismus‹ vorgeworfen. Seine Berufung nach Heidelberg 1930 scheiterte, der Ruf nach Halle auf Betreiben des sozialdemokratischen Kultusministers von Preußen war umstritten. Während der überwiegend nationalkonservativ eingestellte Lehrkörper seine Berufung schließlich mit dem Votum »nicht untragbar« widerwillig akzeptierte, rief die stark nationalsozialistisch durchdrungene Studentenschaft zum Widerstand auf. Erste Amtshandlungen und Lehrtätigkeit Dehns konnten nur mit Polizeigewalt und der Unterstützung des Rektorats unter Gustav Aubin durchgesetzt werden; vgl. FRIEDEMANN STENGEL: Wer vertrieb Günther Dehn aus Halle? In: Zeitschrift für Kirchengeschichte, 114 (2003), 384–403, hier 388.

32 Vgl. STENGEL: Dehn [s. Anm. 31], 384 und 390.

33 In der Jubiläums- und Festforschung hat die Tatsache, dass Festsituationen auch etwas über die Akzeptanz von institutionellen Ordnungen aussagen, bisher wenig Beachtung gefunden. Eine Ausnahme bietet: WOLFGANG FLÜGEL: »Reformationsgedenken im Zeichen des Vormärz. Die Konflikte um das Confessio Augustana-Jubiläum in Leipzig 1830«. In: Lutherinszenierung und Reformationserinnerung. Hg. v. STEFAN LAUBE u. KARL-HEINZ FIX. Leipzig 2002 (Schriften der Stiftung Luthergedenkstätten in Sachsen-Anhalt, 2), 127–144.

34 GEORG BAESECKE: Die Sprache der Lutherbibel und Wir. Rede gehalten am 31. Oktober 1931. Halle 1932 (Hallische Universitätsreden, 53), 3.

offiziellen Veranstaltung aber nicht nur fern, sondern zog, unter Vorantritt der Chargierten, demonstrativ von der Moritzburg zur Ulrichskirche. Dieser Anti-Festzug verband Ritual, politische Emotion und historische Erinnerung. Er wirkte über eine kulturelle Kodierung und war in der Lage, mittels weniger Zeichen komplexe politische Semantiken zu mobilisieren, weil sie historisch eingeübt und kollektiv abrufbar waren und zugleich an aktuelle Denkweisen anknüpften.[35] Mit dem Lutherchoral eröffneten die in der Kirche Versammelten einen Festgottesdienst, dessen vaterländische Predigt auf die Feststellung hinauslief, Christentum sei universal und übernational, aber gewiss nicht international.[36] Baesecke gab in der Chronik des Jahres 1931/32 deshalb zu bedenken, »wie groß die Gefahr ist, daß Kämpfe innerhalb der Universität, die sich der Mittel nicht des geistigen, sondern des politischen Kampfes bedienen, sich gegen die Hochschule selbst wenden und ihren Gegnern die Waffen schmieden können.«[37]

Dass auch die Rede des folgenden Jahres unter dem Eindruck des Kampfes um den Fortbestand der Universität stand, zeigen bereits Anlass und Thema. Der Theologe Ernst Kohlmeyer sprach über *Gustav Adolf und die Staatsanschauung des Altluthertums*[38] und erwies damit den zahlreich in Deutschland weilenden schwedischen Besuchern seine Referenz. In seiner Rede spannt er den Bogen von den Wittenberger Ereignissen des 31. Oktober 1517 zum »nebelverhüllte[n] Novembermorgen« 1632 von Lützen. Die Halleschen Theologen hatten bereits im Vorfeld beantragt, die Reformationsfeier des Jahres 1932 auf den 7. November zu verlegen.[39] Man wollte durch diese Symbolik eine Vertiefung der Beziehungen mit der lutherischen Welt erreichen und diese als Fürsprecher der Universität gewinnen. In diesem Sinne schlug der Rektor Aubin am 18. April 1932 die Einrichtung eines Freiplatzes für einen

35 Vgl. WOLFGANG KASCHUBA: Geschichtspolitik und Identitätspolitik. Nationale ethische Diskurse im Vergleich. In: Inszenierung des Nationalen. Geschichte, Kultur und die Politik der Identitäten am Ende des 20. Jahrhunderts. Hg. v. BEATE BINDER, WOLFGANG KASCHUBA u. PETER NIEDERMÖLLER. Köln 2001 (Alltag & Kultur, 7), 19–42, hier 23f.

36 Hallesche Nachrichten, 02.11.1931.

37 Chronik der Preußischen Vereinigten Friedrichs-Universität Halle-Wittenberg für das Etatjahr 12. Juli 1931 bis zum 12. Juli 1932. Hg. v. Rektor u. Senat, Halle 1933, 10.

38 ERNST KOHLMEYER: Gustav Adolf und die Staatsanschauung des Altluthertums. Rede gehalten am 31. Oktober 1932. Halle 1932 (Hallische Universitätsreden, 58).

39 Senatsprotokoll, UA Halle, Rep. 4, Akte 2098. Aus der Aktenlage geht hervor, dass der Senat am 4. Juli 1932 der Verlegung zustimmte. Die gedruckte Rede datiert die Feier aber auf den 31. Oktober. Die Berichterstattung der Halleschen Nachrichten vom 8. November bestätigt jedoch den 7. November als Termin.

schwedischen Austauschschüler vor.[40] Im folgenden Jahr lud man zudem den schwedischen Erzbischof Erling Eidem zur Reformationsfeier.[41]

Die Suche nach der ideellen Absicherung der Universität veranlassten Rektor Gustav Aubin, in Zusammenarbeit mit den Theologen Erich Klostermann und Gerhard Heinzelmann, weitere Brücken zur reformationsgeschichtlichen Vergangenheit zu bauen. So erwog Aubin beispielsweise einen jährlichen Wittenberg-Tag,[42] um dessen Vorbereitung sich eine vom Senat im Juni 1932 eingesetzte Kommission kümmern sollte. 1931 erging zudem der Auftrag für die Büsten Luthers und Melanchthons,[43] wodurch die Präsenz des Alten im Neuen auch in einer materiellen Persistenz zum Ausdruck kam. Im gleichen Jahr beteiligte sich die Universität an der Lutherbildnisausstellung im Halleschen Museum für Vorgeschichte und kaufte im Anschluss das Material.[44] »Und in der Gegenwart wächst mächtig und immer mächtiger der Genius Luther abermals herauf [...] als des Helden und Helfers in der Zeit der Not«, schrieb der inzwischen emeritierte Lutherforscher Ficker in einer Sonderausgabe der Halleschen Nachrichten, die ausschließlich der Herausforderung der drohenden Universitätsschließung gewidmet war.[45]

Ihren vorläufigen Höhepunkt erreichte die Lutherorientierung des Halleschen Lehrkörpers jedoch in den Senatssitzungen vom Juni und Juli 1932, auf denen erstmals die Namensgebung *Luther-Universität* diskutiert wurde. Der Dekan der Theologischen Fakultät hatte einen entsprechenden Vorschlag eingebracht, der aber nach kurzer Debatte zurückgestellt wurde.[46] Widerspruch erfolgte vor allem von Max Fleischmann, dem Dekan der Rechts- und Staatswissenschaften, der gegen eine Luther- und für eine moderne Forschungsuniversität im Dienst der Industrie eintrat.[47] Es handelt sich hierbei jedoch nicht um eine hinter verschlossenen Türen geführte Debatte, denn auch in der Lokalpresse fiel der Begriff ›Luther-Universität‹ im Jahr 1932 mehrfach. Auf diese Publizistik verweisend stellte Werner Prokoph in seiner 1967 eingereichten Dissertation die Auseinandersetzungen um die Berufung des Theologen Dehn in einen direkten Zusammenhang mit der neuen Namensgebung und schrieb:

---

40 Vgl. STOLZE: Universität [s. Anm. 8], 29.

41 Schon 1928 hatte man sich um den schwedischen Theologen Nathan Soederblom als Redner bemüht, der in diesem Jahr die Ehrenbürgerwürde der Stadt Wittenberg erhalten hatte.

42 Bereits 1930 von Rektor Otto Eißfeldt vorgeschlagen. Vgl. Chronik [s. Anm. 30], 8.

43 Vgl. EBERLE: Universität [s. Anm. 14], 49.

44 Vgl. SILVIO REICHELT: Die Lutherbildnisausstellung in Halle 1931, in: Curiositas. Zeitschrift für Museologie und museale Quellenkunde 2007–2008, Hg. v. KATHARINA FLÜGEL u. VOLKER SCHIMPFF. Leipzig und Langenweißbach 2008.

45 Hallesche Nachrichten, 17.03.1932.

46 Vgl. PROKOPH: Demokratische Bestrebungen [s. Anm. 16], 196.

47 Vgl. STOLZE: Universität [s. Anm. 8], 29.

»Den Anstoß zur Wittenberg-Renaissance aber hatten auch die Umstände geliefert, nämlich die von den Nazistudenten heraufbeschworene Gefahr für die Universität.«[48] Daran anknüpfend urteilte Friedemann Stengel in einem 2003 erschienenen Aufsatz, die angestrebte Namensänderung sei »lediglich ein Nebenprodukt des ›Falles Dehn‹«[49] gewesen. Der Blick auf den Gesamtkontext der in Halle betriebenen ›Luther-Renaissance‹, insbesondere auf die seit 1927 stattfindenden akademischen Reformationsfeiern, zeigt jedoch, dass die Universität die ›Erinnerungsfigur‹ Martin Luther bereits okkupiert und damit der eigenen Umbenennung entscheidenden Vortrieb geliefert hatte. Eine monokausale Erklärung der Namensänderung wird der historischen Wirklichkeit deshalb nicht gerecht.[50]

III Reformation und Revolution: Das Jahr 1933

Die Machtergreifung durch die Nationalsozialisten bedeutete für die Universität Halle-Wittenberg keine sichere Gewähr ihres Fortbestandes.[51] Die historische Bedeutung der Hochschule als Bewahrerin der Lehrstühle Luthers und Melanchthons sollte im Jubiläumsjahr 1933 deshalb noch deutlicher herausgestellt werden. Auf Antrag der Theologischen Fakultät ersuchte man das Preußische Kultusministerium, der *Alma Mater halensis* offiziell den Namen Martin Luthers zu verleihen. Vorgetragen wurde er vom Ephorus des Kollegiums der Wittenberg-Stiftung, dem Theologieprofessor Erich Klostermann.[52] Da Greifswald, der zweite ›Todeskandidat‹ unter den Hochschulen Preußens, im Juni die Bezeichnung *Ernst-Moritz-Arndt Universität* verliehen bekommen hatte, fühlte sich der Senat unter Zugzwang und votierte am 4. Juli 1933 mit elf zu drei Stimmen für den Antrag.[53] Geschickt vermischte man im Antrag an das Kultusministerium theologische und politische Argumente und verwies auf den Namensverlust durch die vorherige Regierung Preußens, aber auch

48 Prokoph: Demokratische Bestrebungen [s. Anm. 16], 198.

49 Stengel: Dehn [s. Anm. 31], 385.

50 Die von Prokoph gelieferte und von Stengel übernommene eindimensionale Begründung für die Namensänderung wird nur möglich, weil der Gegenstand der Reformationsfeiern von ihnen vollständig ausgeblendet worden ist.

51 Rektoratsrede März 1936: »Arbeit lange Zeit überschattet von Sorge um den Erhalt der Universität«, vgl. Heiber: Universität [s. Anm. 9]. Teil II, Band 1. München 1994, 151.

52 Bei der Vereinigung der Universitäten Wittenberg und Halle im Jahr 1817 bildeten die nach Halle wechselnden Professoren ein Wittenberg-Kollegium, welches bis zur Mitte des 20. Jahrhunderts fortbestand. Zusammen mit dem Wittenberger Universitätsfonds regelten sie die Angelegenheiten der alten Wittenberger Universität. Hierzu gehörten Stipendien, aber auch die Verwaltung von Ländereien und ehemaligen Universitätsgebäuden.

53 Vgl. Stolze: Universität [s. Anm. 8], 32.

auf die Wittenberger Traditionslinie sowie die Bekanntheit des Reformators im In- und Ausland.[54]

Die bisher von der Historiographie vorgelegten Erkenntnisse zu den Lutherfeiern 1933 machen deutlich, dass es kein methodisches und einheitliches Vorgehen gab, um Luther für das Dritte Reich nutzbar zu machen.[55] Dies gilt auch für die akademischen Würdigungen des Reformators an zahlreichen deutschen Universitäten. Die Umbenennung der Hallenser Universität sowie die geistige Selbstverortung als Bewahrerin der Wittenberger Tradition verlieh der Lutherfeier in Halle im Jahr der nationalsozialistischen Machtergreifung jedoch einen Stellenwert, der nicht annähernd durch eine der anderen Universitätsfeiern zu Ehren Luthers erreicht wurde.[56]

Die Umstände, unter denen die *Martin-Luther-Universität* zu ihrem neuen Namen gekommen war, zeigen, dass die Nationalsozialisten dem Ansinnen zunächst keineswegs vorbehaltlos gegenüberstanden. So kamen die drei Gegenstimmen von den beiden späteren Rektoren Hans Hahne und Johannes Weigelt[57] sowie vom Mediziner Heinz Kürten.[58] Insbesondere Weigelt hatte sich für die Rückkehr zum alten Namen *Vereinigte Friedrichs-Universität* ausgesprochen.[59] Weitere Hinweise auf die Unschlüssigkeit der neuen Machthaber gibt der diesbezügliche Briefwechsel mit dem Kultusministerium. Die erste schriftliche Bitte um Namensverleihung vom 12. Juli 1933 blieb unbeantwortet, in einem zweiten Brief im September schlug der Rektor Minister Bernhard Rust vor, den neuen Namen der Hochschule anlässlich der Reformationsfeier am 31. Oktober 1933 persönlich in Halle zu verkünden. Der Minister schickte jedoch lieber seinen Ministerialdirektor,[60] obwohl er selbst Hallenser Absolvent war.

Im Jubiläumsjahr 1933 bemühte sich die Universität in besonderer Weise um das öffentliche Interesse an der Reformationsfeier und -rede. Neben Rust und den Rektoren von Jena und Leipzig wurden auch der Führer der Deutschen Christen, Reichsbischof Ludwig Müller, sowie der oberste Repräsentant der schwedischen Lutheraner, Erzbischof Eidem, zu dem Festakt eingeladen, um sich in kirchlichen Kreisen eine Unterstützung im Kampf um den Fortbestand

54 Antrag Namensverleihung, UA Halle, Rep. 4, Akte 317.

55 Vgl. beispielsweise den Beitrag in diesem Band von Nicola Willenberg über die Lutherfeiern 1933 in Dresden.

56 Vgl. Siegfried Bräuer: Das Lutherjubiläum 1933 und die deutschen Universitäten. In: Theologische Literaturzeitung 108, 1983, 642–662, hier 650.

57 Hans Hahne war von November 1933 bis zu seinem Tod 1935 Rektor in Halle, Johannes Weigelt von 1937 bis 1944.

58 Kürten und Hahne gehörten zu den 16 Hallensern, die – bei insgesamt 300 Unterschriften – im März 1933 den öffentlichen »Aufruf der deutschen Geisteswelt« für die Wahl Adolf Hitlers unterzeichnet hatten; vgl. Zöllner: Universität [s. Anm. 9], 86f.

59 Vgl. Prokoph: Demokratische Bestrebungen [s. Anm. 16], 196.

60 UA Halle, Rep. 4, Akte 2098.

der Universität zu sichern. Erstmals sollten Festakt und Rede im Radio übertragen werden.[61] Pressevertreter wurden ausdrücklich eingeladen und Plätze reserviert, ein Vorgehen, welches nur für das Jahr 1933 belegbar ist.[62] Der Aufwand ist nicht nur dem Jubiläumsjahr geschuldet, sondern sollte auch die Bedeutung der Halleschen Universität im neuen Deutschland unterstreichen.

Der Anatom Hermann Stieve, erster NS-Rektor, hielt am Reformationstag 1933 die Festrede zu *Luthers Einfluss auf die Entwicklung naturwissenschaftlicher Erkenntnis.*[63] In der Bibliographie seines wissenschaftlichen Gesamtwerks nimmt die Rede eine singuläre Stellung ein, denn Stieve hat die Grenzen seines Fachgebiets publizistisch nie überschritten.[64] Auch mit der Festrede hat er sich im Grunde genommen nicht weit aus diesem Bereich hinausbegeben, denn eine tiefere Begründung seines Themas in Luthers Theologie fehlt. Er konstatiert zunächst den angeblichen wissenschaftlichen Stillstand des Mittelalters und würdigt im Anschluss den Wegbereiter Luther, der den rasanten Fortschritt der wissenschaftlichen Erkenntnis erst ermöglicht habe. Der Reformator habe den »Boden geschaffen, auf dem die Erkenntnis wachsen und sich immer mehr ausbreiten konnte, bis in unseren Tagen wohl alle Einsichtigen davon überzeugt sind, daß es keinen Widerspruch zwischen wissenschaftlicher Erkenntnis und Religion gibt und geben kann.«[65]

In einer Rechtfertigung nach 1945 schrieb Stieve, die Rede hätte gegen die NS-Ideologie verstoßen und zu seiner raschen Amtsenthebung am 18. November geführt.[66] Inhalt und Kommentierung in der Presse bestätigen diese Sichtweise jedoch nicht. Der Reporter der Halleschen Nachrichten sprach immerhin von einem »Redner, dessen Worte stets der glühende Ausdruck einer leidenschaftlichen Liebe zu Deutschland sind.«[67] Deutlich hatte Stieve die ›nationale Revolution‹ des Jahres 1933 begrüßt, denn Hitler wäre es dem Redner zufolge gelungen, »die Parteigegensätze zu tilgen«[68] und die nationale Einheit wiederherzustellen.[69] Ein Akt des Aufbegehrens gegen die nationalsozialistischen Eingriffe in die akademische Freiheit war der Beitrag keineswegs. Er stellt aber auch kein vorbehaltloses ideologisches Bekenntnis zum Nationalsozialismus dar.

61 Schreiben Verkehrsamt Halle an Rektor vom 25. September 1933, UA Halle, Rep. 4, Akte 2098.

62 Einladungsschreiben an Presse, UA Halle, Rep. 4, Akte 2098.

63 Hermann Stieve: Luthers Einfluss auf die Entwicklung naturwissenschaftlicher Erkenntnis. Rede gehalten am 31. Oktober 1933. Halle 1933 (Hallische Universitätsreden, 60).

64 Vgl. Bräuer: Lutherjubiläum [s. Anm. 56], 648.

65 Stieve: Einfluss [s. Anm. 63], 18.

66 Vgl. Heiber: Universität [s. Anm. 8]. Teil II, Band 2. München 1994, 461.

67 Hallesche Nachrichten, 1.11.1933.

68 Stieve: Luthers Einfluss [s. Anm. 63], 6.

69 Vgl. die inhaltliche Analyse der Festreden von Sebastian Kranich in diesem Band, unten S. 181–183.

Eine schlüssigere Erklärung für die unmittelbare Amtsenthebung liefert ein Blick in die Akten des Halleschen Universitätsarchivs: Der Hallesche Gauleiter Rudolf Jordan, der sich stark für den Fortbestand der Universität als nationalsozialistische Bildungsstätte einsetzte, war bei der Feier nicht anwesend. Eine Analyse der 1933 begangenen Lutherjubiläen in Wittenberg und in Eisleben belegt zwar eine auffallende Zurückhaltung der Politprominenz des Dritten Reiches, obwohl sich die lokalen Initiatoren im Vorfeld intensiv um deren Teilnahme bemüht hatten. Rudolf Jordan jedoch war, als einziger ranghoher Funktionär der NSDAP, bei den Lutherfeiern in Wittenberg im September 1933 vertreten.[70] Seine Abwesenheit bei den Feiern in Halle lässt sich deshalb nicht mit persönlichem Desinteresse oder reichspolitischem Kalkül begründen. Die Universität behauptete, ihm eine Einladung zugesandt zu haben, er hingegen hatte angeblich keine erhalten. Dieser Vorfall führte zu erheblichen Verstimmungen, wie ein Schreiben des Rektors an das zuständige Ministerium beweist.[71] Da an der Universität Halle wichtige Personalentscheidungen nach Rücksprache mit der Gauleitung getroffen wurden,[72] besiegelte der Vorfall wohl das Schicksal Hermann Stieves als Rektor.[73]

Stieves Nachfolger Hans Hahne schien dem Gauleiter als langjähriges Mitglied der NSDAP geeigneter. Für den ›alten Kämpfer‹ war 1933 eigens ein Lehrstuhl geschaffen worden.[74] Hahne, bis dahin Direktor des Halleschen Landesmuseums für Vorgeschichte und außerordentlicher Professor an der Universität, hatte sich insbesondere mittels der 1931 stattgefundenen Lutherbildnisausstellung empfohlen, in deren Zentrum die in der Marktkirche von Halle aufbewahrte Totenmaske des Reformators stand.[75] Die diesbezügliche

---

70 Vgl. Silvio Reichelt: »Der Erlebnisraum Lutherstadt Wittenberg. Genese, Entwicklung und Bestand eines protestantischen Erinnerungsortes«. Dissertation, eingereicht an der Martin-Luther-Universität Halle-Wittenberg 2011; Siegfried Bräuer: »Die Lutherfestwoche vom 19. bis 27. August 1933 in Eisleben«. In: Lutherinszenierung und Reformationserinnerung. Hg. v. Stefan Laube u. Karl-Heinz Fix. Leipzig 2002 (Schriften der Stiftung Luthergedenkstätten in Sachsen-Anhalt, 2), 391–451.

71 UA Halle, Rep. 4, Akte 2098.

72 Vgl. Henrik Eberle: »Johannes Weigelt (1890–1948) – Führerrektor der Martin Luther-Universität in der Zeit des Nationalsozialismus«. In: Beiträge zur Geschichte der Martin Luther-Universität 1502–2002. Hg. v. Hermann-J. Rupieper. Halle 2002, 455–486, hier 456.

73 Auch Prokoph argumentiert, dass hinter dem außergewöhnlichen Rektorenwechsel lokale Kräfte standen. – Vgl. Prokoph: Demokratische Bestrebungen [s. Anm. 16], 188.

74 Vgl. Irene Ziehe: Hans Hahne, sein Leben und Wirken. Biographie eines völkischen Wissenschaftlers. Halle 1996.

75 Vgl. Hans Hahne: Luthers Totenmaske. In: Luther. Vierteljahreszeitschrift der Luthergesellschaft 1931, 74–79.

enge Zusammenarbeit mit dem emeritierten Theologieprofessor Johannes Ficker[76] sowie die im Sommersemester des Ausstellungsjahres von Hahne offerierte Vorlesung über *Vorzeit und Gegenwart und Rassenkunde* mit seinen anhand der Totenmaske Luthers betriebenen rassekundlichen Forschungen als Schwerpunkt[77] belegen die enge Kooperation zwischen der Hochschule und ihrem späteren Rektor auf dem Gebiet der *Memoria Lutheri*.[78] Anlässlich des Fackelzuges der Studenten am Tage seiner Ernennung verlieh Hahne dieser eine zeitgenössische Relevanz und verkündete, das »Rasseproblem« sei »eine der Grundlagen unseres Staatsgebäudes« und »Luther, dessen Namen unsere Alma Mater trägt«, habe es »schon damals erkannt.«[79]

IV Hypertrophierung der Feierpraxis

Die von Göring und Rust unterschriebene Urkunde zur Namensverleihung ist auf den 10. November 1933 datiert, die Übergabe erfolgte jedoch bereits am 31. Oktober im Rahmen der alljährlichen Reformationsfeier. »Das Datum der Verkündung ist etwas geheimnisvoll«, heißt es deshalb bei Helmut Heiber.[80] Ein Blick auf den Schriftverkehr liefert jedoch eine schlüssige Erklärung: Die Initiative für die Namensverleihung war von der Theologischen Fakultät ausgegangen, deren Dekan in einem im Juni 1933 verfassten Brief an den Senat für den neuen Namen sowie eine Verleihung am 10. November, dem Geburtstag Luthers, plädiert hatte.[81] Nach der Mehrheitsentscheidung des Senats im darauf folgenden Monat wendete dieser sich an das zuständige Kultusministerium.[82]

76 Vgl. JOHANNES FICKER: Ansprache zur Eröffnung der Lutherbildnis-Ausstellung im Provinzialmuseum zu Halle, in: Luther. Vierteljahreszeitschrift der Luthergesellschaft 1931, 67–73.

77 Hahnes Aufsatz *Die rassische und persönliche Artung Martin Luthers und der Seinen* über die in der Halleschen Marktkirche liegende Totenmaske des Reformators bietet eine Zusammenfassung der Vorlesung; Aufsatzmanuskript im Archiv Stiftung Luthergedenkstätten, StLu 11.

78 Hahnes Aufgabe war es zunächst, die Echtheit der in Halle aufbewahrten Totenmaske des Reformators zu überprüfen. Die Ausstellung ist eine Reaktion auf die Debatte um den Umgang mit der Totenmaske, die von Margarete Ludendorffs scharfen Angriffen gegen den »Lutherschreck von Halle« angestoßen worden war. – Vgl. REICHELT: Lutherbildnisausstellung [s. Anm. 44]; UTA KORNMEIER: Luther in effigie, oder: »Das Schreckgespenst von Halle«. In: Lutherinszenierung und Reformationserinnerung. Hg. v. STEFAN LAUBE u. KARL-HEINZ FIX. Leipzig 2002 (Schriften der Stiftung Luthergedenkstätten in Sachsen-Anhalt, 2), 343–372.

79 Mitteldeutsche National-Zeitung, 20.11.1933.

80 HEIBER: Universität [s. Anm. 66], 461.

81 Vgl. Schreiben Dekan an Rektor und Senat vom 7. Juni 1933, UA Halle, Rep. 4, Akte 7.

82 Antrag Namensverleihung, UA Halle, Rep. 4, Akte 317.

Der Senatsantrag hatte jedoch kein genaues Datum beinhaltet. Im positiven Bescheid des Kultusministeriums wurde dann der 10. November genannt und die Urkunde dementsprechend ausgestellt.[83] Die seit 1927 etablierte Tradition der universitären Reformationsfeiern am 31. Oktober als idealer Zeitpunkt für eine öffentliche Verkündung des neuen Namens hatte die Berliner Ministerialbürokratie dabei wohl nicht mitbedacht. Der ursprüngliche Initiator des Antrags hingegen, die Theologische Fakultät, hatte wahrscheinlich mit einer Verlegung der Feier auf den Geburtstagstermin gerechnet, da ja bereits 1930 und 1932 der Termin an die jeweiligen Jubiläumsanlässe angepasst worden war. Hierzu ist es jedoch 1933 nicht gekommen.

Zwei Jahre später lieferte die Datierung der Urkunde schließlich den Hauptgrund für den Antrag der Theologischen Fakultät, die jährliche Reformationsfeier und -rede dauerhaft auf den 10. November zu verlegen.[84] In der NS-Zeit änderte sich jedoch nicht nur das Datum: Die Nationalsozialisten betrachteten Vergangenheit als Fundus von Überresten und Traditionen, aus denen man sich selektiv bediente. Pflege erfuhr sie dort, wo sie in die eigene Zukunftsvorstellung passte: »Die akademischen Feiern haben heute eine andere Bedeutung und einen anderen Charakter, als ihnen in früheren Zeiten inne wohnte«, schlussfolgerte deshalb der Hallesche Kurator 1938.[85] Dieser andere Charakter veränderte die deutsche Nationalgeschichtsschreibung und ihre Gründungsmythen in einer Weise, die sie als Referenzbasis der Jubiläumsinszenierung nach 1945 vielfach nicht mehr brauchbar erscheinen ließ. Winfried Müller beschrieb diesen Prozess als Hypertrophierung.[86]

Bereits der Verlauf der Feier zeigt, wie die Tradition an die neuen politischen Verhältnisse angepasst wurde. Man eröffnete die Veranstaltung traditionell mit dem Lutherchoral *Ein feste Burg ist unser Gott* und hielt an der Rede als dem Zentrum des Festaktes fest, die Feier klang allerdings mit dem Deutschland- und dem Horst-Wessel-Lied als doppeltem Bekenntnis zu Staat und Partei aus. Die Choreographie der Veranstaltung wurde mit jedem Jahr detaillierter von der Universitätsleitung festgelegt. In den Weimarer Jahren hatte man sich noch auf die Punkte Begrüßung, Festrede und musikalische Umrahmung durch thematisch passende Werke beschränkt. Nach 1933 bediente man sich vor allem aus dem Opus Richard Wagners sowie verschiedener Militärmärsche. Diese erklangen eingangs zur Untermalung des Einzugs der Honoratioren, und

83 Vgl. Prokoph: Demokratische Bestrebungen [s. Anm. 16], 202; Stolze: Universität [s. Anm. 8], 34.

84 Schreiben Dekan an Rektor vom 28. Juni 1935, UA Halle, Rep. 27, Akte 262.

85 Schreiben Kurator an Rektor vom 29. November 1938, UA Halle, Rep. 4, Akte 2098.

86 Vgl. Winfried Müller: Kontinuität nach der Katastrophe? In: Religiöse Prägung und politische Ordnung in der Neuzeit. Hg. v. Reinhard Löffler u. Karsten Ruppert. Köln [u.a.] 2006, 551–566.

ausgangs, zum »Ausmarsch des Lehrkörpers«, wie es in den Akten heißt.[87] Die festlichen Ein- und Ausmärsche wurden zu einem festen Bestandteil der NS-Festliturgie. Sie sollten als Bewegungsritual den Teilnehmern das Gefühl von Aufbruch und Dynamik vermitteln. Hierdurch wurde das Publikum »emotional in die Politik hineingezogen, aber auch gegenüber politischen Veränderungen gefügig gemacht.«[88]

Auch visuell war der nationalsozialistische Charakter der Feier gut erkennbar. So prägten uniformierte Verbände das Bild der Veranstaltung. Bereits auf den Einladungen war vermerkt, dass die Teilnehmenden im Ornat, im Frack oder in Uniform zu erscheinen hatten. Nachdem diese ›einmarschiert‹ waren und Platz genommen hatten, wurden die Hakenkreuzfahnen feierlich in den Saal getragen. Der erste nationalsozialistische Rektor Stieve hatte an seinem Anatomischen Institut Mitte der zwanziger Jahre noch die Schwarz-Rot-Goldene Fahne mit dem Kommentar, solange er hier Direktor sei, käme dieser Lappen nicht mehr hoch,[89] abnehmen lassen. Mit den Farben der Republik war in seinen Augen kein Staat zu machen. Die Beflaggung des öffentlichen Raums war zu einer permanenten Kraftprobe geraten und wer die Flagge missachtete, meinte die Republik.[90] 1933 war die Aula hingegen festlich mit den roten Hakenkreuzfahnen sowie den Farben Preußens und des Reiches geschmückt.[91] Ab 1937 stand außerdem eine Hitler-Büste auf dem Podium, welche an die Stelle einer Luther-Büste trat und den Bruch mit der bis dahin gepflegten Festtradition für alle Beteiligten augenscheinlich werden ließ.[92] Die unter den Nationalsozialisten erfolgte symbolische Inbesitznahme des Raums vermochte als »Ordnung des Sichtbaren [...] Machtverhältnisse besonders effizient zu naturalisieren, weil visuelle Präsentationen Sichtbarkeit, Offensichtlichkeit und Wahrheit suggerieren.«[93]

An der Inszenierungspraxis der Halleschen Reformationsfeiern lassen sich die forcierte Trennung zwischen kirchlicher und weltlicher Sphäre und die Entwicklung eines genuin religiösen Kults des Nationalsozialismus gut

---

87 Programm 1937, UA Halle, Rep. 4, Akte 2098.

88 Murray Edelmann: Politik als Ritual. Die symbolische Funktion staatlicher Institutionen und politischen Handelns. Frankfurt am Main 1990, 13.

89 Vgl. Heiber: Universität [s. Anm. 66], 461.

90 Vgl. Andreas Dörner: Politische Mythen und symbolische Politik. Sinnstiftung durch symbolische Formen am Beispiel des Hermannsmythos, Opladen 1995, S. 295.

91 Vgl. Stolze: Universität [s. Anm. 8], 35.

92 Vgl. den Beitrag von Sebastian Kranich unten S. 187

93 Regina Bormann: Urbane Erlebnisräume als Zonen des Liminoiden. In: Die Stadt als Event. Zur Konstruktion urbaner Erlebniswelten. Hg. v. Regina Bittner. Frankfurt am Main und New York 2002, 98–113, hier 106.

ablesen.[94] Der konfessionelle Charakter der Feier wurde zurückgedrängt, um die postulierte ›Volksgemeinschaft‹ nicht zu gefährden. Der NS-Staat war zudem überzeugt, auf die kirchliche Legitimierung seiner Herrschaft verzichten zu können. Selbst die nationalsozialistisch orientierte Glaubensbewegung der *Deutschen Christen* wurde, mit Ausnahme der Einladung des Reichsbischofs Müller 1933, für die Feiergestaltung nicht nennenswert herangezogen. Auf die Unterstützung kirchlicher Würdenträger oder die Nutzung sakraler Räume, wie zwischen 1927 und 1932 zumindest punktuell geschehen, war man dabei nicht angewiesen.

An die eigentliche Festveranstaltung in der Aula des Hauptgebäudes der Halleschen Universität schloss sich ab 1935 eine Langemarck-Feier an, welche die sakrale Aufladung der nationalsozialistischen Feierpraxis unterstrich.[95] Zwanzig Jahre zuvor, am 11. November 1914, hatten deutsche Regimenter, die vor allem aus freiwillig in den Krieg gezogenen Studenten bestanden, bei Langemarck einen Sieg errungen. In vielen deutschen Universitäten gedachte man deshalb an diesem Tag der gefallenen Akademiker. Bereits 1932 hatte der Hallesche Rektor den NS-Studentenverbänden das Niederlegen eines Kranzes mit Hakenkreuzschleife gestattet,[96] ab dem Jahr 1934 gedachte die Universität in einem offiziellen Weiheakt. Im darauf folgenden Jahr wurde die Feier einen Tag auf den 10. November vorgezogen und mit der Reformationsgedenkfeier verbunden. In der zeitlichen Nähe von Reformationstag und Langemarck-Tag ist deshalb, neben der unglücklichen Datierung der Urkunde, ein weiterer wichtiger Grund für die Verlegung der Reformationsfeier auf den 10. November zu sehen. Auf den ersten Feieranlass wollte man nicht, auf den zweiten konnte man nicht verzichten. Der geringe zeitliche Abstand hätte die Wirkung beider Feiern durch verminderte Teilnahme sowie geringere öffentliche Aufmerksamkeit geschwächt, weshalb man sich für eine Zusammenlegung entschied.

Im Atrium des Gebäudes legte die Festgemeinde einen Kranz an der 1929 aufgestellten Gedenktafel nieder, deren Inschrift dazu aufforderte, »diesen Toten nachzueifern.«[97] Ab 1936 schloss man in die kollektive Ehrung der in »heiliger

94 Vgl. Sabine Behrenbeck: Durch Opfer zur Erlösung. Feierpraxis im nationalsozialistischen Deutschland. In: Inszenierung des Nationalstaates. Hg. v. S. Behrenbeck u. Alexander Nützenadel. Köln 2000, 149–170; Hans-Jochen Gamm: Der braune Kult. Das Dritte Reich und seine Ersatzreligion. Hamburg 1962.

95 Werner Freitag bezeichnet in seinem Vorwort die Feste der NS-Zeit als pseudo- oder nationalreligiös; vgl. Werner Freitag: Vorwort. In: Das Dritte Reich im Fest. Führermythos, Feierlaune und Verweigerung in Westfalen 1933–1945. Hg. v. W. Freitag. Bielefeld 1997, 11–78.

96 Vgl. Heiber: Universität [s. Anm. 8], 145.

97 Friedrich Wilhelm Höhne: Die Universität Halle-Wittenberg während des Weltkriegs und in der Nachkriegszeit bis 1921. Halle 1941, 64.

Begeisterung«[98] in den Krieg gezogenen Weltkriegsgefallenen auch die Toten der nationalsozialistischen »Bewegung« ein.[99] »Der kriegerisch-kämpferische Ton«[100] der vorausgegangenen Rede von Wilhelm Waetzoldt über *Die Kunst als geistige Waffe*[101] war ganz auf den Kontext dieser soldatischen Feierstunde abgestimmt und bekundete auch rhetorisch die Veränderung der in Halle gepflegten akademischen Festkultur: War die Reformationsfeier in den zwanziger Jahren über den repräsentativen Rahmen hinaus zunächst auch eine Veranstaltung gewesen, die der Freude und Erbauung gedient hatte, so signalisierte die an sie anschließende Totenehrung nun den Ernst des Festes und erzeugte »die für das Sakrale typischen, sich gegenseitig ergänzenden Gefühle des ›tremendum‹ und des ›fascinosum‹.«[102]

V Teilnahmeverweigerung

Die Veränderungen des Charakters der Reformationsfeier im Dritten Reich wurden von den Mitgliedern der Halleschen Universität mitunter abgelehnt. Fünf Jahre nach der Machtübernahme regte sich offener Widerstand gegen die hinzugekommenen Feierinhalte und die Erstarrung zum Zeremoniell, der sich im demonstrativen Fernbleiben artikulierte. So nahm beispielsweise die Mehrheit des Lehrkörpers der Philosophischen Fakultät an der Veranstaltung im November 1938 nicht teil. Begründet wurde das unentschuldigte Fernbleiben im Nachgang mit unaufschiebbaren dienstlichen Verpflichtungen, gesundheitlichen Gründen oder der katholischen Konfessionszugehörigkeit.[103]

Einer der sich schriftlich zu seinem Nichterscheinen Äußernden, der Germanist Ferdinand Joseph Schneider, spricht in einem Brief an den Rektor erstaunlich offen über die Gründe seiner Abwesenheit. Als Katholik insistiert er zunächst darauf, nicht zur Teilnahme an einer Reformationsfeier gezwungen werden zu können, bekennt aber, in den ersten Jahren aus geisteswissenschaftlichem Interesse und in Anerkenntnis der großen Kulturleistung Martin Luthers der Einladung gern gefolgt zu sein. Er nimmt auch für sich in Anspruch, bereits 1932 die Anregung für die Namensänderung der Universität gegeben zu haben. Seitdem jedoch die gehaltenen Festvorträge nicht mehr dem Sinn

98 Johannes Weigelt: Geleitwort. In: 250 Jahre [s. Anm. 5], 35.

99 Höhne: Universität [s. Anm. 89], 64.

100 Vgl. den Beitrag von Sebastian Kranich unten S. 187.

101 Wilhelm Waetzoldt: Die Kunst als geistige Waffe. Rede zum Luthergedenktage am 10. November 1936 gehalten. Halle 1936 (Hallische Universitätsreden 70).

102 Yves Bizeul: Theorien der politischen Mythen und Rituale. In: Politische Mythen und Rituale in Deutschland, Frankreich und Polen. Hg. v. Y. Bizeul. Berlin 2000, 15–39, hier 17.

103 Schreiben Prof. Weyhe (Anglist) an Rektor vom 29. November 1938, UA Halle, Rep. 4, Akte 2098.

des Tages entsprächen, halte er die Veranstaltung für eine leere Formalität, an der er kein Interesse mehr habe.[104]

Vor allem die 1937 gehaltene Rede war für die Nichtteilnehmenden Anlass ihres Boykotts. Auch Schneider spielt auf den im vorangegangenen Jahr gehaltenen Vortrag an, der »in gar keinem inneren Zusammenhange mehr mit der schöpferischen Tat des Mannes stehe [...], dessen Namen unsere Universität trägt.«[105] 1937 hatte der Direktor der Universitäts-Nervenklinik Prof. Dr. Paul Hilpert über das Thema *Die rassehygienische Forderung*[106] gesprochen und damit gedanklich an die auf Luthers Totenmaske bezogenen rassekundlichen Forschungen Hans Hahnes angeknüpft. Der Redner, der 1938 auf Betreiben Weigelts zum Prorektor ernannt wurde,[107] hatte bei der Wahl des Themas dem ausdrücklichen Wunsch des Rektors Weigelt entsprochen. Weigelt hatte bereits 1933 zu den Gegnern der Benennung der Universität nach Martin Luther gehört und trug aktiv zu einer Aufweichung des thematischen Rahmens der Universitätsfeier bei. In seinem Schreiben an Hilpert betonte Weigelt, dass »wir uns nicht mehr auf theologische Vorträge an unserem Gedächtnistag, so wie das früher war, beschränken« sollten und bat darum, die »Bedeutung des von [Hilpert] vertretenen Faches für die Erbbiologie des Deutschen Volkes« zu behandeln.[108]

Die Abwesenheit einer so großen Zahl von wichtigen Honoratioren der Hochschule brachte die Legitimität der Feierpraxis in erhebliche Gefahr. Für den Chirurg und Gau-Dozentenführer Wilhelm Wagner[109] waren die Nicht-Teilnehmenden »glatte Saboteure an der Universitätsarbeit ..., die den heutigen Geist noch nicht erfaßt haben.«[110] Der Deutsche sollte sich nicht mehr als Privatmensch und isoliertes Individuum, sondern als Teil der Öffentlichkeit und Volksgemeinschaft erleben und als aktiver Teilnehmer dabei in Erscheinung treten. Die Nichtteilnahme an der öffentlichen Feierpraxis im nationalsozialistischen Deutschland beruhte auf einem doppelten Exklusionsgedanken: Wer aus der Gemeinschaft ausgeschlossen war, feierte nicht mit und wer nicht mitfeierte, schloss sich aus.[111]

---

104 Schreiben Schneider an Rektor vom 12. November 1938, UA Halle, Rep. 4, Akte 2098.

105 Schreiben Schneider an Rektor vom 12. November 1938, UA Halle, Rep. 4, Akte 2098.

106 Paul Hilpert: Die rassehygienische Forderung. Rede gehalten am 10. November 1937. Halle 1937 (Hallische Universitätsreden, 73).

107 UA Halle, Rep. 4, Akte 671.

108 Schreiben Rektor Weigelt an Hilpert vom 6. September 1937, UA Halle, Rep. 4, Akte 2098.

109 1945 der letzte Rektor der NS-Zeit.

110 Schreiben Wagner an Rektor, UA Halle, Rep. 4, Akte 688.

111 Vgl. Behrenbeck: Feierpraxis [s. Anm. 94], 149–170.

Die Verpflichtung zur Teilnahme an den akademischen Feiern der Universität ergab sich für die Universitätsleitung aus der Stellung, welche die Lehrstuhlinhaber im nationalsozialistischen Staat einzunehmen hatten: »Sie wollen und sollen die Verbundenheit der Hochschule mit Bewegung, Staat und Volk sinnfällig zum Ausdruck bringen. Die Hochschule muss daher bei den akademischen Feiern als eine geschlossene Einheit ... in Erscheinung treten.«[112] Schon die Einladungen waren deshalb nicht frei von unterschwelligen Drohungen. Die nationalsozialistische Hochschulleitung brauchte die möglichst vollzählige Feiergemeinde zur Loyalitätsbegründung. Wer fernblieb, setzte »sich mit seinen, durch die Grundanschauungen des Nationalsozialismus wesentlich erweiterten Pflichten seines Amtes und auch mit den Gedanken der Hochschulgemeinschaft in Widerspruch. Er gefährdet auch das Ansinnen der Hochschule«,[113] heißt es in einer schriftlichen Stellungnahme des Kurators Friedrich Tromp, die auf Anweisung des Rektors an alle Fakultäten weitergeleitet wurde.

VI Reformationsfeiern an der nationalsozialistischen Gebrauchsuniversität[114]

Die befürchtete Gefährdung des Ansehens der Hochschule war auch Ende der dreißger Jahre eine existentielle Frage für den Standort an der Saale. Halle gehörte, zusammen mit Greifswald, Gießen und Erlangen, zu den kleinsten Universitäten des Reiches, die allesamt überproportional vom Rückgang der Studenten betroffen waren. Hatte die Martin-Luther-Universität im Sommer 1931 noch 2551 Studenten, waren es im Wintersemester 1937/38 nur noch 868 Immatrikulierte.[115] Bis 1939 wurde deshalb die Schließung vor allem Gießens und Halles mehrfach erwogen.[116] Die staatswissenschaftliche Fakultät war bereits zu einer Rumpfeinrichtung geschrumpft, 1936 waren fünf der acht Lehrstühle vakant.

In der Stunde der höchsten Not wandten sich Oberbürgermeister, Gauleiter und Rektor an Alfred Rosenberg,[117] der die Hochschule unter seine Obhut nahm und 1938/39 mehrfach an der Saale weilte. Aus kommunalen Mitteln wurde eine *Alfred Rosenberg Stiftung zur Förderung der Wissenschaft* eingerichtet, die vor allem die Bereiche Rassenkunde, Vorgeschichte und Volkskunde sowie Wehrwissenschaft unterstützen und die Hochschule zu einer nationalsozialistischen

---

112 Schreiben Kurator an Rektor vom 29. November 1938, UA Halle, Rep. 4, Akte 2098.

113 Schreiben Kurator an Rektor vom 29. November 1938, UA Halle, Rep. 4, Akte 2098.

114 Weigelt: Geleitwort [s. Anm. 98], 3.

115 Vgl. Heiber: Universität [s. Anm. 66], 478.

116 Vgl. Michael Grüttner: Studenten im Dritten Reich. Paderborn 1995, 274f.

117 Vgl. Klaus-Ekkehard Bärsch: Die politische Religion des Nationalsozialismus. Die religiöse Dimension der NS-Ideologie. München 1998.

Gebrauchsuniversität umprofilieren sollte. Anhand der Reformationsfeiern lässt sich dieser Prozess belegen; die Rede 1940 hielt beispielsweise der Philosoph Heinrich Springmeyer, der seinen Lehrstuhl Rosenberg zu verdanken hatte.[118] Bereits die 1937er Rede über *Die rassehygienische Forderung* stand unter dem Einfluss Rosenbergs, obwohl dieser erst bei seinem Besuch in Halle im Februar 1938 offiziell das Patronat übernahm. Rosenberg muss sich aber schon 1937 in die Belange der Hochschule eingemischt haben, wie Heiber anhand der Einmischung Berlins in das Amtsenthebungsverfahren gegen den Neutestamentler Julius Schniewind nachweist.[119]

Alfred Rosenberg brachte der Reformation keine positive Wertschätzung als historisches Ereignis entgegen, hob jedoch die Persönlichkeit Luthers hervor.[120] Wohl auch deshalb stand die Rede des Jahres 1938, wie schon der Beitrag 1937, in keinem nennenswerten Bezug zu Luther und der Reformationsgeschichte, sieht man von der Tatsache ab, dass der Reformator ein Bergmannssohn war. Es ging am 10. November 1938 um das *Deutsche Bergrecht im Südosten*[121] Europas. Auf den ersten Blick klingt das Thema unverfänglich, ein genaues Hinsehen zeigt jedoch die politische Aktualität. Die Rede stand in direktem Bezug zu Hitlers Expansionspolitik, denn kurz zuvor war der Anschluss des Sudetenlandes im Münchner Abkommen besiegelt worden. Die Hallesche Universität engagierte sich in besonderer Weise für die kulturelle Legitimierung der deutschen Einflussnahme im Südosten Europas. Bereits 1933 wurde in Halle die Idee der Einrichtung von Landesuniversitäten für Auslandsdeutsche nach dem System des regionalen Monopols diskutiert. Hamburg sollte für die Überseedeutschen, Königsberg für den Osten und Halle für den Südosten Europas zuständig sein.[122]

Das Engagement Halles unter dem Einfluss Rosenbergs ab 1938 lässt sich an zwei Punkten festmachen. Im Zeichen der kulturpolitischen Konfrontation standen Überlegungen der Hochschule, sich als Zufluchtsort für die Studenten der Deutschen Karls-Universität in Prag anzubieten.[123] In einem Schreiben des Dekans der Theologen an den Kurator der Martin-Luther-Universität

118 Vgl. Eberle: Universität [s. Anm. 14], 163.

119 Vgl. Heiber: Universität [s. Anm. 66], 478; zu Schniewind vgl. Otto Michel: Julius Schniewind zum 100. Geburtstag. In: Theologische Beiträge, 14 (1983), 121–133; Wolfgang Wiefel: Julius Schniewind. Reformatorische Spiritualität und Theologische Existenz. In: Kerygma und Dogma 29, 1983, 182–196.

120 Vgl. Johannes Brosseder: Luthers Stellung zu den Juden im Spiegel seiner Interpreten. Interpretation und Rezeption von Luthers Schriften und Äußerungen zum Judentum im 19. und 20. Jahrhundert. München 1972, 156–164.

121 Gerhard Buchda: Deutsches Bergrecht im Südosten. Rede gehalten am 10. November 1938. Halle 1939 (Hallische Universitätsreden, 76).

122 Vgl. Heiber: Universität [s. Anm. 8], 259.

123 Einen Überblick über das Politikum ›Deutsche Karlsuniversität‹ gibt: Universitäten in nationaler Konkurrenz. Zur Geschichte der Prager Universitäten im 19. und

weist Ersterer auf den bekannten Auszug der Prager Studenten 1409 und die Gründung der Leipziger Universität hin und argumentiert, dass die Erfurter Universität 1392 ebenfalls vertriebene Prager Studenten aufgenommen hätte. Indem Halle sich als Nachfolger Erfurts ebenso wie Wittenbergs[124] verstehen könne, wird ein Traditionszusammenhang zwischen Prag und Halle konstruiert: »Es wäre also ein Anknüpfungspunkt an die älteste Universitätsgeschichte im mitteldeutschen Raum, wenn nun wieder eine mitteldeutsche Universitätsstadt, wenn Halle als Zufluchtsort der Deutschen Karls-Universität in Prag angerufen und eingerichtet würde.«[125]

Neben kulturpolitischer Konfrontation stand Kooperation. So war der Hallesche Theologie-Professor Hans Schmidt als Leiter der 44-köpfigen deutschen Hochschuldelegation bestimmt worden, die im Herbst 1938 bei der Jubiläumsfeier des ungarischen Reformierten Kollegs Debrecen das Deutsche Reich vertreten sollte. Sein mitreisender Kollege Thulin, Leiter der Wittenberger Lutherhalle und Dozent an der Theologischen Fakultät Halle, war außerdem in die Planungen für ein Lutherdenkmal in Ungarn involviert, welches unter anderem als Kompensation für die Überlassung des in Budapest liegenden Originaltestaments von Martin Luther erwogen wurde. Die Involvierung der Reichskanzlei in die mehrjährigen Verhandlungen zeigt die hochpolitische Bedeutung der in Halle und Wittenberg betriebenen Kulturpolitik.[126]

Aus Anlass des 400. Jubiläums der Reformation in Halle bat der Dekan der Theologischen Fakultät darum, die Rede 1941 in die Verantwortung seiner Fakultät zu geben.[127] Hinsichtlich der NSDAP-Mitgliedschaft war deren Lehrkörper kein herausragender Exponent der nationalsozialistischen Gebrauchsuniversität,[128] weshalb man die Theologen bei der Feiergestaltung im Dritten Reich kaum noch einbezogen hatte. Lediglich 1934 war noch ein Vertreter der Theologischen Fakultät zum Zuge gekommen. Dessen Rede *Führer und Gefolgschaft nach dem Regentenspiegel Martin Luthers vom Jahre 1534*[129] passte aber hervorragend in die Ideologie des Dritten Reiches und deutete den Führerstaat

---

20. Jahrhundert. Hg. v. Hans Lemberg. München 2003 (Veröffentlichungen des Collegium Carolinum, 86).

124 Beide Universitäten wurden 1817 von Preußen geschlossen.

125 Schreiben Dekan Theologie an Kurator vom 21. Oktober 1938, UA Halle, Rep. 27, Akte 263.

126 Vgl. Tibor Fabiny: Martin Luthers letzter Wille. Das Testament des Reformators und seine Geschichte. Bielefeld 1983, 53–62.

127 Schreiben Rektor an Thulin vom 28.07.1941, UA Halle, Rep. 4, Akte 2098.

128 1939 waren 7 von insgesamt 23 Professoren und Dozenten Parteimitglieder, was deutlich unter dem Universitätsdurchschnitt und auch dem Reichsdurchschnitt lag; vgl. Eberle: Universität [s. Anm. 13], 150.

129 Hans Schmidt: Führer und Gefolgschaft nach dem Regentenspiegel Martin Luthers vom Jahre 1534. Rede gehalten am 31. Oktober 1934. Halle 1935 (Hallische Universitätsreden, 62).

als Erfüllung deutscher Geschichte. Aus gegebenem Anlass ließ sich Rektor Weigelt 1941 nochmals auf einen Theologen ein und man einigte sich auf Oskar Thulin, der 1941 die letzte Rede hielt und damit die Hallesche Tradition der Reformationsfeiern beendete. Der Lehrstuhlinhaber[130] für Kirchliche Kunst und Christliche Archäologie war, im Gegensatz zu der Mehrheit seiner Kollegen, klarer Parteigänger der NSDAP[131] und hatte seinen Lehrstuhl erst 1940 erhalten. Ob die Berufung unter dem Einfluss Alfred Rosenbergs stand, lässt sich nach Aktenlage nicht beweisen, ist aber angesichts der Parallelen zur Berufung Heinrich Springmeyers,[132] der 1940 die Rede gehalten hatte, wahrscheinlich.

Oskar Thulin hatte im November 1941 nicht nur dem Zeitgeist entsprochen, sondern vielmehr die Zeichen der Zeit erkannt, indem er über *Volkstum und Völker in Luthers Reformation*[133] sprach. Insa Christiane Hennen verweist in ihren Beobachtungen zur Terminologie und zur pathetischen Ausdrucksweise der von Oskar Thulin in der NS-Zeit verfassten Texte auf die Parallelen zu Alfred Rosenbergs *Mythos des 20. Jahrhunderts*. Diese können nicht unter dem bloßen Aspekt des Zeitgeistes bewertet werden. Gegenwärtige und vergangene Ereignisse sollten vielmehr emotional aufgeladen und die jeweiligen »Adressaten begeistert, wenn nicht verführt werden«.[134] In seiner Halleschen Rede wurde der Reformator deshalb von Thulin als Initiator einer neuen europäischen Geschichtsepoche vorgestellt, der zur nationalen Persönlichkeit für die Völker Skandinaviens und Finnlands, des Baltikum, der Slowakei, Ungarns und bei einzelnen Völkern des Balkans geworden sei. Mit dem Verweis auf die Rolle der Reformation zur Stärkung des geschwächten deutschen Volkstums in der Diaspora Osteuropas wird indirekt auch der Hinweis gegeben, welche Rolle die Martin-Luther-Universität im Rahmen der nationalsozialistischen Ostexpansion spielen könnte.

---

130 Thulin hatte seine Antrittsvorlesung 1930 in Halle über *Das wissenschaftliche Prinzip der Lutherhalle* gehalten und war zunächst als Dozent tätig. Bereits 1932 liegt das Gutachten über seine Habilitationsschrift vor, einen Lehrstuhl erhielt er aber erst 1940; Akte Oskar Thulin. Promotion und Habilitation. UA Halle, Rep. 27, Akte 252.

131 Thulin verlor 1945 seinen Lehrstuhl aufgrund seiner Mitgliedschaft in der NSDAP und SA; vgl. HARTMUT MAI: Prof. D. Dr. Oskar Thulin. In: Herbergen der Christenheit 18, 1999, 111–118, hier 114.

132 Vgl. Anm. 118.

133 OSKAR THULIN: Volkstum und Völker in Luthers Reformation. Rede gehalten am 10. November 1941. In: Archiv für Reformationsgeschichte 40, 1944, 1–30.

134 INSA CHRISTIANE HENNEN: Von sinnwidrigen Um- und Ausbauten der letzten Jahrhunderte befreit. Oskar Thulin und der Mythos der Lutherstätten. In: Lutherhaus Wittenberg. Bauforschungen. (im Druck).

VII Bilanz

Die letzte, von Oskar Thulin gehaltene Rede anlässlich der Reformationsfeier der Universität Halle-Wittenberg wurde, im Gegensatz zu ihren Vorgängern, nicht mehr in der Reihe der »Hallischen Universitätsreden« gedruckt. Das Manuskript heftete man, auf Wunsch des Rektors, zunächst zu den Akten, eine Drucklegung erfolgte jedoch 1944 in der Reihe *Archiv für Reformationsgeschichte*. Diese Besonderheit kann nicht hinlänglich mit den kriegswirtschaftlichen Zwängen des Jahres 1941 erklärt werden, sondern illustriert den geänderten Stellenwert der Feiern und Reden.

Die Hallesche Universität hatte in den späten zwanziger Jahren die historische Erinnerung in den Dienst der Gegenwart gestellt. Luther und die Reformation wurden zu zentralen Selbstbildressourcen, um dem faktischen Bedeutungsverlust der Universität entgegenzuwirken sowie den Anspruch auf Fortbestand zu unterstreichen. Der Rekurs auf Luther sollte aber auch den Verlust der preußischen Eigengeschichte kompensieren, denn mit dem im Jahr 1930 ministeriell verordneten Wegfall des ›Friedrichs‹ im Namen war nun nicht mehr gewiss, was im Zentrum stand. In der Stunde der Not besannen sich die Hallenser erst recht auf den evangelischen Schutzpatron und machten ihn schließlich zum neuen Namensgeber. Die politischen Unruhen der frühen dreißiger Jahre, insbesondere die Proteste gegen die Berufung des Theologen Günther Dehn, verstärkten diese Entwicklung, waren jedoch nicht deren Ursache. Die ambivalente Haltung der drei im Senat vertretenen nationalsozialistisch orientierten Professoren zum neuen Namen sowie die Nichtteilnahme ranghoher NS-Funktionäre bei der Reformationsfeier 1933 zeigen zudem, dass sich kein direkter Zusammenhang zwischen der Namensverleihung und der Machtergreifung Hitlers belegen lässt.

Sah man in der Hallenser Reformationserinnerung sowie der Namensverleihung ursprünglich einen Anknüpfungspunkt an die ältere Linie der Universitätsgeschichte und einen Rettungsanker für das Fortbestehen des gefährdeten Hochschulstandortes, so ging dieser Charakter in den Jahren des Nationalsozialismus verloren. Anlass, Inhalt und Form des reformatorischen Gedenkens änderten sich durch die Integration nationalsozialistischer Feierformeln so stark, dass sich selbst in den Reihen der Hochschullehrer offener Widerstand regte. Dies gilt insbesondere für den von Hans Hahne initiierten Missbrauch der Memoria Lutheri für rassekundliche Forschungen, aber auch für die seit 1935 betriebene Verbindung der Reformationserinnerung mit einem NS-Totenkult. Die bewusste Zurückdrängung des kirchlichen Einflusses sowie die postulierte Volksgemeinschaft über konfessionelle Grenzen hinweg machten eine ursprünglich von den evangelischen Theologen getragene Feier unmöglich. Abzulesen ist der Schwenk von der evangelischen Reformations- zur nationalsozialistischen Lutherfeier beispielsweise an der Verlegung auf den

10. November, aber auch an der Rednerliste. Stellten vor 1933 die Theologen noch die Mehrheit, so kamen sechs der acht Redner zwischen 1933 und 1941 aus anderen Fakultäten, ein Umstand, der sich in der Themenwahl und den Redeinhalten deutlich niederschlug. Aber selbst die beiden Theologen passten ihre Beiträge thematisch in die Ideologie des Dritten Reiches ein.

Die legitimierende Funktion der akademischen Reformationsfeier für den Fortbestand der Universität ging in diesem Transformationsprozess ebenso verloren wie die ihr ursprünglich zugedachte Aufgabe der Identitätsstiftung einer Universität mit protestantischem Profil.[135] Dabei zeigen bereits die Ereignisse der frühen dreißiger Jahre, vor allem der Boykott durch die Studenten 1931, dass das Projekt einer Profilierung der Universität als Bewahrerin der Lehrstühle Luthers und Melanchthons nicht den erhofften Erfolg fand. Die Nationalsozialisten übernahmen den Feieranlass, veränderten Form und Inhalt aber bis zur Unkenntlichkeit. An die Stelle einer Halle-spezifischen akademischen Festkultur trat eine uniformierte, um nationalsozialistische Inhalte ergänzte Feier, die zum ungeliebten Zeremoniell erstarrte. Deshalb wurde die jährliche Feierpraxis 1941 zu Grabe getragen und erfuhr auch nach dem Krieg keine Wiederauferstehung.

---

135 Noch 1930 betrug der Anteil der evangelischen Studenten 92,8 Prozent, ein Spitzenplatz unter den deutschen Hochschulen; vgl. Grüttner: Studenten [s. Anm. 116], 495.

Martin Luther als evangelischer Schutzheiliger

Die Reformationsfeiern an der Universität Halle-Wittenberg 1927–1941

Teil 2: Redner und Reden

Sebastian Kranich

Institutionen stellen ihre Geltungsansprüche symbolisch dar. Wie die in ihrer Existenz bedrohte Universität Halle-Wittenberg sich im Rekurs auf ihren »selbstgewählten Schutzpatron«[1] und »Schutzherrn«[2] Martin Luther seit 1927 ideell abzusichern suchte, hat Silvio Reichelt gezeigt.[3] Obwohl die nationalsozialistische Ideologie das hergebrachte protestantische Selbstverständnis des Lehrkörpers nach 1933 überlagerte,[4] blieb Luther für die Universität und besonders für deren Theologische Fakultät eine feste Größe. So begründete etwa das Reichserziehungsministerium 1939 in seinem Zusammenlegungsplan für die Theologischen Fakultäten die vorläufige Erhaltung der Halleschen Fakultät mit dem Namen Martin-Luther-Universität.[5] Alfred Rosenberg machte gegen diese Begründung zwar geltend, dass »Luther dem ganzen Volk und nicht lediglich einer Konfession gehöre«[6], beschied aber doch: »Unbeschadet dessen mag im übrigen bis auf weiteres die theologische Fakultät in Halle erhalten bleiben.«[7]

Diese Fakultät hatte, wie von Reichelt dargestellt, den Anstoß zu den jährlichen universitären Reformationsfeiern gegeben. Gesprochen haben anlässlich der Feiern aber nicht nur Theologen wie Johannes Ficker (1927/1930), Ernst Kohlmeyer (1930/1932), Hans Schmidt (1934) und Oskar Thulin (1941), sondern vor allem auch Historiker unterschiedlicher Fachgebiete: Der Mit-

1 Georg Baesecke: Luther als Dichter. Rede zum Luthergedenktage am 10. November 1935. Halle 1938 (Hallische Universitätsreden, 65), 3.

2 Wilhelm Waetzoldt: Die Kunst als geistige Waffe. Rede zum Luthergedenktage am 10. November 1936. Halle 1936 (Hallische Universitätsreden, 70), 3.

3 Vgl. Silvio Reichelt: Martin Luther als evangelischer Schutzheiliger. Die Reformationsfeiern an der Universität Halle-Wittenberg 1927–1941. Teil 1: Die Feiern, in diesem Band oben 145–169.

4 Ohne es vollständig zu ersetzen, was nicht zuletzt am Protest gegen einseitig nationalsozialistische Inszenierungen der Feiern zu ersehen ist. Vgl. ebd, 162f.

5 Vgl. Eike Wolgast: Nationalsozialistische Hochschulpolitik und die evangelisch-theologischen Fakultäten. In: Theologische Fakultäten im Nationalsozialismus. Hg. v. Leonore Siegele-Wenschkewitz u. Carsten Nicolaisen. Göttingen 1993 (Arbeiten zur Kirchlichen Zeitgeschichte, Reihe B, 18), 45–87, hier 67f.

6 Wolgast: Hochschulpolitik [s. Anm. 5], 69.

7 Schreiben von Alfred Rosenberg an Rudolf Heß vom 4.5.1939, so zit. n. Wolgast: Hochschulpolitik [s. Anm. 5], 69.

telalterhistoriker Robert Holtzmann (1928), der Wirtschaftshistoriker Gustav Aubin (1929), der sprachgeschichtlich arbeitende Germanist Georg Baesecke (1931/1935), der Kunsthistoriker Wilhelm Waetzoldt (1936) sowie der Rechtshistoriker Gerhard Buchda (1938). Die Phalanx der Geisteswissenschaftler, in die noch der Philosoph Heinrich Springmeyer (1940) einzureihen ist, ergänzten der Anatom Hermann Stieve (1933) und der Neurologe Paul Hilpert (1937).

Allein diese Reihe von Vertretern unterschiedlicher Wissensgebiete lässt eine gewisse Spannbreite der dargebotenen Deutungen Luthers, der Reformation und ihrer Wirkungen vermuten. Im Folgenden soll daher untersucht werden, wie sich in den Festreden von 1927 bis 1941 fachwissenschaftliche und zeitdiagnostische Elemente zueinander verhalten, welche konkreten politischen Ereignisse darin ihren Widerhall finden, welche Redeabsichten verfolgt und welche Aktualisierungen von Geschichte vorgenommen werden. Dabei ist jeweils zu beachten, was den Redner als Redner qualifizierte und wie dieser sich zum Redeanlass stellte; ist doch eine Rede bei einem akademischen Festakt ohne eine solche Stellungnahme nur schwer denkbar.

I 1927–1932: Lutherrenaissance und Troeltsch-Weber-These in der Weimarer Republik

Wer Luther gedenkt, kommt in Kontakt »mit einem Lebendigen«[8]. Diese These des Kirchenhistorikers Karl Holl von 1917 markiert den grundlegenden Protest der Lutherrenaissance gegen die Tendenzen zur Relativierung des Reformators im Historismus.[9] Anliegen der Lutherrenaissance war es, Luther und seine Theologie als Kraftquelle und normativen Maßstab in einer als krisenhaft empfundenen Gegenwart zu etablieren. Das besondere Interesse Holls, der prägendsten Gestalt des Übergangs vom Historismus zur Lutherrenaissance, war auf den jungen Luther und dessen Rechtfertigungstheologie gerichtet.

---

8 Karl Holl: Was verstand Luther unter Religion? In: Ders.: Gesammelte Aufsätze zur Kirchengeschichte Bd. 1. Tübingen [5]1927, 1–110, 1.

9 Vgl. dazu und zum Folgenden: Heinrich Assel: Der andere Aufbruch. Die Lutherrenaissance – Ursprünge, Aporien und Wege: Karl Holl, Emanuel Hirsch und Rudolf Hermann (1910–1935). Göttingen 1994 (Forschungen zur ökumenischen und systematischen Theologie, 72); Thomas Kaufmann: Anmerkungen zu generationsspezifischen Bedingungen und Dispositionen. In: Evangelische Kirchenhistoriker im Dritten Reich. Hg. v. Th. Kaufmann u. Harry Oelke. Gütersloh 2002 (Veröffentlichungen der Wissenschaftlichen Gesellschaft für Theologie, 21), 32–54, hier 37–44; Klaus Tanner: Die fromme Verstaatlichung des Gewissens. Zur Auseinandersetzung um die Legitimität der Weimarer Reichsverfassung in Staatsrechtswissenschaft und Theologie der zwanziger Jahre. Göttingen 1989 (Arbeiten zur Kirchlichen Zeitgeschichte, Reihe B, 15), bes. 206–209, 213–220, 233–244.

Von da aus fasste er Luthers Religion als Gewissensreligion, der religiös wie gesellschaftlich eine »innere Vergemeinschaftung«[10] entsprechen sollte.

Der Bewegung inhärierten eine deutliche Kritik der Aufklärung sowie ein antiindividualistischer, antiwestlicher, deutschnationaler Zug. Das unter den Bedingungen der antihistoristischen Wende entstandene Schrifttum der Universitätstheologen der Lutherrenaissance ist gekennzeichnet durch ein »Beieinander von gelehrten, philologisch subtil verfahrenden Einzelstudien und traktatartigen historiographischen Überzeugungs-, Bekenntnis- und Propagandatexten«.[11] In den Druckfassungen der Reden des Kirchenhistorikers Johannes Ficker zu den Reformationsfeiern 1927 und 1930 wird dieses Beieinander greifbar. Während alle anderen Halleschen Universitätsreden zu Reformationsfeiern im Untersuchungszeitraum nur mit sehr knappen Anmerkungen versehen sind, fällt bei Ficker der Anmerkungsteil umfangreicher aus als die eigentliche Rede.[12] Genauer ist bei Fickers Reden allerdings von einer Durchdringung der Festreden mit philologischer Detailkenntnis zu sprechen. Wie kaum ein anderer Redner, abgesehen von seinem Nachfolger Ernst Kohlmeyer, seinem Schüler Oskar Thulin und dem Germanisten Georg Baesecke, war Ficker mit Schriften Luthers vertraut. Jahrzehntelang hatte er sich mit den von ihm wiederentdeckten Frühvorlesungen des Reformators zum Römer- und Hebräerbrief aus den Jahren 1515–1518 befasst, die für die Lutherrenaissance von entscheidender Bedeutung waren.[13] Wurde doch hier der junge Luther in seinem Ringen um die ›Gerechtigkeit Gottes‹ im Kontext seines ›Rechtfertigungserlebnisses‹ greifbar, das zum Kriterium der unterschiedlichen ›Rechtfertigungstheologien‹ der Bewegung avancierte.

Indem Ficker 1927 »Luther als Professor«[14] schildert, verbindet er geschickt Redeanlass und eigenes theologisches Profil. Luther erscheint bei ihm ganz als Bibeltheologe, dessen wichtigstes Anliegen die Behandlung des Römerbriefs war, welche für die »Reformatoren der Schlüssel zur Bibel, die Grundlage sys-

---

10 Tanner: Verstaatlichung [s. Anm. 9], 213.

11 Kaufmann: Anmerkungen [s. Anm. 9], 41.

12 Vgl. Johannes Ficker: Luther als Professor. Rede zum Gedächtnis der Reformation am 31. Oktober 1927. Halle 1928 (Hallische Universitätsreden, 34). Auf die Rede entfallen die Seiten 3–25, auf die Anmerkungen die Seiten 26–50. Johannes Ficker: Die Eigenart des Augsburgischen Bekenntnisses. Rede gehalten am 3. Juli 1930. Halle 1930 (Hallische Universitätsreden, 47). Hier entfallen auf die Rede die Seiten 3–21, auf die Anmerkungen die Seiten 23–44.

13 Vgl. Günter Schenk u. Regina Meyer: Biographische Studien über die Mitglieder des Professorenzirkels »Spirituskreis«. Halle 2007, 309–318; Christian Stephan: Die stumme Fakultät. Biographische Beiträge zur Geschichte der Theologischen Fakultät der Universität Halle. Dössel 2005, 105–109; Oskar Thulin: Johannes Ficker. Bibliographie. Halle/Berlin 1936.

14 Vgl. Ficker: Luther [s. Anm. 12].

tematischer Einführung in die evangelischen Glaubenswahrheiten«[15] gewesen sei. Zugleich wird Luther als vorbildlicher Professor vor Augen geführt, dem die »Vorlesung selbst zur Feierstunde der Erhebung, ein Gottesdienst seines akademischen Berufes«[16] wurde. Anhand von dessen Römer-, Hebräerbrief- und Psalmenvorlesungen schildert Ficker die wissenschaftliche Arbeitsweise und den Vorlesungsstil des Reformators, dessen weitausholende Vielgestaltigkeit wiederum nur darauf gezielt habe, »die geschlossene Einheitlichkeit der reformatorischen Grundanschauung«[17] verstehbar zu machen. Luther selbst wird zum Quellpunkt verschiedener Wirkungen der Reformation. In der Art eines Bibel- und somit Universalgelehrten habe er sich auch mit Naturkunde, alter Geschichte, Musik, Medizin und »Beobachtungen an sich selbst«[18] befasst. Alle »Denker und Dichter unseres Volkes« seien, ob nun bewusst oder unbewusst, von »seinem lebendigen Hauche berührt«.[19] Ficker präsentiert Luther aber nicht nur als Vorbild und Identifikationsfigur, sondern auch als Strafredner gegen faule Studenten, Neid unter Gelehrten und die »akademische Erbsünde« des »Hochmuts«.[20]

Besonders charakteristisch für den kunstsinnigen Kirchenhistoriker ist die Beschreibung des Werks von Luther als »unbegreifliches Gesamtlebenswerk, an dessen allein literarischen Umfang [...] keines unserer andern Klassiker heranreicht«.[21] In seiner Rede über die »Eigenart des Augsburgischen Bekenntnisses«[22] bezeichnet er 1930 die Confessio Augustana und deren Apologie als »Magna Charta«[23] einer Konfession, zugleich aber auch als »Kunstwerk« mit »einer auf deutschem Boden seltenen, an Adel und Schönheit den Gebilden Augsburger Kunst vergleichbaren Formkraft.«[24] Charakteristisch und nicht einfach aus dem herrschenden Zeitgeist der Lutherrenaissance heraus zu erklären ist auch die starke Bedeutung, die der Neuhumanist Ficker Melanchthon zumisst. Weite Teile der Rede von 1930 beschäftigen sich dem Redeanlass gemäß mit dem Verfasser des Augsburger Bekenntnisses. Aber auch schon in der Rede über Luther 1927 wird beschrieben, wie Melanchthon, »das größte wissenschaftliche Ereignis Wittenbergs, [...] fördernd an der Seite Luthers steht«,[25] wie stark die

15 FICKER: Luther [s. Anm. 12], 5.
16 FICKER: Luther [s. Anm. 12], 7.
17 FICKER: Luther [s. Anm. 12], 15.
18 FICKER: Luther [s. Anm. 12], 18.
19 FICKER: Luther [s. Anm. 12], 25.
20 FICKER: Luther [s. Anm. 12], 22.
21 FICKER: Luther [s. Anm. 12], 4.
22 Vgl. FICKER: Eigenart [s. Anm. 12].
23 FICKER: Eigenart [s. Anm. 12], 8.
24 FICKER: Eigenart [s. Anm. 12], 14.
25 FICKER: Luther [s. Anm. 12], 6.

»Wirkung des großen Humanisten«[26] auf Luther ist. Die Hochschätzung, die »der Ästhet in der Fakultät«[27] Ficker seinem ›Amtsvorgänger‹ Melanchthon entgegenbrachte, findet ihren Ausdruck in der Beschreibung Melanchthons als »Formgenius« der Wittenberger Reformation, »selber künstlerisch tätig, künstlerisch auch in Anschauung und Ausdruck, ein Liebhaber und Kenner künstlerischer Werke, im lebhaften Verkehre mit den Künstlern.«[28]

Dieser starke Zug Fickers zum Humanismus und ins Ästhetische lässt die nationalen Töne in dessen Reden nur in kultivierter Weise und eher am Rande erklingen: Die Scheidung von geistlicher und weltlicher Gewalt in der Confessio Augustana gilt ihm als »ein Urteil religiöser Absolutheit, deutscher Sachlichkeit und deutscher wissenschaftlicher Sorgfalt.«[29] Die Bibelauslegung Luthers »für alle Stände [...] seines Deutschlands« stellt Ficker als »körnig und schlicht wie Roggenbrot und so klar und so frisch wie ein Trunk aus dem Waldquell«[30] vor Augen. Nur in der Rede vom 3. Juli 1930 macht er am Eingang eine tagesaktuelle politische Bemerkung zur »soeben« geschehenen »Befreiung des Vaterlandes«, die man »nie vergessen«[31] werde: zum Ende der französischen Besetzung des Rheinlands am 30. Juni.

Einen Tag nach der Rede Fickers zum Jubiläum der Confessio Augustana sprach mit Ernst Kohlmeyer am 4. Juli 1930 ein weiterer Kirchengeschichtler in der Schlosskirche Wittenberg anlässlich der Feierlichkeiten. Kohlmeyer war zum 1. April 1930 als Nachfolger Fickers in Halle berufen worden. Er hatte schon zuvor zum Thema Reformation gearbeitet,[32] welches ihn in Halle und auch später weiter beschäftigen sollte.[33] Die ganze Rede weist auch ihn als Vertreter der Lutherrenaissance aus. Am Ende seiner Ausführungen über den Rückweg von Augsburg 1530 nach Wittenberg 1517,[34] hin zum »jungen Luther, dem Mann

---

26 FICKER: Luther [s. Anm. 12], 6.

27 STEPHAN: Stumme Fakultät [s. Anm. 13], 107.

28 FICKER: Eigenart [s. Anm. 12], 9.

29 FICKER: Eigenart [s. Anm. 12], 13.

30 FICKER: Luther [s. Anm. 12], 21.

31 FICKER: Eigenart [s. Anm. 12], 3.

32 Vgl. u. a. ERNST KOHLMEYER: Die Entstehung der Schrift Luthers »An den christlichen Adel deutscher Nation«. Gütersloh 1922; DERS.: Zu Luthers Anschauungen vom Antichrist und von weltlicher Obrigkeit. In: Archiv für Reformationsgeschichte 24, 1927, 142–150.

33 Neben kleineren Beiträgen vgl. vor allem WALTER KÖHLER: Zwingli und Luther: Ihr Streit über das Abendmahl nach seinen politischen und religiösen Beziehungen. Bd. 2: Vom Beginn der Marburger Verhandlungen 1529 bis zum Abschluss der Wittenberger Konkordie 1536. Hg. v. ERNST KOHLMEYER u. HEINRICH BORNKAMM. Gütersloh 1953 (Quellen und Forschungen zur Reformationsgeschichte, 7).

34 Vgl. ERNST KOHLMEYER: Von Augsburg nach Wittenberg. Rede gehalten bei der Augustana-Feier am 4. Juli 1930 in der Schloßkirche zu Wittenberg. Halle 1930 (Hallische Universitätsreden, 49).

der unerschrockenen ersten Kampfesjahre«,[35] steht ein »Lutherus vivit«.[36] Doch stärker als Fickers Reden zielen die Reden Kohlmeyers ins Politische, die Rede von 1932 über »Gustav Adolf und die Staatsanschauung des Altluthertums«[37] ins Staatsethische. Kohlmeyer war 20 Jahre jünger als Ficker, Weltkriegsteilnehmer, 1933 Mitglied der Glaubensbewegung Deutsche Christen, von der er sich Ende 1933 allerdings wieder distanzierte, später auch Mitglied der NSDAP.[38] Die Schlüsselbegriffe seiner Rede von 1930 sind Gebundenheit und Gemeinschaft. Luthers striktes Festhalten an gewonnenen Glaubensüberzeugungen habe zwar zu »Verengung« und »Versteifung«[39] geführt. Aber der »Protestantismus« sei im Sinne des Reformators nun einmal »zuerst und wiederum zuletzt Gebundenheit«,[40] Gebundenheit in Gott und in der Gemeinschaft. »Freiheit allein« sei »hier nichts«,[41] der »Subjektivismus einer Gewissensreligion«[42] letztlich unprotestantisch. Bekenntnisse wie das Augsburger sind für Kohlmeyer »in den Grundlinien ihres Wesens«[43] unhintergehbar, und, da sie Gemeinschaft stifteten, notwendig, »um protestantischen Gemeinschaftsgeist zu umhegen«.[44] Wenngleich »auch der neugeschaffene Staat nicht gewillt« sei, der »Kirche das Leben unmöglich zu machen«,[45] skizziert Kohlmeyer den Weg der Kirche in Absetzung und Umformung demokratischer Prinzipien. Eine »rein demokratische«[46] Verfassung der Kirche sei unmöglich. Luther habe »nie die Mehrheit der 51 % als höchste Autorität angesehen«.[47] Der »starke Zug unserer Zeit zur Demokratie, zum Volksstaat« bedeute »für die protestantische Volkskirche«[48] die Stärkung des »Gedanken zum Organismus, das Äquivalent für jene religiös-ethische Idee des corpus Christi, hier

35 Kohlmeyer: Augsburg [s. Anm. 34], 3.

36 Kohlmeyer: Augsburg [s. Anm. 34], 23. Vgl. auch ebd., 22, die Bemerkung: »es ist eine der erfreulichsten Erscheinungen unseres theologischen Lebens, daß wir in einer Lutherrenaissance stehen«.

37 Ernst Kohlmeyer: Gustav Adolf und die Staatsanschauung des Altluthertums. Rede anläßlich der Reformationsfeier am 31. Oktober 1932 gehalten in der Aula der Vereinigten Friedrichs-Universität Halle-Wittenberg. Halle 1933 (Hallische Universitätsreden, 58).

38 Vgl. Sebastian Kranich: Art. »Kohlmeyer, Wilhelm Heinrich Ernst«. In: Biographisch-Bibliographisches Kirchenlexikon 31, 2010, 741–745; Schenk u. Meyer: »Spirituskreis« [s. Anm. 13], 410–416; http//www.catalogus-professorum-halensis.de/kohlmeyerernst.html (Zugriff am 13.8.2010).

39 Kohlmeyer: Augsburg [s. Anm. 34], 5.

40 Kohlmeyer: Augsburg [s. Anm. 34], 6.

41 Kohlmeyer: Augsburg [s. Anm. 34], 6.

42 Kohlmeyer: Augsburg [s. Anm. 34], 6f.

43 Kohlmeyer: Augsburg [s. Anm. 34], 17.

44 Kohlmeyer: Augsburg [s. Anm. 34], 15.

45 Kohlmeyer: Augsburg [s. Anm. 34], 12.

46 Kohlmeyer: Augsburg [s. Anm. 34], 18.

47 Kohlmeyer: Augsburg [s. Anm. 34], 18.

48 Kohlmeyer: Augsburg [s. Anm. 34], 17.

verwirklicht durch freiwillige Bindung der Individualitäten zum gemeinsamen Zusammenwirken.«[49] Die Antwort auf das soziale Problem bestehe in der »communio sanctorum als tätige Gemeinschaft, wirksame Bruderschaft«.[50]

1930 wehrt Kohlmeyer demokratische Verfahren und Verhältnisse für die Kirche ab, toleriert sie aber für den Staat. 1932 jedoch führt er einen Luther vor, der auch im Blick auf die weltliche Gewalt »einer von denen« gewesen sei, »die am weitesten vom Kultus der 51 % entfernt waren«,[51] als einen, der in den großen »Gestalten der Geschichte« wie Augustus oder Hannibal »Wundermänner der Geschichte« erkennt, die »Schaffer und Bildner des Rechts«[52] sind. Gustav Adolf schildert er auf dieser Basis zugleich als einen solchen Wundermann, als »heroischen Lutheraner«,[53] der mit aller Macht auf ein »neues Corpus Evangelicorum«[54] vom Rand der Alpen bis nach Skandinavien hingearbeitet hätte. Ein großes Interesse hat Kohlmeyer daran, gegen Ernst Troeltsch jeglichen Einfluss des Naturrechtsdenkens von Hugo Grotius, der »Religionskriege tunlichst auszuschalten und durch Toleranz zu ersetzen«[55] suchte, auf Gustav Adolf abzuweisen. Die Konsequenz, welche Kohlmeyer aus der »großen Gedankenlinie Luthers« und »ihrer Verwirklichung durch die Taten Gustav Adolfs«[56] zieht, zeigt, dass es dabei nicht nur um eine Forschungskontroverse ging. In ihrem Gegenwartsbezug ist sie kurz vor dem Ende der Weimarer Republik unschwer zu dechiffrieren: »der Respekt vor der Geschichte, wenn sie mit ihren großen Erschütterungen, ihren großen Gestalten schließlich über jedes System, jede einmal geschaffene politische und staatliche Gestaltung hinwegschreitet«.[57]

Ungeachtet aller Unterschiede bildete bei den Theologen Ficker und Kohlmeyer ein Luther den Kernpunkt der Argumentation, der eine bestimmte gültige ›Glaubenswahrheit‹ verkörperte. Diesem Luther wurde eine ungeheure Wirkungskraft bis in die Gegenwart zugeschrieben. Der Blick auf die kulturellen Wirkungen der Reformation in ihrer Breite war hingegen zurückgenommen. Während sich etwa Ernst Troeltsch an der »Bedeutung des Protestantismus für die Entstehung der modernen Welt«[58] und am »Verhältnis des Protestantismus

49 Kohlmeyer: Augsburg [s. Anm. 34], 17.
50 Kohlmeyer: Augsburg [s. Anm. 34], 17.
51 Kohlmeyer: Gustav Adolf [s. Anm. 37], 6.
52 Kohlmeyer: Gustav Adolf [s. Anm. 37], 6.
53 Kohlmeyer: Gustav Adolf [s. Anm. 37], 27.
54 Kohlmeyer: Gustav Adolf [s. Anm. 37], 22.
55 Kohlmeyer: Gustav Adolf [s. Anm. 37], 19.
56 Kohlmeyer: Gustav Adolf [s. Anm. 37], 28.
57 Kohlmeyer: Gustav Adolf [s. Anm. 37], 28.
58 Ernst Troeltsch: Die Bedeutung des Protestantismus für die Entstehung der modernen Welt. München u. Berlin [3]1911. In: Ernst Troeltsch: Schriften zur Bedeutung des Protestantismus für die moderne Welt (1906–1913). Hg. v. Trutz Rendtorf. Berlin/New York 2001 (Kritische Gesamtausgabe, 7), 199–316.

zur Kultur«[59] abgearbeitet hatte, behauptete Kohlmeyer im Modus der Rückprojektion: Luther habe »all die Probleme der neuesten Zeit, die sich erheben zwischen Protestantismus und Individualismus, Philosophie, Wissenschaft, Kultur, Sozialismus, Politik [...] von vornherein entschieden durch radikale Ablehnung.«[60]

Diese Engführung konnten Festredner aus anderen Fachgebieten, die sich ernstlich auf den Anlass ihrer Rede einließen, schwerlich mitvollziehen. So kann es kaum verwundern, dass der Mittelalterhistoriker Robert Holtzmann 1928 in seiner Rede über »Deutsche Geschichte und konfessionelle Spaltung«[61] die dogmatische Theologie der Lutherrenaissance gar nicht, der Wirtschaftshistoriker Gustav Aubin 1929 in seinen Ausführungen zum »Einfluß der Reformation in der Geschichte der deutschen Wirtschaft«[62] diese nur am Rande berücksichtigt. Aubin geht von der Protestantismusthese Max Webers aus, Holtzmann folgt in seinem systematischen Zugriff Ernst Troeltsch.

Der 1916 vor Verdun schwer verwundete Holtzmann[63] hatte schon anlässlich des Reformationsjubiläums 1917 in den von Julius Websky herausgegebenen liberalen Protestantischen Monatsheften einen Beitrag geschrieben, in dem er Deutschland als Kulturnation und die Reformation als »erste rein deutsche und ganz große deutsche Kulturtat«[64] verteidigte. Damit waren aber auch die Leistungen anderer Kulturen, etwa der »Romanen«[65] im Mittelalter anerkannt. Die Reformation beschrieb er als »eminent demokratische Bewegung«[66] und stellte als konstitutiv für den Protestantismus besonders den »Zug des Gedanklichen

59 Ernst Troeltsch: Das Verhältnis des Protestantismus zur Kultur. Überblick (1913). In: Ernst Troeltsch: Gesammelte Schriften, Bd. 4: Aufsätze zur Geistesgeschichte und Religionssoziologie. Hg. v. Hans Baron. Tübingen 1925, 191–202.

60 Kohlmeyer: Augsburg [s. Anm. 34], 9.

61 Robert Holtzmann: Deutsche Geschichte und konfessionelle Spaltung. Rede gehalten bei der Reformationsfeier der Vereinigten Friedrichs-Universität Halle-Wittenberg am 31. Oktober 1928. Halle 1928 (Hallische Universitätsreden, 38).

62 Gustav Aubin: Der Einfluß der Reformation in der Geschichte der deutschen Wirtschaft. Rede gehalten bei der Reformationsfeier der Vereinigten Friedrichs-Universität Halle-Wittenberg am 31. Oktober 1929. Halle 1929 (Hallische Universitätsreden, 44).

63 Vgl. http//www.catalogus-professorum-halensis.de/holtzmannrobert.html (Zugriff am 13.8.2010); Albrecht Timm: Art. »Holtzmann, Robert«. In: Neue Deutsche Biographie, 9, Berlin 1972, 563.

64 Robert Holtzmann: Luther und die deutsche Kultur. In: Protestantische Monatshefte. Neue Folge der Protestantischen Kirchenzeitung, 22. Jg., Heft 1/2, Januar 1918, 1–14, Zit. 3.

65 Holtzmann: Luther [s. Anm. 64], 2.

66 Holtzmann: Luther [s. Anm. 64], 5.

und Persönlichen«[67] heraus, der zur Auflösung einer »Zwangskultur«[68] und zum Entstehen einer »freien Kultur«[69] beigetragen habe, worauf er diese These für verschiedene Kulturfelder belegte. Während Kohlmeyer 1930 die »Periode der Aufklärung und des Idealismus mit den gegenpoligen Idealen des Individualismus und des Kosmopolitismus« in einer »geschichtlich nicht lebensfähigen Gemeinschaft humaner Moral und Menschenliebe«[70] münden sah, konnten sich für Holtzmann der »Rationalismus der Aufklärung«[71] und Friedrich Schiller mit dem gleichen Recht auf Luther berufen wie die lutherische Orthodoxie.

Als der Mittelalterhistoriker zur Reformationsfeier 1928 in Halle sprach, stand das hochumstrittene zehnjährige Jubiläum der Novemberrevolution kurz bevor. Vor diesem Hintergrund ist die Rede, abgesehen von allen fachlichen Erörterungen zu Kaisertum und Territorialfürsten in der Reformationszeit, an drei Punkten besonders spannend: Erstens weist Holtzmann das Szenario, nach dem es ohne die konfessionelle Spaltung zu einer friedlichen und spannungsarmen Entwicklung Deutschlands zur mitteleuropäischen Hegemonialmacht gekommen wäre, als »seltsames Luftschloß«[72] zurück, das »unter dem Eindruck des großen Umsturzes, den der unglückliche Ausgang des Weltkrieges auf materiellem und geistigem Gebiet gebracht hat«[73], errichtet wurde. Zweitens betont er den Gewinn dieser Spaltung, die aus ihr resultierende »Mehrseitigkeit des geistigen Lebens«,[74] insbesondere die »Toleranz« als Modus dieser Mehrseitigkeit und »besonders kostbare Blüte der Menschlichkeit«.[75] Drittens ruft er angesichts der Spaltung in der Gegenwart zum »dauernden geistigen Kampf«, der »auf beiden Seiten Trägheit und Erschlaffung«[76] hindere. Dieser Kampf aber – und das ist der eigentliche Clou – läuft nicht auf Sieg oder Niederlage hinaus oder auf eine Wiedervereinigung der Konfessionen, sondern ist im Sinne von Lessings Ringparabel auf politische wie konfessionelle »Entgiftung des Gegensatzes«[77] gerichtet: »Im friedlichen Wettstreit wird es sich ja ausweisen, wo Leben und Kraft vorhanden ist, und wieviel jeder zu geben vermag.«[78] Als klares Plädoyer für Pluralismus, Toleranz und friedliche, geistige

67 Holtzmann: Luther [s. Anm. 64], 7.
68 Holtzmann: Luther [s. Anm. 64], 11.
69 Holtzmann: Luther [s. Anm. 64], 11.
70 Kohlmeyer: Augsburg [s. Anm. 34], 16.
71 Holtzmann: Luther [s. Anm. 64], 8.
72 Holtzmann: Geschichte [s. Anm. 61], 14.
73 Holtzmann: Geschichte [s. Anm. 61], 5.
74 Holtzmann: Geschichte [s. Anm. 61], 18.
75 Holtzmann: Geschichte [s. Anm. 61], 18.
76 Holtzmann: Geschichte [s. Anm. 61], 18.
77 Holtzmann: Geschichte [s. Anm. 61], 21.
78 Holtzmann: Geschichte [s. Anm. 61], 21.

Auseinandersetzung hebt diese Rede sich von allen untersuchten Reden – auch denen vor 1933 – ab.

In der Rede Aubins über den »Einfluß der Reformation in der Geschichte der deutschen Wirtschaft«[79] von 1929 sind politische Töne nicht so deutlich wahrnehmbar. Den Zeitgenossen galt der Wirtschaftshistoriker als Demokrat. Als Rektor der Halleschen Universität von 1930 bis 1932 sah er sich massiven Angriffen nationalsozialistischer Studenten ausgesetzt.[80] Die Themenwahl begründet der aus einer französischen Hugenottenfamilie stammende Sohn eines Reichenberger Teppichfabrikanten eingangs mit dem Einfluss der Reformation auf die Wirtschaft in Halle und damit, dass den »Redner [...] sein Name und die Geschichte seiner Familie täglich und stündlich an diese Zusammenhänge erinnert.«[81] Am Ende der Rede erfolgt eine Verbeugung vor dem Dogmen- und Kirchenhistoriker Friedrich Loofs, der in seiner Rektoratsantrittsrede 1907 – unter Aufnahme von Gedanken Troeltschs und Webers – gesagt hatte, »[...] daß religiöse Ideen niemals ein direkt wirkender Faktor der Weltkultur sein können oder wollen. Sie wirken hemmend, freilassend, ermutigend ein in das Getriebe mancherlei Kulturfaktoren.«[82] Diese These hätte »auch als Motto unseren Ausführungen vorangestellt werden können.«[83] Gerahmt von der Offenlegung des persönlichen Verhältnisses zum Redegegenstand und der institutionellen wie kulturtheoretischen Rückkoppelung behandelt Aubin anhand der Grundannahmen von Max Webers Protestantismusstudie die Wirtschaftsethik von Thomismus, Luthertum – Luther wird hier eng an Thomas von Aquin gerückt – sowie Calvinismus und stellt dann die wirtschaftlich positiven Effekte der hugenottischen Emigration nach Deutschland regional differenziert dar.

II 1933–1936: Eklektische Vermittlungsversuche im NS-Staat

Grundzug der Reden von 1933 bis 1936 ist die Suche nach positiven Vermittlungszusammenhängen zwischen Luther bzw. der Reformation und dem Nationalsozialismus. Dabei überwiegen Figuren wechselseitiger Legitimation. Zugleich sind teils deutliche Kritik an Luther, aber auch vorsichtig-kritische Töne im Bezug auf die Gegenwart nicht ausgeschlossen. Bei allen mehr oder weniger starken politischen Einfärbungen bleiben die Redner zugleich als Fachwissenschaftler mit eigener wissenschaftlicher Position erkennbar. Unverkennbar ist durchweg auch ein Habitus akademischer Selbstbehauptung. In der nationalsozialistischen

79 Aubin: Einfluß [s. Anm. 62].

80 Vgl. Schenk u. Meyer: »Spirituskreis« [s. Anm. 13], 282–290; http//www.catalogus-professorum-halensis.de/aubingustav.html (Zugriff am 13.8.2010).

81 Aubin: Einfluß [s. Anm. 62], 3.

82 Aubin: Einfluß [s. Anm. 62], 24.

83 Aubin: Einfluß [s. Anm. 62], 24.

Feierpraxis hält sich ein protestantischer Grundton durch. Alle Redner, auch diejenigen, die zwischen 1933 und 1941 sprachen, waren Protestanten.

Die Rede anlässlich der aufwendig organisierten Reformationsfeier 1933, an deren Ende die Urkunde zur Namensverleihung übergeben wurde,[84] hielt der Anatom Hermann Stieve. Am 3. Mai 1933 zum Rektor der Universität Halle gewählt, trat er im November 1933 bereits wieder zurück. Die Erklärung Stieves nach 1945, diese Rede über »Luthers Einfluß auf die Entwicklung naturwissenschaftlicher Erkenntnis«[85] habe zu seinem Rücktritt geführt, da sie gegen die NS-Ideologie gerichtet gewesen sei, ist unhaltbar. Auch wenn die Rede »kein vorbehaltloses [...] Bekenntnis«[86] zum Nationalsozialismus darstellte, war sie doch ein deutliches zur ›nationalen Revolution‹. Stieve, der am Kapp-Putsch teilgenommen und der antirepublikanischen Organisation Escherich angehört hatte, der NSDAP aber nie beigetreten ist,[87] begrüßte am Redebeginn die Gleichschaltungspolitik Hitlers, mit der dieser Deutschland wieder geeint hätte. Die Schlusspassage – vor Übergabe der Urkunde – lief auf Luther als »großen Deutschen«,[88] nicht so sehr als Reformator zu.

In der neuen deutschen Einigkeit, hergestellt vom »Reichskanzler Adolf Hitler«, dem es gelungen sei, »die Parteiengegensätze zu tilgen«,[89] liegt ein Grundmotiv der Rede. Von hier aus kritisierte Stieve die Ausführungen Robert Holtzmanns »vor 5 Jahren an dieser Stelle«[90] und hielt dem Mittelalterhistoriker, der die »Mehrseitigkeit des geistigen Lebens«[91] als positives Resultat der konfessionellen Spaltung Deutschlands gewürdigt hatte, entgegen, dass »die vielen Glaubenskämpfe [...] Deutschland und die ganze gebildete Welt jahrhundertelang zermürbten«.[92] Von hier aus kam er auch zu einer harmonischen, schiedlich-friedlichen Verhältnisbestimmung von Naturwissenschaft und Religion, die sich nach langem »Kampf« heute »freundschaftlich [...] die Hand«[93] reichten. Beide hätten ihr Recht und ihre Sphäre. Naturwissenschaftliches Wissen sei – eine semantische wie inhaltliche Anleihe an 1. Korinther 13 – »Stückwerk«

---

84 Vgl. dazu ausführlicher Reichelt: Martin Luther als evangelischer Schutzheiliger ... Teil 1: Die Feiern [s. Anm. 3], 154–158.

85 Hermann Stieve: Luthers Einfluß auf die Entwicklung naturwissenschaftlicher Erkenntnis. Rede gehalten bei der Reformationsfeier der Luther-Universität Halle-Wittenberg am 31. Weinmond 1933. Halle 1933 (Hallische Universitätsreden, 60).

86 Reichelt: Martin Luther als evangelischer Schutzheiliger ... Teil 1: Die Feiern [s. Anm. 3], 157.

87 Vgl. http//www.catalogus-professorum-halensis.de/stievehermann.html (Zugriff am 13.8.2010).

88 Stieve: Einfluß [s. Anm. 85], 27.

89 Stieve: Einfluß [s. Anm. 85], 6.

90 Stieve: Einfluß [s. Anm. 85], 6.

91 Holtzmann: Geschichte [s. Anm. 61], 18.

92 Stieve: Einfluß [s. Anm. 85], 6.

93 Stieve: Einfluß [s. Anm. 85], 25.

und werde »immer Stückwerk bleiben«.[94] Wer es zu »deuten« suche, müsse sich »auch als Naturforscher in das Reich des Glaubens begeben.«[95]

Insgesamt kann die Rede – oberflächlich betrachtet – als ein großes Plädoyer für Wissenschafts- und Forschungsfreiheit als einer mittelbaren Folge der Reformation erscheinen. So wird den Regierungen zur Zeit der Weimarer Republik vorgeworfen, sie hätten »unsere Lehre und Forschung marxistisch zu durchsetzen versucht«. Dagegen habe man sich »immer gewehrt« und »unser höchstes Gut, die akademische Freiheit [...] gerettet.«[96] Und grundsätzlich heißt es, der Kampf um wissenschaftliche Wahrheit an den Universitäten sei nur möglich, »wenn Forschung und Lehre nicht durch Kirche oder Staat hemmend beeinflußt werden.«[97] Da Stieve später an der Universität Berlin für seine Forschungen skrupellos die Geschlechtsorgane von aus politischen Gründen vom Volksgerichtshof verurteilten und gerade hingerichteten Frauen entnahm, ja sich zuvor um die für ihn günstigste Terminierung der Hinrichtungen kümmerte,[98] erscheint sein emphatisches Eintreten für Forschungsfreiheit 1933 allerdings im Nachhinein eher als ein Plädoyer für Forschung ohne ethische Bedenken und um jeden Preis.

Bezeichnend für die Intention Hermann Stieves ist auch, wie er in einer längeren Passage[99] der Rede auf einen Aufsatz seines Vaters, des vom Katholizismus zum Altkatholizismus konvertierten Historikers Felix Stieve, über den »Hexenwahn«[100] zurückgreift. Felix Stieve war erfüllt von Entsetzen und Entrüstung darüber, »daß die Millionen [...], die nach unsäglichen Martern qualvoll hingerichtet wurden, ohne Zweifel unschuldig waren.«[101] Er mochte ob der Hexenprozesse schier am Christentum verzweifeln, konstatierte aber: »was auch Kirchentum und Theologie verschuldet haben, den sittlichen Gehalt des Christentums haben sie doch nicht zu vernichten vermocht«.[102] Hermann Stieve geht es dagegen weniger um Mitgefühl für die Opfer, sondern vor allem darum, wie hier das Papsttum basierend auf Teufels- und Aberglauben »mit Grausamkeit und Strenge jeden Fortschritt auf naturwissenschaftlichem

94 Stieve: Einfluß [s. Anm. 85], 25.
95 Stieve: Einfluß [s. Anm. 85], 25.
96 Stieve: Einfluß [s. Anm. 85], 23.
97 Stieve: Einfluß [s. Anm. 85], 22f.
98 Vgl. Udo Schagen: Die Forschung an menschlichen Organen nach »plötzlichem Tod« und der Anatom Hermann Stieve (1886–1952). In: Die Berliner Universität in der NS-Zeit. Bd. 2: Fachbereiche und Fakultäten. Hg. v. Rüdiger vom Bruch unter Mitarbeit von Rebecca Schaarschmidt. Stuttgart 2005, 35–54.
99 Stieve: Einfluß [s. Anm. 85], 14–19.
100 Felix Stieve: Der Hexenwahn (Beilage zur »Allgemeinen Zeitung«, 17. und 18. Februar 1897). In: F. Stieve: Abhandlungen, Vorträge und Reden. Leipzig 1900, 300–318.
101 Stieve: Der Hexenwahn [s. Anm. 100], 318.
102 Stieve: Der Hexenwahn [s. Anm. 100], 318.

Gebiet«[103] unterdrückte. Das Insistieren des Anatomen auf wissenschaftliche Genauigkeit wird am Ende eines Gedankensgangs zu Luther konterkariert: Luther ist zwar derjenige, der »den Geist der Menschheit vom Zwang einer in oberflächlichem Denken und in der Sucht nach äußerer Macht verflachten Kirche befreit hat.«[104] Doch sei auch dieser noch im »Teufelsglauben« gefangen gewesen: »Der dunkle Fleck an der Wand seines Arbeitszimmers auf der Wartburg beweist dies nur zu deutlich.«[105]

Mit Hans Schmidt hielt 1934 ein Theologe und Alttestamentler die Festrede über »Führer und Gefolgschaft nach dem Regentenspiegel Martin Luthers vom Jahre 1534«:[106] ein klares Indiz für die relativ starke Position der bis 1935 deutschchristlich dominierten Theologischen Fakultät an der Universität zu Beginn der NS-Herrschaft.[107] In diese Richtung deutet auch der Jahresbericht des amtierenden Rektors Emil Woermann für die Zeit von Juli 1933 bis Juli 1934, in dem die Bedeutung der Universität im 19. Jahrhundert vor allem an ihren Leistungen auf den Gebieten Theologie und Landwirtschaft festgemacht und die Bewahrung der »Lehrstühle von Luther und Melanchthon« als symbolisch bedeutend »für den gesamten Weltprotestantismus«[108] behauptet wird.

Schmidt hatte zur Zeit des Rektorats von Stieve das Amt des Prorektors inne, gehörte seit 1933 der NSDAP und bis 1936 den Deutschen Christen an, stand dem Reichsbischof Müller nahe und war von 1935 an Dekan der Fakultät und Präsident des Fakultätentags der Theologischen Fakultäten bis zum Ende des

---

103 Stieve: Einfluß [s. Anm. 85], 15.

104 Stieve: Einfluß [s. Anm. 85], 17.

105 Stieve: Einfluß [s. Anm. 85], 19.

106 Hans Schmidt: Führer und Gefolgschaft nach dem Regentenspiegel Martin Luthers vom Jahre 1534. Rede bei der Reformationsfeier der Martin-Luther-Universität Halle-Wittenberg am 31. Oktober 1934. Halle 1935 (Hallische Universitätsreden, 62).

107 Zu Hans Schmidt und der Theologischen Fakultät in Halle im Dritten Reich im Folgenden vgl. Cornelius Heinrich Meisiek: Evangelisches Theologiestudium im Dritten Reich. Frankfurt am Main 1993 (Europäische Hochschulschriften; Reihe 23, Theologie, 481); Kurt Meier: Die Theologischen Fakultäten im Dritten Reich. Berlin/New York 1996; Marianne Taatz: Die Theologische Fakultät der Martin-Luther-Universität im Nationalsozialismus. In: Hallische Beiträge zur Zeitgeschichte 13, 2003, 33–61; http//www.catalogus-professorum-halensis.de/schmidthans.html (Zugriff am 13.8.2010). Seminare zu Luther waren zu diesem Zeitpunkt gut besucht. Die drei bestbesuchten waren: Hans Schmidt zu »Person und Werk des Mose«, WS 1933/34: 135 Teilnehmer; Ernst Kohlmeyer zu »Schriften Luthers«, WS 1933/34: 107 Teilnehmer; Ernst Barnikol zu »Luther 1520–21 (Hauptschriften und Worms), SoSe 1933«: 81 Teilnehmer; vgl. Chronik der Martin Luther-Universität Halle-Wittenberg in Halle (Saale) für den Zeitraum vom 12. Juli 1933 bis zum 12. Juli 1934. Hg. v. Rektor und Senat. Halle 1937.

108 Bericht des Rektors Professor Dr. Woermann. In: Chronik der Martin Luther-Universität Halle-Wittenberg in Halle (Saale) für den Zeitraum vom 12. Juli 1933 bis zum 12. Juli 1934. Hg. v. Rektor und Senat. Halle 1937, 2–19, Zit. 3.

Dritten Reichs. In diesen Funktionen verhielt er sich äußerst ambivalent, suchte beflissen die Nähe zum System und trat zugleich vehement für den Erhalt des Faches Theologie an den Universitäten ein.

Auch Schmidts Rede von 1934 zeigt etwas von dieser Ambivalenz. Ohne dass – wie bei Stieve – die Inhalte einer solchen Rede mit wissenschaftsethischen und -politischen Entscheidungen einfach gleichzusetzen wären, sind doch Grundmuster von diesbezüglichen Haltungen der Redner zu erkennen. Schmidt macht eine kurze Auslegung Luthers über den 101. Psalm aus dem Jahr 1534 zum Gegenstand der Rede, in dem das richtige Verhalten und Verhältnis von »Führer« und »Gefolgschaft«[109] beschrieben sei. Unübersehbar sind Anklänge an Kohlmeyers Rede von 1932, wenn Schmidt von »echten Führernaturen« spricht, die »gebunden durch das Bewußtsein ihrer Sendung und Begnadung«[110] neues Recht schaffen[111] und Gefolgschaft fordern dürften. Während der Kirchengeschichtler Kohlmeyer aber Gaius Julius Cäsar, Hannibal und den schwedischen König Gustav Adolf als solche Führer nennt, assoziiert der Alttestamentler Schmidt König David, Hannibal und Kurfürst Friedrich den Weisen und affirmiert so Adolf Hitler, der dem von Luther am Beispiel Friedrichs des Weisen gezeichneten Idealbild eines Führers entspricht. Zugleich interpretiert Schmidt Luthers Auslegung als notwendige Kritik am Führungsstil des jungen Kurfürsten Johann Friedrich. Diese Kritik lässt sich kaum auf eine Person der Gegenwart beziehen, hält aber das prinzipielle Recht der Kritik an politisch Mächtigen präsent, wie es etwa Theologen oder Prediger der lutherischen Orthodoxie beansprucht und praktiziert haben. Auch für die »Gefolgschaft«[112] der Gegenwart vermittelt Schmidt über Luther zwei Botschaften: Das Lob »deutscher Wahrhaftigkeit und Treue«[113] und den Tadel an »wilden Gelage[n]«[114] und »wilde[m] Trinken«,[115] einem »Erbrassefehler des deutschen Wesens«.[116] Letzteres hatte einen konkreten Hintergrund: Schmidt war einer der beiden deutschen Vertreter im Weltbund gegen den Alkoholismus.

1935 schloss sich an die Reformationsfeier erstmals eine Langemarck-Feier an. Die Rede über »Luther als Dichter«[117] hielt der Germanist Georg Baesecke. Baesecke war bis 1932 Mitglied der Deutschen Volkspartei gewesen und 1933

---

109 Hans Schmidt: Führer und Gefolgschaft nach dem Regentenspiegel Martin Luthers vom Jahre 1534. Rede bei der Reformationsfeier der Martin-Luther-Universität Halle-Wittenberg am 31. Oktober 1934. Halle 1935 (Hallische Universitätsreden, 62).
110 Schmidt: Führer [s. Anm. 109], 16.
111 Vgl. Schmidt: Führer [s. Anm. 109], 29f., Fußnote 31.
112 Schmidt: Führer [s. Anm. 109], 17.
113 Schmidt: Führer [s. Anm. 109], 21.
114 Schmidt: Führer [s. Anm. 109], 18.
115 Schmidt: Führer [s. Anm. 109], 19.
116 Schmidt: Führer [s. Anm. 109], 20.
117 Baesecke: Dichter [s. Anm. 1].

in die NDSAP eingetreten.[118] Seit 1933 legte er seine Forschungsschwerpunkte auf Vorgeschichte des deutschen Schrifttums und Runenkunde, die zu den im Nationalsozialismus besonders geförderten Wissensgebieten gehörten. Fachlich war er für die Rede durch seine Mitarbeit an den 1903/04 erschienenen Bänden 27–29 der Weimarer Lutherausgabe ausgewiesen.[119]

Schon 1931 hatte Baesecke zur Reformationsfeier über »Die Sprache der Lutherbibel und wir«[120] gesprochen, kam also wie Ficker und Kohlmeyer anlässlich der Reformationsfeiern zweimal zu Wort. Inhalt und Semantik der beiden Reden lassen nur an wenigen Stellen erkennen, welche von beiden 1931 und welche 1935 gehalten wurden. Während Kohlmeyer 1932, Stieve 1933 und Schmidt 1934 die Entwicklung zum Nationalsozialismus bzw. diesen selbst grundsätzlich und deutlich affirmierten, ist dieser politische Ton bei Baesecke 1935 nur gegen Ende der Rede zu hören, was man »als eine dezent formulierte Protestaktion« im Sinne der »Ideale des Bildungsbürgertums«[121] ansehen kann. Im Schlussteil, der schon zur Langemarck-Feier überleitet, stampft die Sequenz ›ein gute Wehr und Waffen‹ in ›Ein Feste Burg ist unser Gott‹ dann allerdings »wie Heeresmarsch in die Tiefe«[122] und es wird das Gefühl beschworen, das sich beim Singen einstellt: sich »als Deutscher« zu erleben, »der mit und in seinem Volke aller Welt die Stirn bietet.«[123] Der ›Führer‹ kommt gar nicht vor. Dafür wird von einem in seiner Kirchenlieddichtung »ins Mythische gewachsenen Luther« konstatiert: »Luther blieb der Stern und bleibt es auch jetzt, so sehr, daß [...] selbst im Drange der Gegenwart kein Lied etwa für das Gedenken an Reminiszere oder für das gemeinsame deutsche Erntedankfest oder den Muttertag gefunden ist.«[124] Baeseckes Grundansatz liegt in einer Erhebung Luthers ins Überzeitliche, die Parallelen zur theologischen Lutherrenaissance erkennen lässt. Diese Erhebung erlaubt es ihm, den ›historischen Luther‹ in seinen Leistungen, nach dem Maßstab humanistischer Poesie etwa als Dichter zu relativieren. Zugleich plädiert er 1931 für die Rückgewinnung der Sprache der

118 Dazu und zu den folgen Angaben vgl. GERTRAUD WÜSTLING: Georg Baesecke. Verzeichnis seiner sämtlichen Veröffentlichungen. Leipzig 1952 (Schriften zum Bücherei- und Bibliothekswesen in Sachsen-Anhalt, 5); SCHENK u. MEYER: »Spirituskreis« [s. Anm. 13], 509–518; http//www.catalogus-professorum-halensis.de/baeseckegeorg.html (Zugriff am 13.8.2010).

119 Im Kontext seiner Reformationsreden steht die Veröffentlichung von GEORG BAESECKE: Luthers deutscher Versbau. In: Beiträge zur Geschichte der deutschen Sprache und Literatur 62, 1938, 60–121.

120 GEORG BAESECKE: Die Sprache der Lutherbibel und wir. Rede gehalten bei der Reformationsfeier der Vereinigten Friedrichs-Universität Halle-Wittenberg am 31. Oktober 1931. Halle 1932 (Hallische Universitätsreden, 53).

121 SCHENK, MEYER: »Spirituskreis« [s. Anm. 13], 510.

122 BAESECKE: Dichter [s. Anm. 1], 16.

123 BAESECKE: Dichter [s. Anm. 1], 17.

124 BAESECKE: Dichter [s. Anm. 1], 15.

Lutherbibel, als einer »hieratischen Sprache«,[125] die unabdingbar sei, »solange man überhaupt das Heilige will.«[126] Sein eigener praktischer Beitrag zu dieser Rückgewinnung sah so aus: »Ich schenke seit Jahr und Tag jungen Leuten die Lutherbibel, nun aber nicht in irgendeiner der zahllosen Kreuzungen von Alt und Neu, die nicht echt und nicht unecht sind, sondern das Neue Testament von 1522 in der stattlichen Faksimileausgabe von Kawerau, die schon durch ihr Äußeres in eine besondere Welt führt.«[127] Durchweg plädiert Baesecke für eine »deutsche Erneuerung«[128] des Christentums, die an anderer Stelle auch hinter Luther auf Vorstellungen eines völkisch-germanischen Arianismus zurückgreift.[129]

Während Baesecke am 10. November 1935 den neuen Rahmen der Feier vergleichsweise wenig berücksichtigte, bedeutete für Wilhelm Waetzoldt am 10. November 1936 die Erinnerung an Martin Luther, »den kämpferischen Geist einer großen Epoche deutscher Geschichte heraufzurufen.«[130] Waetzoldt wirkte von 1912 bis 1919 und von 1934 bis zu seinem Tod 1945 als Professor für Kunstgeschichte in Halle.[131] Seine berufliche und politische Karriere weist einige jähe Wendungen auf: Nach schweren Verwundungen im Ersten Weltkrieg nahm er 1919 an den Kämpfen gegen die Spartakisten in Halle teil, baute ab 1920 als Vortragender Rat im Preußischen Kultusministerium eine demokratische Kultusverwaltung mit auf, war von 1927 bis 1933 Generaldirektor der Staatlichen Museen zu Berlin, wurde von den Nationalsozialisten entlassen, da er moderne Kunst gefördert und Juden angestellt hatte, trat der NSDAP nicht bei, machte sich aber in der Folgezeit einen Namen mit populärwissenschaft-

---

125 Baesecke: Sprache [s. Anm. 120], Fußnote 17.

126 Baesecke: Sprache [s. Anm. 120],10.

127 Baesecke: Sprache [s. Anm. 120],11.

128 Baesecke: Sprache [s. Anm. 120],15.

129 Vgl. dazu: Hans Christof Brennecke: Der sog. germanische Arianismus als ›arteigenes‹ Christentum. Die völkische Deutung der Christianisierung im Nationalsozialismus. In: Thomas Kaufmann u. Harry Oelke: Evangelische Kirchenhistoriker im Dritten Reich. Gütersloh 2002 (Veröffentlichungen der Wissenschaftlichen Gesellschaft für Theologie, Bd. 21) [s. Anm. 9], 310–329. Wüstling: Baesecke Verzeichnis [s. Anm. 118], bezeichnet es als »ureigenste Anschauung« Baeseckes, dass dieser »den Sieg des lateinischen Christentums über den deutschen Menschen tief beklagte.« (Ebd., 7).

130 Wilhelm Waetzoldt: Die Kunst als geistige Waffe. Rede zum Luthergedenktage am 10. November 1936 gehalten. Halle 1936 (Hallische Universitätsreden, 70), 3.

131 Dazu und zum Folgenden vgl. http//www.catalogus-professorum-halensis.de/waetzoldtwilhelm.html (Zugriff am 13.8.2010); Schenk u. Meyer: »Spirituskreis« [s. Anm. 13], 267–281; Heinrich Dilly: Hundert Jahre Kunstgeschichte. Zur Tradition von Forschung und Lehre an der halleschen Fakultät. In: scientia halensis – Wissenschaftsjournal der Martin-Luther-Universität Halle-Wittenberg 12, 1/2004, 5–7, hier 7.

lichen Darstellungen zur bildenden Kunst, die in ihrer Semantik der Sprache der Nationalsozialisten angepasst waren.

In ähnlicher Manier sprach Waetzoldt auch über »Die Kunst als geistige Waffe«.[132] Der kriegerisch-kämpferische Ton ist ganz auf den Kontext der Langemarck-Feier abgestimmt. So gipfelt eine Passage über Darstellungen des Erzengels Michael in den Sätzen: »Die Schlafmützenzeit des deutschen Michel ist endgültig vorüber. Er ist erwacht und er ist wieder zum Schwertträger Michael geworden!«[133] Zugleich bezeichnet es Waetzoldt als eine »Wahrheit, daß der Krieg nur für die, die ihn nicht kennen, etwas verlockendes hat.«[134] Ausschließen müssen sich beide Aussagen nicht, war doch Hitlers Politik von Friedensrhetorik und Aufrüstung zugleich geprägt, wenngleich an dieser Stelle wohl auch Kriegserfahrungen des Redners eingeflossen sind. Luther ist in der Rede derjenige, der das Recht einer politischen Kunst legitimiert. Der Reformator »eröffnete 1521 den Bilderkrieg in Deutschland mit den 26 Holzschnitten im ›Passional Christi und Antchristi‹.«[135] Er habe »zur bildenden Kunst gestanden, wie die meisten politischen Führer zu ihr stehen, nicht viel anders, als Napoleon und Bismarck.«[136] Von einem einseitigen Nationalismus setzt sich Waetzoldt ab, indem er jeder Nation das Recht zugesteht, das illustrierende »politische Ereignisbild«, das karikierende »politische Spottbild« und das allegorische »politische Sinnbild«[137] für ihre Interessen einzusetzen.

III 1937–1941: Angriff gegen die katholische Kirche, Ignoranz des Feieranlasses und ein letzter Vermittlungsversuch

Über das Luther-Gedenken am 10. November 1937 berichteten die Hallischen Nachrichten: »Lorbeerbüsche und Blumen umgaben die Büste des Führers auf dem Podium«.[138] Im Jahr zuvor hatte noch in der Aula »die Büste des Reformators inmitten reichen Blumenschmucks Aufstellung gefunden.«[139] Für die Teilnehmer der Feier war schon an diesem maßgeblichen Teil der Inszenierung deutlich, dass es hier nicht mehr um die Anpassung einer Tradition an die politischen Verhältnisse, sondern um den Bruch mit einer Tradition gehen sollte. Die Aufnahme nationalsozialistischer Elemente seit 1933 und selbst die Anlagerung

132 WAETZOLDT: Kunst [s. Anm. 130].
133 WAETZOLDT: Kunst [s. Anm. 130], 21.
134 WAETZOLDT: Kunst [s. Anm. 130], 16.
135 WAETZOLDT: Kunst [s. Anm. 130], 4.
136 WAETZOLDT: Kunst [s. Anm. 130], 22.
137 WAETZOLDT: Kunst [s. Anm. 130], 8f.
138 Art. Luther-Gedenktag der Martin-Luther-Universität. In: Hallische Nachrichten. Generalanzeiger für Halle und die Provinz Sachsen vom 11. November 1937.
139 Art. Die Kunst als geistige Waffe. In: Hallische Nachrichten. Generalanzeiger für Halle und die Provinz Sachsen vom 11. November 1936.

der Langemarck-Feier 1935 hatten die Hallesche Reformationsfeier und damit auch den Inhalt der Reden zwar erheblich, aber eben doch nur modifiziert. Die Festrede 1937 dagegen stürzte die Feier in eine Legitimationskrise, von der sie sich nicht mehr erholen sollte.[140] Zwar verzichteten nach den scharfen antikirchlichen Angriffen 1937 die Redner in den Folgejahren wieder auf solche Attacken, aber weder die weitgehende Ignoranz des Redeanlasses noch der letzte Vermittlungsversuch von Luther und NS-System durch Oskar Thulin 1941 konnten diese Entwicklung umkehren.

Mit der Rede des Psychiaters und Neurologen Paul Hilpert über »Die rassehygienische Forderung«[141] sollte eine Deutungshoheit der Theologie über das Thema gebrochen werden, die es, wie gezeigt, nie gegeben hatte. Rektor Johannes Weigelt schrieb im Vorfeld an Hilpert, den er zu seinem Nachfolger ausersehen hatte, dass »wir uns nicht mehr auf theologische Vorträge an unserem Gedächtnistag, so wie das früher war, beschränken«[142] sollten und bat um ein Vortragsthema aus dessen Fachgebiet. Im Hintergrund dieser Einlassung stand ein reichsweiter konzentrierter Angriff auf den Bestand der Theologischen Fakultäten 1937/38, der letztlich auf deren Ausschaltung hinzielte.[143] Auch in Halle wurde von Rosenberg 1939, wie eingangs erwähnt, der nunmehr nicht mehr deutschchristlich sondern bekenntniskirchlich dominierten Fakultät nur eine Gnadenfrist gewährt.

Paul Hilpert war von 1912 bis 1923 Mitglied des scharf nationalistischen Alldeutschen Verbandes, später ein aktiver SS-Mann und seit 1933 in der NSDAP.[144] Der von Reichelt konstatierte Einfluss Alfred Rosenbergs auf die Reden ab 1937[145] schlägt sich auch im Inhalt von Hilperts Rede nieder. Die von Rosenberg wenig geschätzte Reformation wird nicht erwähnt, der von Rosenberg geachtete Luther muss dafür herhalten, die Zielrichtung der Rede zu legitimieren. Die Eingangspassage gipfelt in der Frage: »Was wollen wir mit der modernen rassehygienischen Forderung anderes erreichen als die Erhaltung desselben Volkstums, derselben Sitte, für die auch Luther zu seiner

140 Vgl. Reichelt: Martin Luther als evangelischer Schutzheiliger ... Teil 1: Die Feiern [s. Anm. 3], 163.

141 Paul Hilpert: Die rassehygienische Forderung. Rede gehalten bei der Gedenkfeier der Martin Luther-Universität Halle-Wittenberg an Luthers Geburtstag am 10. November 1937. Halle 1937 (Hallische Universitätsreden, 73).

142 Schreiben Rektor Weigelts an Hilpert vom 6. September 1937. In: Universitätsarchiv Halle, Rep. 4, Akte 2098, so zit. n. Reichelt: Martin Luther als evangelischer Schutzheiliger ... Teil 1: Die Feiern [s. Anm. 3], 163.

143 Vgl. Meier: Theologische Fakultäten [s. Anm. 107], 436–465; Taatz: Theologische Fakultät [s. Anm. 107], 33–61; Wolgast: Hochschulpolitik [s. Anm. 5], 45–87.

144 Vgl. http//www.catalogus-professorum-halensis.de/hilpertpaul.html (Zugriff am 13.8.2010).

145 Vgl. Reichelt: Martin Luther als evangelischer Schutzheiliger ... Teil 1: Die Feiern [s. Anm. 3],164 f.

Zeit kämpfte!«[146] In der weiteren Rede, deren rassentheoretische Inhalte hier nicht ausgebreitet werden müssen, kommt aber auch Luther kaum noch vor. Bemerkenswert ist dagegen, wie Judentum, Protestantismus und Katholizismus in Bezug auf das Thema zu stehen kommen. Das längst marginalisierte Judentum wird nur kurz berührt, sein früherer Einfluss an den Universitäten als »eine der schlimmsten Folgen jener Geisteshaltung« bezeichnet, »die an einen artgebundenen deutschen Geist nicht mehr glaubte.«[147] Ebenfalls im Rückblick wird »der Kirche« vorgeworfen, dass sie in der Vergangenheit »in allen Fragen des staatlichen Lebens einem im wahrsten Sinne religions-, d.h. bindungs-feindlichen Individualismus huldigte und so zur Isolierung statt zur Bindung des einzelnen beitrug.«[148] Uneingeschränkte Würdigung erfährt nur der »lutherische Geist im alten deutschen Pfarrhaus« als »Beispiel für die segensreiche volkspolitische Bedeutung der auf hohen sittlichen Grundsätzen beruhenden Ehe und Familie«.[149] Dagegen werden beide Konfessionen, wie schon in der Rede des Gynäkologen Stieve, wegen ihres Widerstands gegen naturwissenschaftliche Theorien, hier jedoch besonders aufgrund der Ablehnung des Darwinismus kritisiert. Während Stieve aber 1933 ein harmonisches Modell von Religion und Naturwissenschaft entwarf, konstatiert Hilpert: »Den heftigsten Kampf gegen die rassehygienischen Bestrebungen führt damals wie heute die katholische Kirche.«[150] Er sieht eine »tiefe Kluft zwischen katholisch-kirchlichem und völkischem Denken«[151] und sucht diese zu belegen mit einem Zitat des katholischen Moraltheologen und Eugenikers Joseph Mayer, in dem die meta-physisch begründete Abwehr der Vernichtung des als ›lebensunwert‹ attribuierten Lebens rhetorisch so zugespitzt wird: »Der christliche Glaube wird auch ein schwachsinniges Kind, ja sogar einen ›halbvertierten Fleischklumpen‹ noch als ›Edelstein in vergänglicher Fassung‹ ansehen. Im Licht des Auferstehungsglaubens wird das blödeste getaufte Kind als ein künftiger Erbe des ewigen Lebens vor den Gläubigen auferstehen, während das ungläubige Auge nur das diesseitige Elend sieht und nicht über das Grab hinaus blicken kann.«[152] Daran schließen sich Bemerkungen zum katholischen Widerstand

146 Hilpert: Forderung [s. Anm. 141], 5.
147 Hilpert: Forderung [s. Anm. 141], 8.
148 Hilpert: Forderung [s. Anm. 141], 9.
149 Hilpert: Forderung [s. Anm. 141], 23. Zu dieser im Nationalsozialismus weit verbreiteten Argumentation und Legitimationsstrategie vgl. Oliver Janz: Das evangelische Pfarrhaus. In: Deutsche Erinnerungsorte. Bd. 3. Hg. v. Etienne Francois u. Hagen Schulze. München 2001, 221–238, bes. 231–236.
150 Hilpert: Forderung [s. Anm. 141], 17.
151 Hilpert: Forderung [s. Anm. 141], 17.
152 Hilpert: Forderung [s. Anm. 141], 17f.

gegen ein Sterilisierungsgesetz sowie zum Zölibat und der dadurch verursachten »Ausschaltung unendlich wertvollen Erbgutes«[153] an.

In ihrer aktuellen Dimension war das primär antikatholische Polemik, die aber, was die von evangelischer wie katholischer Seite abgelehnte Euthanasie angeht, auf einen Grundpfeiler christlicher Ethik zielte, auch wenn der lutherisch sozialisierte Hilpert den Protestantismus insgesamt vergleichsweise günstiger beurteilte. Die völkische und antichristliche Dimension der Rede dürfte entscheidend dazu beigetragen haben, dass mehr als die Hälfte des Lehrkörpers der Philosophischen Fakultät der Feier im Folgejahr 1938 fernblieb.[154] In Anbetracht der Rede Hilperts ist es auch als Zeichen konfessionellen Stolzes zu werten, dass gerade ein Katholik – der Literaturwissenschaftler Ferdinand Joseph Schneider – sein Fernbleiben gegenüber dem Rektor im Nachgang mit dem gegenwärtigen Auseinanderklaffen von Redeanlass und Redeinhalten begründete.

In der 1938er Rede des Rechtshistorikers Gerhard Buchda – seit 1937 SA-Mann und NSDAP-Anwärter, ab 1939 dann Mitglied[155] – über »Deutsches Bergrecht im Südosten«[156] finden sich gerade noch drei bis vier Bemerkungen, die einen Bezug zu Luther und der Reformation haben. Sie wird »Luther, dem Bergmannssohne, zum Gedächtnis«[157] gehalten und endet mit dem Appell, »dem deutschen Bergbau [...] reformatorisch das zur Zeit bestmögliche Recht zu schaffen«.[158] Dazwischen ist auf dem Hintergrund des Anschlusses des Sudentenlandes noch eine Bemerkung zur »Hussitenbewegung« eingestreut. Diese »enthielt gewiß religiöse Gedanken, wir Deutschen bekamen jedoch weniger ihre Religion als vielmehr ihren fanatischen völkischen Haß zu spüren.«[159] Abgesehen davon spielt der Redeanlass gar keine Rolle mehr, weder affirmativ noch kritisch. Hinter den fachwissenschaftlichen Ausführungen steht das Interesse der Universität, sich als Landesuniversität für Auslandsdeutsche aus dem Südosten Europas zu etablieren.[160]

Über den Inhalt der Rede des Philosophen Heinrich Springmeyer von 1940, eine Feier im Vorjahr fiel wegen des Kriegsbeginns aus, ist nur etwas aus der Presse bekannt, da die Rede nicht überliefert ist. Springmeyer, der seit 1937

---

153 Hilpert: Forderung [s. Anm. 141], 18.

154 Vgl. Reichelt: Martin Luther als evangelischer Schutzheiliger ... Teil 1: Die Feiern [s. Anm. 3], 162–164.

155 Vgl. http//www.catalogus-professorum-halensis.de/buchdagerhard.html (Zugriff am 13.8.2010).

156 Gerhard Buchda: Deutsches Bergrecht im Südosten. Rede gehalten am Luther-Gedenktage der Martin Luther-Universität Halle-Wittenberg am 10. November 1938. (Hallische Universitätsreden, 76).

157 Buchda: Bergrecht [s. Anm. 156], 3.

158 Buchda: Bergrecht [s. Anm. 156], 14.

159 Buchda: Bergrecht [s. Anm. 156], 10.

160 Vgl. Reichelt: Martin Luther als evangelischer Schutzheiliger ... Teil 1: Die Feiern [s. Anm. 3], 164f.

Mitglied der NSDAP und 1939 auf Betreiben Rosenbergs berufen worden war,[161] interpretierte dem Bericht der Hallischen Nachrichten nach den Freiheitsbegriff Kants als dem »humanitär-demokratischen, rationalistischen Geist von 1789«[162] entgegengesetzt und auf eine Pflichten- und Verantwortungsethik sowie »die Unterwerfung unter das Sittengesetz«[163] gerichtet. Von etwaigen nahe liegenden Bemerkungen Springmeyers zu Kant als Philosophen des Protestantismus oder einem Vergleich der Freiheit bei Luther und Kant ist unter der Überschrift »Der deutsche Freiheitsbegriff«[164] nichts zu lesen.

1941 kam anlässlich des 400-jährigen Reformationsjubiläums der Stadt Halle mit Oskar Thulin nochmals ein Theologe zu Wort.[165] Der Schüler von Johannes Ficker galt als ausgewiesener Kenner der Materie. Seit 1930 war er Direktor der Lutherhalle Wittenberg und ab 1940 außerordentlicher Professor[166] in Halle. Thulins Vortrag über »Volkstum und Völker in Luthers Reformation«[167] basiert auf detailliertem Wissen zur Reformationsgeschichte wie der Rezeption systematisch-theologischer Werke zur reformatorischen Theologie. Reformationsgeschichte und nationalsozialistische Gegenwart bzw. Kriegswirklichkeit werden von ihm allerdings in eine so enge und mehrschichtige Beziehung gesetzt, dass jegliche historische Distanz zu verschwinden scheint. Der Text ist durchsetzt von Anachronismen. So ist Luther »wesenhaft deutsch als der konservative Revolutionär«.[168] Sein »Kampf« galt »ständig zwei Fronten: gegen die Bindungen falscher Tradition und gegen alle Gefahren des Menschen, der nicht zu echten neuen Bindungen kommt, und deshalb den auflösenden Mächten anheim fällt, deren gigantischen Weltenkampf wir heute erleben.«[169] Theologisch gewendet heißt es über Luther: »Mit einer schonungslosen Wahrhaftigkeit [...] zerstört er die verschiedenen Formen der Verharmlosung und Entheroisierung der Religion, mag sie auf dem römisch-katholischen, dem individuell pietistischen und schwärmerischen, auf dem aufklärerischen oder

161 Vgl. http//www.catalogus-professorum-halensis.de/springmeyerheinrich.html (Zugriff am 13.8.2010).

162 Art. Der deutsche Freiheitsbegriff. Luther-Gedenktag der Martin-Luther-Universität Halle-Wittenberg. In: Hallische Nachrichten. Generalanzeiger für Halle und die Provinz Sachsen vom 11. November 1940.

163 Freiheitsbegriff [s. Anm. 162].

164 Freiheitsbegriff [s. Anm. 162].

165 Dazu und zum Folgenden vgl. auch: Reichelt: Martin Luther als evangelischer Schutzheiliger ... Teil 1: Die Feiern [s. Anm. 3], 164f, dort auch weitere Literatur.

166 Vgl. http//www.catalogus-professorum-halensis.de/thulinoskar.html (Zugriff am 13.8.2010).

167 Oskar Thulin: Volkstum und Völker in Luthers Reformation. Universitätsrede, gehalten zum Luthergedenktag der Martin-Luther-Universität Halle-Wittenberg am 10. Dezember 1941. In: Archiv für Reformationsgeschichte 40, 1943, 1–30.

168 Thulin: Volkstum [s. Anm. 167], 14.

169 Thulin: Volkstum [s. Anm. 167], 3.

auf dem ästhetischen Wege entgegentreten«.[170] Nicht nur die von Thulin gebrauchte Semantik zeigt ihn als Nationalsozialisten, der nicht nur pro forma seit 1933 Mitglied von SA und SS war. Ganz kühl bemerkt er, nachdem seit dem 19. September 1941 das Tragen des gelben Sterns auch im Deutschen Reich für Juden Pflicht war, über Luther: »Seine prophetische Natur sah in den Juden geradezu das Musterbeispiel eines Volkes, das sich verhärtet hat in seiner pharisäischen Selbstgerechtigkeit und Anmaßung, und das Gott nun endgültig als Volk des Untergangs preisgegeben hat.«[171]

Das Achtergewicht der Rede liegt auf einer breiten Schilderung der Bedeutung Luthers und der Wittenberger Reformation für das »deutsche Volkstum« im »volksdeutschen Raum«[172] und deren »übervölkischer Sendung«.[173] Hier werden nicht zuletzt die Beziehungen der Leucorea im 16. und 17. Jahrhundert in die Gebiete ausgebreitet, welche von Skandinavien über Mittelosteuropa bis hin zum Balkan und Weißrussland 1941 von Deutschland besetzt waren. Damit war implizit eine mögliche zukünftige Rolle der Halleschen Universität für diese Gebiete angedeutet.

IV Schlussbemerkung

Ganz elementar bleibt festzustellen: Einerseits kam keine Rede ohne einen positiven Bezug zu Luther aus, auch wenn er noch so reduziert ausfiel wie bei Buchda. Auch Springmeyers Vortrag wird wohl einen solchen enthalten haben. Andererseits schloss die Legitimation der Universität mit dem Namen des Reformators partielle Distanznahme zu Luther nicht aus. Kohlmeyer unterschied den starren alten vom dynamisch-jungen Luther, Baesecke einen historisch analysierbaren vom einem ins Unangreifbar-Mythische entrückten Luther, Aubin und Stieve rückten ihn in seinen Anschauungen über den Teufel und die Wirtschaft nahe ans Mittelalter. Ihrem theoretischen Ansatz nach lassen sich die Reden vor 1933 gut auf Lutherrenaissance oder Troeltsch-Weber-These aufteilen, für die Zeit danach ist das nicht mehr möglich. Die Naturwissenschaftler Stieve 1933 und Hilpert 1937 wollten vor allem Freiheit für die Forschung und die Anwendung ihrer Ergebnisse.

Politische Lagen spiegeln sich deutlich wider. Während Holtzmann 1928 kurz vor dem Jubiläum der Novemberrevolution für Pluralismus und Demokratie plädierte, stellte sich Stieve 1933 gegen dessen Ausführungen, suchten Kohlmeyer 1932 und Schmidt 1934 die Führerideologie theologisch zu begründen, erging sich Waetzoldt 1936 in Kampfrhetorik, boten Buchda 1938 und Thulin

170 Thulin: Volkstum [s. Anm. 167], 5.
171 Thulin: Volkstum [s. Anm. 167], 15.
172 Thulin: Volkstum [s. Anm. 167], 15.
173 Thulin: Volkstum [s. Anm. 167], 21.

1941 Kommentare zum Anschluss des Sudetenlands bzw. zur deutschen Expansion. Darauf bezogen spielte immer auch Universitätspolitik eine Rolle, von der Bestandssicherung vermittels des Reformators vor und nach 1933 bis hin zur Überblendung des Wirkungsfelds der Leucorea im Zeitalter der Reformation mit der Landkarte der besetzten Gebiete. An der Rede Hilperts von 1937 lässt sich erkennen, wo eine Reformations- bzw. Lutherfeier nicht mehr funktioniert. Ihr Funktionieren ist wohl nicht abhängig von verschiedenen Interpretationen des Gegenstands aus unterschiedlichen Perspektiven, wird auch nicht gefährdet von kritischen Tönen gegenüber Luther, der Kirche, der Reformation und ihren Folgen, gegenüber Staatsformen, dem Lebenswandel des akademischen Publikums und noch nicht einmal von der Anlagerung einer anderen Feier wie der Langemarck-Feier. Eine solche Feier scheitert aber dann, wenn man den Bogen überspannt, etwa die Lutherbüste auf dem Podium durch die Hitlers ersetzt und die Glaubensüberzeugungen der Zuhörer angreift. Als Hilpert völkische Ideologie gegen christliche Ethik offensiv ausspielte, war er über die Grenzen dessen gegangen, was auch im Dritten Reich im Rahmen einer kulturprotestantisch-akademischen Feier zu Ehren Luthers zu sagen möglich war.

»Mit Luther und Hitler für Glauben und Volkstum«

Der Luthertag 1933 in Dresden

Nicola Willenberg

Martin Luther hat Konjunktur. Mit »Wir sind Luther!« sucht der deutsche Protestantismus seine Identitätskrise, die der massenmediale Erfolgskurs der katholischen Kirche mit dem Slogan »Wir sind Papst!« ausgelöst zu haben scheint, zu überwinden.[1] Der Lutherfilm wurde 2003 zum unerwarteten Kassenschlager und auch bei der vom ZDF inszenierten kollektiven Suche nach »Unseren Besten« durfte der Reformator nicht fehlen. So neu der jüngste »Verzweiflungspatriotismus«[2] oder die »Suche nach der verlorenen Zeit«[3] ist, so wenig ist es Luther als Held auf der gesellschaftlichen und nationalen Bühne. Der Reformator wurde in der deutschen Geschichte zu zahlreicher Herren Diener gemacht.[4] Die von ihm entworfenen Bilder spiegeln nicht nur die Selbstdeutung der verschiedensten Zeiten, sondern oft genug auch ihre Konflikte, und es bleibt bemerkenswert, dass seine Symbolkraft kaum je nachhaltig beschädigt wurde.[5]

Als Plattform für die Instrumentalisierung Martin Luthers als gesellschaftliches und politisches Integrations- und Legitimationssymbol sind insbesondere die Jubiläumsfeiern der Reformation oder des Reformators genutzt worden. Die aus der Konkurrenz der Konfessionen entsprungenen Reformationsfeiern gelten als Grundstein für die Ausbildung der modernen Jubiläumskultur. Sie trugen maßgeblich dazu bei, dass historische Festanlässe von verschiedensten

---

1 Vgl. Peter Cornehl u. Wolfgang Grünberg: Protestantismus – eine deutsche Religion? Die Lutherfeiern 1883 und 1983. In: Politische Erinnerung. Geschichte und kollektive Identität. Hg. v. Harald Schmid u. Justyna Krzymianowska. Würzburg 2007, 67–99, hier 67f.

2 Nikolaus von Festenberg u. Martin Wolf: Helden, bitte melden! In: Der Spiegel 49 (2003), 166–168, hier 167.

3 Zit. u. vgl. dazu mit einem Forschungsüberblick zur Erinnerungskultur Paul Münch: Einleitung: Geschichte und Erinnerung. In: Jubiläum, Jubiläum ... Zur Geschichte öffentlicher und privater Erinnerung. Hg. v. P. Münch. Essen 2005, 7–27.

4 Vgl. als Überblick Luther gestern und heute. Texte zu einer deutschen Gestalt. Hg. v. Hermann Glaser u. Karl Heinz Stahl. Frankfurt/Main 1983; Volkmar Joestel u. Jutta Strehle: Luthers Bild und Lutherbilder. Ein Rundgang durch die Wirkungsgeschichte. Wittenberg 2003.

5 Vgl. Hartmut Lehmann: Martin Luther als deutscher Nationalheld im 19. Jahrhundert. In: Luther. Zeitschrift der Luthergesellschaft 55 (1984), 53–65, hier 55f.

Institutionen für die Inszenierung ihres Selbstverständnisses und die Durchsetzung ihrer Interessen beansprucht wurden.[6]

Reformations- und Lutherfeiern sind daher ein zentrales Thema der Erinnerungskultur-, Fest- und Jubiläumsforschung.[7] Der Luthertag 1933 bleibt dabei allerdings nach wie vor allzu häufig auf den Hinweis beschränkt: »Es würde wohl lohnen, das *Luthergedenken* [Hervorhebung im Original – Anm. d. Verf. in] 1933 einmal genauer zu untersuchen«.[8] Die vorliegenden Untersuchungen der Kirchenhistoriker fokussieren sich zudem oft eher auf den Versuch, Luther zu rehabilitieren, als auf die Wirkung und Nutzung seines Bildes. Erschwerend dürfte dabei gewirkt haben, dass die Auseinandersetzung mit der nationalsozialistischen Lutherinterpretation auch eine Auseinandersetzung mit der Vergangenheit der eigenen Zunft war und sein musste, waren doch zum »Lutherjubiläum 1933 Reden gehalten und Aufsätze geschrieben worden – auch von namhaften Theologen –, an die sich viele Verfasser später nur ungern erinnern ließen.«[9] Neben Arbeiten zur Lutherrezeption im Nationalsozialismus[10] und

6 Hier u. grundlegend zur Jubiläumsforschung vgl. Winfried Müller: Das historische Jubiläum. Zur Geschichtlichkeit einer Zeitkonstruktion. In: Das historische Jubiläum. Genese, Ordnungsleistung und Inszenierungsgeschichte eines institutionellen Mechanismus. Hg. v. W. Müller. Münster 2004 (Geschichte. Forschung und Wissenschaft, 3), 1–75, hier 24 u. 59.

7 Vgl. u.a. Hartmut Lehmann: Martin Luther und der 31. Oktober 1517. In: Jubiläum. Hg. v. P. Münch [s. Anm. 3], 45–60. Ein Überblick zur Forschung findet sich auch bei Wolfgang Flügel: Konfession und Jubiläum. Zur Institutionalisierung der lutherischen Gedenkkultur in Sachsen 1617–1830. Leipzig 2005 (Schriften zur Sächsischen Geschichte und Volkskunde, 14), 14–17.

8 Gottfried Maron: 1883 – 1917 – 1933 – 1983: Jubiläen eines Jahrhunderts. In: G. Maron: Die ganze Christenheit auf Erden. Martin Luther und seine ökumenische Bedeutung, zum 65. Geburtstag des Verfassers. Hg. v. Gerhard Müller u. Gottfried Seebass. Göttingen 1993, 187–208, 192.

9 Kurt Aland: Der »deutsche Luther«. Beim christlichen Glauben ist die Nation von untergeordneter Bedeutung. In: Luther heute. Hg. v. Bundeszentrale für politische Bildung. Bonn 1983 (Themenheft, 3), 37–41, Zitat 37.

10 Zur Lutherrezeption vgl. neben einigen literaturwissenschaftlichen Arbeiten vor allem die Studie von Hartmut Lehmann: Heinrich Bornkamm im Spiegel seiner Lutherstudien von 1933 bis 1947. In: Evangelische Kirchenhistoriker im »Dritten Reich«. Hg. v. Thomas Kaufmann u. Harry Oelke. Gütersloh 2002 (Veröffentlichungen der wissenschaftlichen Gesellschaft für Theologie, 21), 367–380. Darüber hinaus sind als auch für die Lutherfeiern 1933 aufschlussreiche Studien zu nennen: Richard Steigmann-Gall: »Furor Protestanticus«: Nazi Conceptions of Luther, 1919–1933. In: Kirchliche Zeitgeschichte 12 (1999), 274–285; Robert P. Ericksen: Luther, Lutherans and the German Church Struggle. In: Kirchliche Zeitgeschichte 12 (1999), 295–307 sowie die Arbeiten von Stefan Laube. Vgl. u.a. ders.: Das Lutherhaus Wittenberg – eine Museumsgeschichte. Leipzig 2003 (Schriften der Stiftung Luthergedenkstätten in Sachsen-Anhalt, 3), 289–324.

einigen Regionalstudien[11] liegen umfangreichere Studien zu den Lutherfeiern 1933 so bisher nur von Siegfried Bräuer[12] vor.

I Der Luthertag im Kontext der Interessen

Der 450. Geburtstag des Kirchenreformators stand im Kontext der gesellschaftlichen und politischen Umbruchsituation des ersten Jahres der nationalsozialistischen Herrschaft. Damit war einerseits die Installierung der nationalsozialistischen Staats- und Länderregierungen verbunden, andererseits aber auch die der deutsch-christlichen Kirchenregimente in den Landeskirchen, die beide zu Beginn ihrer Herrschaft ihre Regime zu legitimieren und durchzusetzen suchten. In Sachsen hatte die neue nationalsozialistische Regierung unter dem Ministerpräsidenten Manfred von Killinger und dem Reichsstatthalter Martin Mutschmann Ende Juni 1933 mit Friedrich Coch[13] ein Mitglied des sächsischen nationalsozialistischen Pfarrerbundes per Staatsverordnung als sächsischen Landesbischof eingesetzt und ihm die Rechte aller landeskirchlichen Leitungsgremien übertragen. Dadurch konnte Coch die neue »deutsch-

---

11 Vgl. etwa Günter Brakelmann: Hitler und Luther 1933 in Bochum. In: Auf den Spuren kirchlicher Zeitgeschichte. Festschrift für Helmut Geck zum 75. Geburtstag. Hg. v. G. Brakelmann u. Peter Burkowski. Berlin, Münster 2010 (Recklinghäuser Forum zur Geschichte von Kirchenkreisen, 5), 198–226.

12 Vgl. im Folgenden vor allem Siegfried Bräuer: Der »Deutsche Luthertag 1933« und sein Schicksal. In: Martin Luther. Leistung und Erbe. Hg. v. Horst Bartel [u.a.]. Berlin 1986, 423–434; ders.: »Wir erheben aufs Tiefste entrüstet Einspruch«. Die Luther-Ehrung der Deutschen Christen 1933 in Sachsen und der Protest von Dresdner Schülerinnen. In: Neues Archiv für sächsische Geschichte 64 (1993), 151–174. Bräuers Fokus auf die Protesteingaben von Dresdner Schülerinnen konnte hier durch die Erschließung der Festplanungsakten des Evangelischen Bundes Sachsen um die Perspektive der die Lutherfeiern planenden Institutionen erweitert werden; vgl. Deutscher Luthertag 1933 und Luthergesellschaft I, Landeskirchenarchiv der Evangelisch-Lutherischen Landeskirche in Sachsen (folgend LKA), 22, XIII 4a; Deutscher Luthertag 1933 II, LKA, 22, XIII 4b. Der Leiterin des Landeskirchenarchivs der Evangelisch-Lutherischen Landeskirche in Sachsen, Frau Dr. Carlies M. Raddatz, sei an dieser Stelle für ihren Hinweis darauf herzlich gedankt.

13 Friedrich Coch war seit 1927 Pfarrer beim Landesverein für Innere Mission und Leiter des Evangelischen Pressverbandes in Sachsen. 1931 wurde er Mitglied der NSDAP, 1932 Gaufachberater für kirchliche Angelegenheiten bei der sächsischen Gauleitung der NSDAP und seit Anfang Mai 1933 war er Gesamtleiter der Arbeitsgemeinschaft nationalsozialistischer Pfarrer. Vgl. dazu Kurt Meier: Der Evangelische Kirchenkampf. Bd. I: Der Kampf um die Reichskirche. Lizenzausgabe Göttingen 1976, 479; Dresdner Neueste Nachrichen (folgend DNN), 153, 2.07.1933, 1; Unser Volksbischof. In: Christenkreuz und Hakenkreuz, Nr. 1 (Juli 1933), 4.

christliche« Herrschaft in der sächsischen Landeskirche besonders schnell und umfassend installieren.[14]

Zudem ist die Lutherfeier in das Spannungsfeld der besonderen kirchenpolitischen Situation des Jahres 1933 einzuordnen. Zu Beginn des Jahres suchte die nationalsozialistische Regierung sich die Unterstützung der Kirchen für die Durchsetzung ihrer Herrschaft zu sichern. Als die Lutherfeiern im November 1933 stattfinden sollten, hatte sie sich aber weitestgehend aus den Kirchenfragen zurückgezogen. Dieser Strategiewechsel wirkte sich vor allem auf die Herrschaftsdurchsetzung der *Deutschen Christen* aus. Im Sommer des Jahres befanden sie sich zunächst auf einem reichsweiten Erfolgskurs, der in der Einigung der evangelischen Landeskirchen in einer Reichskirche unter der Führung eines »deutsch-christlichen« Reichsbischofs gipfeln sollte. Im Laufe des Jahres wuchs aber der innerkirchliche Widerstand gegen ihre Kirchenpolitik. Zudem verloren sie zunehmend die Unterstützung der nationalsozialistischen Partei.[15]

---

14 Nachdem der alte sächsische Landesbischof Ludwig Ihmels am 7. Juli 1933 verstorben war, hatte der sächsische Innenminister auf Betreiben Friedrich Cochs und des sächsischen nationalsozialistischen Pfarrerbundes eine »Verordnung zur Behebung des Notstandes im kirchlichen Leben der evangelischen-lutherischen Kirche Sachsens« erlassen. Sie setzte Coch als Landesbischof ein und übertrug ihm die Rechte des Landeskonsistoriums (das in Landeskirchenamt umbenannt wurde), des Landeskirchenausschusses und der Landessynode. Diese »diktatorischen Vollmachten« (Meier: Kirchenkampf [s. Anm. 13], 480) nutzte Coch vor allem für Beurlaubungen und Neubesetzungen der kirchlichen Ämter. Auch nach Aufhebung der Notverordnung am 14. Juli 1933 konnte Coch seine Machtbefugnisse gegenüber der alten Kirchenleitung durchsetzen. Bei den Kirchenwahlen am 23. Juli 1933, bei der im überwiegenden Teil der sächsischen Gemeinden Einheitslisten aufgestellt wurden, konnten die Deutschen Christen ihre Herrschaft behaupten; vgl. Joachim Fischer: Die sächsische Landeskirche im Kirchenkampf 1933–1937. Lizenzausgabe Göttingen 1976; Georg Wilhelm: Die Diktaturen und die evangelische Kirche. Totaler Machtanspruch und kirchliche Antwort am Beispiel Leipzigs 1933–1958. Göttingen 2004 (Arbeiten zur Kirchlichen Zeitgeschichte, B 39), 60–87; Markus Hein: Evangelisch-Lutherische Landeskirche. In: Geschichte der Stadt Dresden. Bd. 3: Von der Reichsgründung bis zur Gegenwart. Hg. v. Holger Starke. Stuttgart 2006, 440–445.

15 Vgl. Klaus Scholder: Die Kirchen und das Dritte Reich. Bd. 1: Vorgeschichte und Zeit der Illusionen 1918–1934. Frankfurt/Main [u.a.] 1977; Meier: Kirchenkampf [s. Anm. 13]; Doris L. Bergen: Twisted cross: the German Christian movement in the Third Reich. University of North Carolina Press 1996; dies.: Die »Deutschen Christen« 1933–1945: ganz normale Gläubige und eifrige Komplizen? In: Geschichte und Gesellschaft 4 (2003), 542–574; dies.: Christianity and Germanness. Mutually Reinforcing, Reciprocally Undermining? In: Religion und Nation. Nation und Religion. Beiträge zu einer unbewältigten Geschichte. Hg. v. Michael Geyer u. Hartmut Lehmann. Göttingen 2004 (Bausteine zu einer europäischen Religionsgeschichte im Zeitalter der Säkularisierung, 3), 76–98; Olaf Kühl-Freudenstein: Die Glaubensbewegung Deutsche Christen. In: Kirchenkampf in Berlin 1932–1945.

Der Luthertag 1933 in Dresden war dabei einerseits in die von der Reichsebene vorgegebene Idee, die Lutherfeiern 1933 erstmals zu einem gemeinsamen *Deutschen Luthertag* auszugestalten, eingebettet. Andererseits hoben sich die Dresdner Feiern aber deutlich von den übrigen Feiern im Reich ab. Sie wurden nicht nur abweichend von der Reichskirchenregelung erst am 10. Dezember 1933 begangen und mit der Einweisung des neuen Landesbischofs verbunden, sondern besaßen mit der Losung »Mit Luther und Hitler für Glauben und Volkstum« auch einen eigenen sächsischen Slogan, der für den kirchenpolitischen Sonderkurs im Reichskirchengefüge stand.[16]

1 Die »Einheitsfront des Protestantismus«

Im Mai 1933 ergriffen die *Deutschen Christen* öffentliche Initiative für eine deutschlandweit geeinte Feier des Luthertages 1933. Der Deutsche Evangelische Kirchenausschuss hatte zuvor auf größere Festpläne, die von den Lutherstädten bereits 1932 vorgelegt worden waren, zurückhaltend reagiert und sich statt einer zentralen Organisation der Lutherfeiern für kleinere örtliche Feiern ausgesprochen.[17] Konkurrenz erwuchs den *Deutschen Christen* aber von Seiten eines etablierten protestantischen Interessenverbandes, des *Evangelischen Bundes*. Das Lutherjahr 1933 war für den alten Vorkämpfer des deutschen Protestantismus von elementarem Interesse, gehörten Lutherfeiern doch zu seinem ureigensten Geschäftsbereich.[18] Die jährlichen Lutherfeiern waren der Höhepunkt des Vereinslebens und der wichtigste Werbeträger des *Evangelischen Bundes*, da sie sich einer regen öffentlichen Teilnahme erfreuten, die weit über die seiner eigenen Mitglieder hinausging – ein angesichts der seit der Weimarer Republik kontinuierlich sinkenden Mitgliederzahlen nicht unerheblicher

42 Stadtgeschichten. Hg. v. O. Kühl-Freudenstein [u.a.]. Berlin 1999 (Studien zu Kirche und Israel, 18), 97–113.

16 Die Losung ist von dem Synodal- und Landeskirchenamtpräsidenten Max Schreiter formuliert worden; vgl. Bräuer: Einspruch [s. Anm. 12], 158, Anm. 28; Meier: Kirchenkampf [s. Anm. 13], 483.

17 Vgl. auch Bräuer: Deutscher Luthertag [s. Anm. 12], 424; ders.: Die Lutherfestwoche vom 19. bis 27. August 1933 in Eisleben. Ein Fallbeispiel en detail. In: Lutherinszenierung und Reformationserinnerung. Hg. v. Stefan Laube u. Karl-Heinz Fix. Leipzig 2002 (Schriften der Stiftung Luthergedenkstätten in Sachsen-Anhalt, 2), 391–451, hier 396.

18 Seine Begründung im Jahre 1886 war durch die 1883er Jubelfeiern des 400. Geburtstags Martin Luthers angeregt worden. Leitend war dabei die Idee gewesen, die einheitsstiftende Wirkung, die die Feiern auf den Protestantismus gehabt hatten, weiter zu fördern und die Bedeutung des Kirchenreformators für die deutsche Nation, die die 1883er Feiern hervorgehoben hatten, wachzuhalten; vgl. Armin Müller-Dreier: Konfession in Politik, Gesellschaft und Kultur des Kaiserreichs. Der Evangelische Bund 1886–1914. Gütersloh 1998 (Religiöse Kulturen der Moderne, 7: Konfession in Politik, Gesellschaft und Kultur des Kaiserreichs).

Faktor.[19] Die Bundesleitung des *Evangelischen Bundes* hatte die Landesvereine wiederholt auf die Bedeutung hingewiesen, »die das Jahr 1933 durch die 450. Gedächtnisfeier von Luthers Geburtstag [Hervorhebung im Original – Anm. d. Verf.in]« habe und am 18. Mai dazu aufgefordert, besondere Lutherprogramme für 1933 zu erstellen. Der *Evangelische Bund* müsse, »wo er durch Haupt- und Zweigvereine vertreten ist, in dieser Beziehung führend sein«.[20] Eine Einigung zwischen den evangelischen Interessenverbänden bezüglich der Inszenierung des Luthertages scheint auf Reichsebene jedoch problemlos erfolgt zu sein. Im Juli wurde ein gemeinsamer Reichsarbeitsausschuss für den »Deutschen Luthertag 1933« gegründet, in dem neben dem *Evangelischen Bund* und den *Deutschen Christen* auch der *Evangelische Pressverband*, die *Innere Mission* und der *Gustav-Adolf-Verein* vertreten waren.[21] Der Reichslutherausschuss verstand sich als »Dachverband für alle Feiern und Veranstaltungen«, der »Anregungen und Richtlinien« für die Feiern geben wollte. Die einzelnen Veranstaltungen sollten jedoch vor Ort von den dortigen Lutherausschüssen geplant und durchgeführt werden.[22]

Obwohl die Initiative für den *Deutschen Luthertag* von den *Deutschen Christen* ausgegangen war, hatte den Vorsitz des Reichslutherausschusses der Bundesdirektor des *Evangelischen Bundes*, Dr. Wilhelm Fahrenhorst, inne und wurde die »Reichsgeschäftsstelle des Deutschen Luthertag 1933« von einem Mitglied des *Gustav-Adolf-Vereins*, Dr. Otto Lerche, geleitet.[23] Die Zurückhaltung der *Deutschen Christen* war Teil des für den »Deutschen Luthertag 1933« entworfenen Programms, mit dem Martin Luther nicht nur erstmals in einer reichsweit geeinten Feier gedacht, sondern die neue Einigkeit des Protestantismus in Szene gesetzt werden sollte. Entsprechend wurde der Reichsarbeitsausschuss

19 Vgl. Jochen-Christoph Kaiser: Der Evangelische Bund und die Politik 1918 bis 1933. In: Evangelisch und Ökumenisch. Beiträge zum 100jährigen Bestehen des Evangelischen Bundes. Hg. v. Gottfried Maron. Göttingen 1986 (Kirche und Konfession. Veröffentlichungen des Konfessionskundlichen Instituts des Evangelischen Bundes, 25), 174–191, hier 183.

20 Evangelischer Bund zur Wahrung der deutsch-protestantischen Interessen, Berlin an die Hauptvorstände des Evangelischen Bundes, 18. Mai 1933, LKA, 22, XXIII 4a, unpag.

21 Vgl. Sächsische Evangelische Korrespondenz, 29, 22.07.33, LKA, 22 XIII 4a, unpag.; Bräuer: Deutscher Luthertag [s. Anm. 12]; vgl. dazu auch Scholder: Kirchen [s. Anm. 15], 696.

22 Zit. Deutscher Luthertag. In: Neues Sächsisches Kirchenblatt, 31, 30.07.1933, 490–491, hier 490.

23 Vgl. entgegen Klaus Scholder, der den Reichslutherausschuss als »deutschchristlich« bezeichnet, Walter Fleischmann-Bisten: Der Evangelische Bund in der Weimarer Republik und im sogenannten Dritten Reich. Frankfurt/Main [u.a.] 1989 (Europäische Hochschulschriften, XXIII. Theologie, 372), 139, Anm. 513.

als »Einheitsfront evangelischer Großverbände«[24] propagiert und eigens betont: »Besonders wertvoll ist die Zusammenarbeit mit den Deutschen Christen, die auf eigene Feiern verzichten und diesen Verzicht besonders für die Woche um den 10. November herum ausgesprochen haben.«[25] Erklärtes Ziel für die Lutherfeiern war, den Protestantismus als geeinte starke Kraft im öffentlichen Leben zu inszenieren, um seine Bedeutung wieder zu stärken und die Deutschen in einer groß angelegten Volksmission für den evangelischen Glauben zu gewinnen. Der 10. November sollte ein »Tag der Einigung« und »ein großer Volksmissionsabend werden, an dem alle evangelischen Deutschen sich zurückfinden zu den Quellen ihres religiösen Lebens und zu den Grundlagen des deutschen Volkstums, wie sie in der Reformation uns für alle Zeiten geschenkt sind.«[26]

Der mit dem *Deutschen Luthertag* verbundene Volksmissionsgedanke war keine »deutsch-christliche« Idee, sondern eine im deutschen Protestantismus weit verbreitete.[27] Zugrunde lag hier im Wesentlichen die unter dem Schlagwort »Nationalprotestantismus« zusammengefasste Verbindung zwischen religiöser Erneuerung und nationalem Heil, die in der Vorstellung einer »deutsch-protestantischen Nationalreligion« gipfelte,[28] zu der die Deutschen mittels einer

24 Sächsische Evangelische Korrespondenz, 29, 22.07.33, LKA, 22, XIII 4a, unpag.

25 4. Rundschreiben der Reichsgeschäftsstelle Deutscher Luthertag 1933, o. D., LKA, 22, XIII 4a, unpag.

26 Blätter für die Erlöserkirche zu Dresden 9, 1933, 106–107, hier 106. Vgl. Bräuer: Deutscher Luthertag [s. Anm. 12], 424–427.

27 Der Begriff ›Volkskirche‹, diente, gerade weil »ihm eine gewisse Unschärfe« zu eigen ist, den verschiedensten Strömungen innerhalb der evangelischen Kirchen zur »Deutung der jeweiligen kirchlichen Wirklichkeit«; Wolfgang Huber: Art. Volkskirche, I.: Systematisch-theologisch. In: TRE 35, 2003, 249–254, hier 249. Aus den Zielvorgaben für den Deutschen Luthertag lässt sich nicht, wie bei Bräuer: Deutscher Luthertag [s. Anm. 12], 426, folgern, dass sich innerhalb des Reichsausschusses die gemäßigten Strömungen der Deutschen Christen durchsetzten. Die Volksmission war gerade die Klammer, die alle Strömungen innerhalb der Deutschen Christen einte und den Deutschen Christen die größte Unterstützung über die eigenen Reihen hinaus sicherte. Vgl. dazu Siegfried Hermle: Zum Aufstieg der Deutschen Christen. Das »Zauberwort« Volksmission im Jahre 1933. In: Zeitschrift für Kirchengeschichte 108, 1997, 309–341. Allenfalls kann aus dem Bekenntnis zum Evangelium und dem Fehlen von rassenideologischen Formulierungen geschlossen werden, dass die Deutschen Christen sich nicht in ihrer radikalen Ausformung durchsetzten. Zu den verschiedenen Strömungen innerhalb der Deutschen Christen vgl. Claus P. Wagener: »Gott sprach: Es werde Volk, und es ward Volk!« Zum theologischen und geistesgeschichtlichen Kontext der Deutschen Christen in ihren unterschiedlichen Strömungen. In: Das mißbrauchte Evangelium. Studien zur Theologie und Praxis der Thüringer Deutschen Christen. Hg. v. Peter von der Osten-Sacken. Berlin 2002, 35–69, hier 38.

28 Vgl. Carl-Henric Grenholm: Art. Nationalismus. In: TRE 24, 1994, 21–34, hier 27; vgl. auch Hartmut Lehmann: »God Our Old Alley«: The Chosen People Theme in

groß angelegten Volksmission »zurückgeführt« werden sollten. Ein nicht unerheblicher Teil des nationalprotestantischen Milieus – und nicht nur der Teil, der sich den *Deutschen Christen* anschloss – sah im Nationalsozialismus die Möglichkeit, Volk und Kirche zu vereinen und dem Protestantismus wieder zu einer größeren Bedeutung im Staat zu verhelfen.[29] Der 450. Geburtstag Martin Luthers bot eine willkommene Plattform zur Inszenierung und Durchsetzung dieser Ziele. Entsprechend sahen die Richtlinien des Reichslutherausschusses vor: »Im Mittelpunkt der örtlichen Veranstaltungen müssen kirchliche Feiern stehen.«[30] Staatliche Beteiligung war nur insoweit erwünscht, als dass die Behörden an den Feiern teilhaben sollten und gehofft wurde, dass der Luthertag zum Staatsfeiertag erklärt werden würde.[31]

Hintergrund dieser ausdrücklichen Betonung einer kirchlichen Gestaltung des Festtages war, dass die Feiern zwar seit jeher ein in erster Linie kirchlicher Festtag waren, in dessen Mittelpunkt die Festgottesdienste standen. Reformations- und Lutherfeiern waren allerdings stets auch als staatliche und im 19. Jahrhundert zunehmend als bürgerliche Repräsentationsfeste genutzt worden. Im Zuge dieser Entwicklung waren die Feiern zwar nicht säkularisiert worden, hatten sich aber von einer »obrigkeitlichen Kirchenfeier« zu einer »Kommunalfeier« gewandelt.[32] Zudem war die religiöse und kirchliche Bedeutung Luthers beständig von der ihm zugemessenen nationalen Bedeutung überlagert worden.[33] Die Bedeutung der Reformation trat hinter dem Bild »Luther, der

---

Late Ninteenth- and Early Twentieth-Century German Nationalism. In: Many Are Chosen. Divine Election and Western Nationalism. Hg. v. William R. Hutchinson u. H. Lehmann. Minneapolis 1994 (Harvard theological studies, 38), 85–107. In liberaler Tradition bleibt »Volkskirche« aber auch als »aus dem Volk mitbestimmte« Kirche zu verstehen; vgl. Kurt Meier: Die zeitgeschichtliche Bedeutung volkskirchlicher Konzeption im deutschen Protestantismus zwischen 1918 und 1945. In: K. Meier: Kirche in Gesellschaft, Staat und Politik 1918–1945. Berlin 1987, 16–39.

29 Vgl. Günter Brakelmann: Nationalprotestantismus und Nationalsozialismus. In: Von der Aufgabe der Freiheit. Politische Verantwortung und bürgerliche Gesellschaft im 19. und 20. Jahrhundert. Festschrift für Hans Mommsen zum 5. November. Hg. v. Christian Jansen [u.a.]. Berlin 1995, 337–350.

30 Deutscher Luthertag. In: Blätter für die Erlöserkirche zu Dresden, 9 (1933), 106f., hier 106; vgl. Bräuer: Deutscher Luthertag [s. Anm. 12], 425f.

31 Vgl. Reichsgeschäftsstelle Deutscher Luthertag 1933, 4. Rundschreiben, o. D., LKA 22, XIII 4a, unpag.

32 Johannes Burkhardt: Reformations- und Lutherfeiern. Die Verbürgerlichung der reformatorischen Jubiläumskultur. In: Öffentliche Festkultur. Politische Feste in Deutschland von der Aufklärung bis zum Ersten Weltkrieg. Hg. v. Dieter Düding [u.a.]. Reinbek bei Hamburg 1988, 212–236, hier 220.

33 Vgl. Hartmut Lehmann: »Er ist wir selber: der ewige Deutsche«. Zur lang anhaltenden Wirkung der Lutherdeutung von Heinrich von Treitschke. In: »Gott mit uns«. Nation, Religion und Gewalt im 19. und frühen 20. Jahrhundert. Hg. v. H. Lehmann u. Gerd Krumeich. Göttingen 2000, 91–103.

Deutsche«, das als »Geburtshelfer für das Deutsche Reich« genutzt worden war, deutlich zurück,[34] wie sich nicht zuletzt darin zeigt, dass 1883 erstmals der Geburtstag des Reformators und damit »nicht das Werk sondern die Person«[35] gefeiert wurde. Die Stilisierung Luthers zur nationalen Symbolfigur hatte als »stark obrigkeitsstaatlich geprägte, konservative Luthertradition« auch auf den Protestantismus rückgewirkt. Vor allem im Umfeld der vom »Geist des Nationalprotestantismus« geprägten gesellschaftlichen Kreise waren die von Luther entworfenen Bilder »weniger als Theologie, sondern als geglaubter nationaler Mythos, als popularisiertes Bild vom ›rechten deutschen Mann‹ und frommen Hausvater fester Bestandteil protestantischer Mentalität«.[36] Demgegenüber trat 1933 deutlich das Bestreben hervor, Luthers nationale Wirkung für kirchliche Zwecke dienstbar zu machen und in einer groß angelegten Volksmission die Deutschen für die evangelischen Kirchen zu gewinnen.

Ein Ziel, das auch von der noch im Aufbau befindlichen Reichskirche geteilt wurde. Sie hatte sich nach der anfänglichen Zurückhaltung zum zentralen Veranstalter der Lutherfeiern erklärt, die Organisation aber dem Reichslutherausschuss überlassen.[37] Der spätere Reichsbischof, der preußische Landesbischof Ludwig Müller, hatte neben dem Reichspräsidenten Paul von Hindenburg die Schirmherrschaft für den *Deutschen Luthertag* übernommen.[38] Die Reichskirche suchte ihre Gründung als ersten wesentlichen Schritt zur »Vollendung der Reformation« zu legitimieren.[39] Müller nutzte daher die bereits im August 1933 stattfindende Lutherfestwoche in Eisleben, um zu propagieren, dass mit der Reichskirche ein Wunsch Luthers in Erfüllung gehe.[40] Das von der Reichskirche mit den Lutherfeiern verbundene Interesse erschöpfte sich allerdings keineswegs darin, Martin Luther zu ihrem »geistigen Schirmherrn«[41] zu erklären.

---

34 Vgl. Karl Filser: Luther – Symbolfigur der Deutschen? Bilder vom »deutschen Luther« im 19. und 20. Jahrhundert. In: Fragen an Luther. Vortragsreihe der Universität Augsburg zum Luther-Jahr 1983. Hg. v. Wolfgang Reinhard. München 1983 (Schriften der Philosophischen Fakultäten der Universität Augsburg, 28), 147–169, hier 152.

35 Maron: Jubiläen [s. Anm. 8], 189.

36 Manfred Gailus: Protestantismus und Nationalsozialismus. Studien zur nationalsozialistischen Durchdringung des protestantischen Sozialmilieus in Berlin. Köln [u.a.] 2001 (Industrielle Welt, 61), 41–42.

37 Vgl. Bräuer: Deutscher Luthertag [s. Anm. 12], 425.

38 Vgl. Dresdner Anzeiger (folgend DA), 258, 17.09.33, 16.

39 Klaus Scholder: Die Krise der dreißiger Jahre als Fragen an Christentum und Kirchen. In: K. Scholder: Die Kirchen zwischen Republik und Gewaltherrschaft. Gesammelte Aufsätze. Hg. v. Karl O. von Aretin u. Gerhard Besier. Berlin 1988, 113–130, hier 114.

40 Vgl. Bräuer: Lutherfestwoche in Eisleben, [s. Anm. 12], 437; Scholder: Kirchen [s. Anm. 15], 696.

41 Scholder: Kirchen [s. Anm. 15], 696.

Vielmehr war das vom Reichslutherausschuss proklamierte Festziel, die Volksmission, auch ein zentrales Anliegen insbesondere des Reichsbischofs.[42]

Die zentralen Ideen, die sich mit der Feier des *Deutschen Luthertags* verbanden, die Einigung und Stärkung des Protestantismus, die Rückgewinnung des deutschen Volkes für den evangelischen Glauben sowie die ausschließlich kirchliche Gestaltung des Tages trafen auch in Sachsen auf eine positive Resonanz. Der Vorsitzende des sächsischen Landesvereins des *Evangelischen Bundes*, Superintendent Martin J. Jagsch, hatte bereits im April 1933 erklärt, in dem von den Nationalsozialisten für das Jahr 1933 propagierten »Aufbruch« sehe man »ein Stück Luthergeist«. Es gelte nun »aber auch Luthers Reformation in ihrem tiefsten Sinne zu verwirklichen. All die gewaltigen Aufgaben lassen sich nur verwirklichen durch den evangelischen Geist, wie ihn Martin Luther verkündete. Die nationale Revolution soll ihre Krönung finden in einer nationalen, christlichen Reformation.«[43] Die deutsche religiöse Erneuerung hatte sich der Bund, als gewichtigster Vertreter des deutschen Nationalprotestantismus,[44] seit seiner Gründung auf die Fahnen geschrieben. Weite Teile seiner Mitglieder hatten sich zudem, vor allem nach der Trennung von Kirche und Staat soweit radikalisiert, dass sie offen die Politik der NSDAP unterstützten und das von den Nationalsozialisten propagierte »neue deutsche Volk« auf eine protestantische Grundlage gestellt wissen wollten.[45]

Schwierig gestaltete sich indes die auch für die Länder- und Gemeindeebenen geforderte Zusammenarbeit aller kirchlichen Institutionen. Die Federführung über die Inszenierung des Luthertages in Sachsen beanspruchte deutlich der *Evangelische Bund*. Als im Mai die Festinitiative der *Deutschen Christen* in der Presse kursierte, löste das beim *Bund* die Besorgnis aus, dass »allerlei kleine und neue Verbände den Geburtstag Luthers zum Auftrieb für ihr eigenes Gedeihen ausnutzen werden«.[46] Zum »Herold für das Ehrengedächtnis Martin

42 Vgl. Hermle: Aufstieg der Deutschen Christen [s. Anm. 27], 332–341. Hermle wendet sich insbesondere gegen die von Klaus Scholder formulierte These, dass der Erfolg der Deutschen Christen in erster Linie auf der von ihnen geforderten Reichskirche beruhte; vgl. dazu ebd., Anm. 148.

43 DNN, 84, 8.4.1933, 4.

44 Thomas Nipperdey rechnet den Bund als den Faktor, der die Nationalisierung des deutschen Protestantismus erheblich verstärkte; vgl. Thomas Nipperdey: Religion im Umbruch. München 1988, 81.

45 Vgl. Fleischmann-Bisten: Evangelischer Bund [s. Anm. 23], 226.

46 Jagsch an den Vorsitzenden des Zweigvereins Leipzig, Pfarrer Behrend, 22.05.1933, Durchschlag, LKA, 22, XIII 4a, unpag. Neben weiteren Nachweisen dort vgl. zu den äußerst umtriebigen Festplanungen von Walter Behrend auch Siegfried Bräuer: Das Lutherjubiläum 1933 und die deutschen Universitäten. In: Theologische Literaturzeitung, 9 (1983), 642–662, hier 650–653. Zu Behrends zumindest vorübergehender Mitgliedschaft bei den Deutschen Christen vgl. Wilhelm: Diktaturen [s. Anm. 14], 144f. u. 256, Anm. 165.

Luthers« sah sich aber in erster Linie – nicht zuletzt ob seiner logistischen und personellen Voraussetzungen – der *Bund* berufen.[47] Auch die Berliner Leitung des Bundes hatte gefordert, dass der Bund bei der Organisation der Feiern »führend« sein müsse. Eine Zusammenarbeit mit den *Deutschen Christen* sei aber möglich, solange die »örtlichen Verhältnisse« dies zuließen.[48]

Nach außen signalisierte auch der sächsische *Evangelische Bund* Einigkeit:

> »Man gehe nicht nach Canossa, aber nach Eisleben, um den 450. Geburtstag Martin Luthers zu feiern. Wenn heute aus dem katholischen Lager allenthalben Bekenntnisse zum nationalen Wollen laut werden, so könnte man hoffen, daß der Tag wahrer Volksgemeinschaft über Konfession und Partei hinaus nicht mehr fern sei. Dazu sei allerdings ein starker, geeinter Protestantismus nötig, um den Frieden der Konfessionen zu garantieren.«[49]

Intern galt es für eine Zusammenarbeit allerdings zunächst, das Verhältnis zu den sächsischen *Deutschen Christen* bzw. ihrem Vorläufer, dem nationalsozialistischen Pfarrerbund, zu klären.[50] Vorerst konsolidiert schien das Verhältnis erst am 11. September 1933 in der konstituierenden Sitzung des sächsischen Lutherausschusses. Der *Evangelische Bund* hatte sich neben seiner Selbständigkeit auch die Federführung über den sächsischen Lutherausschuss gesichert, allerdings nicht ohne dass der Ausschuss um den Gauobmann der sächsischen *Deutschen Christen*, Wilhelm Engel, erweitert wurde.[51] Kirchenamtlicherseits war der Landesausschuss vom Landesbischof legitimiert worden und ihm zunächst die gleichen Kompetenzen zugesprochen worden, wie die Reichskirche sie an den Reichslutherausschuss übertragen hatte. Darin war neben der Koordination der Feiern zunächst auch die inhaltliche Gestaltung eingeschlossen. Zumindest war der sächsische Lutherausschuss offenbar angehalten worden, Festaufrufe, die die Bevölkerung für die Feier des Luthertages mobilisieren sollten, zu verfassen.[52] Auch die im September 1933 erfolgte erste offizielle

47 Zum Luther-Gedächtnisjahr 1933, ohne Autor, o. D., LKA, 22, XIII 4a, unpag.

48 Evangelischer Bund Berlin an die Hauptvorstände des Evangelischen Bundes, 18. Mai 1933, LKA, 22, XIII 4a. unpag.

49 DNN, 125, 25.05.1933, 9.

50 Vgl. Einladung zur Vorstandsvorsitzung des sächsischen Evangelischen Bundes am 24. Juli 1933 in Dresden, 19.7.1933, LKA, 22, XIII 4a, unpag.

51 Verhandlungsnachweis über die Arbeitsausschusssitzung vom 11.9.1933,20.09.1933, LKA, 22, XIII 4a, unpag. Dazu, dass Dr. Engel offensichtlich erst in der konstituierenden Sitzung dem Landesausschuss hinzugenommen wurde, vgl. Jagsch an Coch, 16.10.1933, LKA, 22, XIII 4a, unpag. Darüber hinaus scheint keine enge Verbindung des Landesausschusses mit den Deutschen Christen bestanden zu haben, da Jagsch, nachdem Dr. Engel alle Ämter im Landeskirchenamt verloren hatte, notiert, »erst wieder mal Fühlung mit dem neuen Führer der Deutschen Christen nehmen zu müssen.« Jagsch an Flade, 6.11.1933, Durchschlag, LKA, 22, XIII 4a, unpag.

52 Vgl. Jagsch an Coch, 25.10.1933 u. Jagsch an Coch, 16.10.1933, LKA, 22, XIII 4a, unpag.

Anordnung der Landeskirche für die Organisation der Lutherfeiern entsprach den von der Reichsebene vorgegebenen Zielen. Sie ordnete an, die in den Gemeinden zu gründenden Arbeitsausschüsse möglichst mit Mitgliedern der *Deutschen Christen* und des *Evangelischen Bundes* sowie Vertretern anderer großer kirchlicher Verbände zu besetzen und hob hervor:

> »Besonderer Wert ist darauf zu legen, daß die Feier des Luthertags unter Beteiligung der öffentlichen Behörden als kirchlicher Feiertag gestaltet wird. Die Leitung der Feier ist daher von den Kirchen und Kirchengemeinden in die Hand zu nehmen. Im Mittelpunkt haben die Festgottesdienste [Hervorhebung im Original – Anm. d. Verf.in] zu stehen, außerdem wird die Abhaltung von besonderen Gemeindefeiern empfohlen.«[53]

Der im Oktober 1933 gegründete »Hauptfestausschuß für Dresden«, der die großen Feiern der Stadt organisieren und »allen Verbänden und Körperschaften mit Rat zur Seite stehen« wollte, entsprach dieser Anordnung insofern, als dass dessen Leitung der Vorsitzende des *Evangelischen Bundes* Dresden, Dr. med. Johannes Görner, inne hatte.[54] Im Gegensatz zum sächsischen Landesausschuss, der bis auf den Generalsekretär des sächsischen *Evangelischen Bundes*, Stadtrat cand. theol. Egbert Schulze, ausschließlich mit Kirchenmännern besetzt war, waren in dem Dresdner Festausschuss neben zwei Pfarrern auch ein Arzt, ein Architekt und ein Kaufmann vertreten. Die Zusammensetzung des hauptstädtischen Ausschusses entsprach damit der bürgerlichen Teilhabe an der Gestaltung der Lutherfeiern, die sich im 19. Jahrhundert etabliert hatte.[55] Vertreter der städtischen Behörden fehlten indes. Die Stadt Dresden war offensichtlich ebenso wenig daran interessiert, die Inszenierung des Luthertages mitzugestalten, wie der sächsische Staat.

Die gerade konsolidierte Festorganisation war seitens des Landeskirchenamtes allerdings bereits torpediert worden, noch ehe der Hauptfestausschuss für Dresden am 21. Oktober erstmals an die Öffentlichkeit trat. Obwohl das sächsische Landeskirchenamt die Organisation der Feiern zunächst keineswegs für sich reklamiert hatte,[56] teilte es am 9. Oktober mit, dass »alle Einzelheiten«, die Planung der Feiern betreffend, »ausschließlich über das Ev.-luth. Landeskir-

---

53 Vgl. Verordnung zur Feier des Luthertages am 10. November 1933. Vom 11. September 1933. In: Kirchliches Gesetz- und Verordnungsblatt (folgend KGVBl), 26, 15.09.1933, 95f.

54 Zit. u. vgl. im Folgenden DNN, 247, 21.10.1933, 5.

55 Vgl. BURKHARDT: Reformations- und Lutherfeiern [s. Anm. 32].

56 Noch am 5. Juli 1933 wurde vermeldet, dass der Evangelische Bund den Luthertag in Sachsen organisieren werde. Vgl. SEK, Tagesdienst, 5.07.1933, LKA, 22, XIII 4a, unpag. Zudem wurden Anfragen bzgl. der Feiern an den Bund weitergeleitet; vgl. Evangelischer Landespreßverband an Jagsch, 18.08.1933, LKA, 22, XIII 4a, unpag.

chenamt zu regeln«[57] seien. Im Landeskirchenamt wurde zudem ein interner Lutherausschuss gegründet, der für die zentralen Feierlichkeiten in Dresden bereits detaillierte Pläne entworfen und bekannt gegeben hatte.[58] Die Möglichkeiten des Hauptfestausschusses für Dresden, auf die Gestaltung der Feiern Einfluss zu nehmen, waren damit äußerst begrenzt. Die Hauptfestveranstaltung in Dresden wurde zentral vom Landeskirchenamt aus inszeniert und geleitet. Die kleineren Feiern wurden von den Gemeinden und Vereinen selbst organisiert, die Richtlinien hierfür gab das Landeskirchenamt vor. Zudem war offensichtlich auch die Kommunikation zwischen dem sächsischen Lutherausschuss und dem Landeskirchenamt äußerst mangelhaft. Zumindest bezog der Vorsitzende des Lutherausschusses seine Informationen häufiger erst aus der Presse oder dem kirchlichen Verordnungsblatt.[59] Die Hoffnung des *Evangelischen Bundes*, allein seine lange Tradition und Erfahrung könnte ihm die Trägerschaft des zentralen Feiertages sichern, erfüllte sich damit in Sachsen nicht. Das Landeskirchenamt hatte sich alle wesentlichen Entscheidungen vorbehalten.

2 Der Stellenwert des Luthertages im Kontext der nationalsozialistischen Interessen

Die staatlichen Stellen wirkten dem Anspruch der Kirche, den Luthertag als kirchlichen Feiertag zu gestalten, in Sachsen wie auf Reichsebene zunächst keineswegs entgegen. Reichspräsident Paul von Hindenburg fungierte neben Reichsbischof Ludwig Müller als Schirmherr für den *Deutschen Luthertag*.[60] Zudem war vorgesehen, am 10. November den Schulunterricht ausfallen zu lassen, und das Reichsinnenministerium regte an, in den Gebieten des Reichs mit überwiegend protestantischer Bevölkerung den 10. November 1933 zum dienstfreien Tag für die Bediensteten des Staates zu erklären und in den Gebieten überwiegend katholischer Konfession, die Möglichkeit der Dienstbefreiung für Protestanten einzuräumen. Begründet wurde diese Regelung damit, dass die »weitgehende Anteilnahme der evangelischen Bevölkerung« an den schon ausgerichteten Lutherfeiern gezeigt habe, »daß der von weiten Kreisen gemachte Vorschlag, den 10. November 1933 zu einem besonders festlichen Gedenktag für das Werk der Reformation auszugestalten, auf lebhaften Widerhall im gesamten deutschen Protestantismus, ja weit über Deutschlands Grenzen hinaus

57 SEK, Tagesdienst, 9.10.1933, LKA 22, XIII 4b, unpag. Das Landeskirchenamt leitete die Legitimität dieser Anordnung aus Mutschmanns Schirmherrschaft für die Feiern ab.

58 Vgl. Sächsischer Jugendführerbrief, 1, 26.09.1933, 8; DA, 273, 2.10.1933, 4; DA, 277, 6.10.1933, 8.

59 Vgl. Jagsch an Coch, 16.10.1933, Durchschlag, LKA XIII 4a, unpag.

60 Vgl. Reichsgeschäftsstelle Deutscher Luthertag, 4. Rundschreiben, o. Datum, LKA, 22, XIII 4a, unpag.

rechnen« dürfe.[61] Der Vorschlag, den Luthertag derart zu würdigen, dürfte eine willkommene Gelegenheit gewesen sein, der negativen Wahrnehmung der nationalsozialistischen Kirchenpolitik entgegenzuwirken.[62] Den hochgesteckten Erwartungen der kirchlichen Stellen, dass der Luthertag zum Staatsfeiertag erklärt werden würde, war damit allerdings nicht entsprochen. Maßgeblich war in diesem Zusammenhang aber offensichtlich in erster Linie der Stellenwert, der dem Luthertag gegenüber dem 9. November, dem Tag »der Gefallenen der Bewegung«,[63] eingeräumt werden würde, wenn der Reichslutherausschuss bemerkt: »Nach Rückfrage in den Ministerien konnten wir feststellen, daß auch der 9. November nicht zum Staatsfeiertag erklärt wird.«[64]

Der von der Reichsregierung vorgegebenen Linie entsprach auch die Haltung der sächsischen Regierung: Sie wollte den Tag von konkurrierenden Veranstaltungen freihalten, die Schulgottesdienste sollten verpflichtend sein und der Reichsstatthalter hatte die Schirmherrschaft über den Tag übernommen.[65] Die Festplanung des Landeskirchenamtes sah vor, die höchsten Vertreter des sächsischen Staates und der sächsischen NSDAP, Reichsstatthalter Martin

61 Reichsminister des Inneren an die Obersten Reichsbehörden, 3.10.1933, abgedruckt in: Dokumente zur Kirchenpolitik des Dritten Reiches. Bd. I: Das Jahr 1933. Bearb. v. CARSTEN NICOLAISEN u. hg. v. GEORG KRETSCHMAR. München 1971, 140f.; vgl. SCHOLDER: Kirchen [s. Anm. 15], 697.

62 Vgl. zu kirchenpolitischen Entscheidungen der NSDAP im Zusammenhang mit der gesellschaftlichen Erwartungshaltung THOMAS FANDEL: Konfessionalismus und Nationalsozialismus. In: Konfessionen im Konflikt. Deutschland zwischen 1800 und 1970: ein zweites konfessionelles Zeitalter. Hg. v. OLAF BLASCHKE. Göttingen 2002, 299–334, hier 300.

63 HANS-ULRICH THAMER: Der Nationalsozialismus. Stuttgart 2002, 232. Vgl. auch SABINE BEHRENBECK: Der Kult um die toten Helden. Nationalsozialistische Mythen, Riten und Symbole 1923 bis 1945. Greifswald 1996 (Kölner Beiträge zur Nationsforschung, 2), 299f.

64 Reichslutherausschuss an Jagsch, 19.10.1933, LKA, 22, XIII 4a, unpag. Inwieweit von der NSDAP der Luthertag als Konkurrenz zu ihrem Gedenktag bewertet wurde, ist bisher nicht ermittelt. Die Bemerkung, dass der »Tag vor Luthers Geburtstag« nach der Verschiebung des Luthertages »demonstrativ als ›Jahrestag des Blutopfers 1923‹ begangen« wurde, misst dem Luthertag aber sicherlich zuviel Bedeutung bei und verkennt die hohe Bedeutung, die die Feier des 9. November für die NSDAP unabhängig vom Luthertag besaß. So zit. JOESTEL: Luthers Bild [s. Anm. 4], 74. Zudem beschränkten sich die Feiern zum 9. November, neben den zentralen Veranstaltungen in München, in den Regionen auf Abendveranstaltungen, an denen hauptsächlich Parteimitglieder beteiligt waren; vgl. KAI U. BECKER u. NORBERT GRUST: Die Feiern zum 9. November in den Ortsgruppen der NSDAP in Ostwestfalen 1933–1943. In: Das Dritte Reich im Fest. Führermythos, Feierlaune und Verweigerung in Westfalen 1933–1945. Hg. v. WERNER FREITAG. Bielefeld 1997, 239–244, hier 239.

65 Vgl. DA 273, 2.10.1933, 4.

Mutschmann und Ministerpräsident Manfred von Killinger, unmittelbar in das Festgeschehen einzubinden. Für den Reichsstatthalter war zudem neben der Ansprache des Landesbischofs ein Grußwort vorgesehen.[66] Darüber hinaus schien Mutschmann die mit der Feier des *Deutschen Luthertages* verfolgten Ziele zunächst auch inhaltlich mitzutragen. Zumindest verkündete er im September beim Besuch eines »volkskirchlich-nationalsozialistischen Schulungskurses« zur Bedeutung von Religion im Nationalsozialismus:

> »Das Geschehen des Reichsparteitages zu Nürnberg habe ihm das eine wieder deutlich zum Bewußtsein gebracht, daß der Nationalsozialismus und das Christentum eine gemeinsame Plattform für ihren Kampf hätten, nämlich Glaube, Liebe, Hoffnung. Diese Losung sei in der Predigt Jesu enthalten, und ihr sei auch Adolf Hitler in seinem gigantischen Kampfe mit unbeirrbarer Zähigkeit treu geblieben.«[67]

Im Hinblick auf die geplante Volksmission schloss er an: »Von den Vertretern des Christentums sei mancher verfehlte Weg eingeschlagen worden, vielleicht sei man auch oft zu wissenschaftlich gewesen. Es komme darauf an, sowohl dem Arbeiter der Stirn als auch der Faust die Botschaft der Kirche in einfacher, schlichter Weise zu predigen.«[68]

Ein Interesse der sächsischen Regierung oder Behörden, die Feiern direkt mitzugestalten, lässt sich indes nicht feststellen. Bei der Gründungsversammlung des sächsischen Lutherausschusses war zwar ein Vertreter des sächsischen Volksbildungsministeriums anwesend, er war offenbar aber in erster Linie entsandt, um das Verhältnis des *Evangelischen Bundes* zu den *Deutschen Christen* zu klären.[69] Auch das Engagement der NSDAP scheint sich darauf beschränkt zu haben, die Planungen des Landeskirchenamtes und des Lutherausschusses zu überwachen, zumindest standen sie miteinander im Austausch.[70] Direkte Eingriffe der Partei in die Festorganisation lassen sich nur an zwei Stellen nachweisen. Zum einen bemühte sie sich beim Reichslutherausschuss zu erwirken, dass die Festabzeichen des sächsischen Luthertages aus sächsischer Produktion stammen sollten.[71] Dieser Eingriff war weniger davon geleitet, die Ausgestaltung des Luthertages mitbestimmen zu wollen, als vielmehr von dem Interesse, aus den Lutherfeiern Kapital für die geschwächte sächsische Wirt-

66 Vgl. Sächsischer Jugendführerbrief, 1, 26.09.1933; DA, 277, 6.10.1933, 8.

67 DNN, 211, 9.9.1933, 6.

68 DNN, 211, 9.9.1933, 6.

69 Vgl. Verhandlungsnachweis über die Arbeitsausschusssitzung vom 11.9.1933, 20.09.1933, LKA, 22, XIII 4a, unpag.

70 Vgl. Gaugeschäftsführer Harbauer an Jagsch, 26.09.1933, LKA, 22, XIII 4a, unpag.

71 Vgl. Deutscher Luthertag 1933, Reichsgeschäftsstelle an Jagsch, 19.10.1933, LKA XIII 4a, unpag.

schaft zu schlagen.[72] Die zweite nachweisbare Intervention der Parteistellen wirkte sich dafür umso nachhaltiger aus. Die sächsische NSDAP reagierte dabei schneller und unmittelbarer auf eine sich anbahnende Kollision kirchlicher und staatspolitischer Interessen als die Reichsleitung.

Nach dem deutschen Austritt aus dem Völkerbund am 14. Oktober 1933 waren für den 12. November Reichstagswahlen und eine Volksabstimmung, die den Völkerbundaustritt legitimieren sollte, angesetzt worden. Um die Bevölkerung dafür zu mobilisieren, wurde eine deutschlandweite Propagandawelle angestoßen.[73] Drohten die für den Freitag vor dem Wahlsonntag geplanten kirchlichen Feierlichkeiten nun ohnehin in den Schatten der nationalsozialistischen Propaganda zu treten, wurde vom sächsischen Landeskirchenamt am 19. Oktober an die Reichskirche gemeldet, dass in Sachsen von der Propagandastelle alle Gemeindeveranstaltungen bis zum 12. November verboten worden seien. Der Luthertag müsse deshalb entweder verschoben werden oder finde gar nicht statt.[74] Die Quellenlage lässt eine Beantwortung der Frage, wie und warum es in Sachsen zu dieser schnellen Entwicklung kam, nicht zu. Dass die Anordnung von der Propagandastelle und nicht von einem der Ministerien erging, weist allerdings darauf hin, dass die Luthertagfeiern abgesagt werden sollten, damit sie keine Konkurrenz zu den Wahlpropagandaveranstaltungen werden konnten. Die groß angelegten, öffentlichkeitswirksamen Kundgebungen und Massenauftritte der *Deutschen Christen* gefährdeten den Monopolanspruch der NSDAP auf Massenbewegungen ohnehin.[75] Darüber hinaus mussten die Luthertagfeiern gerade im »Mutterland der Reformation« mit großer öffentlicher Aufmerksamkeit rechnen.

Die Reichskirche bemühte sich nach der Meldung aus Sachsen zu erwirken, dass die Lutherfeiern wie vorgesehen stattfinden könnten. Adolf Hitler lehnte es aber nicht nur ab, den Tag den kirchlichen Feiern vorzubehalten, sondern erklärte gerade den 10. November zum zentralen Propagandatag. Die staatlichen Stellen hatten den Luthertag damit zwar nicht verboten, hatten ihm aber jegliche öffentliche Aufmerksamkeit entzogen. Die Reichskirchenregierung erklärte *nolens volens*:

---

72 Sachsen hatte mit 23% die höchste Arbeitslosenrate im gesamten Reich; vgl. CLAUS-CHRISTIAN W. SZEJNMANN: Nazism in central Germany. The Brownshirts in »Red« Saxony. Oxford [u.a.] 1999, 6.

73 Vgl. HANS-ULRICH THAMER: Verführung und Gewalt. Deutschland 1933–1945. Berlin 1998, 315; DERS.: Nationalsozialismus [s. Anm. 63], 283.

74 Vgl. hier u. im Folgenden BRÄUER: Deutscher Luthertag [s. Anm. 12], 427–430. Im Landeskirchenarchiv und im Sächsischen Hauptstaatsarchiv Dresden sind zu diesem Vorgang keine Akten erhalten.

75 Vgl. MANFRED GAILUS: 1933 als protestantisches Erlebnis: emphatische Selbsttransformation und Spaltung. In: Geschichte und Gesellschaft 4 (2003), 481–511, hier 493.

> »Die Politik des deutschen Volkes ist gegenwärtig so verantwortungsschwer, daß in diesen Wochen alle Kräfte für ein geschlossenes Zusammenstehen des deutschen Volkes am 12. November [Hervorhebung im Original – Anm. d. Verf.in] eingesetzt werden müssen. Diese Notwendigkeit gebietet, die für den 10. November angesetzten Lutherfeiern zu verschieben.«[76]

Entscheidend für die Aufgabe der Protegierung der Lutherfeiern dürfte gewesen sein, dass angesichts der anstehenden Wahlen eine möglichst breite Zustimmung der Bevölkerung zu der Politik der nationalsozialistischen Regierung hergestellt werden musste. Die Unterstützung der Interessen der evangelischen Gläubigen trat dabei dahinter zurück, dass der katholische Bevölkerungsteil vor den Wahlen nicht durch eine selbstbewusste Darstellung des Protestantismus provoziert werden sollte. Daneben dürfte auch zum Tragen gekommen sein, dass die *Deutschen Christen* die Kirchen nicht geeint hatten, sondern ihre Politik beständig neue Konflikte auslöste. Die Lutherfeiern boten also einiges unerwünschtes Konfliktpotential auf.

Der in der Forschung häufig gezogene Schluss, dass die Lutherfeiern 1933 damit gänzlich »zum Scheitern verurteilt« waren,[77] greift vor diesem Hintergrund allerdings zu kurz. Als gescheitert kann nur die Idee gelten, Luther erstmals an einem *Deutschen Luthertag* reichsweit geeint zu feiern. Über das Luthergedenken 1933 insgesamt kann allerdings erst eine Bilanz gezogen werden, wenn die Forschung die Feiern, die nach der Verschiebung stattfanden, stärker als bisher berücksichtigt.[78] Das gilt zum einen für die zentrale Lutherfeier am 19. November in Berlin, an der durchaus Vertreter der Reichsregierung teilnahmen und die zumindest nach dem Urteil der *Dresdner Neuesten Nachrichten* »zu einem eindrucksvollen *Bekenntnis von Tausenden für den Reformator* [Hervorhebung im Original – Anm. d. Verf.in]«[79] wurden. Zum anderen zeigt auch ein Querschnitt der bisher untersuchten Feiern in den übrigen Städten und Gemeinden ein zu heterogenes Bild, als dass ein abschließendes Urteil zu den Lutherfeiern 1933 möglich wäre. Das gilt für den Rahmen, der den Feierlichkeiten in den einzelnen Städten zugemessen wurde, wie für die Partizipation der Bevölkerung. In Mannheim waren die Festteilnehmer beispielsweise so zahlreich, dass die Feiern zu einem zweiten Termin wiederholt

---

76 DNN, 251, 26.10.33, 4.

77 Bräuer: Deutscher Luthertag [s. Anm. 12], 430–431; vgl. auch Joestel: Luthers Bild [s. Anm. 4], 74f.

78 Bräuer zieht zu den Feiern, die schließlich stattfanden, den Schluss, dass sie sich häufig auf Abendveranstaltungen beschränkten und verweist kurz auf Kundgebungen auf Marktplätzen wie in Tübingen sowie die Feier in Hannover, bei der die Ansprache des Regierungspräsidenten zu Protesteingaben führte; vgl. Bräuer: Deutscher Luthertag [s. Anm. 12], 430.

79 DNN, 272, 21.11.1933, 2.

werden mussten.[80] Zudem lässt sich eine Teilnahme der Regierungsvertreter, Behörden und Parteiverbände der NSDAP an den Feierlichkeiten auch auf regionaler Ebene durchaus feststellen.[81] In welcher Form, in welchem Umfang und mit welcher Teilnahme die einzelnen Feiern schließlich stattfanden, scheint weniger von der Politik der nationalsozialistischen Führungsriege in Berlin oder von der der Reichskirchenleitung abhängig gewesen zu sein, als vielmehr von den lokalen Gegebenheiten. Die staatlichen Behörden und die Parteiverbände kooperierten auf regionaler Ebene häufig noch mit den Kirchen, als die Reichsleitung ihren Strategiewechsel bereits eingeleitet hatte.[82] In jedem Fall genossen die Lutherfeiern 1933 auch noch nach ihrer Verdrängung durch die Wahlpropaganda weitaus größeres staatliches Wohlwollen als die sechs Jahre

80 Vgl. Udo Wennemuth: Luthertag und Maiumzug. Kirchliche Feiern im Nationalsozialismus am Beispiel Mannheims 1933/34. In: Kirchenlied und nationale Identität. Internationale und interkulturelle Beiträge. Hg. v. Cornelia Kück u. Hermann Kurzke. Tübingen [u.a.] 2003. (Mainzer Hymnologische Studien, 10), 49–67, hier 60.

81 Vgl. Steigmann-Gall: »Furor Protestanticus« [s. Anm. 10], 274f.; Detlev Göldner: »Mit Luther und Hitler für Glaube und Volkstum« – Der Reichsluthertag von 1933 in Lüdenscheid. In: Der Märker 2, 1989, 70–73, hier 72; Gisela Hirschberg-Köhler: Das Festjahr 1933 in Minden. In: Das Dritte Reich im Fest. Hg. v. W. Freitag [s. Anm. 64], 93–97, hier 97. In Braunschweig fand eine zentrale Lutherfeier auf Betreiben der örtlichen Regierung schließlich sogar doch am 10. November statt; vgl. Dietrich Kuessner: Luther – Hitler. Ein Blick in die Schreckenskammern der Luther-Jubiläen 1933 bis 1946. In: Kirche von Unten; http://bs.cyty.com/kirche-von-unten/archiv/kvu103/luthit.html (Zugriff 18.1.2008). In Hannover erhoben Pfarrer gegen die Festansprache des Regierungspräsidenten Einspruch, allerdings nicht gegen die Gleichsetzung von Luther und Adolf Hitler, sondern gegen die damit verbundenen Angriffe gegen die Kirche; vgl. Hans-Dieter Schmidt: Der Luther-Mythos im Spiegel Hannoverscher Reformationsjubiläen. In: Hannoversche Geschichtsblätter, NF 46, 1992, 71–80; hier 79. Vgl. zu weiteren regionalen Lutherfeiern auch Hans Helmich: Lutherfeiern im Jubiläumsjahr 1933 in den Gemeinden Elberfeld und Barmen. In: Reformationsgedenken. Beiträge zum Lutherjahr 1983 aus der Evangelischen Kirche im Rheinland. Hg. v. Joachim Mehlhausen, Köln 1985 (Schriftenreihe des Vereins für Rheinische Kirchengeschichte, 81), 291–299; Günter Brakelmann: Hitler und Luther 1933 in Bochum. In: Auf den Spuren kirchlicher Zeitgeschichte. Festschrift für Helmut Geck zum 75. Geburtstag. Hg. v. Günter Brakelmann u. Peter Burkowski, Berlin 2010 (Recklinghäuser Forum zur Geschichte von Kirchenkreisen, 5), 198–226.

82 Vgl. Stefan Laube: Inszenierte Jubelgeschichten um das Lutherhaus in Wittenberg. In: Jubiläum. Hg. v. Müller [s. Anm. 6], 101–116, hier 112. Die Zuständigkeit für Kirchenfragen war weder in der Partei noch im Staat eindeutig festgelegt; vgl. Heinz Boberach: Organe der nationalsozialistischen Kirchenpolitik. Kompetenzverteilung und Karrieren in Reich und Ländern. In: Staat und Parteien. Festschrift für Rudolf Morsey zum 65. Geburtstag. Hg. v. Karl D. Bracher [u.a.]. Berlin 1992, 305–331, hier 309.

später stattfindende 400-Jahrfeier der Reformation in Berlin-Brandenburg.[83] In unmittelbarem Nachklang der Feiern stand so auch die positive Bilanz:

> »Zum ersten mal in unserer Geschichte ist uns eine Reichs-Lutherfeier beschert worden. Wir danken es dem nationalsozialistischen Reich, daß die 450. Wiederkehr des Geburtstages des Reformators als Reichs-Lutherfeier hat gefeiert werden können. Mehr hätte nicht mit der geschichtlichen Führung unseres Volkes in Einklang gestanden. Das Heilige Römische Reich Deutscher Nation, in das Luther hineingeboren wurde, gehört der Vergangenheit an. Dessen öffentliche Einigung von weltlicher und geistlicher Ordnung ist und bleibt zerbrochen. Wohl aber darf sinnenfällig werden, daß ›Religion‹ nicht ›Privatsache‹ ist, nicht lediglich Angelegenheit einzelner oder volksverwandter Gemeinschaften, sondern auch Auftrag an Volk und Öffentlichkeit. [Hervorhebungen im Original – Anm. d. Verf.in]«[84]

3 Das Zerbrechen der »Einheitsfront«

Im Zuge der von der Reichskirchenregierung angeordneten Verschiebung des *Deutschen Luthertages* auf den 19. November scherte die sächsische Landeskirche aus der »Festfront« aus. Maßgeblich dafür war weniger das von der Partei ausgesprochene Verbot. Zwar forderte die sächsische Kirchenregierung gegenüber der Reichskirche zunächst eine Aufhebung des in Sachsen für den 10. November ausgesprochenen Verbotes oder, wie auf Reichsebene später mit der Verlegung auf den 19. November erfolgt, eine Verschiebung der Feiern. Die weitere Entwicklung auf der Reichsebene wartete die sächsische Kirchenleitung dann aber nicht mehr ab.[85] Während der Reichsbischof bei Hitler noch auf die »volkstumspolitische Bedeutung« der Feiern insistierte,[86] verzichtete die sächsische Landeskirche bereits auf den Luthertag und stellte auch alle in Sachsen traditionellen Feierlichkeiten zum Reformationstag in den Dienst der Wahlen.[87] Darauf, dass dies auch im eigenen Interesse geschah und nicht von der Partei erzwungen wurde, deutet hin, dass schließlich im Vorfeld der Wahlen sehr wohl Lutherfeiern stattfanden, die teilweise sogar, wie die am 31. Oktober in Chemnitz, von der NSDAP mit organisiert wurden.[88]

---

83 Vgl. Gerhard Besier: Reformationsfeiern in der Mark Brandenburg vom 17.–20. Jahrhundert als Spiegel der Rezeption. In: Jahrbuch für Berlin-Brandenburgische Kirchengeschichte 58 (1991), 134–155, hier 148.

84 Otto Scheel: Kirche und Volk bei Luther. Leipzig 1934 (Schriften des Vereins für Reformationsgeschichte, 156), 1.

85 Vgl. hier u. im Folgenden Bräuer: Einspruch [s. Anm. 12], 156–158.

86 Telegramm des Reichsbischofs an den Reichskanzler, 20.10.1933, abgedruckt in: Nicolaisen: Dokumente [s. Anm. 61], 142; vgl. dazu Scholder: Kirchen [s. Anm. 15], 697.

87 Vgl. Kundgebung der Sächsischen Kirchenregierung zum 10. u. 12. Novbr., 20.10.1933, LKA, 5, 251, unpag. Abgedruckt u.a. in: KGVBl, 31, 20.10.1933, 113.

88 Vgl. DA, 303, 1.11.1933, 3.

Das zentrale Festmotiv des *Deutschen Luthertages*, die Demonstration der Einheit des deutschen Protestantismus, war mit dem eigenmächtigen Vorgehen der Sachsen unmittelbar gefährdet. Bitten an den Landesbischof verhallten aber genauso ungehört, wie der Appell des Reichslutherausschusses:

> »Wir dürfen den Fernstehenden und den gegnerisch Eingestellten nicht das Schauspiel bieten, daß der Protestantismus um gewisser äußerer Schwierigkeiten willen sein Vorhaben, den Luthertag 1933 zu einem einheitlich gefeierten Ehren- und Gedenktag des großen Reformators und seines Werkes zu gestalten, preisgibt.«[89]

Vielmehr verkündete die Landeskirchenregierung, dass Sachsen sich dem nunmehr auf den 19. November verschobenen *Deutschen Luthertag* nicht wieder anschließen werde, da es »in seinem Reformationsfest durch den Willen der neuen sächsischen Landeskirchenregierung einen eindrucksvollen lutherischen Tag des sächsischen Volkes« habe. Diese Regelung sei für die übrigen deutschen Länder nicht möglich, da dort der Reformationstag keinen so hohen Stellenwert genieße.[90] Mit dieser Erklärung hatte die sächsische Landeskirchenregierung den Einheitsgedanken der Feiern endgültig torpediert. Nicht nur, dass sie Sachsen vom *Deutschen Luthertag* ausschloss, sondern die Landeskirchenregierung wirkte hier der beständig beschworenen Einheit auch dahingehend entgegen, dass sie die Sachsen als eigenes Volk auftreten ließ und ihnen überdies eine Tradition beigemessen wurde, die sonst kein deutsches Land besitze. Die Landeskirche war offensichtlich darum bemüht, an die Bedeutung, die sie sich als »Mutterland der Reformation« im kirchlichen Bereich stets zu sichern gesucht hatte, anzuschließen.[91] Bei ihrer Begründung verstrickte sich die Landeskirchenregierung allerdings in einen Selbstwiderspruch. Einerseits begründete sie den Verzicht auf die Feier des *Deutschen Luthertages* am 19. November mit der Bedeutung, die das Reformationsfest in Sachsen habe. Andererseits sollten aber auch am Reformationstag keine Feiern zum 450. Geburtstag Luthers stattfinden, sondern erst im Dezember anlässlich der Einweisung des Landesbischofs.[92] Anfang November wurde schließlich der 10. Dezember endgültig als Luthertag festgelegt.[93] Eine Verbindung zu Martin

---

89 5. Rundschreiben der Reichsgeschäftsstelle des Deutschen Luthertages 1933, o. D., LKA, 22, XIII 4a, unpag. Auch unmittelbare Bitten des Reichslutherausschusses an den sächsischen Landesbischof blieben erfolglos; vgl. Evangelischer Bund Berlin an Jagsch, 26.10.1933, LKA, 22, XIII 4a, unpag.

90 Dresdner Nachrichten (folgend DN), 509, 28.10.33/Morgenausgabe, 6.

91 Vgl. dazu MARKUS HEIN: Lutherrezeption in den Predigten und Ansprachen bei den Reformationsfeierlichkeiten in Sachsen im 19. Jahrhundert. In: Lutherinszenierung. Hg. v. S. LAUBE u. K.-H. FIX [s. Anm. 17], 145–161.

92 Vgl. DNN, 253, 28.10.33, 5.

93 Vgl. Freiheitskampf, 272, 4.11.1933, 3. Gegenüber der Reichskirchenleitung erklärte die sächsische Kirchenregierung, dass der Reichsbischof sich mit der

Luther wurde dabei nur noch insofern hergestellt, als dass darauf verwiesen wurde, dass es der Tag der Verbrennung der Bannbulle sei.[94] Die Bedeutung der Lutherfeiern trat dabei deutlich hinter die der Bischofseinweisung zurück. Im Vordergrund des sächsischen Luthertages sollte nicht mehr Martin Luther, sondern Friedrich Coch stehen. Das Luthergedenken war nunmehr lediglich die Plattform für die inner- und außersächsische Legitimierung des sächsischen kirchenpolitischen Kurses.[95]

Unmittelbarer Anlass für den kirchenpolitischen Sonderkurs der Sachsen war die am 13. November im Berliner Sportpalast stattfindende Gautagung der *Deutschen Christen* Groß-Berlins. Die in der Lutherrede[96] des Gauobmanns der *Deutschen Christen* Groß-Berlins, Dr. Reinhold Krause, geforderte radikalvölkische Umformung der Theologie der evangelischen Kirchen sowie die geforderte Einführung des ›Arierparagraphen‹ für die Kirchen hatte im In- wie im Ausland Proteste ausgelöst. Die Konflikte, die sich mit der im Pfarrernotbund formierenden innerkirchlichen Opposition und den wachsenden internen Streitigkeiten innerhalb der Glaubensbewegung der *Deutschen Christen* sowie dem zunehmenden Verlust der Unterstützung der NSDAP bereits im Vorfeld abgezeichnet hatten, wurden offensichtlich.[97]

Der allgemeinen kirchenpolitischen Krise versuchte die sächsische Landeskirchenregierung zu entgehen, indem sie sich von den *Deutschen Christen* und der Reichskirche – wenn auch mehr organisatorisch als inhaltlich – distanzierte.[98] In der Folge suchte sie ihren »sächsischen Kurs« allerdings auch,

---

Regelung am 4. November einverstanden erklärt habe; vgl. dazu Bräuer: Einspruch [s. Anm. 12], 155f. Da die Meldung im Freiheitskampf vom 3. November stammte und am 4. November erschien, handelte es sich dabei allenfalls um eine nachträgliche Legitimierung. Der 19. November wurde in Sachsen schließlich zum »Danktag für die Einigung des deutschen Volkes« erklärt; vgl. KGVBl 34, 16.11.1933, 128.

94 Vgl. DA 312/Stadtzeitung, 10.11.1933, 8; DN, 528, 9.11.1933/Morgenausgabe, 5.

95 Zum sächsischen Kurs vgl. Wilhelm: Diktaturen [s. Anm. 14], 82; vgl. hier u. im Folgenden auch Fischer: Landeskirche [s. Anm. 14], 22–28; Meier: Kirchenkampf [s. Anm. 13], 483f.

96 Vgl. dazu die berechtigte Anmerkung Gottfried Marons, dass im Kontext der Bewertung der Ereignisse im Sportpalast häufig vergessen wird, dass die »berühmt-berüchtigte ›Sportpalast-Rede‹ [...] ja auch eine Lutherrede sein sollte«; Maron: Jubiläen [s. Anm. 8], 193.

97 Vgl. u. a. Meier: Kirchenkampf [s. Anm. 13], 122–145.

98 Vgl. Kundgebung »Mit Luther und Hitler für Glauben und Volkstum«, o. D., LKA, 5, 100, Anlage zu Bl. 100 024, Rundschreiben Hahn; abgedruckt bei Andreas Duhm: Der Kampf um die deutsche Kirche. Eine Kirchengeschichte des Jahres 1933/34 dargestellt für das evangelische Volk. Gotha [1934], 119f. Die sächsische Kirchenregierung hielt an dem umstrittenen Arierparagraphen auch nach dem Sportpalastskandal fest und trug damit maßgeblich dazu bei, dass sich auch in Sachsen eine innerkirchliche Opposition formierte; vgl. Hermann Klemm: Im Dienst der

u.a. in der Form ihrer Kirchenorganisation, bei der der Landesbischof zugleich Führer der *Deutschen Christen* und Gauobmann der Partei war, als Reichskurs durchzusetzen und der sächsischen Landeskirche eine besondere Stellung im Reichskirchengefüge zu verleihen.[99] Zu den geplanten Feierlichkeiten wurde entsprechend propagiert:

> »Der 10. Dezember wird dann der große geschichtliche Tag für Sachsen sein, an dem erstmalig ein deutscher Reichsbischof den sächsischen Landesbischof, den Führer der größten lutherischen Kirche der Welt, in sein Amt einweisen wird. An der großen Feierlichkeit in der Dresdner Frauenkirche wird die Reichskirchenregierung vollzählig teilnehmen. Es werden außerdem Mitglieder der Reichsregierung erwartet. Die Feier wird damit zum Vorbild für das ganze Reich.«[100]

Die Einweisung des Landesbischofs sollte ein Zeichen dafür werden, dass der »äußere Kampf der Glaubensbewegung Deutscher Christen in dem größten lutherischen Lande« beendet sei und »die innere Reform der Kirchenarbeit« begonnen werde.[101] Der Kirchenreformator war in diesem Zusammenhang nur noch insoweit bedeutsam, als dass das Festhalten an seinem Glauben zum Garanten für das Gelingen der großen selbst gestellten Aufgabe, das »Volk wieder zu Gott« zu führen, erklärt wurde.[102] Die Verlegung der Lutherfeiern in den Dezember war in diesem Zusammenhang also weniger von dem Bemühen, den Reformator angemessen zu würdigen, gekennzeichnet – wie als eine Begründung für die Verlegung der Feiern in den Dezember angeführt wurde[103] – als der Amtseinweisung Cochs einen besonderen Rahmen zu verleihen.[104] Deutlich

---

Bekennenden Kirche. Das Leben des sächsischen Pfarrers Karl Fischer 1896–1941. Göttingen 1986 (Arbeiten zur Geschichte des Kirchenkampfes; Ergänzungsreihe, 14); Kämpfer wider Willen. Erinnerungen des Landesbischof von Sachsen D. Hugo Hahn aus dem Kirchenkampf 1933–1945. Hg. v. GEORG PRATER. Metzingen 1969; SOPHIE VON BECHTHOLTSHEIM: Die staatstreue Opposition – Die Bekennende Kirche und der Kirchenkampf in Dresden 1933–1939. In: Dresden unterm Hakenkreuz. Hg. v. REINER POMMERIN. Köln [u.a.] 1998, 67–93.

99 Die sächsische Kirchenregierung forderte den Rücktritt des Reichsbischofs; vgl. Sächsische Kirchenregierung an den Reichsbischof, 30.11.1933, Durchschlag, Sächsisches Hauptstaatsarchiv Dresden (folgend SächsHStA), MfV 13058/174, Bl. 97–100 und propagierte öffentlich, dass »sächsischer Kurs Reichskurs werden müsse«; DA, 333, 1.12.1933, 5; vgl. FISCHER: Landeskirche [s. Anm. 14], 23.

100 DNN, 259, 5.11.1933, 4.

101 DA, 314, 12.11.1933, 4.

102 DA, 314, 12.11.1933, 4.

103 Vgl. DA, 301, 30.10.33, 4.

104 Die Amtseinweisung des Landesbischofs war seit Monaten beständig verschoben worden; vgl. dazu FISCHER: Landeskirche [s. Anm. 14], 23. Auffällig war bei den bis dahin gewählten Terminen – wie dem ›Reichserntedankfest‹ und dem Reformationstag –, dass sie fast ausschließlich mit einer besonderen Bedeutung aufgeladen

wurde dies auch darin, dass die Lutherfeiern, die zunächst das alte Motto »Mit Gott für Deutschland!«[105] trugen, gefolgt von dem schon deutlicher auf Sachsen zugeschnittenen »Sachsen ist, war und bleibt evangelisch-lutherisch!«,[106] nunmehr mit *der* zentralen Losung des sächsischen Kurses »Mit Luther und Hitler für Glauben und Volkstum« überschrieben wurden.[107]

4 Reaktionen auf die Verschiebung in Sachsen

Beim Sächsischen Lutherausschuss und in großen Teilen der Gemeinden und Verbände traf der sächsische Sonderkurs bezüglich der Lutherfeiern auf keine positive Resonanz. Auch wenn das *Sächsische Kirchenblatt* propagierte:

> »Uns will scheinen, daß damit ganz im Sinne Martin Luthers gehandelt wird. Es klänge vielleicht ›kirchlicher‹, ›lutherischer‹, wollte die Kirche sagen: wir lassen uns unsern Luthertag von keiner Aktion der Welt stören! Wir sind aber gewiß, daß Luther, wenn er heute lebte, uns zurufe: Nun kämpft für Deutschland! Und wir sind der guten Zuversicht, daß von der Notwendigkeit dieses Kampfes und des Gewissens willen alle unsere Leser einmütig überzeugt sind.«[108]

Der Gedanke, dass gerade das »Mutterland der Reformation« zugunsten der nationalsozialistischen Propaganda auf ein besonderes Luthergedenken verzichten sollte, blieb den Gemeinden und Verbänden unverständlich. Vor allem von den Mitgliedern des *Evangelischen Bundes* wurde das als Affront gegen das Luthertum aufgefasst, hinter dem die Katholiken als Rädelsführer vermutet

waren; vgl. DN, 455, 27.09.1933/Morgenausgabe, 4; Sächsisches Kirchenblatt, 41, 13.10.1933, 613.

105 DNN, 248, 22.10.1933, 5. Zu der unter der Losung »Gott mit uns« hergestellten Verbindung zwischen Religion und Nation vgl. die Beiträge in: »Gott mit uns«. Hg. v. H. Lehmann u. G. Krumeich [s. Anm. 33].

106 Sächsisches Kirchenblatt, 45, 10.11.1933, 675.

107 Vgl. u.a. Freiheitskampf, 297, 29.11.1933, 1. Erstmalig verwandt worden war die Losung für die Kundgebung, mit der sich die sächsische Landeskirchenregierung im November von den Ereignissen im Sportpalast distanziert hatte. Die Verbreitung der Losung erwies sich sogar als erfolgreicher als der ›sächsische Kurs‹ selbst. Beispielsweise verwandte sie auch die hannoversche Landeskirche, die den kirchenpolitischen Kurs der Sachsen aber nicht übernahm; vgl. Karl-Heinz Götte: Die Propaganda der Glaubensbewegung ›Deutsche Christen‹ und ihre Beurteilung in der deutschen Tagespresse. Ein Beitrag zur Publizistik im Dritten Reich. Münster 1957, 206, Anm. 2. Zudem wird sie auch in der Forschung häufig als zentrale Losung für die Lutherfeiern 1933 bemüht. Jüngst in der Wendung »Mit Luther und Hitler, für Glaube und Rasse« bei Rüdiger vom Bruch: Jubiläen und Jubilare in Kunst und Wissenschaft. In: Jubiläum, Jubiläum. Hg. v. P. Münch [s. Anm. 3], 171–207, hier 199.

108 Sächsisches Kirchenblatt, 44, 3.11.1933, 637.

wurden.[109] Diese hatten allerdings schon weit vor der Verschiebung erfolglos versucht, beim Reichsaußenminister den Feiern entgegenzuwirken.[110]

Trotz der Begrüßung des Nationalsozialismus und der damit für den Protestantismus verbundenen Hoffnungen sah der *Evangelische Bund* seine Interessen gegenüber dem alten konfessionellen Gegner nicht gewahrt. Nach Abschluss des Konkordats hatte der Vorsitzende des sächsischen Evangelischen Bundes, Martin Jagsch, gewarnt, der Katholizismus sei nicht ausgeschaltet, sondern habe lediglich seine Taktik geändert. Zudem würden einige der Nationalsozialisten nicht für den Protestantismus eintreten, sondern von einer Nationalkirche träumen, die beide Konfessionen vereinige.[111] Jagschs Reaktion auf die Verschiebung der Lutherfeiern entsprach seiner Haltung, den Nationalsozialismus zu begrüßen, aber auch darin, nicht uneingeschränkt die Interessen des Protestantismus gewahrt zu sehen. So betonte er zwar einerseits, er sei sicher, dass hinter der notwendigen Verschiebung keine Rücksichtnahme auf die Katholiken stünde[112] und rief zu einer Unterstützung der NSDAP am Wahlsonntag auf.[113] Andererseits fand er gegenüber den Mitgliedern des *Bundes* aber auch deutliche Worte für den geringen Handlungsspielraum des *Bundes*: Hätte der *Bund* öffentlich protestiert, »wäre seine Tätigkeit und Wirksamkeit für immer erledigt gewesen.«[114]

Gegenüber der sächsischen Landeskirchenregierung versuchte Jagsch sich allerdings für ein möglichst umfangreiches Luthergedenken einzusetzen. Für den Reformationstag versuchte er, »Vorfeiern« mit Gottesdiensten und Lutherkundgebungen zu erwirken, weil diese »gerade in Sachsen sehr starkes Echo finden«[115] würden, und setzte sich dafür ein, dass am 10. November Schulgottesdienste oder zumindest Schulfeiern stattfinden könnten, da ihn viele diesbezügliche Anfragen erreicht hätten.[116] Gegenüber den bei ihm eintreffenden Anfragen signalisierte er zudem, dass kleinere Lutherfeiern in den Gemeinden im November möglich sein würden und dass Sachsen sich dem Reichsluthertag

109 Vgl. Schreiben von Mitgliedern des Evangelischen Bundes an Jagsch, LKA, 22, XIII 4a, unpag. Vgl. auch Bräuer: Deutscher Luthertag [s. Anm. 12], 429, Anm. 45.

110 Der Nuntius hatte gegenüber dem Außenminister bereits im September Bedenken geäußert, dass der Deutsche Luthertag zu »einer Art Nationalfeier« ausarten könnte. Seine Eingabe erwies sich aber nicht als wirksam. So zit. bei Nicolaisen: Dokumente [s. Anm. 61], 140, Anm. 2. Vgl. Scholder: Kirchen [s. Anm. 15], 697.

111 Vgl. Fleischmann-Bisten: Evangelischer Bund [s. Anm. 23], 286.

112 Jagsch an Mitglied des Evangelischen Bundes, Prof. P. Knauth, 6.11.1933, Durchschlag, LKA, 22, XIII 4a, unpag.

113 Vgl. Jagsch an die Mitglieder des Vorstandes und die Vorsitzenden der Kreis- und Zweigvereine des Evangelischen Bundes, 28.10.1933; Pressemitteilung Jagschs, datiert auf den 3.10.1933, vermutlich aber 3.11.1933, LKA, 22, XIII 4a, unpag.

114 Jagsch an Helene Meyer, 25.10.1933, Durchschlag, LKA, 22, XIII 4a, unpag.

115 Jagsch an Coch, 25.10.1933, Durchschlag, LKA, 22, XIII 4a, unpag.

116 Jagsch an das Landeskirchenamt, 3.11.1933, Durchschlag, LKA, 22, XIII 4a, unpag.

anschließen werde, womit er vor allem die Erwartungen der Unterverbände des sächsischen *Evangelischen Bundes* traf.[117] Jagschs Auskünfte in diesen Fragen scheinen dabei in erster Linie von seinem deutlichen Bemühen geleitet, die Lutherfeiern so umfangreich wie möglich im November stattfinden zu lassen. Über kirchenamtliche Mitteilungen verfügte Jagsch indes nicht,[118] und er hatte mit der Bundesdirektion in Berlin offenbar auch die Möglichkeit diskutiert, dass Sachsen ganz auf die Feiern verzichten könnte.[119]

Die Organisatoren der Gemeindefeiern zeigten sich ob der unterschiedlichen Meldungen, die von den verschiedenen Stellen ergingen, zunehmend verunsichert, welche Anordnungen zu befolgen seien.[120] Zumal in der sächsischen Presse über Wochen, neben der Nachricht vom gänzlichen Verzicht auf die Feiern, der von der Reichskirche festgelegte 19. November, der Reformationstag und schließlich der noch zu bestimmende Dezembertag, der erst Anfang November endgültig auf den 10. festgelegt wurde, als Luthergedenktage kursierten.[121] Die Anordnung, die die Kirchenregierung schließlich erließ, löste das Verwirrspiel keineswegs auf. Vielmehr waren die Lutherfeiern nun in drei Kategorien geteilt: für den 10. November vorgesehene, die jetzt erst im Dezember stattfinden sollten, nicht für den 10. geplante, die nach dem 12. November stattfinden durften und schließlich die, die in Zusammenarbeit mit der NSDAP stattfanden und vor dem 12. November erlaubt waren.[122] Unmittelbare Folge davon war, dass die einheitliche Festfront jetzt auch innersächsisch aufriss. Die zentrale Hauptlutherfeier in Dresden war gemeinsam mit den Schulfeiern in den Dezember

---

117 Vgl. Korrespondenz Jagsch mit Gemeinden und Vereinen des Evangelischen Bundes, LKA, 22, XIII 4a, unpag. Auch die Gemeindegruppen der Deutschen Christen erwarteten offenbar zunächst, dass sich die sächsische Landeskirchenregierung dem Reichsluthertag anschließen würde; vgl. dazu die Einladungen der Gemeindegruppe der Deutschen Christen der Frauenkirche zu Dresden bzgl. ihrer geplanten Lutherfeier an das Stadtverordnetenkollegium zu Dresden Stadtarchiv Dresden, E59, Litt. E Nr. 59 Bd. XIII, Bl. 197.

118 Vgl. Jagsch an den Zweigverein Plauen, 25.10.1933, Durchschlag, LKA, 22, XIII 4a, unpag.

119 Zumindest teilte diese am 26. Oktober mit, dass, da der 19. November als Tag der Lutherfeiern feststehe, die »sächsische Kirche [...] nunmehr nicht auf sie zu verzichten« brauche; Evangelischer Bund Berlin, Fahrenhorst an Jagsch, 26.10.1933, LKA, 22, XIII 4a, o. Blz.

120 Vgl. Anfragen der Gemeinden und Verbände des Evangelischen Bundes an Jagsch, LKA, 22, XIII 4a, unpag.; vgl. Bräuer: Einspruch [s. Anm. 12], 157.

121 Vgl. DNN, 253, 28.10.33, 5; DA, 301, 30.10.33, 4; Freiheitskampf, 267, 30.10.33, 4; DNN, 255, 31.10.33, 5; Freiheitskampf, 272, 4.11.33, 3.

122 Vgl. DA, 301, 30.10.33, 4. Dass ausschließlich diese Anordnung zu befolgen sei, betonte auch die erst am 1. Dezember erfolgende Anordnung des sächsischen Staates zu den Lutherfeiern; vgl. Verordnungsblatt des sächsischen Ministeriums für Volksbildung, 21, 1.12.1933, 93.

verlegt worden, während die übrigen Veranstaltungen in unterschiedlichster Form teils am Reformationstag,[123] teils im November und teils im Dezember stattfanden, teils aber auch, nachdem sie beständig verschoben worden waren, ganz darauf verzichtet wurde.[124]

II Die Feier des Luthertages in Dresden

1 Die Feiern in den Gemeinden

Am 10. November selbst wurde der Erinnerung an Luthers Geburtstag insofern Rechnung getragen, als dass die Glocken läuten und die Kirchen beflaggt werden sollten. Zudem wurde Luther doch auch von einigen Schulen in Andachten oder Gottesdiensten gedacht. In manchen Gemeinden wurde die landeskirchliche Anordnung aber auch so rigoros interpretiert, dass sie selbst auf kleine abendliche Familienfeiern verzichteten. Im Landeskirchenamt fand eine Luthergedenkstunde statt, bei der es der Landesbischof als Fügung verstanden wissen wollte, dass der zentrale nationalsozialistische Propagandatag auf Luthers Geburtstag fiel.[125] Daran schloss eine Gemeindegruppe der *Deutschen Christen* bei ihrer Vorlutherfeier die Propaganda an, dass Luther am 12. November sein »Ja« zur nationalsozialistischen Staatsregierung abgegeben hätte.[126]

Der größte Teil der Feiern in den Dresdner Gemeinden fand allerdings in der Woche vor dem 19. November bzw. in den beiden darauffolgenden Wochen statt.[127] Um den 10. Dezember fanden hingegen, abgesehen von den für den Vortag angeordneten Schulgottesdiensten,[128] nur noch wenige Feiern statt. Dabei handelte es sich wohl auch nur selten um die ursprünglich für den 10. November geplanten, da es sich fast ausschließlich um Gemeindeabende handelte.[129]

123 Vgl. DA, 302, 1.11.1933, 5.

124 Vgl. Gemeindeblatt Kirchgemeinde Dresden-Kleinzschachwitz, Dohna und Heidenau, 11, 16.11.1933, unpag.

125 Zur Lutherfeststunde im Landeskirchenamt und Gemeindestunden vgl. DN, 532, 11.11.1933/Morgenausgabe, 6; zu Schulgottesdiensten vgl. u.a. Freiherrliche von Fletschersche Aufbau- und Deutsche Oberschule Dresden, Jahresbericht 1933/1934, 8. Zum Verzicht auf selbst kleine Familienfeierstunden vgl. DN, 528, 9.11.1933/ Morgenausgabe, 9.

126 Vgl. DA, 312, 10.11.1933/Stadtzeitung, 7.

127 Vgl. Mitteilungen aus der Dreikönigskirche zu Dresden-Neustadt, 159, Dezember 1933, 11; Blätter für die St. Paulikirchgemeinde Dresden, 10, November 1933, 4.

128 Vgl. Verordnungsblatt des Sächsischen Ministeriums für Volksbildung, 21, 1.12.1933, 93. Zu ihrer Durchführung vgl. Freiheitskampf, 307, 9.12.1933, 6; DA, 342, 10.12.1933, 8; DN, 577, 8.12.1933/Morgenausgabe, 5.

129 Vgl. DN, 579, 9.12.1933/Morgenausgabe, 6; DN, 580, 10.12.1933, 11. Freiherrliche von Fletschersche Aufbau- und Deutsche Oberschule Dresden, Jahresbericht 1933/1934, 8; Mitteilungen aus der Dreikönigskirche zu Dresden-Neustadt, 159, Dezember 1933, 9.

Die wohl noch öffentlichkeitswirksamste, zumindest aber in der Dresdner Presse neben der Festveranstaltung der Landeskirche am umfangreichsten beworbene Feier, war die des *Evangelischen Bundes* Dresden.[130] Dem eher schlichten Festgeschehen – der *Bund* enthüllte in einer kurzen Feierstunde eine neue Luthergedenktafel – wurde insofern Bedeutung verliehen, dass hierzu auch Vertreter der Regierung und der Stadt erschienen waren. Nichtsdestotrotz konnte der *Evangelische Bund* mit dieser Feier aber keineswegs seiner ursprünglich angestrebten Rolle als einer der Hauptfestveranstalter der Lutherfeiern 1933 in Dresden entsprechen. Die Festansprache verlieh indes, wie es sich häufiger im Kontext der Feiern findet, ihrer Dankbarkeit Ausdruck, dass die Lutherfeiern erst durch den Nationalsozialismus wieder ermöglicht worden seien. Demgemäß wurde die Feier neben der ›Festen Burg‹ auch mit dem Deutschland- und Horst-Wessel-Lied beschlossen.[131]

Neben dem *Evangelischen Bund* Dresden folgten dem Aufruf des sächsischen Lutherausschusses, über die Feiern hinausweisende Luthererinnerungsstätten zu schaffen,[132] nur zwei Dresdner Gemeinden.[133] Die Ursache dafür dürfte gewesen sein, dass vielerorts solche Stätten bereits bestanden. Aber auch an den bestehenden Lutherstätten waren es die Organisationen des *Evangelischen Bundes* Dresden, die ihre Festbotschaft, wie »Luthergeist und Lutherglaube führt uns aus der Knechtschaft Staube«, mit Kränzen und Schleifen im öffentlichen Bewusstsein zu implementieren suchten.[134] In den Gemeinden wurden fast ausschließlich geschlossene, im kirchlichen Raum stattfindende Feiern, wie Luthervespern oder geistliche Abendmusiken, veranstaltet. Von der Presse besonders gelobt wurde das von Heinrich Zöllner komponierte »Volksoratorium ›Luther‹«.[135] Insbesondere der *Freiheitskampf*, der sonst nicht unbedingt einen

---

130 Vgl. DN, 569, 4.12.1933/Morgenausgabe, 5; DN, 575, 7.12.1933/Morgenausgabe, 5; DNN, 286, 8.12.1933, 17; Freiheitskampf, 302, 4.12.1933, 4; DA, 341, 9.12.1933, 8.

131 Vgl. DN, 583, 12.12.1933/Morgenausgabe, 4.

132 Vgl. DA, 277, 6.10.1933, 6; Jagsch an die Reichsgeschäftstelle Berlin, 6.10.1933, Durchschlag, 22, XIII 4a, unpag.

133 Die Heilandskirchgemeinde Dresden weihte am 10. Dezember einen Lutherstein auf dem Kirchplatz; vgl. DNN 286, 8.12.1933, 17, und die St. Pauli-Gemeinde pflanzte am 19. November eine Luthereiche im Kirchgarten; vgl. Blätter für die St. Pauli-Kirchgemeinde Dresden, 10, November 1933, 4. Aus Colditz wurde hingegen gemeldet, dass die Pflanzung einer Lutherlinde mit Hilfe der Kreisleitung der NSDAP gegen den Widerstand des örtlichen Pfarrers durchgesetzt wurde; vgl. Zweigverein Colditz an den Landesverein, 23.11.1933, LKA XIII 4a, unpag.

134 DA, 317, 15.11.1933, 6. Für die einzige nachweisbare weitere Kranzniederlegung vgl. Gemeindeblatt Kirchgemeinde Dresden-Kleinzschachwitz, Dohna und Heidenau, 12, 2.01.1934, unpag.

135 DN, 579, 9.12.1933/Morgenausgabe, 6; vgl. auch DNN, 255, 31.10.1933, 16; DN, 529, 9.11.1933/Abendausgabe, 3; DN, 564, 30.11.1933/Abendausgabe, 3.

Schwerpunkt auf die Festberichterstattung legte, hob den Zeitbezug des Stückes hervor,[136] obwohl das Stück bereits 1883 komponiert worden war.[137] Eine der wenigen nicht positiven Kritiken bemängelte allerdings, dass das Stück über einen »vornehmen Eklektizismus« nicht hinaus komme, fand aber gerade das »bezeichnend für den Geist der Zeit, die Luthers 450. Geburtstag« feierte.[138] Die beliebteste Festform in den Dresdner Gemeinden waren Laienspiele und Chorgesänge, die ob des großen Zuschauerandranges teilweise sogar mehrmals wiederholt werden mussten.[139] Nicht erfolgreich war indes die Idee des Regisseurs Otto Melcher, mit professionellen Schauspielern ein Stück zu inszenieren, das über den Lutherausschuss von den Gemeinden gebucht werden sollte, was nicht zuletzt als Arbeitsbeschaffungsmaßnahme für die Künstler dienen sollte.[140] In Dresden wurde das von Melcher hierfür vorgeschlagene Stück *Propheten* von Hanns Johst[141] nicht nachweislich aufgeführt.[142] Für die Gemeinden rangierte

---

136 Vgl. Freiheitskampf, 277, 9.11.1933, 10.

137 Vgl. Gemeindeblatt der Trinitatiskirche, 129, November 1933, 5.

138 DN, 541, 16.11.1933/Abendausgabe, 4. Zur häufig bemerkenswert schlechten Qualität der Lutherspiele, die sich seit den 1883er Lutherfeiern großer Beliebtheit erfreuten vgl. Hartmut Laufhütte: Martin Luther in der deutschen Literatur des 19. und 20. Jahrhunderts. Passau 1984 (Passauer Universitätsreden, 6), 8.

139 Vgl. u.a. Freiheitskampf, 292, 24.11.1933, 7; DN, 539, 15.11.1933/Abendausgabe, 2; Die feste Burg. Gemeindeblatt für die Martin-Luther-Gemeinde zu Dresden, 22, 5.11.1933, 92. Zu dem großen Erfolg von Laienspielen in den evangelischen Jugendorganisationen vgl. Tilmann Eysholdt: Evangelische Jugendarbeit zwischen »Jugendpflege« und »Jugendbewegung«. Köln 1997 (Schriftenreihe des Vereins für Rheinische Kirchengeschichte, 124), 281f.

140 Melcher hatte zunächst das *Apostelspiel* von Max Mell vorgeschlagen; vgl. Otto Melcher, Albert-Theater Dresden, an das Evangelisch-Lutherische Landeskonsistorium, 31.7.1933, LKA 22, XIII 4a, unpag. Später bot er dem sächsischen Lutherausschuss das Stück *Propheten* von Hanns Johst an. Demgegenüber wollte der Landesausschuss auch die Stücke *Luther auf der Wartburg* von Friedrich Lienhard und evtl. *Bernhard von Weimar* von Rolf Laukner in Vorschlag bringen; vgl. Verhandlungsnachweis über die Arbeitsausschusssitzung vom 11.9.1933, 20.09.1933, LKA, 22, XIII 4a, unpag. Auch für die Aufführung dieser Stücke in der von Melcher vorgeschlagenen Form finden sich keine Nachweise.

141 Zu Johst vgl. Rolf Düsterberg: Hanns Johst: »Der Barde der SS«. Karrieren eines deutschen Dichters. Paderborn [u.a.] 2004.

142 Obwohl die Aufführung des *Propheten* 1933 in der Laienspielbewegung durchaus so beliebt war, dass Rudolf Mirbt, der 1932 die Laienspielfassung des Dramas vorgelegt hatte, noch 1959 versuchte, mit dem Verweis auf die Aufführung bei den Lutherfeiern 1933 und dem Hinweis, dass das Drama bereits 1924 gespielt wurde, das Stück aus seinem nachweislich nationalsozialistisch-deutsch-christlichen Hintergrund zu lösen. Vgl. Rudolf Mirbt: Vom Wandel des Spielplans. Rede vor dem Freideutschen Kreis in der Grenzakademie Sankelmark im September 1959. In: R. Mirbt: Laienspiel und Laientheater. Vorträge und Aufsätze aus den Jahren 1923–1959. Basel [u.a.] 1960, 149–156, hier 150f. Zu Aufführungen in anderen

der Laienspielcharakter offenbar vor der Professionalität der Aufführung. Wobei sie allerdings nicht generell abgeneigt waren, Schauspieler für die Feiern zu engagieren, da der ehemalige Hofschauspieler Julius Will durchaus bei zwei Gemeindefeiern zum Einsatz kam.[143] Daneben wurden auch Lutherfilme vorgeführt,[144] zahlreicher waren aber in Musikdarbietungen eingebettete Lutherfestvorträge, die häufig mit Lichtbildern untermalt wurden.[145]

Insgesamt bleibt für die Lutherfeiern in den Gemeinden festzuhalten, dass die Festinhalte zwar einen Gegenwartsbezug herzustellen versuchten, ihre Festformen aber den tradierten verpflichtet blieben.

2 Der Hauptfestakt der Landeskirche

Im Gegensatz zu den geschlossenen Feiern in den Dresdner Gemeinden, die keine größere Öffentlichkeit herzustellen suchten, sah die Festplanung der Landeskirche als Hauptfestakt einen »Aufmarsch des Lichtes der Jugend«[146] auf der Dresdner Ilgenkampfbahn vor. Er war vor allem dem landeskirchlichen Ziel geschuldet, die Jugend wieder stärker in die Kirchen einzubinden. Dementsprechend war an sie der besondere Festaufruf ergangen:

> »Es liegt an Euch, junge Kameraden! Aller Hader in Euren Reihen schwächt Eure Stoßkraft! Reicht Euch als Kampfschar des Staates und als Kampfschar der Kirche vertrauend die Hand und schließt den ehernen Ring einer neuen Jugend der Deutschen Nation! Tut es im Blick auf den großen, gläubigen Deutschen Martin Luther in gemeinsamer Rüstzeit auf seinen Gedenktag; laßt Euch von ihm die Kräfte zeigen, die zum Bestand des neuen Großen helfen: des Reiches Adolf Hitlers!«[147]

An die »Rüstzeit« der Jugendlichen in den Verbänden sollte als Höhepunkt des Luthertages ein Massenbekenntnis der Jugend zu Kirche und Staat anschließen. Die Festplanung sah dafür vor:

Städten vgl. u.a. Siegfried Bräuer: Der urdeutsche und tief christliche Reformator. Zur Planung und Vorbereitung der Wittenberger Luther-Festtage 1933. In: 700 Jahre Wittenberg. Stadt, Universität, Reformation. Hg. v. Stefan Oehming. Weimar 1995, 545–563.

143 Vgl. DNN, 267, 15.11.1933, 4; Gemeindeblatt der Kirchgemeinde Dresden-Kleinzschachwitz, Dohna und Heidenau, 12, 2.01.1933, unpag.

144 Vgl. u.a. DNN, 286, 8.12.1933, 17. Der Reichsausschuss des Deutschen Luthertages hatte dafür schon im August eigens einen »Arbeitsplan für die Veranstaltung von Luther-Film-Festspielen« herausgegeben; LKA 22, XIII 4a, unpag.

145 Vgl. u.a. DN, 532, 11.11.1933/Morgenausgabe, 4; Kreuzkirchenblatt, 9, November 1933, 621; Friede und Hoffnung. Gemeindeblatt für die Friedens- und Hoffnungskirche 11, November 1933, 31.

146 DA, 339, 7.12.1933, 6. Vgl. im Folgenden auch Bräuer: Einspruch [s. Anm.12], 155.

147 Geleitwort des Landesbischof Coch. In: Sächsischer Jugendführerbrief 1, 26.09. 1933, 3.

> »Auf dem weiten Plan der Ilgenkampfbahn wird die Jugend, flankiert von Lichtreihen, in der Form des Kreuzes aufmarschieren. Die Lutherrose wird als Symbol den drei Kreuzen gegenüberstehen, die in riesiger Form vor der aufmarschierten Menge – man erwartet etwa 60 000 Menschen – aufgerichtet werden.«[148]

Das vom Reichslutherausschuss formulierte Ziel, mit den Feiern die Volksmission anzustoßen, bleibt dabei zwar insofern erhalten, als dass die Jugend sich zu dem christlichen Kreuzsymbol formieren sollte und ihr gegenüber das Zeichen für den lutherischen Glauben, die Lutherrose, stehen sollte. Deutlich wird in der Inszenierung aber auch, dass die Feier weniger den Sachsen den Glauben wieder näher bringen sollte, als vielmehr die »deutsch-christliche Volksgemeinschaft« massenwirksam in Szene zu setzen. Einen »besonderen Charakter« sollte der von der Landeskirche geplante Massenaufmarsch zudem dadurch bekommen, dass sich nicht nur die Dresdner Verbände einfinden sollten, sondern »Abordnungen aller sächsischen Jugendverbände und -gruppen. [Hervorhebung im Original – Anm. d. Verf.in]«.[149] Inwieweit damit nur die evangelischen Jugendverbände gemeint waren, bleibt offen. Da aber dazu aufgerufen worden war, anlässlich der Lutherfeiern Kontakte mit den nationalsozialistischen Jugendvereinigungen aufzunehmen, waren deren Abordnungen sicherlich auch beim Bekenntnis zu Kirche und Staat willkommen. Spätere Verlautbarungen zu dem Festentwurf erwähnen zudem einen Fackelkranz der SA, der das Kreuz der Jugend einschließen sollte.[150]

Die Veranstaltung sollte mit dem gemeinsam gesungenen Lutherlied *Ein feste Burg* eröffnet werden. Dem sollten ein Grußwort des Reichsstatthalters, der Sprechchor *Wach auf, wach auf …* sowie die Ansprache von Landesbischof Coch folgen.[151] Den Abschluss sollte ein »Vorbeimarsch [Hervorhebung im Original – Anm. d. Verf.in] der gesamten sächsischen Jugend vor Reichsstatthalter Mutschmann, Landesbischof Coch und den Mitgliedern der Staats- und Kirchenregierung« bilden.[152] Das geplante Fest entsprach mit Raum und Rahmen den von der sächsischen Landeskirche für die Volksmission vorgelegten Richtlinien. Die Volksmissionsveranstaltungen sollten an möglichst zentralen öffentlichen Orten stattfinden und Veranstaltungen sein, »bei denen nicht der ›Kirchenbürger‹ wie früher kommt, sondern wo alle Glieder der werdenden Volkskirche aufmarschieren sollen, die Männer der SA., SS. und des Stahlhelms,

---

148 DA, 277, 6.10.1933, 8.

149 DA, 273, 2.10.1933, 4.

150 Vgl. Oberländer Nachrichten, 239, 12.10.1933, Ausschnitt ohne Seitenangabe, LKA, XIII 4a, unpag.

151 Vgl. Deutscher Luthertag in Sachsen, Dresden, 10. November 1933. In: Sächsischer Jugendführerbrief 1, 26.09.1933, 8; Sächsisches Kirchenblatt 41, 13.10.1933, 614.

152 DA, 277, 6.10.1933, 8.

die Arbeiter der Stirn und Faust, die Frauen und Mütter und die deutsche Jugend, um kundzutun, daß sie den Ruf der Kirche hören wollen«.[153]

Für Lutherfeiern traditionelle Festelemente waren dabei weniger vorgesehen. Im 19. Jahrhundert hatten sich neben den Festgottesdiensten und der Festkatechese der Schüler[154] bürgerliche Festversammlungen mit Musik und Tanz bis hin zu wahren Volksfesten etabliert. Zentraler Bestandteil der Lutherfeiern waren zudem die Festumzüge, an denen neben den geistlichen und weltlichen Amtsträgern die örtlichen Vereine, Verbände und Bürger teilnahmen.[155]

Demgegenüber entsprach die landeskirchliche Festinszenierung eher der einer nationalsozialistischen Propagandaveranstaltung, hinter der auch die Vorgabe, kirchliche Feiern in den Mittelpunkt der Lutherfeiern zu stellen, zurücktrat.[156] Dies wird umso deutlicher im direkten Vergleich mit dem »Deutsch-evangelischen Volkstag«, den der *Evangelische Bund* im Mai 1933 für den Juni des Jahres geplant hatte. Das erklärte Ziel des »Volkstages« war, zu demonstrieren, »daß Dresden eine nationalgesinnte, kernprotestantische Stadt ist, die hinter unseren führenden Männern, dem greisen Reichspräsidenten v. Hindenburg und dem jugendlichen Adolf Hitler steht«.[157] Zudem sollten mit ihm, ganz im Sinne der Volksmission, »neue Wege« gesucht werden, um die der Kirche »noch fernstehenden wertvollen Teile unseres Volkes zu erfassen.«[158] Dennoch blieb die Festplanung für den »Volkstag« stärker als die späteren Planungen für den Dresdner Luthertag

153 DN, 462, 1.10.1933/Morgenausgabe, 7.

154 Vgl. Stefan Laube: Fest, Religion und Erinnerung. Konfessionelles Gedächtnis in Bayern. München 1999, 91–94.

155 Vgl. Burkhardt: Reformations- und Lutherfeiern [s. Anm. 32], S. 217–222.

156 Vgl. Hermle: Aufstieg der Deutschen Christen [s. Anm. 27], 340; Gailus: 1933 als protestantisches Erlebnis [s. Anm. 75], 489, der darauf verweist, dass die nationalsozialistischen Massenversammlungen das Vorbild der Inszenierungen der Deutschen Christen waren; vgl. auch Klaus Vondung: Magie und Manipulation. Ideologischer Kult und politische Religion des Nationalsozialimus. Göttingen 1971, 32, der darauf hinweist, dass die Inszenierungen den gleichen Typus aufwiesen, ohne dass die Deutschen Christen auf das Vorbild der NSDAP zurückgriffen. Die Frage »wer hier wen okkupiert« lässt sich noch nicht abschließend beantworten, da *vice versa* die nationalsozialistischen Propagandisten bei ihren Inszenierungen auf den kirchlichen »Symbolspeicher« zurückgriffen. So zit.: Religion und Nation. Hg. v. M. Geyer u. H. Lehmann [s. Anm. 15], 23. Doris L. Bergen stellt ihre Untersuchungen zu den Inszenierungen der Deutschen Christen daher vor den Hintergrund, dass Religion und Nation sich gegenseitig beeinflussten und sich wechselseitig der Ideen, aber auch der Symbole und Rituale des anderen bedienten; vgl. Bergen: Christianity and Germanness [s. Anm. 15], 77.

157 Geschäftsstelle des Deutsch-evangelischen Volkstages 1933, Sonntag, den 11. Juni 1933 an Dr. Hartnacke, 17.05.1933, SächsHStA, MfV 13058/39, Bl. 40; vgl. auch Blätter für die Erlöserkirche zu Dresden, 6, Juni 1933, 74.

158 Evangelischer Bund Dresden, Deutsch-evangelischer Volkstag 1933 an Dr. Hartnacke, 17.05.1933, SächsHStA, MfV 13058/39, Bl. 39.

den tradierten Festelementen verpflichtet. So sollte nach den obligatorischen Vormittagsgottesdiensten »eine Huldigung der Dresdner evangelischen Jugend vor dem Lutherdenkmal auf dem Neumarkt« in Dresden stattfinden, die in den landeskirchlichen Planungen für den Luthertag zunächst fehlte. Zudem war zwar auch für den Volkstag eine Kundgebung auf der Ilgenkampfbahn vorgesehen. Zunächst sollten aber alle »Deutsch-evangelischen Kreise« mit »Fahne und sonstigen Abzeichen« im traditionellen Festzug durch die Stadt ziehen.[159]

Entgegen dem Volkstag, der wegen Parteiveranstaltungen abgesagt werden musste und dem gegenüber der Volksbildungsminister Bedenken gehegt hatte, ob eine staatliche Beteiligung ratsam sei,[160] war es der Landeskirchenregierung offenbar zunächst gelungen, den Reichsstatthalter und den Ministerpräsidenten für die Lutherfeier zu gewinnen. Auch als sich auf Reichsebene das Verhältnis zwischen Partei und Kirchen schon deutlich abgekühlt hatte, änderte das an der geplanten zentralen Beteiligung der sächsischen Staatsmänner nichts. Der Festaufmarsch wurde sogar dahingehend erweitert, dass auch die SS, die Reichswehr und die Polizei aufmarschieren sollten.[161]

Vier Tage vor dem Luthertag in Dresden verschwand der Massenaufmarsch aber plötzlich so sang- und klanglos aus der Festplanung wie er pompös geplant worden war. Die Dresdner Zeitungen meldeten lediglich in einem Unterpunkt der inzwischen weitaus umfangreicheren Festplanung – die Martin Luther inzwischen doch eine Kundgebung an seinem Denkmal zugestand –, dass der Aufmarsch auf der Ilgenkampfbahn wegen der kalten Jahreszeit ausfalle und erst im nächsten Jahr einmal nachgeholt werde.[162] Der wahre Grund für den Verzicht auf die Kundgebung dürfte allerdings gewesen sein, dass dem Landeskirchenamt zu diesem Zeitpunkt bereits bekannt gewesen sein dürfte, dass der Reichsstatthalter nicht an den Feierlichkeiten teilnehmen würde. Martin Mutschmann wohnte stattdessen dem Spiel des Dresdner Sport-Club gegen die Sportfreunde 01 Dresden bei, um den von ihm gestifteten »Mutschmann-Ehrenwanderpreis« persönlich überreichen zu können. Das Pokalspiel dürfte die Feiern überdies auch einige Teilnehmer gekostet haben. Hatten sich doch im Ostragehege annähernd 10.000 Zuschauer eingefunden, die das Fußballspiel den Lutherfeiern vorzogen.[163] Die Lutherfeiern mussten so nicht nur vier Tage

159 Geschäftsstelle des Deutsch-evangelischen Volkstages 1933, Sonntag, den 11. Juni 1933 an Dr. Hartnacke, 17.05.1933, SächsHStA, MfV 13058/39, Bl. 40.

160 Vgl. handschriftliche Notiz von Hartnacke an Jeremias, SächsHStA, MfV 13058/39, Bl. 47; vgl. auch Kirchlicher Wegweiser der Auferstehungskirche zu Dresden-Plauen, 6, Juni 1933, 38.

161 Vgl. die den Einladungen der Landeskirche zum Luthertag beigelegte Festfolge, o. D., LKA 5, 298, Bl. 298 020.

162 Vgl. Freiheitskampf, 304, 6.12.1933, 4; DA, 339, 7.12.1933, 6; DN, 573, 6.12.1933/ Morgenausgabe, 4.

163 Vgl. DN, 581, 11.12.1933/Morgenausgabe, 8.

vor Festbeginn auf ihre zentrale Inszenierung, sondern auch auf die Anwesenheit ihres Schirmherrn verzichten und hatten erneut Konkurrenz durch eine am gleichen Tag stattfindende Veranstaltung bekommen.

Mit dem Verschwinden des Aufmarsches der Jugend aus der Festplanung waren die Lutherfeiern am 10. Dezember endgültig nicht mehr als der festliche Rahmen für die Einweisung des neuen sächsischen Landesbischofs. Letzte Anbindungen an den *Deutschen Luthertag* hatte die Landeskirchenregierung schon zuvor dadurch torpediert, dass sie neben dem Reichslutherabzeichen, das »ein Band um die Millionen von Festteilnehmern«[164] schlingen sollte, ein eigenes, mit der sächsischen Parole versehenes Abzeichen vertrieb.[165] Das Reichslutherzeichen wurde zwar auch in Sachsen weiter verkauft, stand dabei aber, aus Sicht des Reichs- und sächsischen Lutherausschusses nicht zuletzt hinsichtlich der Gewinnspannen, in unliebsamer Konkurrenz zu dem sächsischen Festzeichen.[166]

Beiden Lutherabzeichen gemein war, dass sie auf der Vorderseite die Lutherrose trugen. Neben dem schwunghaften Handel, der traditionsgemäß[167] auch 1933 mit Lutherbildnissen aller Art betrieben wurde, war für die von allen Festteilnehmern zu tragende Festplakette kein Abbild des Reformators, sondern das Symbol des lutherischen Glaubens gewählt worden. Das Festabzeichen sollte die Festbotschaft transportieren, dass mit dem »Deutschen Luthertag

164 Deutscher Luthertag 1933, Reichsgeschäftsstelle, 4. Rundschreiben, o. Datum, LKA, XIII 4a, unpag.

165 Vgl. Amtliche Mitteilung für Schule und Erziehung des Landeskirchenamtes Sachsen, Bericht über die außerordentliche Sitzung des Führerrates am Freitag, dem 3. November 1933, 10.11.1933, LKA, 5, 116, Bl. 116 002.

166 Die sich darum zwischen dem sächsischen Lutherausschuss, dem Reichsausschuss, der Landeskirche und der sächsischen NSDAP entspinnende Debatte war erst kurz zuvor beigelegt worden; vgl. die umfangreiche Korrespondenz, LKA 22, XIII 4a, unpag. Der Absatz des Reichslutherabzeichens erwies sich für den Reichslutherausschuss als mit zahlreichen Problemen behaftet, die von Anfragen, ob es sich bei der Lutherrose um ein Freimaurersymbol handele, über die fehlende Zahlungsmoral der Deutschen Christen Berlin und Brandenburg bis dahin reichten, dass das Abzeichen nach der Verschiebung des Deutschen Luthertages vom 10. auf den 19. November das falsche Festdatum trug; vgl. Deutscher Luthertag 1933, Reichsgeschäftsstelle, 28.10.1933, LKA, 22, XIII 4a, o. Blz. u. Bräuer: Deutscher Luthertag [s. Anm. 12], 430. Zum Vertrieb des sächsischen Festabzeichens waren die sächsischen Lehrer offenbar zwangsverpflichtet; vgl. Victor Klemperer: Tagebücher 1933–1934. Hg. v. Walter Nowojski. Berlin [2]1999, 90: »21. Februar 1934: Johannes Köhler klagte über den Gewissenszwang, den er als Geschichts- und Religionslehrer nicht lange mehr ertragen könne. [...] Er mußte in der Schule Unterschriften sammeln für den Kauf einer ›Lutherrose‹ mit der Umschrift ›Mit Luther und Hitler‹.«

167 Vgl. die Beiträge in: »Er fühlt der Zeiten ungeheuren Bruch und fest umklammert er sein Bibelbuch [...]«. Zum Lutherkult im 19. Jahrhundert. Hg. v. Hardy Eidam u. Gerhard Seib. Berlin 1996.

1933« neben der nationalen Bedeutung Luthers auch die Bedeutung seines Glaubens und seiner Kirche gefeiert werden sollte. Entsprechend wurde zum »Wahrzeichen des Deutschen Luthertages 1933« bekundet, das Rosensiegel mit Herz und Kreuz sei ein »Bekenntnis höchster Glaubensgewißheit«. Daran solle sich jeder erinnern, der am *Deutschen Luthertag* das gemeinsame Festabzeichen trage.[168] Auch das sächsische Festabzeichen sollte Symbol dafür sein, »daß das Evangelium von Christus einzige Gewähr ist für den ewigen Bestand des Dritten Reiches Adolf Hitlers«. Die sächsische Landeskirchenregierung zeigte sich davon überzeugt, »daß von den 4 ½ Millionen Lutheranern Sachsens der größte Teil den Mut hat, sich im Dritten Reich zu seinem protestantischen Glauben auch äußerlich zu bekennen.«[169] Die enge Verbindung, die die sächsische Landeskirchenregierung zwischen Nationalsozialismus und Protestantismus herzustellen suchte, verdeutlichte die Rückseite des sächsischen Abzeichens, auf dem die Jahreszahlen 1483–1933 mit dem Symbol »Christenkreuz und Hakenkreuz«[170] standen. Im Gegensatz zum Abzeichen des »Deutschen Luthertages« trug die Lutherrose auf der Vorderseite des sächsischen Lutherabzeichens die mit Hakenkreuzen durchbrochene Umschrift »Mit Luther und Hitler für Glauben und Volkstum«. Damit war zentral zum Ausdruck gebracht, dass mit dem sächsischen Luthertag am 10. Dezember nicht mehr die Einheit des deutschen Protestantismus, sondern die besondere Bedeutung, die sich die sächsische Landeskirche zu sichern suchte, gefeiert werden sollte. Zudem sollte das sächsische Festabzeichen ausschließlich von Mitgliedern der sächsischen Landeskirche getragen werden und auch über den Luthertag hinaus eines ihrer Identifikationssymbole sein.[171]

Zentraler Bestandteil des Festverlaufs war, nachdem der Aufmarsch auf der Ilgenkampfbahn abgesagt worden war, der Einweisungsgottesdienst des Landesbischofs in der symbolträchtigsten Dresdner Kirche, der Frauenkirche. Als Auftakt war ein Wagenzug des Landesbischofs und der Vertreter der Reichs-, Staats- und Kirchenregierungen geplant, der unter dem Geläut sämtlicher Dresdner Kirchen durch die vom Landeskirchenamt bis zum bei der Frauenkirche gelegenen Coselpalais Spalier stehende sächsische Schuljugend führen sollte.[172] Für die Feier Luthers war zunächst nur eine Kundgebung am

---

168 DN, 489, 17.10.1933/Morgenausgabe, 8.

169 Amtliche Mitteilung für Schule und Erziehung, für Jugend und für Wehrverbände des Evangelisch-Lutherischen Landeskirchenamtes Sachsen, 10.11.1933, LKA, 5, 116, Bl. 116 002.

170 ANDREAS FRÖHLICH: Das Bekenntniszeichen. In: Christenkreuz und Hakenkreuz 1 (1933) Nr. 6 vom Dezember, 2f.

171 Vgl. FRÖHLICH: Bekenntniszeichen [s. Anm. 170], 2f.

172 Vgl. DA, 334, 2.12.1933, 6; DA, 339, 7.12.1933, 6. Das Spalier sollte sich über eine Strecke von ca. 3 km vom Landeskirchenamt in der Lukasstraße, über die Reichs-, Prager-, See-, Schloß- und Augustusstraße bis zur Frauenkirche erstrecken.

Lutherdenkmal vorgesehen, die, erst nachdem auf die Massenkundgebung auf der Ilgenkampfbahn verzichtet wurde, dahingehend erweitert wurde, dass der »Vorbeimarsch sämtlicher Formationen des Staates und der Kirche« nun hier erfolgen sollte.[173] Ein besonderes Festvergnügen, wie es sich im 18. und 19. Jahrhundert mindestens für die Kinder etabliert hatte, war für die Jugend indes nicht vorgesehen. Statt auf »Jubelbrötchen« und Kinderfeste,[174] konnte sich die sächsische Jugend nur auf wärmenden Tee und eine Lutherstunde in der Frauenkirche freuen.[175]

Am Morgen des Festtages meldeten die Dresdner Zeitungen dann sogar, dass, da wegen der Kälte weder das Spalierstehen noch der Vorbeimarsch der Verbände stattfinden würden, die evangelische Jugend gar nicht an den Feiern teilnehme.[176] Die Feiern waren damit endgültig erheblich reduziert. Weder die Bischofseinweisung noch die Lutherehrung erschlossen eine über den Neumarkt hinausgehende Öffentlichkeit, zumal der Einweisungsgottesdienst zwar in weitere Kirchen und auf den Neumarkt übertragen wurde, nicht aber, wie vorgesehen, auf einen weiteren Platz.[177] Die Stadt wurde nur noch insoweit als Festraum erschlossen, als dass die Ende 1933 schon obligatorische Parole ›Flaggen raus‹ ausgegeben wurde.[178] Neben sämtlichen Dresdner Kirchen[179] waren dem Aufruf offenbar mehr Bürger gefolgt als im Umfeld der NSDAP erwartet worden war, zumindest bemerkte der *Freiheitskampf*, dass sich mit der Festbeflaggung eine »kaum geahnte Beteiligung der Bevölkerung an dem großen kirchlichen Geschehen« ausdrückte.[180] Die Häuser um den Neumarkt schmückten neben den Flaggen Lutherrosenwimpel. Sämtliche Festteilnehmer trugen neben der Christrose, die dem zweiten Adventssonntag geschuldet war, auch das sächsische Festabzeichen.[181]

Vor der Frauenkirche hatte sich, nachdem das Ehrenspalier in der Stadt abgesagt worden war, doch noch eine Abordnung der Jugendverbände, das *Evangelische Jungvolk* und ein »Ehrensturm des Chemnitzer CVJM« eingefunden, die für den Einzug des Landesbischofs vom Coselpalais bis zur Frauenkirche

173 DNN, 279, 30.11.1933, 4.

174 Zit. u. vgl. BURKHARDT: Reformations- und Lutherfeiern [s. Anm. 32], 217.

175 Vgl. DA, 338, 6.12.1933, 6.

176 Vgl. DNN, 288, 10.12.1933, 4.

177 Vgl. DA, 390, 8.12.1933, 7.

178 Vgl. DN, 580, 10.12.1933/Morgenausgabe, 7: »Sachsenvolk, Luthervolk! Fahnen heraus zum 10. Dezember. Der sächsische Luthertag fordert auf zum Bekenntnis. Zeichen des Bekenntnisses sollen die Fahnen sein, die du Luthervolk Sachsens am 10. Dezember zur Huldigung deines großen Reformators und zum Gruße an den Landesbischof aus deinen Häusern wehen läßt.« [Hervorhebung im Original – Anm. d. Verf.in].

179 Vgl. DN, 581, 11.12.1933/Morgenausgabe, 3.

180 Freiheitskampf, 309, 11.12.1933, 4.

181 Vgl. DA, 343, 11.12.1933, 1.

Spalier standen.[182] In der Frauenkirche, die selbst zum Symbol der sächsischen Volkskirche erklärt wurde, dominierte der Adventsschmuck über die Lutherrose. Die Verbindung, die zwischen Christentum und nationalsozialistischem Staat hergestellt werden sollte, wurde über Kränze am Gefallenenehrenmal und über zwei Hakenkreuzfahnen, die vom Chor herabhingen, transportiert. Ergänzt wurde dieser Festschmuck durch eine Fahnenabordnung im Altarraum sowie die Wimpel der Studentenschaft und einer Abordnung der evangelischen Jugendverbände.[183] Inwieweit auch Parteiverbände an der Gestaltung des Festgottesdienstes beteiligt waren, ist nicht eindeutig. Nur die *Dresdner Nachrichten* erwähnen eine Wache aus SA-Männern und der Hitlerjugend, die vor den Stufen zum Altarvorplatz gestanden haben soll. Zudem sei der »Ordnungsdienst« des Festgottesdienstes von der SA versehen worden.[184] Im Gefolge des einziehenden Landesbischofs befanden sich aber zahlreiche Parteigenossen. Die Kombination des Festzuges aus den braunen Uniformen und den »Halskrausen« der Abgesandten der Leipziger Universität erschien dem *Dresdner Anzeiger* dabei sogar als »sinnfällige Symbolik« des Festgeschehens.[185] Die Nähe der *Deutschen Christen* zu der nationalsozialistischen Partei verlieh sich darüber hinaus Ausdruck darin, dass der Landesbischof in der Kirche von der Gemeinde mit dem Hitlergruß begrüßt wurde.[186]

Trotz dieses Bemühens, das Fest als gelungenes Zusammenstehen der Kirche und des nationalsozialistischen Staates darzustellen, offenbarten die abwesenden Gäste allerdings, dass das zentrale Festziel gescheitert war. Weder Mutschmann noch von Killinger erschienen zu der Bischofseinweisung oder zu der sich anschließenden Lutherkundgebung auf dem Neumarkt. Der sächsische Staat wurde lediglich durch drei Minister vertreten. Ebenso gescheitert war das Bemühen, mit der Feier die besondere Rolle der sächsischen Landeskirche herauszustellen. Der Reichsbischof war nicht erschienen und nötigte den Landesbischof, sich selbst in sein Amt einzuweisen. Aus Berlin waren nur der Ministerialdirektor August Jäger, der zuvor einen zweifelhaften Ruf als Staatskommissar der preußischen Landeskirchen erworben hatte, sowie ein Reichskirchenminister und ein Reichskirchenrat erschienen. Von den evangelischen Landeskirchen waren nur sechs vertreten. Neben dem sächsischen Landeskommandanten der Reichswehr, Stadtkommandanten Dresdens, dem Dresdner Oberbürgermeister und den Abgesandten der Leipziger Universität

182 DA, 343, 11.12.1933, 1.

183 Vgl. DN, 581, 11.12.1933/Morgenausgabe, 3; DA, 343, 11.12.1933, 1; DNN, 289, 12.12.1933, 5.

184 DN, 581, 11.12.1933/Morgenausgabe, 3.

185 DA, 343, 11.12.1933, 1.

186 Vgl. DNN, 289, 12.12.1933, 5.

waren keine weiteren Honoratioren erschienen.[187] Selbst die sächsische Landeskirche war nicht vollzählig vertreten, da ein Teil der Superintendenten aus Protest gegen die Landeskirchenpolitik demonstrativ der Einweisung fernblieb und damit zwangsläufig auch nicht am Lutherfestakt teilnahm.[188] Der Versuch, mit dem Fest den sächsischen kirchenpolitischen Kurs innersächsisch und außersächsisch zu legitimieren, war damit gänzlich gescheitert. Eher wurde die Veranstaltung zum Symbol dafür, wie wenig Rückhalt die neue Kirchenregierung besaß.

Das Fehlen des sächsischen Ministerpräsidenten und des Reichsstatthalters wurde nicht offiziell erklärt. Während Mutschmann geradezu demonstrativ fernblieb, indem er am gleichen Tag seinen Fußballpokal verlieh, wurden die Festteilnahme von Killingers noch vier Tage vor dem Luthertag zugesagt und auch die Minister gebeten, teilzunehmen.[189] Zudem war im Volksbildungsministerium eine Begrüßungsansprache des Ministerpräsidenten entworfen worden.[190] Möglicherweise war die unterschiedliche Haltung zu den sächsischen Lutherfeierlichkeiten und der Einweisung des sächsischen Landesbischofs ein Punkt, in dem sich die Richtungskämpfe zwischen sächsischem Ministerpräsidenten und Reichsstatthalter niederschlugen.[191] Zumindest gab es offenbar bezüglich der Lutherfeiern keine eindeutig vorgegebene Linie, wie sich in den diversen, mehrmals von verschiedenen Mitarbeitern des Ministeriums geänderten Entwürfen für die vorgesehene Begrüßungsansprache des Ministerpräsidenten widerspiegelt. Eine eindeutige Begründung, warum auch von Killinger die Feier zwei Tage vor ihrem Beginn absagte, findet sich in den Akten indes nicht. Laut einer vertraulichen Mitteilung, die der Notbundpfarrer Hugo Hahn aus einem sächsischen Ministerium erhalten haben will, soll die Festteilnahme des Mi-

187 Vgl. DA, 343, 11.12.1933, 1; DN, 581, 11.12.1933/Morgenausgabe, 3; DNN, 289, 12.12.1933, 5; Freiheitskampf 309, 11.12.1933, 3.

188 Anlass dafür war aber nicht die Verbindung von Luther und Hitler, sondern der von der sächsischen Landeskirche auch für die Kirchen geforderte ›Arierparagraph‹; vgl. Bräuer: Einspruch [s. Anm. 12], 159.

189 Vgl. Staatskanzlei an das Evangelisch-lutherische Landeskirchenamt, 6.12.1933, Durchschlag als Entwurf, SächsHStA, Staatskanzlei, 10701/341, Bl. 38; Staatskanzlei an die Minister, 6.12.1933, Durchschlag als Entwurf, SächsHStA, Staatskanzlei, 10701/341, Bl. 37.

190 Vgl. die Entwürfe der Begrüßungsansprache von Killinger, 5.12.1933, SächsHStA, MfV 13058/39, Bl. 93C–Bl. 93D.

191 Vgl. dazu Andreas Wagner: Mutschmann gegen von Killinger: Konfliktlinien zwischen Gauleiter und SA-Führer während des Aufstiegs der NSDAP und der »Machtergreifung« im Freistaat Sachsen. Beucha 2001. Grundsätzlich unterstützte Mutschmann Friedrich Coch, während von Killinger sich um einen Ausgleich zwischen Bekenntnispfarrern und dem Landesbischof bemühte; vgl. Wilhelm: Diktaturen [s. Anm. 14], 87.

nisterpräsidenten aber von der Reichsebene verboten worden sein.[192] Dass der Ministerpräsident die Feier erst so kurzfristig absagte, stützt diese Erklärung und deckt sich zudem mit der mittlerweile gegenüber den *Deutschen Christen* deutlich veränderten Politik der nationalsozialistischen Reichsregierung.

Die an die Einweisung des Landesbischofs unmittelbar anschließende Kundgebung am Lutherdenkmal vor der Frauenkirche suchte dennoch das Zusammenstehen von Kirche und Staat zu inszenieren. Das Festpodium war gänzlich mit großen Hakenkreuzfahnen behängt. Lediglich das Rednerpult trug die sächsische Kirchenfahne. Eine Riege von SA-Männern flankierte das Podium, vor dem die Vereine und die Verbände Aufstellung nahmen. Auf dem Podium fanden sich neben dem Landesbischof, dem Vertreter des Reichsbischofs und den Honoratioren der Universität Leipzig auch der Volksbildungsminister, der Dresdner Oberbürgermeister und selbst der Leiter der sächsischen Propagandastelle, der bei der Einweisung des Bischofs gefehlt hatte, ein. Eröffnet wurde die Kundgebung durch das gemeinsame Absingen des obligatorischen *Ein feste Burg* und *Das Wort sie sollen lassen stahn*, das, so der *Dresdner Anzeiger*, »klang wie ein feierliches Gelöbnis der Menge [Hervorhebung im Original – Anm. d. Verf.in], die entblößten Hauptes, das alte Trutzlied sang«.[193] Daran schloss die Festansprache des Landesbischofs an, die den Jubilar explizit nur an einer Stelle erwähnte:

> »Martin Luther, dieser große Deutsche habe sein Volk geliebt, wie selten einer: Seinen Deutschen wollte er leben, seinen Deutschen wollte er sterben! Martin Luther habe endlich auch in seinen Werken die Sprache geredet, die das Volk verstand. Und das deutsche Christentum sei zum Vorbild geworden für viele andere Völker in der Welt.«[194]

An dieses ganz der Volksmission verpflichtete Lutherbild schloss Coch an, dass sich das deutsche Volk nunmehr wieder »auf seine höchsten und heiligsten Güter besonnen habe« und entwarf das Zukunftsziel, dass Nationalsozialismus und Christentum zusammenstehen müssten. »Wer Nationalsozialist sei, der sei den Kampf gewohnt und werde unbeirrbar mit dem Führer den Weg weitergehen

---

192 Vgl. Fischer: Landeskirche [s. Anm. 14], 108, Anm. 67, der sich auf eine Korrespondenz Hugo Hahns mit Martin Niemöller bezieht. Im Landeskirchenarchiv findet sich in der Akte zu Landesbischof Coch ein Blatt mit der maschinenschriftlichen Notiz: Die »Nichtteilnahme der Sächsischen Regierung an der Einweisung des Landesbischof Coch soll beruht haben auf einer Anordnung vom Reich, ja der Reichsregierung«, allerdings o. D. und ohne Autor oder Angabe der Quelle dieser Information. Da sie aber auch den Hinweis enthält, dass die Verbreitung der 28 Thesen und der »Rede (Predigt)« Cochs »höheren Ortes untersagt worden« sei, dürfte es sich dabei um eine Notiz aus den Kreisen des Pfarrernotbundes handeln; LKA 36, 4.1., unpag.

193 DA, 342, 11.12.1933, 2.

194 DA, 342, 11.12.1933, 2.

im unerschütterlichen Glauben an den allmächtigen Gott.« Dann beschwor er den alten nationalprotestantischen Topos der deutschen »Sendung in der Welt« und des »gottgewollten Auftrag[s]«, den die Deutschen nur als Einheit erfüllen könnten, und schloss die Kundgebung mit dem Ruf: »Unserem lieben deutschen Volke zum Segen und zum Heile!«, der von den Festteilnehmern mit dem Hitlergruß und dem Absingen der ersten Strophen des Deutschland- und des Horst-Wessel-Liedes beantwortet wurde.[195]

Die Lutherkundgebung war der Inszenierung des Zusammenstehens von Kirche und Staat deutlicher verpflichtet als der Gottesdienst zur Einweisung des Landesbischofs. Die Vertreter des Staates und der Stadt Dresden sowie der Leiter der sächsischen Landespropagandastelle der NSDAP waren in die Kundgebung unmittelbarer eingebunden als in den Einweisungsgottesdienst. Während das zentrale Festzeichen, das Abzeichen mit Lutherrose und der durch Hakenkreuz unterbrochenen Umschrift »Mit Luther und Hitler«, die propagierte Symbiose von Protestantismus und Nationalsozialismus transportierte, dominierten bei der Ausschmückung des Festpodiums die Zeichen des »neuen Staates«, die Hakenkreuzfahnen, über die der sächsischen Landeskirche. Die gemeinsam gesungenen Lieder zu Beginn und Ende waren Kirche und Staat gleichermaßen verpflichtet. Durch die ausschließlich von kirchlichen Vertretern gehaltenen Festansprachen blieb aber deutlich, dass es sich dabei um eine kirchliche Inszenierung handelte, die sich bemühte, ihrem Anspruch auf eine größere Bedeutung Ausdruck zu verleihen. Der zu feiernde Jubilar, Martin Luther, trat bei der Festinszenierung gänzlich in den Hintergrund. Er erscheint fast nur noch als Anlassgeber für das Festgeschehen, ohne dass die Bedeutung Luthers oder der Reformation noch im Mittelpunkt der Feier standen. Auffällig ist dabei aber, dass, gegenüber den Feiern seit 1883, die in erster Linie die Person Luthers als des großen Deutschen hervorgehoben hatten, um daraus eine Bedeutung für die deutsche Nation und den Staat abzuleiten, hier wieder stärker sein Werk in den Vordergrund rückt. Nicht mehr die Person Martin Luthers, sondern sein »Dienst« an den Deutschen, den christlichen Glauben mit dem »Volk« zu verbinden, wird zur Plattform für die Volksmission und das Vorbild, das das durch ihn geschaffene »deutsche Christentum« den anderen Völkern sei, zur Legitimationsbasis für die »deutsche Sendung in der Welt«.[196]

Wie zahlreich die Dresdner Bevölkerung an der Feier partizipierte, lässt sich nicht eindeutig ermitteln. Der *Freiheitskampf* bemerkte, offensichtlich eher überrascht, »trotz des Frostes und des beklemmenden kalten Windes hielten sogar viele Tausende um die Mittagsstunde den Platz vor der Frauenkirche besetzt«.[197] Verglichen mit der Lutherkundgebung, die am 31. Oktober 1933

195 DA, 342, 11.12.1933, 2.
196 DA, 342, 11.12.1933, 2.
197 Freiheitskampf, 309, 11.12.1933, 4.

in Chemnitz stattfand, für die 50.000 Teilnehmer genannt wurden,[198] und mit der Erntedankfestkundgebung in Dresden, die eine »unübersehbare Menge« der Dresdner Bürger besucht haben sollte,[199] nahmen sich die Teilnehmerzahlen des sächsischen Luthertages offenbar bescheidener aus. Bei einer für den 10. Dezember gemeldeten Tageshöchsttemperatur von -5° C könnte dafür allerdings in der Tat die Kälte verantwortlich gewesen sein.[200] Andererseits deuten die 10.000 Zuschauer der Mutschmannpokalspiele, die sich davon nicht aufhalten ließen,[201] darauf hin, dass das Interesse an der Kundgebung auch nicht besonders groß war.

Geschlossen wurde der sächsische Luthertag mit einer Lutherstunde der Jugend in der Frauenkirche. Anwesend waren dabei nicht nur die Dresdner, sondern auch in Sonderzügen aus ganz Sachsen angereiste Verbände. Die Jugendlichen verliehen dabei zwar mit dem Sprechchor *Luther der Kämpfer* ihrem Gemeinschaftsgefühl und Willen zum entschlossenen Handeln Ausdruck.[202] Statt des geplanten Massenbekenntnisses zu Kirche und Staat nahm sich die Feierstunde aber weniger als eindrucksvolle Demonstration der neuen Bedeutung der sächsischen Landeskirche als vielmehr als Versuch, die Jugend als »Kampfschar« für Nationalsozialismus und Protestantismus einzuschwören, aus.[203]

198 Vgl. DA, 303, 1.11.1933, 3.

199 DA, 273, 2. Oktober 1933, 6.

200 Vgl. DN, 581, 11.12.1933/Morgenausgabe, 6.

201 Vgl. DN, 581, 11.12.1933/Morgenausgabe, 8.

202 Sprechchöre waren ein Hauptbestandteil der neuen Erlebnisreligiosität, über die die evangelische Jugendbewegung Gemeinschaft erfahrbar machen wollte. Die zentrale Identifikationsfigur war dabei der ›junge Martin Luther‹, mit dem sich das Bild eines entschlossen handelnden Kämpfers und der Ruf nach ›Tat‹ verbanden; vgl. Eysholdt: Evangelische Jugendarbeit [s. Anm. 139], 190f. Zentrale Ideen der Jugendbewegung boten dabei Anknüpfungspunkte für die nationalsozialistische und deutschchristliche Ideologie. So hatte beispielsweise das Jungvolk des Chemnitzer CVJM, der einen ›Ehrensturm‹ zur Einweisung des sächsischen Landesbischofs entsandt hatte, sich Anfang 1933 in einer Erklärung zum Führerprinzip und zur Volksgemeinschaft bekannt: vgl. Irmtraud Götz von Olenhusen: Jugendreich, Gottesreich, Deutsches Reich. Köln 1987, 229. Wie schmal dabei der Grat sein konnte, zeigten die Proteste, die Dresdner Schülerinnen gegen einen Lutherschulgottesdienst erhoben. Sie wandten sich nicht gegen die zwischen Protestantismus und Nationalsozialismus hergestellte Verbindung, wohl aber gegen die deutschchristliche Verkündigung eines »arischen Christus«; Bräuer: Einspruch [s. Anm. 12], 161.

203 DN, 58, 11.12.1933/Morgenausgabe, 3.

III Fazit

Die von der sächsischen Kirchenregierung groß angelegte Lutherfeier in Dresden mit einem Massenbekenntnis der sächsischen Jugend zu Kirche und Staat scheiterte genauso wie der Plan des Reichslutherausschusses, mit den Lutherfeiern im ganzen Reich die »Einheitsfront des Protestantismus« zu demonstrieren. Vordergründiger Auslöser für das Scheitern der Lutherfeiern war der Wahltag, der den Luthertag verdrängte. Dafür, dass sich auch am 19. November kein einigender *Deutscher Luthertag* realisieren ließ, war jedoch weniger die erzwungene Verschiebung maßgeblich. Vielmehr scheiterte der »Deutsche Luthertag 1933« daran, dass die Idee der neuen Einheit des Protestantismus nicht trug.

Differenzen bestanden dabei sowohl zwischen Landes- und Reichsebene als auch innerhalb der sächsischen Landeskirche. Das Dresdner Beispiel zeigt in diesem Zusammenhang deutlich, dass der Gedanke, die Einheit zu inszenieren, von den kirchenpolitischen Interessen überlagert wurde. Die Kirchenregierung der größten evangelischen Landeskirche koppelte den sächsischen Luthertag gezielt von dem *Deutschen Luthertag* ab, um ihr kirchenpolitisches Selbstverständnis zu inszenieren. Die zentrale Lutherfeier in Dresden sollte innersächsisch den umstrittenen neuen Landesbischof legitimieren und außersächsisch den kirchenpolitischen Sonderkurs in Szene setzen. Gerade an dieser versuchten »doppelten Instrumentalisierung« scheiterten dann aber die sächsischen Lutherfeiern. Die unterschiedlichen Festformen und Festtage spiegelten nicht Einheit, sondern Zerrissenheit, und die zentrale Lutherfeier offenbarte in Verbindung mit der Bischofseinweisung die schwelenden Konflikte deutlich.

Insgesamt bleibt festzuhalten, dass das Luthergedenken 1933 nicht von der nationalsozialistischen Partei oder dem Staat instrumentalisiert wurde, sondern von der Landeskirche und den evangelischen Interessenverbänden. Das gilt keineswegs nur für die *Deutschen Christen*, sondern insbesondere auch für den *Evangelischen Bund*. Über den Versuch, neben den »deutschen Luther« auch wieder den religiösen zu stellen, sollte der Anspruch transportiert werden, dass der Protestantismus eine wesentliche Bedeutung bei der Verwirklichung des Nationalsozialismus habe. Nationalsozialismus und Protestantismus, Hitler und Luther wurden dabei explizit verbunden, allerdings nicht nur insofern, dass über Luther Hitler legitimiert werden sollte. Der alte Gedanke der »unvollendeten Reformation« wurde damit verbunden, dass, nachdem der Nationalsozialismus das Volk wieder geeint habe, der Grundstein dafür gelegt worden sei, dem Volk Luthers Glauben wiederzugeben. Gleichzeitig wurde als unabdingbare Voraussetzung für die Verwirklichung des Nationalsozialismus propagiert, dass die Kirchen wieder eine größere Bedeutung im Staat haben müssten und dass der evangelische Glaube *der* Glaube der Deutschen werden müsse.

Auf die Vermittlung dieses Gedankens war auch die Festinszenierung gänzlich ausgerichtet. Die Inszenierungshoheit über die Feiern wurde ausschließlich für die Kirchen und kirchlichen Verbände beansprucht. Sowohl der Staat als auch das Bürgertum infolge des ausgehebelten Festausschusses wurden dabei als Festinitiatoren in Dresden ausgeschlossen. An den Feiern selbst sollte der Staat dann zwar zentral beteiligt werden, aber im Sinne eines Festteilnehmers. Im Mittelpunkt der Feiern sollten indes die Kirchen stehen. Die Feiern sollten nicht in erster Linie das Zusammenstehen von Kirche und Staat demonstrieren, sondern die erhoffte Bedeutung, die den Kirchen im nationalsozialistischen Staat zukommen sollte, hervorheben. Dass weder die öffentlichen Behörden noch die nationalsozialistischen Parteiverbände in die Planung der Lutherfeiern eingebunden waren, ist also nicht ausschließlich darauf zurückzuführen, dass sie kein Interesse an den Lutherfeiern hatten. Zudem unterstützten sie die Lutherfeiern, zumindest bis sie mit ihren parteipolitischen Interessen kollidierten, wohlwollend.

Vor einem abschließendem Urteil über die Lutherfeiern 1933 bleibt zu fragen, in welcher Form eine Teilhabe des Staates oder der Partei an den Feiern erwartet wurde, nachdem die Inszenierungshoheit über den Tag so deutlich von den Kirchen beansprucht worden war. Zumindest die Bewertung des Vorsitzenden des sächsischen Lutherausschusses, Martin Jagsch, zu der Verschiebung der Feiern erkannte die Grenzen, die die kirchliche und staatliche Zusammenarbeit hatte, klar. Zudem blieb der nahezu einhellige Festtenor, auch im Anschluss an die Verschiebung, die Dankbarkeit dafür, dass der Nationalsozialismus den ersten *Deutschen Luthertag* überhaupt erst ermöglicht habe.

Abschließend bleibt noch zu dem von Siegfried Bräuer zu dem *Deutschen Luthertag* gezogenen Fazit: »Der ›deutsche Luther‹ war als integrative Formel nicht tragfähig, weil Luthers eigene Intention überspielt wurde«,[204] hinzuzufügen, dass das zentrale Kennzeichen der Lutherfeiern 1933 gerade das Bemühen war, wieder Luthers religiöse Bedeutung hervorzuheben. In der Festinszenierung spiegelt sich das zentral insofern wider, dass sowohl auf dem sächsischen als auch auf dem Reichslutherfestabzeichen nicht der Reformator, sondern das Symbol seines Glaubens, die Lutherrose, abgebildet war. Als nicht tragfähig erwies sich diese Formel in der Tat insoweit, als dass der Versuch, die Einheit des Protestantismus zu inszenieren, beständig von den Bestrebungen der verschiedenen Interessengruppen unterwandert wurde, ihre Position im Kirchengefüge zu sichern. Theologische Auseinandersetzungen darüber, wie die religiöse Botschaft und Intention Luthers zu verstehen sei, blieben dabei untergeordnet. Die innerkirchlichen Proteste, die teilweise auch von Lutherfeiern ausgelöst wurden, richteten sich gegen die völkische Umformung des Evangeliums, die von den radikalen Vertretern der *Deutschen Christen* gefordert

204 Bräuer: Deutscher Luthertag [s. Anm. 12], 430.

wurde. Nur sehr wenige Stimmen wurden allerdings gegen die 1933 von Luther entworfenen Bilder erhoben, die eine Verbindung zwischen Protestantismus und Nationalsozialismus zu knüpfen suchten.[205]

Um so bemerkenswerter bleibt es, dass in der Nachwirkung des Luthergedenkens 1933 erstmals das Ansehen Luthers als Symbolfigur beschädigt wurde und Martin Luther für den Nationalsozialismus verantwortlich gemacht werden sollte,[206] während seine Interpreten nicht nur vielfach weiterwirken konnten,[207] sondern ihre alte Argumentation dahin wendeten, dass der Nationalsozialismus gezeigt habe, dass den Kirchen wieder eine größere Bedeutung im Staat zukommen müsse.[208]

Während eine Bilanz darüber genauso aussteht wie über das Luthergedenken 1933 insgesamt, wurde Luthers Bedeutung als nationale Symbolfigur indes sehr schnell wiederhergestellt. Seine wechselhafte Karriere als ›Held‹ auf der gesellschaftlichen und nationalen Bühne bleibt ungebrochen.

---

205 Vgl. Bräuer: Deutscher Luthertag [s. Anm. 12], 430f.; Helmich: Lutherfeiern [s. Anm. 81], 294, 298; Brakelmann: Hitler [s. Anm. 81], 225f. Offen bleibt, ob in den Kreisen des innerkirchlichen Widerstandes überhaupt eine kritischere Lutherdeutung vorherrschte; vgl. dazu Ericksen: Luther [s. Anm. 10]. Aufschlussreich wäre in diesem Zusammenhang sicherlich auch eine genauere Klärung der Frage, warum einige Schüler der »Luther-Renaissance«, die ihren Ausgangspunkt in der »Entdeckung des wahren, des theologischen Luther hinter der nationalistischen Fiktion« (Maron: Jubiläen [s. Anm. 8], 192) genommen hatte, 1933 eine hohe Affinität für eine nationale Interpretation Luthers aufwiesen; vgl. Gottfried Maron: Luther 1917. Beobachtungen zur Literatur des 400. Reformationsjubiläums. In: Zeitschrift für Kirchengeschichte 93, 1982, 177–221, hier 207; Heiko A. Obermann: Zwei Reformationen. Luther und Calvin. Alte und Neue Welt. Berlin 2003, 15.

206 Vgl. Hartmut Lehmann: »Muß Luther nach Nürnberg?« Deutsche Schuld im Lichte der Lutherliteratur 1946/47. In: H. Lehmann: Protestantisches Christentum im Prozeß der Säkularisierung. Göttingen 2001, 64–80.

207 Vgl. Lehmann: Heinrich Bornkamm [s. Anm. 10].

208 Vgl. Hartmut Lehmann: Katastrophe und Kontinuität. Die Diskussion über Martin Luthers historische Bedeutung in den ersten Jahren nach dem Zweiten Weltkrieg. In: Protestantische Weltsichten. Transformationen seit dem 17. Jahrhundert. Hg. v. H. Lehmann. Göttingen 1998, 174–203, hier 182.

Konkurrenz um Reformation und Luther

Die Konfessionsjubiläen der Kirchen und der SED in den Jahren 1967 und 1983

Wolfgang Flügel

I Der Grundkonflikt - Protestantische Kirche und sozialistische Staatspartei

1 Konfessionsjubiläen der protestantischen Kirche und der SED

Aus Anlass des 450. Jahrestages der Reformation am 31. Oktober 1967 sowie des 500. Geburtstages von Martin Luther am 10. November 1983 begingen die protestantischen Kirchen in aller Welt historische Jubiläen.[1] Dies verwundert nicht: Die kulturelle Praxis, unter dem Zwang der ›runden‹ Zahl in affirmativer Absicht an ein Gründungsereignis zu erinnern und damit letztendlich das eigene Alter als Ausweis von Stabilität und Regelhaftigkeit zu nutzen, erfreut sich bei den unterschiedlichsten Institutionen einer anhaltenden Popularität.[2]

---

1 Grundlegend zum historischen Jubiläum vgl. Winfried Müller: Das historische Jubiläum. Zur Geschichtlichkeit einer Zeitkonstruktion. In: Das historische Jubiläum. Genese, Ordnungsleistung und Inszenierungsgeschichte eines institutionellen Mechanismus. Hg. v. W. Müller. Münster 2004 (Geschichte. Forschung und Wissenschaft, 3), 1–75. Zur Internationalität der Reformations- und Lutherjubiläen vgl. für 1967 André Appel: Zum Reformationsjubiläum. In: Lutherische Rundschau. Zeitschrift des Lutherischen Weltbundes 18, 1968, 164–170; für 1983 vgl. Vilmos Vatja: Ertrag des Luther-Jubiläums – aus ökumenischer Sicht. In: Martin Luther. ›Reformator und Vater im Glauben‹. Referate aus der Vortragsreihe des Instituts für Europäische Geschichte Mainz. Hg. v. Peter Manns. Stuttgart 1985 (Veröffentlichungen des Instituts für Europäische Geschichte Mainz, 18, Abteilung für abendländische Religionsgeschichte), 366–412, besonders 366–376.

2 Die Inszenierung der eigenen Vergangenheit soll bei den Feiergemeinden eine Zustimmung zu den Leitideen der das Jubiläum adaptierenden Institution im Sinne eines Wir-Gefühls generieren, d.h. kollektive Identität ausprägen; vgl. grundlegend etwa Jan Assmann: Kollektives Gedächtnis und kulturelle Identität. In: Kultur und Gedächtnis. Hg. v. J. Assmann u. Tonio Hölscher. Frankfurt/Main 1988, 9–19; Ders: Erinnern um dazuzugehören. Kulturelles Gedächtnis, Zugehörigkeitsstruktur und normative Vergangenheit. In: Generation und Gedächtnis. Erinnerung und kollektive Identitäten. Hg. v. Kristin Platt u. Mihran Dabag. Opladen 1995, 51–75; speziell auf das Jubiläum bezogen Emil Brix: Kontinuität und Wandel im öffentlichen Gedenken in den Staaten Mitteleuropas. In: Der Kampf um das Gedächtnis. Öffentliche Gedenktage in Mitteleuropa. Hg. v. E. Brix u. Hannes Stekl. Wien [u.a.] 1997, 13–21, sowie Hannes Stekl: Öffentliche Gedenktage und gesellschaftliche Identitäten. In: ebd., 91–116, besonders 91f. Allgemein zur ordnungsstiftenden Funktion von Feiern vgl. Winfried Gebhardt: Fest, Feier, Alltag. Über die gesellschaftliche Wirklichkeit des Menschen und ihre Deutung. Frankfurt/Main [u.a.] 1987, besonders 52–82.

Das gilt in besonderem Maß für die Kirchen der Reformation, bei denen der Jubiläumsmechanismus eine besonders weit zurückreichende Tradition besitzt. Es waren nämlich die lutherischen Landeskirchen, die mit dem Reformationsjubiläum 1617 und dem Confessio Augustana-Jubiläum 1630 maßgeblich zur Popularisierung des historischen Jubiläums beitrugen.[3] Außerdem erachteten die Protestanten bald weitere Ereignisse der Reformationsgeschichte als jubiläumswürdig, so dass sich ihre Jubiläumskultur zunehmend verdichtete und bis in die Gegenwart hinein nicht abgerissen ist.

Erstaunlich ist dagegen, dass in der DDR neben den Kirchen[4] auch die SED, die sozialistische Staatspartei, sowohl die Reformation als auch den Reformator mit breit angelegten Säkularfeiern vergegenwärtigte. Diesen bemerkenswerten Umstand gilt es zu hinterfragen. Dabei interessieren nicht nur die Motive, die dem staatlichen Gedenken zu Grunde lagen, sondern gefragt werden muss vor allem nach den Ursachen von Kontinuität und Wandel bei Vorbereitung, inhaltlicher Aufladung und Ablauf der Jubiläumsfeierlichkeiten. In Hinblick auf die Parallelinszenierung des Gedenkens stellt sich schließlich die Frage nach den Strategien, mit denen die unterschiedlichen Jubiläumsträger sowohl die eigenen Inszenierungen als auch die eigene inhaltliche Aufladung des Gedenkens gegen die Interessen des anderen durchzusetzen suchten. Letztendlich interessiert dabei der Einfluss, den die Existenz von zwei im Zugriff auf das vergegenwärtigte Ereignis konkurrierenden Trägergruppen für den Jubiläumsmechanismus besitzt.[5]

---

3 Zu den Universitätsjubiläen vgl. WINFRIED MÜLLER: Erinnern an die Gründung. Universitätsjubiläen, Universitätsgeschichte und die Entstehung der Jubiläumskultur in der frühen Neuzeit. In: Berichte zur Wissenschaftsgeschichte, 21 (1998), 79–102. Zu den Jubiläen der lutherischen Kirchen in Sachsen vgl. etwa WOLFGANG FLÜGEL: Konfession und Jubiläum. Zur Institutionalisierung der lutherischen Gedenkkultur in Sachsen 1617–1830. Leipzig 2005 (Schriften zur sächsischen Geschichte und Volkskunde, 14).

4 Dieser Begriff bezeichnet im Folgenden, falls nicht anders erwähnt, lediglich die protestantischen Kirchen.

5 Zur Bedeutung von Inszenierung als Modus der Darstellung der Geltungsansprüche und Prinzipien institutioneller Ordnungen vgl. »Institutionalität und Geschichtlichkeit«. Ein neuer Sonderforschungsbereich stellt sich vor. Eine Informationsbroschüre im Auftrag des SFB 537. Hg. v. GERT MELVILLE. TU Dresden 1997, 16–18. Zu den Jubiläumsinszenierungen konkurrierender Trägergruppen vgl. MÜLLER: Jubiläum [s. Anm. 1], 57–65; vgl. dazu weiterhin das Forschungsprogramm des Teilprojektes R »Das historische Jubiläum. Genese, Ordnungsleistung und Inszenierungsgeschichte eines institutionellen Mechanismus« im SFB 537. In: Sonderforschungsbereich 537. »Institutionalität und Geschichtlichkeit«. Arbeits- und Ergebnisbericht. 2000–2001–2002. TU Dresden 2002, 413–437, besonders 420–422.

2 *Die Kirchenpolitik der SED – Grundkonflikt kirchlicher Existenz in der DDR*

Beide Jubiläumsfeiern fanden angesichts eines Grundkonfliktes statt, der aus der Haltung der SED gegenüber Christentum und Kirchen resultierte. Diese fußte auf der marxistischen Auffassung, wonach Religion eine aus den materiellen Verhältnissen der vorsozialistischen Gesellschaftsordnungen »abgeleitete Größe«[6] sei. Als »Spielart der bürgerlichen Ideologie«[7] werde sie absterben, sobald nach einem längerfristigen Entwicklungsprozess der Übergang zur kommunistischen Gesellschaft vollzogen sein würde.[8] In diesem Zusammenhang bildeten die Kirchen die einzigen Organisationen, die sich dem absoluten Führungs- und Kontrollanspruch, den die Staatspartei auf allen Ebenen der Gesellschaft beanspruchte, zu entziehen suchten.[9] Da die SED aber jedwede Hinterfragung ihres Führungsanspruches als ›feindliches Verhalten‹ interpretierte, galten ihr die Kirchen als integrales Element des Klassengegners, als »Stabilisierungsfaktor der Ausbeutergesellschaft« und als Ort ständiger Opposition.[10]

6 UWE FUNK: DDR-Kirchenpolitik zwischen ideologischem Anspruch und politischer Wirklichkeit. Heidelberg 1992 (Texte und Materialien der Forschungsstätte der Evangelischen Studiengemeinschaft, B 16), 16. Zu den ideologischen Grundlagen der Kirchenpolitik der SED vgl. HERBERT HEINECKE: Konfession und Politik in der DDR. Das Wechselverhältnis von Kirche und Staat im Vergleich zwischen evangelischer und katholischer Kirche. Leipzig 2002, 43–47.

7 So der stellvertretende Chef der Staatssicherheit Rudi Mittig im Jahr der Lutherehrung 1983, zit. nach CLEMENS VOLLNHALS: Die kirchenpolitische Abteilung des Ministeriums für Staatssicherheit. In: Die Kirchenpolitik von SED und Staatssicherheit. Eine Zwischenbilanz. Hg. v. C. VOLLNHALS. Berlin 1996 (Analysen und Dokumente. Wissenschaftliche Reihe des Bundesbeauftragten für die Unterlagen des Staatssicherheitsdienstes der ehemaligen Deutschen Demokratischen Republik, 7), 79–119, hier 80.

8 Die Abkehr von einer ›Naherwartung‹ setzte bei der SED-Führungsriege um Walter Ulbricht in den frühen 1960er Jahren ein; vgl. ROBERT F. GOECKEL: Thesen zu Kontinuität und Wandel in der Kirchenpolitik der SED. In: Kirchenpolitik [s. Anm. 7], 29–58, hier 35.

9 Vgl. REINHARD HENKYS: Kirche – Staat – Gesellschaft. In: Die evangelischen Kirchen in der DDR. Beiträge zu einer Bestandsaufnahme. Hg. v. R. HENKYS. München 1982, 11–61, hier 13–17; JOSEF SCHMID: Kirchen, Staat und Politik in Dresden zwischen 1975 und 1989. Köln [u.a.] 1998 (Geschichte und Politik in Sachsen, 7), 79f.

10 Jegliches Abweichen von dem durch die SED definierten Grundkonsens galt als feindlich; vgl. KARL-SIEGBERT REHBERG: Sichtbarkeit und Invisibilisierung der Macht durch die Künste. In: Das Sichtbare und das Unsichtbare der Macht. Institutionelle Prozesse in Antike, Mittelalter und Neuzeit. Hg. v. GERT MELVILLE. Köln [u.a.] 2005, 355–382, hier 366. Zitat bei HORST DOHLE: Zur Grundstruktur einer Geschichte des Verhältnisses von Staat und Kirche in der DDR. In: Beiträge zur Geschichte der Kirchenpolitik der SED (Heft 2). Auszüge aus Materialien eines wissenschaftlichen Kolloquiums des Instituts für Geschichte der deutschen Arbeiterbewegung der Akademie für Gesellschaftswissenschaften beim ZK der SED am 14. April 1989.

Von daher war es ein kirchenpolitisches Grundanliegen,[11] den kirchlichen Einfluss in der Gesellschaft »mit allen verfügbaren administrativen und juristischen Möglichkeiten zurückzudrängen.«[12] Ein derartiges Vorgehen war umso leichter möglich, da in der DDR die Kirchen gleich welcher Konfession keinerlei verfassungsmäßig verbriefte und somit einklagbare Rechte besaßen.[13] Auch erhielten sie durch die auf ihr Führungsmonopol bedachte SED weder Anerkennung als gesellschaftliche Organisation, noch als gleichberechtigter Verhandlungspartner.[14] Vielmehr fanden sich die Kirchen in der Rolle eines

(Beiträge zur Theorie und Geschichte der Religion und des Atheismus), 9–23, hier 13; vgl. auch Vollnhals: Kirchenpolitische Abteilung [s. Anm. 7], 79.

11 Grundlegend zur Kirchenpolitik der SED sind die ausführlichen Dokumentationen: ›Pfarrer, Christen und Katholiken.‹ Das Ministerium für Staatssicherheit der ehemaligen DDR und die Kirchen. Hg. v. Gerhard Besier u. Stephan Wolf. Neukirchen-Vluyn 1991 (Historisch-Theologische Studien zum 19. und 20. Jahrhundert, Quellen, 1) sowie SED und Kirche. Eine Dokumentation ihrer Beziehungen. Hg. v. Fréderic Hartweg. Bd. 1: 1946–1967. Bearb. v. Joachim Heise. Neukirchen-Vluyn 1995 (Historisch-Theologische Studien zum 19. und 20. Jahrhundert, Quellen 2/1); Bd. 2: 1968–1989. Bearb. von Horst Dohle. Neukirchen-Vluyn 2005 (Historisch-Theologische Studien zum 19. und 20. Jahrhundert, Quellen 2/2). Ein Forschungsüberblick bei Rudolf Mau: Der Protestantismus im Osten Deutschlands 1945–1990. Leipzig 2005 (Kirchengeschichte in Einzeldarstellungen, IV/3); Gerhard Besier: The German Democratic Republic and the State churches, 1958–1989. In: Journal of Ecclesiastical History, 50 (1999), 523–547; Robert F. Goeckel: Die evangelische Kirche und die DDR. Konflikte, Gespräche, Vereinbarungen unter Ulbricht und Honecker. Leipzig 1995 sowie Detlef Pollack: Kirchen in der Organisationsgesellschaft. Zum Wandel der gesellschaftlichen Lage der evangelischen Kirchen in der DDR. Stuttgart [u.a.] 1994.

12 Horst Dohle: Grundzüge der Kirchenpolitik der SED zwischen 1968 und 1978. In: Beiträge [s. Anm. 10], 24–36, hier 27. Ähnlich auch Martin Georg Goerner: Die Arbeitsgruppe Kirchenfragen im ZK-Apparat der SED. In: Kirchenpolitik [s. Anm. 7], 59–78, hier 61.

13 Vgl. u.a. Goeckel: Thesen [s. Anm. 8], 35; Funk: DDR-Kirchenpolitik [s. Anm. 6], 16; Heinecke: Konfession [s. Anm. 6], 52–73. In der DDR-Verfassung vom 6. April 1968 hieß es in Artikel 36, Absatz 2 lediglich, die Kirchen seien verpflichtet, ihre Tätigkeiten »in Übereinstimmung mit der Verfassung und den gesetzlichen Bestimmungen der DDR ... durchzuführen.«

14 Vgl. Ludwig Geissel: Der Weg zum DDR-Kirchenbund. In: Gottlose Jahre? Rückblicke auf die Kirche im Sozialismus der DDR. Hg. v. Thomas A. Seidel. Leipzig 2002 (Herbergen der Christenheit. Jahrbuch für deutsche Kirchengeschichte, Sonderband, 7), 101–107, hier 105. Zur Illustration ein Beispiel aus der Vorbereitungsphase des Jubiläums 1967: Vertreter des Staates wiesen ein kirchliches ›Delegiertentreffen‹ mit der Begründung zurück, Delegierte setzten eine Organisation voraus, die sie wählt. Dies entspräche jedoch nicht den Vereinbarungen; vgl. Bundesarchiv Berlin (folgend BA) DO 4/2993 vom 23.6.1966. Zur Negierung der Kirchen als gleichberechtigter Verhandlungspartner vgl. Dohle: Grundstruktur [s. Anm. 10], 19.

»Bittstellers«[15] wieder, der, anstatt sein Verhältnis zum Staat auf Verträge gründen zu können, lediglich die Möglichkeit besaß, vorhandene Freiräume mittels herbeigeführter Präzedenzfälle zu sichern und auszubauen.

Geradezu im Widerspruch dazu standen die Anstrengungen der SED, aus pragmatischen Erwägungen heraus die Kirche zu einem Instrument ihrer Außenpolitik zu machen. Insbesondere versuchte sie, die kirchliche Mitarbeit in internationalen Nicht-Regierungs-Organisationen, etwa dem Weltkirchenrat, dem Lutherischen Weltbund und dem Reformierten Weltbund (folgend LWB und RWB) mit der eigenen außenpolitischen Gesamtstrategie in Übereinstimmung zu bringen. In dem Kontext bildete die »innerdeutsche Dimension ... ein Primat der SED-Kirchenpolitik.«[16] Dahinter stand die Vorgabe, für die DDR Prestige auf internationalem Parkett zu gewinnen und fehlende Anerkennung zu kompensieren.[17] Dass dadurch jedoch der angestrebten Zurückdrängung der Kirchen gewisse Grenzen gesetzt wurden, ja, dass die Kirchen durch diese Instrumentalisierung sogar einen Zuwachs an Stärke erlangen konnten, bildete ein Grunddilemma der SED-Kirchenpolitik.

Im Interesse des eigenen Machtanspruches zielte die SED jedoch nicht nur auf die Kirchen als Institutionen, sondern auch auf jeden einzelnen Christen in der DDR: Es galt, die Kirchenbindung zu lockern und damit den kirchlichen Einfluss auf den Einzelnen zu reduzieren. Die Protestanten sollten in das politische System integriert werden, was letztendlich nichts anderes bedeutete, als sie zu dessen demonstrativer Zustimmung zu zwingen und sie damit zu entmündigen.[18] Als ideologische Grundlage dafür diente die von der SED-Führung seit 1960 verstärkt geäußerte Konsensformel, wonach Christentum und humanistische Ziele des Sozialismus keine Gegensätze seien.[19]

---

15 Albrecht Schönherr: ... aber die Zeit war nicht verloren. Erinnerungen eines Altbischofs. Berlin 1983, 365.

16 Goeckel: Thesen [s. Anm. 8], 31.

17 Vgl. Dohle: Grundzüge [s. Anm. 12], 27.

18 Vgl. etwa Joachim Heise: Das Gespräch vom 6. März 1978 und seine Perspektiven. In: Beiträge [s. Anm. 10], 71–75, hier 71f. Die Integration sollte durch »tagtägliche Mitarbeit ... an der Gestaltung der entwickelten sozialistischen Gesellschaft« erfolgen; Dohle: Grundzüge [s. Anm. 12], 27. Zur Integration der Christen verstanden als deren Entmündigung vgl. Christian Dietrich: Die Gründung des Bundes der evangelischen Kirchen in der DDR in den Jahren 1968/69. In: Gottlose Jahre? [s. Anm. 14], 23–34, hier 24. Zur Zustimmung seitens der Bevölkerung als wichtige Erhaltungsbedingung der DDR vgl. Rehberg: Sichtbarkeit [s. Anm. 10], 360.

19 Verbreitung fand diese These infolge der ›Programmatischen Erklärung‹ Walter Ulbrichts am 4. Oktober 1960; vgl. Mau: Protestantismus [s. Anm. 11], 76; Dohle: Grundstruktur [s. Anm. 10], 9.

Bis zum Untergang der DDR hielt die SED unverändert an ihren kirchenpolitischen Inhalten fest, wobei sie lediglich ihr Instrumentarium verfeinerte.[20] Zur Durchsetzung ihrer Kirchenpolitik hatte die Staatspartei eine mehrstufige Behördenorganisation geschaffen. An der Spitze stand(en) der jeweilige Generalsekretär des Zentralkomitees (folgend ZK) der SED bzw. der für Kirchenfragen zuständige ZK-Sekretär – im Bearbeitungszeitraum Paul Verner – und/oder das Politbüro. Hier wurden die Grundsatzentscheidungen gefällt, deren Ausführung einem dreifachen Apparat oblag, dessen Struktur idealtypisch die enge Verflechtung von Partei- und Staatsadministration verdeutlicht. Die erste Säule bildete die ›Arbeitsgruppe für Kirchenfragen beim ZK der SED‹, die zweite die ›Dienststelle des Staatssekretärs für Kirchenfragen‹ und die dritte schließlich die unter strengster Konspiration arbeitende kirchenpolitische Abteilung des Ministeriums für Staatssicherheit.[21] Innerhalb dieses Terzetts besaß die ZK-Arbeitsgruppe als übergeordnetes Parteiorgan entscheidende Bedeutung.[22] Deren Mitglieder verdichteten die kirchenpolitischen Vorgaben zu einer verbindlichen Konzeption, welche die nachgeordneten Parteiebenen umzusetzen hatten. Die Dienststelle des Staatssekretärs für Kirchenfragen bildete hingegen die zentrale staatliche, de jure dem Ministerrat zugeordnete Administration. Angesichts der Gleichschaltung von SED-Apparat und Staat stellte sie jedoch weniger eine selbständig agierende Behörde, als vielmehr eine »Kulisse«[23] dar, die de facto der ZK-Arbeitsgruppe respektive dem weisungsbefugten ZK-Sekretär Verner unterstand. Die Funktion des Staatssekretärs für Kirchenfragen war damit die des ›Transmissionsriemens‹ zwischen SED-Führung und Kirchenleitungen.

20 Wandte die SED zunächst eine offene Repression gegenüber Kirche und Christen an, so ersetzte sie diese zunehmend durch sublime Methoden; vgl. Vollnhals: Kirchenpolitische Abteilung [s. Anm. 7], 80. Zu nennen ist v.a. eine Politik der ›Differenzierung‹ in ›fortschrittliche, realistische und reaktionäre Kräfte‹; vgl. z.B. Armin Boyens: Das Staatssekretariat für Kirchenfragen. In: Kirchenpolitik [s. Anm. 7], 120–138, hier 130; Heinecke: Konfession [s. Anm. 6], 126–131. Differenzierung bedeutete letztendlich ein Gegeneinanderausspielen der einzelnen Landeskirchen bzw. einzelner Personen(-kreise) in den Kirchen(-leitungen). Die Veränderungen hängen zusammen mit einem generellen Wandel der SED-Herrschaftsausübung; vgl. Goerner: Arbeitsgruppe Kirchenfragen [s. Anm. 12], 59f.

21 Dazu ausführlich: Goerner: Arbeitsgruppe Kirchenfragen [s. Anm. 12], S. 59–78; Vollnhals: Kirchenpolitische Abteilung [s. Anm. 7], S. 79–119; Boyens: Staatssekretariat [s. Anm. 20], 120–138; Heinecke: Konfession [s. Anm. 6], 79–86.

22 Leiter dieser Arbeitsgruppe war von ihrer Gründung im November 1954 bis 1977 Willi Barth, der für besondere Härte gegenüber den Kirchen eintrat. Ihm folgte Rudolf Bellmann (bis 1988) im Amt nach.

23 Boyens: Staatssekretariat [s. Anm. 20], 121.

II Das Reformationsjubiläum 1967

1 Im Zeichen der deutschen Teilung

Dank des Mauerbaus 1961 konnte die SED-Führung ihre Herrschaft vorübergehend stabilisieren,[24] jedoch keine weitergehenden außen- und innenpolitischen Ziele erreichen. Die Zustimmung für ihr Regime war weder auf internationaler Ebene noch bei der Mehrheit der eigenen Bevölkerung gewachsen. Dennoch beharrte die Parteispitze auf ihrer Überzeugung, die DDR verkörpere das bessere Deutschland, was in diametralem Widerspruch zur wirtschaftlichen und politischen Überlegenheit der Bundesrepublik stand. Hieraus erwuchs ein innenpolitisches Problem, da sich die DDR angesichts Republikflucht und allabendlicher Emigration ihrer Bürger in westdeutsche Rundfunk- und zunehmend auch TV-Programme ständig am westdeutschen Staat messen lassen musste.

Dem versuchte die SED entgegenzusteuern. Sie perfektionierte die deutsche Teilung, indem sie die staatliche Eigenständigkeit der DDR gegenüber der Bundesrepublik etwa mit der Einführung einer eigenen Staatsbürgerschaft 1967 und der Proklamation als sozialistischem Staat deutscher Nation in der Verfassung von 1968 betonte. Angesichts dieser Abgrenzung verstand sie die in der neuen Ostpolitik der SPD festgeschriebene Abkehr von der Konfrontation als einen Versuch, die DDR auf ideologischem Weg aufzuweichen und eine Einigung Deutschlands unter westdeutscher Führung zu erreichen.[25] Diesem Ziel hätte sich auch, so glaubte die SED-Führung, die Evangelische Kirche Deutschlands (folgend EKD) verschrieben: Der 1966 zum Bischof der Evangelischen Kirche in Berlin-Brandenburg gewählte EKD-Ratsvorsitzende Kurt Scharf würde aufgrund seiner guten Beziehung zur SPD deren Ostpolitik in der DDR popularisieren. Um dem zu begegnen verwehrte die Staatspartei dem Kirchenmann dauerhaft die Einreise in die DDR, was seine Amtsausübung in weiten Teilen der Landeskirche unmöglich machte.[26] Zusätzlich verstärkte die SED ihre Anstrengungen, die auf ein einheitliches Deutschland verweisenden kirchlichen Institutionen wie die Vereinigte Evangelisch-Lutherische Kirche in Deutschland (folgend VELKD), die Evangelischen Kirchen der Union (folgend EKU) und die EKD zu zerschlagen.[27] Damit einher ging ein Propagandafeldzug, in welchem die SED-Ideologen die EKD als Werkzeug der westdeutschen

---

24 Vgl. u.a. Ulrich Mählert: Kleine Geschichte der DDR. München ^{4}2004, 98–113.

25 Aufgrund der neuen Ostpolitik der SPD verlor die SED ein für die Binnenstabilisierung wichtiges Feindbild; vgl. Rehberg: Sichtbarkeit [s. Anm. 10], 368. Außerdem geriet sie in die politische Defensive; vgl. Pollack: Organisationsgesellschaft [s. Anm. 11], 212.

26 Vgl. Staatssekretär für Kirchenfragen an Stoph, BA, P DC/20/4476 vom 16.2.1966 sowie Stiftung Archiv der Partei- und Massenorganisationen (folgend SAPMO) BA DY 30/J IV 2/2 1048 vom 19.12.1966.

27 Vgl. Geissel: DDR-Kirchenbund [s. Anm. 14], 101–107.

Außenpolitik und, mit Hinweis auf ihren Militärseelsorgevertrag mit der Bundesrepublik, als NATO-hörig diffamierten.[28]

Dem traten im Frühjahr 1967 die Kirchen in der DDR mit ihrem Bekenntnis zur Einheit der EKD entgegen,[29] was zur weiteren Eskalation des Konfliktes führte. In dieser angespannten Situation, die von den Versuchen beider Jubiläumsträger gekennzeichnet war, grundlegende eigene Ziele gegen die Interessen des anderen durchzusetzen, fand das Reformationsjubiläum statt.

2 Initiativen und konkurrierende Vorbereitungsgremien

Fast zeitgleich formulierten im Jahr 1965 sowohl die Kirchen als auch die SED ihre Jubiläumsinitiativen und begannen, eigene Vorbereitungsstrukturen aufzubauen. Auf protestantischer Seite gingen die Anregungen von den ostdeutschen Vertretern der EKU aus, die einen Sonderausschuss zur Vorbereitung des Jubiläums bildeten. Im Interesse eines gemeinsamen Reformationsgedenkens aller Protestanten informierten sie darüber am 3. März 1965 die Konferenz der evangelischen Kirchenleitungen der DDR (im folgenden KKL) und luden die Vertreter der VELKD(Ost) zur Mitarbeit ein.[30] Diesem Ansinnen entzogen sich die Lutheraner nicht, so dass sich am 15. Juni 1965 der gemeinsame ›Vorbereitende Ausschuss‹ konstituierte. Dessen Vorsitz übernahmen die Bischöfe Johannes Jänicke (Magdeburg) und Gottfried Noth (Dresden).[31]

Ihre endgültige Gestalt erhielt die kirchliche Organisationsstruktur im Laufe des Jahres 1966, als ein Sekretariat installiert wurde, das unter Führung von Pfarrer Michael Krille die Vorbereitung koordinierte.[32] Zu den wichtigsten Aufgaben gehörte die Abstimmung zwischen den im Herbst 1966 gebildeten, für die Detailfragen verantwortlichen Unterausschüssen[33] sowie der Informationsaustausch mit den Vertretern der SED. Dieser setzte ein, nachdem die kirchliche Nachrichtenagentur im Juni 1965 die Bildung des Ausschusses offiziell bekannt gegeben hatte.[34]

---

28 Mau: Protestantismus [s. Anm. 11], 92. Der Militärseelsorgevertrag datiert vom 22.2.1957.

29 Das Bekenntnis wurde formuliert auf der EKD(Ost)-Synode, die vom 1.-7.4.1967 in Fürstenwalde (bei Berlin) tagte; vgl. Pollack: Organisationsgesellschaft [s. Anm. 11], 213-215.

30 Evangelisches Zentralarchiv Berlin (folgend EZA) 102/244 vom 3.3.1965. Die KKL war das gemeinsame Beratungs- und Leitungsgremium der evangelischen Kirchen.

31 Noth wurde erst etwas später als Jänicke zum Vorsitzenden berufen. Zur Anfrage an Noth vgl. EZA 116/2 vom 29.6.1965, zu dessen Zusage vgl. EZA 116/2 vom 12.7.1965.

32 Vgl. EZA 116/3 vom 2.5.1966.

33 Vgl. EZA 116/3 vom 1.9.1966.

34 Vgl. Abschrift der Meldung der Evangelischen Nachrichtenagentur Nr. XVIII/26 in BA P DO 4/2993 vom 30.6.1965. Dass zeitgleich erste Gespräche mit dem Staatssekretär für Kirchenfragen geführt wurden, belegt EZA 102/244 vom 3.3.1966.

Bereits zuvor hatten die in der DDR bei der Aufarbeitung der Reformationszeit führenden marxistischen Historiker Max Steinmetz (Leipzig), Leo Stern und Hans Bartmuß (beide Halle) eine Jubiläumsinitiative formuliert.[35] Nach dem Vorbild des Melanchthon-Jubiläums 1960[36] schwebte ihnen eine akademisch geprägte Jubiläumsfeier an der Martin-Luther-Universität Halle-Wittenberg vor. Darüber informierten sie in einem Gespräch mit dem stellvertretenden Staatssekretär für das Hoch- und Fachschulwesen der DDR am 18. September 1964.[37] Allerdings stieß eine von Steinmetz verfasste Vorlage bei der SED-Führung zunächst nicht auf Gegenliebe, so dass die Angelegenheit im Sande verlief.

Doch im Frühjahr 1965 änderte sich die Situation insofern, als nun Mitglieder des SED-Führungszirkels selbst eine Jubiläumsinszenierung anregten, wobei sie im Unterschied zu den Historikern an ein Großereignis dachten.[38] Über die Ursache für diesen Umschwung lassen sich nur Vermutungen anstellen: Offenkundig ging die SED-Spitze inzwischen von einem aufwändig inszenierten Reformationsjubiläum in kirchlicher Trägerschaft aus, dem sie ein eigenes Konkurrenzgedenken entgegenstellen wollte. Welche Rolle Staats- und Parteichef Walter Ulbricht in diesem Kontext spielte, bleibt unklar. Als entscheidender Akteur trat jedenfalls der Ministerratsvorsitzende Willi Stoph auf, der spätestens Anfang April 1965 die Bildung eines zentralen Vorbereitungskomitees anordnete. Außerdem beauftragte er den Staatssekretär für Kirchenfragen, Hans Seigewasser, eine erste Konzeption zum Reformationsjubiläum für den Ministerrat zu erstellen.[39] Auf deren Grundlage beschlossen am 10. November 1965 das Sekretariat des ZK und am 15. März 1966 das Politbüro sowohl Inszenierungsformen und Inhalte des nunmehr als ›national‹

---

35 Vgl. Martin Roy: Luther in der DDR. Zum Wandel des Lutherbildes in der DDR-Geschichtsschreibung. Bochum 2000 (Studien zur Wissenschaftsgeschichte, 1), 149–151. Hier auch das Folgende, soweit nicht anders erwähnt. Weder der Bestand BA P DO 4 noch die Archivalien des EZA lagen Roy vor.

36 Zum Melanchthonjubiläum vgl. Siegfried Bräuer: Das Melanchthon-Jubiläum 1960 in Wittenberg und Halle. In: Lutherjahrbuch, 63 (1996), 87–126.

37 Vgl. Information für den Staatssekretär für Kirchenfragen vom 8.4.1965, BA P DO 4/2627, Bl. 111f. Zur Initiativrolle der Historiker vgl. auch Roy: Luther [s. Anm. 35], 150. Hier der Hinweis, dass die im ZK beschlossenen Forschungspläne der Jahre 1960–1962 das Reformationsjubiläum nicht erwähnen und dass vor 1966 die Reformation seitens der SED negativ konnotiert war. Dagegen könnte das Reformationsjubiläum gerade für Steinmetz, der eine Propagierung eigener Forschungsergebnisse erhoffte, eine logische Fortsetzung des staatlichen Melanchthonjubiläums von 1960 gewesen sein.

38 Vgl. EZA 102/244 vom 3.3.1965, ebenso vom 24.3.1965.

39 Zu Seigewasser, der die Behörde von November 1960 bis zu seinem Tod im Jahr 1979 leitete, vgl. Boyens: Staatssekretariat [s. Anm. 20], 131–133. Zum Auftrag, die Konzeption zu erstellen, den Seigewasser zusammen mit Kulturminister Hans Bentzien erhielt; vgl. BA P DO 4/2417 vom 22.4.1965.

bezeichneten Jubiläums als auch die Konstituierung der für die Vorbereitung verantwortlichen Gremien.[40]

Diese Organisationsstruktur verdeutlicht die Anstrengungen der SED-Führung, eine propagandistische und organisatorische Steuerung des Reformationsjubiläums zu gewährleisten. An der Spitze stand das am 8. Juni 1966 gebildete ›Komitee der Deutschen Demokratischen Republik für die zentralen Veranstaltungen anlässlich des 450. Jahrestages der Reformation‹, das vor allem repräsentative Funktionen wahrnahm.[41] Als deren Vorsitzenden installierte die SED-Führung, wohl um die Säkularfeier nicht als SED-Propagandaveranstaltung, sondern als ein Anliegen der gesamten DDR-Gesellschaft erscheinen zu lassen, keinen ihrer Funktionäre, sondern CDU-Chef Gerald Götting. Derartige Verschleierungstaktiken, die der Sicherung der eigenen Machtausübung dienen sollten, wandte die SED regelmäßig an.[42] Ob dieses Manöver allerdings angesichts Göttings bekannter SED-Hörigkeit[43] erfolgreich war, muss jedoch bezweifelt werden. Dem Komitee nachgeordnet war das die Vorbereitungen koordinierende Organisationskomitee, als dessen Sekretär der vormalige Leiter der ZK-Abteilung Kultur, Joachim Mückenberger, bestallt wurde. Als Parallelorganisation mit Kontrollfunktion wurde schließlich eine ›zentrale Kommission zur politisch-ideologischen Leitung‹ gebildet.

---

40 Zum 10.11.1965 vgl. Roy: Luther [s. Anm. 35], 149; zum 15.3.1966 vgl. Protokoll Nr. 9/66 der Sitzung des Politbüros des ZKs am 15.3.1966, Anlage Nr. 3, SAPMO BA DY 30/J IV 2/2 1048.

41 Zur Konstituierung des Komitees vgl. BA P DO 4/2676 vom 8.6.1966.

42 Zur Verschleierung von Macht als charakteristisches Vorgehen, institutionelle Macht zu sichern; vgl. Karl-Siegbert Rehberg: Institutionen als symbolische Ordnungen. Leitfragen und Grundkategorien zur Theorie und Analyse institutioneller Mechanismen. In: Die Eigenart der Institutionen. Zum Profil politischer Institutionentheorie. Hg. v. Gerhard Göhler. Baden-Baden 1994, 47–84 sowie den Sammelband Institutionelle Macht. Genese – Verstetigung – Verlust. Hg. v. André Brodocz [u.a.]. Köln [u.a.] 2005, insbesondere André Brodocz: Behaupten und Bestreiten. Genese, Verstetigung und Verlust von Macht in institutionellen Ordnungen. In: ebd., 13–36.

43 Ein Indiz für Göttings Linientreue bildet z.B. seine Rede auf dem Festakt in Wittenberg. In ihr betonte er, dass er das Reformationsjubiläum in den Dienst der Ausprägung des sozialistischen Geschichtsbewusstseins stelle; vgl. Erwin Wilkens: Die Kirchen in der Deutschen Demokratischen Republik. In: Kirchliches Jahrbuch für die Evangelische Kirche in Deutschland (folgend KJB), 94 (1967), 178–319, hier 192–204. Auch in seiner Rede anlässlich der Konstituierung des staatlichen Komitees zum Lutherjubiläum 1983 kommt der Gottesbegriff nicht vor; vgl. ders.: Die DDR – Heimat guter Überlieferungen. In: Martin Luther und unsere Zeit. Konstituierung des Martin-Luther-Komitees der DDR am 13. Juni 1980 in Berlin. Berlin 1980, 39–45. Mit dieser Haltung korrespondiert die Charakterisierung der CDU als »Transmissionsriemen« der SED; Pollack: Organisationsgesellschaft [s. Anm. 11], 213.

Damit hatten beide Jubiläumsträger, die protestantischen Kirchen auf der einen und die SED auf der anderen Seite, eigene Organisationsstrukturen zur Vorbereitung des Reformationsjubiläums geschaffen. Hier kommt eine Konkurrenz zwischen beiden zum Ausdruck, die sich auch in den intendierten Inhalten der Säkularfeier fortsetzte.

3 Intendierte Ziele

Die beiden Jubiläumsträger verfolgten mit dem Reformationsjubiläum gegensätzliche, z.T. miteinander kollidierende Ziele. So lief es den kirchenpolitischen Vorstellungen der SED zuwider, dass die kirchlichen Träger ihre Säkularfeier nutzen wollten, um eine über die engen Grenzen der DDR hinausweisende Geschlossenheit der protestantischen Kirchen zu demonstrieren.[44] In diesem Sinne versuchte der kirchliche Ausschuss, Vertreter von LWB, RWB, Weltkirchenrat und EKD zu inkorporieren.[45] Außerdem ergingen an die Vertreter der Weltchristenheit Einladungen zum zentralen kirchlichen Festakt am Reformationstag in Wittenberg und zu weiteren in Vorbereitung befindlichen Jubiläumsveranstaltungen, etwa einem Ökumenischen Tag (30. Oktober 1967) sowie dem zentralen Gemeindetag der Christen der DDR in Leipzig (28./29. Oktober 1967).[46] Mit den Vorhaben der Kirchen in der DDR korrespondiert, dass sich die EKD im Interesse der kirchlichen Ost-West-Gemeinschaft bei der Planung eigener Feiern

44 Zur Freude der SED-Führung, die diese Entwicklung als Ergebnis ihrer Differenzierungspolitik ansah, etablierte sich im Mai 1966 ein separates Komitee der Thüringer Landeskirche. Unter dem Vorsitz von Bischof Moritz Mitzenheim sollte es deren Jubiläumsfeier (vom 4. bis 7. Mai 1967 auf der Wartburg) vorbereiten. Gerade die Thüringer Landeskirche in der Ära des ›roten‹ Bischofs Mitzenheim war Ansatzpunkt dieser Differenzierungspolitik; vgl. THOMAS A. SEIDEL: »Thüringer Weg« und »Thüringer Initiative« Eine Regionalgruppe des Arbeitskreises Solidarische Kirche am Ende der DDR. In: Gottlose Jahre? [s. Anm. 14], 85–100, besonders 90–92; dazu auch MARTIN GEORG GOERNER: Die Kirche als Problem der SED. Strukturen kommunistischer Herrschaftsausübung gegenüber der evangelischen Kirche 1945 bis 1958. Berlin 1997 (Studie des Forschungsverbundes SED-Staat an der Freien Universität Berlin), 344–347, 358–360 u. 400; FLORIAN EHLERT: »Suchet der Stadt Bestes.« Bischof Mitzenheims Bemühungen um Einvernehmen mit dem Staat. In: Kirche im Sozialismus, 14 (1983), 97. Die Gründung des Thüringer Ausschusses erfolgte am 20.5.1966; vgl. BA P DO 4/2993 vom 23.5.1966. Zur Haltung des Politbüros vgl. Protokoll der Sitzung des Politbüros vom 19.12.1966, SAPMO BA DY 30/J IV 2/2 1048.

45 Vgl. EZA 104/892 vom 14.9.1965 (dass. auch EZA 116/1); zu den Anfragen wegen Mitarbeit vgl. EZA 116/2, zur Anfrage an die EKD vgl. EZA 104/892 vom 8.10.1965.

46 Speziell zu Wittenberg vgl. ANNELIESE VAHL: Reformation nach 450 Jahren. Ein Rückblick auf die zentralen kirchlichen Veranstaltungen in Wittenberg. In: Lutherische Rundschau, 18 (1968), 173–180.

größte Zurückhaltung auferlegte.[47] Sie verzichtete auf einen eigenen zentralen Festakt, damit dem der ostdeutschen Kirchen keine symbolische Konkurrenz durch Parallelinszenierungen in Westdeutschland erwuchs.[48]

Ein weiteres Ziel der Jubiläumsinitiatoren auf kirchlicher Seite bestand darin, dem einzelnen Protestanten eine Orientierung für seine Lebensführung in der DDR zu geben. Angesichts der schwierigen Lebenssituation der Christen galt es, ihren Glauben zu stärken und sie zugleich zum Engagement in der Gesellschaft zu ermutigen.[49] Da Letzteres aber als Vorbedingung eine entsprechende Grundeinstellung auf der Gegenseite erforderte, sollte das Jubiläum auf der Staat-Kirchen-Ebene auch als Symbol für eine Koexistenz mit ›Andersdenkenden‹ dienen. Dabei stellte der kirchliche Ausschuss den Versuchen der SED-Führung, die Christen der eigenen Ideologie zu unterwerfen, ein klares Profil entgegen: Protestant sein heißt

> »eintreten für den lebendigen Gott, dem unser Gewissen verpflichtet ist, gegen jeden andersartigen Totalitätsanspruch; für ein uneingeschränktes und bewußtes Leben jedes Menschen, gegen Verwässerung reformatorischer Erkenntnisse in einem unverbindlichen Humanismus; grundsätzlich dafür, daß Jesus Christus unsere Wahrheit und Gerechtigkeit ist.«[50]

Diese Betonung eines sich nicht dem SED-Führungsanspruch unterwerfenden DDR-Bürgers mit christlichem Wertehorizont kollidierte mit der Vorstellungswelt der SED-Ideologen. An diesem Punkt setzte die inhaltliche Aufladung der von der Staatspartei initiierten Säkularfeier ein. Horst Dohle, der wissenschaftliche Mitarbeiter Seigewassers, formulierte in seinem Strategiepapier, man dürfe »Luther nicht dem Klassengegner überlassen.«[51] Damit wurde das Reformationsjubiläum zum Medium eines mit kulturellen Mitteln geführten Klassenkampfes,[52] in dem die SED ihre Reformationsdeutung als die ausschließlich ›richtige‹ zu etablieren suchte. Hier scheint sich jene Entwicklung anzudeuten, mit der die SED offiziell ab 1971 die ihr genehmen, als ›positiv‹ bezeichneten Traditionslinien aus der

---

47 Angesichts mangelnder Kenntnis der Situation stieß die Haltung der EKD auf westdeutscher Seite auch auf Unverständnis; vgl. Wilkens: Kirchen [s. Anm. 43], 190.

48 Neben lokalen Feiern der einzelnen Landeskirchen waren überregionale Veranstaltungen geplant in Kassel (Mai), West-Berlin (Juni), Nürnberg (Juli), Ratzeburg (Sep-tember) und Worms (November) sowie Ausstellungen in Nürnberg, Hannover, Mainz, Dortmund, Coburg und Berlin(West); vgl. EZA 102/244 vom 10.10.1966. Hier auch der Verweis, dass der 31.10.1967 für die Wittenberger Feier freigehalten wird.

49 Das zentrale Thema lautete: ›Christus meine Gerechtigkeit‹; vgl. Jänicke am 11.3.1967, Teilabdruck in: Wilkens: Die Kirchen in der Deutschen Demokratischen Republik. In: KJB, 93 (1966), 199–322, hier 234–235.

50 Kommentar von Krille, EZA 116/57 vom 18.6.1967.

51 BA P DO 4/2428 vom Dezember 1966.

52 Vgl. dazu Rehberg: Sichtbarkeit [s. Anm. 10], 367.

gesamten Erbmasse der deutschen Vergangenheit separierte und zum Fundament des sozialistischen DDR-Nationalbewusstseins zu machen suchte.[53]

Damit die Reformation als positiver und damit als erinnerungswürdiger Baustein in das eigene marxistische Geschichtsbild eingepasst werden konnte, musste sie ihres religiösen Gehalts entkleidet werden. Dies geschah, indem sie zur ›frühbürgerlichen Revolution‹, deren Höhepunkt der Bauernkrieg von 1524/25 bildete, umgedeutet und damit an den Anfangspunkt jener sogenannten revolutionären Tradition gestellt wurde, an deren Endpunkt sich die SED selbst verortete.[54] Damit verlieh das Politbüro seiner aberwitzigen Behauptung offiziösen Charakter: Luthers Tat einen theologischen Movens zu unterstellen, so hieß es, sei eine von den Kirchen und Westdeutschland forcierte Geschichtsverfälschung, die der Verschleierung der nationalen und humanistischen Momente der Reformation diene.[55]

Bei ihrer Einverleibung der Reformation kam der SED entgegen, dass grundlegende Erinnerungsorte der evangelischen Kirchen, etwa Luthers Wir-

53 Vgl. die Äußerung des SED-Chefideologen Kurt Hager vom 14.10.1971: »Wir dürfen nicht einen progressiven Denker und Dichter, nicht einen Humanisten, dem Gegner überlassen. Die Geschichte muß so geschrieben werden, daß deutlich wird, die DDR, das ist der sozialistische Staat, in dem alle großen, progressiven und revolutionären Traditionen unseres Volkes aufbewahrt sind.« So zit. in HANS SÜSSMUTH: Luther 1983 in beiden deutschen Staaten. Kritische Rezeption oder ideologische Vereinnahmung? In: Das Luther-Erbe in Deutschland. Vermittlung zwischen Wissenschaft und Öffentlichkeit. Hg. v. H. SÜSSMUTH. Düsseldorf 1985, 16–40, hier 35. Zu den Begriffen von Erbe und Tradition in der Geschichts- und Kulturpolitik der SED vgl. JAN HERMANN BRINKS: Die DDR-Geschichtswissenschaft auf dem Weg zur deutschen Einheit. Luther, Friedrich II. und Bismarck als Paradigmen politischen Wandels. Frankfurt/Main [u.a.] 1992, 197–224.

54 Allgemein zur Wandlung des Luther- und Reformationsbildes in der DDR vgl. SIEGFRIED BRÄUER: Martin Luther in marxistischer Sicht von 1945 bis zum Beginn der achtziger Jahre. Berlin ²1983; HORST DÄHN: Martin Luther und die Reformation in der Geschichtswissenschaft der DDR. In: Lutherinszenierung und Reformationserinnerung. Hg. v. STEFAN LAUBE u. KARL-HEINZ FIX. Leipzig 2002 (Schriften der Stiftung Luthergedenkstätten in Sachsen-Anhalt, 2), 378–385 sowie ROY: Luther [s. Anm. 35]. S. 73–147. Zu den methodischen Problemen, die sich bei der Interpretation der Reformation als ›frühbürgerliche Revolution‹ ergeben, vgl. SÜSSMUTH: Luther [s. Anm. 53], 30f.

55 Vgl. Protokoll Politbüro vom 15.3.1966, SAPMO BA DY 30/J IV 2/2 1048. Vgl. dazu den Kommentar von HANS ZIELINSKI: Unteilbares Deutschland. Gesendet am 30.7.1966, 19.15 Uhr im Sender Freies Berlin (folgend SFB), eine Mitschrift in EZA 104/892. Danach sei die Aufforderung, das Jubiläum nicht zu theologisieren, »nur vergleichbar einer Weisung, um im Vorstellungsbereich der Funktionäre des Staatsapparates der Sowjetzone zu bleiben, die Feiern zum 50. Jahrestag der bolschewistischen Oktoberrevolution, gleichfalls im kommenden Jahre, nicht zu ideologisieren im Geiste des Marxismus-Leninismus.«

kungsstätten Wittenberg, Eisleben oder die Wartburg, in ihrem Machtbereich lagen. Eigene ideologische Vorgaben, denen sie die gesamte Feierkultur der DDR unterworfen hatte, konnte sie so an lokale Gegebenheiten knüpfen.[56] Zusätzlich ermöglichte ihr der Verweis auf die Wartburg eine symbolische Marginalisierung der Reformation, indem sie an diesem Ort 1967 neben dem Reformationsjubiläum noch zwei weitere ›nationale‹ historische Jubiläen als Konkurrenzgedenken inszenierte.[57]

Aufbauend auf ideologischen Leitvorstellungen einschließlich der grundsätzlichen Forderung, das »Primat« der SED auch bei Planung, Durchführung und inhaltlicher Aufladung der Jubiläumsfeierlichkeiten zu wahren,[58] verfolgte die Parteiführung mit ihrer Jubiläumsinszenierung ein Bündel in sich widersprüchlicher Ziele. Verwiesen die kirchlichen Jubiläumsträger mit ihrer Säkularfeier auf die protestantische Einheit, so erschien der Staatspartei eine eigene Inszenierung zunächst als nützliches Instrument bei der Auflösung dieser Einheit und bei der ›Differenzierung‹ der ostdeutschen Landeskirchen.[59] Dieses Ziel machte sie selbstverständlich ebenso wenig publik, wie den Umstand, dass aus devisenpolitischem Blickwinkel die erwarteten westeuropäischen und amerikanischen Kirchengäste von Interesse seien.[60] Öffentlich verkündete die SED-Führung dagegen, dass sie mit ihrer Säkularfeier einen in der DDR existierenden weltanschaulichen Pluralismus demonstriere, der auf humanistischen Idealen aufbaue. Im Kontext der zwischen den beiden deutschen Staaten bestehenden Systemkonkurrenz sollte damit zugleich eine Lösung der nationalen Frage aufgezeigt werden: Unter Zurückweisung des bundesdeutschen Alleinvertretungsanspruchs sollte das Gedenken das gemeinsame Streben von Christen und Marxisten in der DDR beim Aufbau des Sozialismus demonstrieren. Letztendlich bestand der Sinn des von der SED initiierten Reformationsjubiläums also darin, für die Politik der Staatspartei zu werben.[61] Zumindest in den Kreisen

56 Etwa die Forderung nach einer Festigung des Staats- und Geschichtsbewusstseins oder die Darstellung der DDR als alleiniger legitimer Hüterin aller progressiver Traditionen; vgl. BA P DO 4/2627 vom 14.2.1966; ebenso Protokoll Sitzung Politbüro SAPMO BA DY 30/J IV 2/2 1048 vom 19.12.1966. Allgemein vgl. Birgit Sauer: Mythen einer real-sozialistischen Gesellschaft. Ein Beitrag zur Analyse politischer Deutungsmuster in Fest- und Feiertagen der DDR. [Diss. Masch.] FU Berlin 1993, besonders 29–31, 128–131.

57 Die Anlässe waren: 900 Jahre Wartburg und 150 Jahre Wartburgtreffen der deutschen Studenten; vgl. dazu auch Wilkens: Kirchen [s. Anm. 43], 189; ders.: Kirchen [s. Anm. 49], 199–322.

58 So ausdrücklich Dohle, BA P DO 4/2676 vom 14.2.1966.

59 Dies und das Folgende, soweit nicht anders erwähnt in: BA P DO 4/2418 vom 19.12.1967/18.1.1968 unter Bezugnahme auf Protokoll Politbüro vom 15.3.1966, SAPMO BA DY 30/J IV 2/2 1048.

60 Vgl. BA P DO 4/2676 vom 6.2.1967.

61 Vgl. BA P DO 4/2427 vom 7.12.1966.

der christlichen Bevölkerung wurde dieses Vorgehen erkannt und das Jubiläum als Bestandteil der SED-Propaganda benannt.[62]

4 Durchsetzungsstrategien

Angesichts der konträren Ziele der Jubiläumsträger stellt sich die Frage, wie und in welchem Umfang die konkurrierenden Jubiläumsinszenierungen durchgesetzt werden konnten, zu welchen Konflikten es dabei kam und zu welchen Durchsetzungsstrategien beide Trägergruppen griffen. Entscheidend war, dass ungeachtet aller Widersprüche SED und Kirchen in der Jubiläumsfrage aufeinander angewiesen waren. Zwar lehnten beide Jubiläumsträger jegliche Diskussion über die im Rahmen der jeweiligen Eigengeschichte erfolgten inhaltlichen Ausdeutungen der Reformation ab,[63] aber sie erkannten die Notwendigkeit, in Sachfragen miteinander zu kooperieren. Dies war den Verantwortlichen ebenso schnell bewusst geworden, wie sie deshalb Stärken und Schwächen des Kontrahenten ausloteten.

Prägenden Einfluss auf den Vorbereitungsprozess letztendlich beider Trägergruppen erlangte die Befürchtung der SED-Funktionäre, die kirchlichen Konkurrenzveranstaltungen könnten bei der Bevölkerung auf größere Resonanz stoßen als ihre eigenen. Ein warnendes Beispiel für einen solchen ›Gesichtsverlust‹ lieferte im Jahr 1966 die Milleniumsfeier der polnischen Christianisierung.[64] Dieses Ereignis hatten sowohl die kommunistische Staatspartei Polens als auch die katholische Kirche mit eigenen Gedenkfeiern vergegenwärtigt. Die Festakte hatten zeitgleich, aber an verschiedenen Örtlichkeiten in der alten Bischofsstadt Gnesen stattgefunden, wobei die kirchlichen bei der Bevölkerung auf ungleich höhere Resonanz als die der kommunistischen Trägergruppe gestoßen waren.[65]

---

62 Etwa die Äußerung eines Synodalen: »... daß die DDR 20 Jahre lang sich nicht um Martin Luther und die Reformation gekümmert habe. Er betrachte es als Taktik, daß diesem Problem in diesem Jahr staatlicherweise so viel Wert beigemessen wird.« Vgl. Bericht des Rates des Bezirks Karl-Marx-Stadt, Referat Kirchenfragen, BA P DO 4/2428 vom 27.5.1967.

63 Für die Kirche vgl. Jubiläum – aber keine Reformation. Fragen zu den Gedenkfeiern des Jahres 1967. In: Evangelische Kommentare, 1 (1968), 6–12, hier 6, ähnlich auch WILKENS: Kirchen [s. Anm. 43], 207f. Für die SED vgl. die Anfrage des Rates des Bezirks Leipzig, ob der Wirtschaftshistoriker Günter Fabiunke, der sich mit einer Arbeit über Luther als Nationalökonom habilitiert hatte, bei einem Pfarrerkolleg sprechen könne, was Seigewasser verneinte, vgl. BA P DO 4/2428 vom 4.7.1967. Zu Fabiunke vgl. ROY: Luther [s. Anm. 35], 114–118.

64 Ein Hinweis darauf in Seigewassers Analyse des Reformationsjubiläums, BA P DO 4/2418 vom 19.12.1967/18.1.1968.

65 Vgl. www.deutsche-und-polen.de/personen/frames/content_lang_jsp/key=stefan_wyszynski.htm; weiterhin www.gewi.uni-graz.at/csbsc/ostwest/7-2-95-Bartosz.htm sowie KATHARINA HADAMIK: Transformation und Entwicklungsprozess des Mediensystems in Polen von 1989 bis 2001. Dissertation Universität Dortmund 2003,

Damit hatte die Festgemeinde durch ihre Partizipation an den Jubiläumsfeierlichkeiten öffentlich kundgetan, wem ihre Sympathie galt.[66]

Um der SED eine derartige Blamage zu ersparen, versuchte der Kirchenstaatssekretär, jegliche offensichtliche Konkurrenz durch kirchliche Festveranstaltungen zu verhindern.[67] Deshalb plante er, die eigenen Inszenierungen mit den kirchlichen dergestalt zu koordinieren, dass Letztere gleichsam als Bestandteil der von der Staatspartei getragenen Feierlichkeiten erschienen.[68] Derartige Überlegungen erschienen zunächst durchaus realistisch, da sich der kirchliche Ausschuss letztendlich gezwungen sah, Seigewasser über seine Jubiläumsvorhaben zu informieren. Verantwortlich dafür war die in organisatorischen Belangen bestehende Abhängigkeit der Kirchen von der SED, die sich darin zeigte, dass die von der Staatspartei kontrollierten staatlichen Behörden z.B. über die Vergabe von Einreisevisa oder die Erlaubnis von Kirchenveranstaltungen im städtischen Raum zu entscheiden hatten.

Auf diese Weise erlangte die SED nicht nur Zugriff auf die kirchlichen Jubiläumsvorhaben, sondern konnte bei der Einflussnahme auch auf direkte Verbote verzichten und stattdessen auf zahlreiche Möglichkeiten der indirekten Steuerung zurückgreifen. Dem schienen allerdings die kirchlichen Jubiläumsträger im Falle der Säkularfeier nicht ganz schutzlos preisgegeben zu sein. Immerhin benötigte die SED-Spitze die kirchlichen Inszenierungen als Kulisse für die eigenen Jubiläumsveranstaltungen. Diese Schwachstelle erkannte Krille: In seinem Strategiepapier[69] formulierte er, dass der Ausschuss damit drohen könne, im Falle überbordender Repressionen die zentrale Feier am Reformationstag in Wittenberg abzusagen. Dann würden die sowieso geplanten Veranstaltungen auf Landeskirchenebene eine Aufwertung erfahren, wobei der geplante EKD-Festakt in Worms (10. bis 13. November 1967) zur zentralen Veranstaltung aller protestantischen Kirchen aufzuwerten sei. Da in diesem Fall die Kirchenvertreter den von der SED initiierten Feiern in Wittenberg fernbleiben würden, hätte die Staatspartei bei ihrem Festakt nur wenige Gäste und liefe mit ihrer propagandistischen Absicht ins Leere.

Allerdings bildete diese Option nur die *ultima ratio*, über deren positive und negative Folgen sich Krille wohl bewusst war: Einerseits würde eine Absage der zentralen Feierlichkeiten bei vielen Gemeinden angesichts der offenkundigen

---

93, unter: www.eldorado.uni-dortmund.de/bitstream/2003/2968/1/Hadamikunt.pdf (Zugriff jeweils 21.8.2006).

66 Vgl. Müller: Jubiläum [s. Anm. 1], 63.

67 Vgl. BA P DO 4/2676 vom 14.2.1966.

68 Vgl. politische Konzeption für das Reformationsjubiläum, BA P DO 4/2676 vom 14.2.1966. In diesem Kontext ist auch die Forderung des Kirchenstaatssekretärs zu verorten, der Staat, nicht die Kirche, solle bei allen größeren Veranstaltungen als einladende Instanz auftreten; vgl. ebd.

69 Vgl. BA P DO 4/2993 vom 28.7.1966.

Diskrepanz zwischen der Lebenswirklichkeit und den staatlichen Toleranzbehauptungen ebenso auf Zustimmung stoßen, wie die ob der Kooperation mit der SED teilweise getrübte Verbindung zwischen Kirchenbasis und Leitung eine Stärkung erführe. Andererseits würde aber eine Absage dem Staat Vorwand für weitere Repressionen liefern, ohne dass die Kirche ihren Protest ausreichend formulieren könnte. Zudem verstelle sie sich dadurch die Möglichkeiten, Kontakte mit westdeutschen Christen nicht zuletzt auf privater Ebene zu installieren. Diese in Krilles Strategiepapier festgehaltenen Überlegungen bestimmten das Verhalten der kirchlichen Trägergruppe während der Vorbereitungsphase.

5 Konkurrenzfelder bei der Jubiläumsvorbereitung

Bei der Vorbereitung der Jubiläumsfeierlichkeiten durch die beiden konträren Jubiläumsträger lassen sich drei miteinander verwobene Konkurrenzfelder erkennen. Sie entstanden in den Auseinandersetzungen erstens um die Deutungshoheit über die im Jubiläum vergegenwärtigte Geschichte, zweitens um die Organisationshoheit der Feiern und schließlich um die Hoheit über die Festgemeinde der Säkularfeier.

Der ersten Konkurrenzebene sind die Versuche Seigewassers zuzuordnen, die Entsendung von ein bis zwei Kirchenvertretern in das staatliche Komitee zu erreichen. Ohne dass sie dort gegen die Mehrheit der SED-hörigen Komiteemitglieder Entscheidungen hätten beeinflussen können, sollte ihre Komiteezugehörigkeit in der Öffentlichkeit als Aushängeschild einer vorgeblich guten Zusammenarbeit von SED und Kirche dienen. Zugleich galt es, den Eindruck zu vermitteln, die Staatspartei spräche mit ihrer Reformationsausdeutung auch im Namen der Kirchen.[70]

Im Kontext dieser Versuche, das protestantische Reformationsbild in der Öffentlichkeit zugunsten des staatlichen zu verdrängen oder anders ausgedrückt, den Christen eine atheistische Sicht auf die Reformation aufzuzwingen, ist die Publikationstätigkeit von Mückenberger und Götting zu verorten. Aus propagandistischen Gründen bevorzugt im CDU-Blatt *Neue Zeit* verbreiteten beide das marxistische Reformationsbild als das allgemeingültige, während anders lautende kirchliche Statements zurückgehalten wurden. Darüber kam es schließlich zum Eklat für die SED: Nachdem Bischof Jänicke sich trotz aller Bedenken im Sommer 1966 zur Mitarbeit im staatlichen Komitee bereiterklärt hatte,[71] verließ er dieses Gremium am 21. September 1967 unter Protest, als Mückenberger einmal mehr die marxistische Reformationsdeutung im CDU-Blatt positionierte.

---

70 Vgl. etwa BA P DO 4/2993 vom 5.7.1966 (dass. EZA 102/248 sowie EZA 116/57) oder BA P DO 4/2424 vom 25.8.1966.

71 Allgemeine Bedenken vgl. etwa EZA 102/248 vom 2.5.1966. Speziell der Hinweis, dass die Kirchen das Reformationsbild der SED nur partiell mittragen vgl. BA P DO 4/2993 vom 20.7.1966; dass. in EZA 116/22 sowie EZA 116/27 vom 8.6.1966. Pressekonferenzen etwa am 28.10.1966, auch 26.9.1966 und 10.10.1966.

Konnte die SED im staatlichen Komitee ihre Deutungshoheit durchsetzen, so scheiterte sie damit an anderer Stelle. Jenseits der Hierarchie des Partei- und Staatsapparates besaßen nämlich die Kirchen einen bedeutenden Vorteil bei der Generierung ihres Reformationsbildes. Dies galt umso mehr, da sogar nach Einschätzung des Politbüros die marxistische Lutherforschung starke quantitative und qualitative Defizite gegenüber ihrem theologischen Pendant aufwies.[72] Für die Vermittlung des von der SED propagierten Geschichtsbildes war dieses Problem insofern virulent, weil das Wissen um die Reformation bei den protestantischen Christen grundlegende Bedeutung besitzt, bei der atheistischen DDR-Bevölkerung aber entweder nur rudimentär oder, etwa bei Genossen, als Feindbild vorhanden gewesen sein dürfte.

Aber selbst bei den von ihr inszenierten Großveranstaltungen stieß die SED auf Probleme, wenn es galt, eigene Ideologie glaubhaft zu vermitteln und dafür erfolgreich Zustimmung zu generieren. Als Beleg dafür sei auf einen historischen Festzug verwiesen, der als Höhepunkt des staatlichen Festaktes am 30. Oktober 1967 in Wittenberg inszeniert worden war.[73] Nach der Schilderung eines Augenzeugen hatten die Zuschauer viel Spaß beim Betrachten derjenigen ›Bilder‹ bzw. Festwagen, welche Ereignisse der deutschen Geschichte thematisierten. »Aber bei den Propagandawagen wurde es stiller. Die Leute liefen weg oder kommentierten freimütig – sei es auch leise. Die Schlagzeilen [der mitgeführten Transparente – Anm. d. Verf.] ... waren doktrinär und geschrieben wie für kleine Kinder.«[74]

---

72 Zur Feststellung von Defiziten der marxistischen Reformationsforschung vgl. SAPMO BA DY 30/J IV 2/2 1048 vom 19.12.1966; zur Feststellung der ungenügenden Literatursituation vgl. BA P DO 4/2627 nach Mai 1966; zur Feststellung, dass Positionen der marxistischen Forschung nicht vom kirchlichen Schriftgut übernommen wurde vgl. BA P DO 4/2424 vom 10.7.1967.

73 Zum Festzug als nach Selbsteinschätzung der Arbeitsstelle Seigewassers wirkungsvollste massenpolitische Veranstaltung in Wittenberg, vgl. Bericht BA P DO 4/2418 vom 10.11.1967.

74 So Pfarrer Albert van den Heuvel (leitendes Mitglied des Ökumenischen Rates in Genf) im Norddeutschen Rundfunk, 2. Programm am 4.11.1967, Abdruck bei WILKENS: Kirchen [s. Anm. 43], 207–211, hier 210. Die gewünschte Indoktrination lässt sich bereits am Aufbau des Festzuges erkennen. Er bestand aus 59 Bildern/Festwagen, die zu 14 thematischen »Komplexe[n]« zusammengefasst waren: I.: »Weltliche und geistliche Feudalgewalten drücken das Volk« (Bild 3–6); II.: »Der Reformator Martin Luther und seine Freunde« (Bild 7–9); III.: »Bauernkrieg 1525« (Bild 10); IV.: »Die Obrigkeit« (Bild 11, 12); V.: »Das Bürgertum und das werktätige Volk« (Bild 13–21); VI.: »Die Universität« (Bild 22); VII.: »Der Dreißigjährige Krieg 1618–1648« (Bild 23); VIII.: »Die Freiheitskriege 1813/14« (Bild 24–27); IX.: »Die bürgerlich-demokratische Revolution 1848/49 und die Anfänge der revolutionären Arbeiterbewegung« (Bild 28–31); X.: »Der industrielle Aufschwung im 19. Jahrh.« (Bild 32–35); XI.: »Die deutsche Arbeiterklasse besiegt das Sozialistengesetz« (Bild 36); XII.: »Das Volk macht Geschichte« (Bild 37–42); XIII.: »Die Nacht des Faschis-

In enger Ergänzung zu den Versuchen der SED, die Deutungshoheit über die inhaltliche Aufladung des Reformationsjubiläums zu erhalten, fallen in die zweite Konkurrenzebene die Bemühungen, im Sinne der Organisationshoheit die kirchlichen Veranstaltungen entweder zu marginalisieren oder ganz zu unterbinden. Im Gegensatz zu den lokalen Feiern, die jede protestantische Kirchengemeinde in der DDR anlässlich des Jubiläums in ihren Räumlichkeiten zelebrierte, und denen Seigewasser kaum Konkurrenzveranstaltungen entgegenzusetzen vermochte, bildeten die kirchlichen Feiern, die an den symbolträchtigen Lutherstätten in den DDR-Bezirken Halle und Erfurt stattfanden, den Hauptangriffspunkt für dessen Störungsversuche.[75]

Als Beispiel dafür, wie die SED im zeitlichen Umfeld der kirchlichen Großereignisse konkurrierende Inszenierungselemente plante, mit deren Hilfe sie ihr Reformationsbild in großer Öffentlichkeit präsentieren konnte, kann der bereits erwähnte historische Festzug in Wittenberg gelten. Er wurde dergestalt in den Festablauf platziert, dass bereits vorbereitete kirchliche Veranstaltungen verschoben werden mussten.[76] Bemerkenswert erscheint dabei, dass mit dem historischen Festzug ein in seiner Funktion als SED-Ideologieträger noch weitgehend unverdächtiges Inszenierungselement gewählt wurde, wohingegen die Dienststelle Seigewasser einen Fackelzug, den der Jugendverband der SED, die ›Freie Deutsche Jugend‹, ebenfalls am Reformationstag in Wittenberg »als deutliche Demonstration der Stärke der sozialistischen Jugend«[77] veranstalten wollte, als zu offenkundigen Störversuch ablehnte. Immerhin zählten derartige Inszenierungen zunehmend zu den wichtigsten Bestandteilen im Repertoire der von der SED initiierten staatlichen Feiertage.[78]

---

mus« (Bild 43–47); XIV.: »Das neue Leben – Frieden, Demokratie und Sozialismus« (Bild 48–59); vgl. Festzug 450 Jahre Reformation 1517–1967. Wittenberg Lutherstadt. Sonntag, 29. Oktober 1967. Zu einem in der Kombination von Geschichtsdarstellung und Propaganda ähnlichen Festzug anlässlich der 750-Jahrfeier Dresdens 1956 vgl. Ulrich Rosseaux: Das ambivalente Jubiläum: die 750-Jahrfeier Dresdens 1956. In: Rückkehr der Kunst. Dresden 1956/1958 (Dresdner Hefte 87), 50–59, hier 52–54.

75 Vgl. politische Konzeption für das Reformationsjubiläum, BA P DO 4/2676 vom 14.2.1966.

76 In diesen Kontext fällt auch, dass den kleineren kirchlichen Feiern an Luthers Wirkungsstätten Musikveranstaltungen und populärwissenschaftliche Veranstaltungen der Partei- und Staatsorgane entgegenstellt wurden; vgl. politische Konzeption für das Reformationsjubiläum, BA P DO 4/2676 vom 14.2.1966.

77 Vgl. BA P DO 4/2428 vom 30.11.1966. Zur Ablehnung vgl. BA P DO 4/2428 vom 9.12.1966.

78 Zur Funktion der Fackelzüge im Repertoire der staatlichen Feiertage in der DDR vgl. Monika Gibas u. Rainer Gries: Die Inszenierung des sozialistischen Deutschland. Geschichte und Dramaturgie der Dezennienfeiern in der DDR. In: Wiedergeburten. Zur Geschichte der runden Jahrestage der DDR. Hg. v. M. Gibas [u.a.]. Leipzig 1999,

Neben der Installation von konkurrierenden staatlichen Festakten gehörte zur Behinderung der kirchlichen Feierlichkeiten auch, bestimmte Veranstaltungen generell zu unterbinden, ohne dass die SED-Führung hierbei offenkundig in Erscheinung getreten wäre. Beispielhaft dafür ist die Verhinderung des zentralen Leipziger Gemeindekirchentages, zu dem am 28./29.Oktober 1967 Gemeindeglieder aus der gesamten DDR zusammenkommen sollten.[79] Als Seigewasser im Mai 1966 eine Auflistung der geplanten kirchlichen Jubiläumsvorhaben erhielt, kommentierte er die entsprechende Passage mit der Randglosse »nein«.[80] Kurz darauf informierte er Jänicke darüber, dass – man beachte! – die Leipziger Kommunalbehörden womöglich Einwände gegen diese Veranstaltung äußern werden.[81] In diesem Sinne instruierte Seigewasser auch den zuständigen Rat des Bezirkes und lieferte zugleich die passende Begründung: Aufgrund zahlreicher Messeveranstaltungen seien die Kapazitäten der Stadt bereits ausgeschöpft.[82] Dementsprechend musste die kirchliche Trägergruppe ihren zentralen Gemeindetag absagen und durch dezentrale Gemeindetage in verschiedenen DDR-Städten substituieren.

Der eigentliche Grund für diese Verhinderungsstrategie lag jedoch in der Konkurrenz, die das Reformationsjubiläum für die Feierlichkeiten des 50. Jahrestages der Oktoberrevolution (7. November) darstellte: Besaß die SED prinzipiell kein Interesse daran, dass sich eine größere Anzahl Christen in der Öffentlichkeit versammelte,[83] so galt dies erst recht kurz vor dem feierlich zelebrierten

11–40, hier 29. BIRGIT SAUER: Politische Leiblichkeit und die Visualisierung von Macht. In: Politische Inszenierung im 20. Jahrhundert. Zur Sinnlichkeit der Macht. Hg. v. SABINE R. ARNOLD [u.a.]. Wien [u.a.] 1998, 121–145, hier 137f.

79 Vgl. EZA 116/3 vom 1.9.1966. Die Kirchentage können als Versuch verstanden werden, gegen den Willen der SED eine Öffentlichkeit herzustellen. Mit Hinweis auf die Bedeutung, die die Kirchentage für die Darstellung der Kirchen in der Öffentlichkeit besitzen, werden diese 1983 als die »wichtigsten Kirchenveranstaltungen« charakterisiert; Bericht der Kirchenleitung (24. November 1983). In: Berichte der Magdeburger Kirchenleitung zu den Tagungen der Provinzialsynode. 1946–1989. Hg. v. HARALD SCHULTZE. Göttingen 2005 (Arbeiten zur kirchlichen Zeitgeschichte, A 10), Nr. 46, 446–459, 453. In diesem Sinne auch EHRHART NEUBERT: Geschichte der Opposition in der DDR. 1949–1989. Bonn ^{2}2000 (Schriftenreihe der Bundeszentrale für Politische Bildung, 346), 360.

80 Das entsprechende Dokument ist datiert auf den 24.5.1966, das zugeordnete Begleitschreiben Jänickes an Seigewasser jedoch auf den 9.5.1966; vgl. BA P DO 4/2424. Neben Seigewasser votierte auch Mückenberger dafür, diese Veranstaltung zu unterbinden; vgl. BA P DO 4/2424 vom 8.8.1966.

81 Vgl. BA P DO 4/2418 vom 25.5.1966.

82 Eine diesbezügliche Anfrage aus Leipzig an Seigewasser vgl. BA P DO 4/2428 vom 25.5.1966, dessen Instruktion vgl. BA P DO 4/2428 vom 23.6.1966.

83 Explizit deshalb hatte Seigewasser verboten, dass kirchliche Jugendliche die als Veranstaltungsort avisierte Eisenacher Waldbühne reparierten; vgl. BA P DO 4/2993 vom 23.6.1966.

Jubiläum des Gründungsereignisses der kommunistischen Führungsmacht Sowjetunion. Auch hier befürchtete Seigewasser die Blamage, dass bei einer Konkurrenz der Jubiläumsinszenierungen die Kirchentage in der Öffentlichkeit auf größere Resonanz stoßen könnten als das Revolutionsgedenken.[84]

Auf der dritten Konkurrenzebene, die auf die Hoheit über die Festgemeinden verweist, ist die Frage angesiedelt, welche und wie viele internationale Gäste an den kirchlichen Jubiläumsfeierlichkeiten teilnehmen durften. Der kirchliche Ausschuss plante, Gäste aus der gesamten Welt, einschließlich Vertreter aus Westdeutschland und der EKD, einzuladen. Gestützt auf eine Blankoeinladung, die die SED-Führung ausgesprochen hatte, legte er Seigewasser im Frühjahr 1966 eine über 800 Personen umfassende Gästeliste vor.[85] Doch nur wenige Wochen später vollzog die SED-Führung mit Hinweis auf die Eskalation im Vietnamkrieg und der proamerikanischen Haltung der EKD einen Schwenk, in dessen Folge es in der Gästefrage zum offenen Konflikt kam: Seigewasser ließ verlauten, dass die Vertreter der EKD als Repräsentanten einer gesamtdeutschen Organisation keine Einreise in die DDR erhalten würden.[86]

Auf diesem Standpunkt verharrte die SED-Führung hartnäckig, was die besondere Bedeutung der Gästefrage belegt. Die kirchlichen Jubiläumsträger reagierten darauf mit einer doppelten Strategie: Entsprechend der von Krille formulierten Überlegung drohten sie einerseits, dass, falls keine Klärung zustande käme, die westdeutschen Kirchen informiert und die Veranstaltung in der Bundesrepublik zu Lasten der Feierlichkeiten in Wittenberg erweitert werden würden,[87] andererseits sahen sie sich zu verschiedenen Zugeständnissen gezwungen. So verbreitete die KKL im September 1966 die Erklärung, ihr Ausschuss sei nicht im Auftrag der EKD tätig.[88] Diese bestätigte wenig später, dass sie die kirchliche Jubiläumsfeier am Reformationstag in Wittenberg nicht als ihren zentralen Festakt betrachte.[89]

Die damit vollzogene Selbstausgrenzung der EKD konnte die SED-Führung zwar zu Recht als Erfolg verbuchen,[90] dennoch befürchtete sie den »Mißbrauch der Reformationsfeiern im Sinne der Kiesinger-Strauß-Politik«[91] und bestand weiterhin auf einer radikalen Kürzung der Gästeliste. Die Vorgabe lautete nun,

---

84 So explizit erwähnt in BA P DO 4/2428 vom 25.1.1967; vgl. weiterhin BA P DO 4/2428 vom 5.8.1966.

85 Zur Blankoeinladung vgl. EZA 104/892 vom 2.5.1966 sowie Wilkens: Kirchen [s. Anm. 49], 234; zur Gästeliste vgl. BA P DO 4/2418 vom 27.5.1966 sowie EZA 104/892 vom 30.6.1966.

86 Vgl. BA P DO 4/2993 vom 21.7.1966.

87 Vgl. EZA 102/245 vom 28.2.1967.

88 Vgl. BA P DO 4/2424 vom 22.9.1966.

89 Vgl. EZA 116/4 vom 3.10.1966.

90 Vgl. SAPMO BA DY 30/J IV 2/2 1048 vom 19.12.1966.

91 Aktenvermerk Dohle, BA P DO 4/2992 vom 7.8.1967.

es dürften maximal 100 Vertreter der westdeutschen Landeskirchen – nicht der EKD![92] – nach Wittenberg einreisen.[93] Voraussetzung sei allerdings, dass jeder Gast eine Erklärung unterzeichne, mit der er die Bonner Alleinvertretungsansprüche ablehne, d.h. die DDR als eigenständigen Staat anerkenne und zugleich eine antiamerikanische Haltung im Vietnam-Krieg beziehe.[94]

Damit trieb der Konflikt in der Gästefrage im August 1967 auf seinen Höhepunkt zu. Verbunden mit der Aufforderung um Vermittlung überreichte der kirchliche Ausschuss dem Vorsitzenden des staatlichen Komitees seine endgültigen Positionen:[95] Danach würde man die Wittenberger Feier absagen und für eine entsprechende Erklärung in der internationalen Presse sorgen, falls nicht alle westdeutschen Bischöfe, die Vertreter aller Theologischen Fakultäten sowie 100 Gäste der Ökumene an den Feierlichkeiten teilnehmen können.[96] Nachdem schließlich ein vom Ausschuss gestelltes Ultimatum am 21. August 1967 verstrichen war, stellten Jänicke und Noth gegenüber Seigewasser die Feier in Frage und kündigten an, die Eingeladenen Anfang September über diese Entwicklung zu informieren.[97] Dieser Druck führte zu einem partiellen Nachgeben der SED-Führung: Mückenberger erklärte, da eine unerwartet große Personenzahl die Einladung des staatlichen Komitees angenommen habe, werde auch der Kirche ein größeres Gästekontingent zugestanden. Die politischen Vorbedingungen für eine Visaerteilung blieben davon unberührt.[98]

---

92 Vgl. z.B. BA P DO 4/2991 vom 18.4.1967 sowie BA P DO 4/2676 vom 20.6.1967.

93 Zur erneuten Reduzierung der Gästeliste vgl. BA P DO 4/2992 vom 7.8.1967. Im Rahmen der Differenzierungspolitik sollten dabei die Gästewünsche der Thüringer Landeskirche großzügiger gehandhabt werden; vgl. BA P DO 4/2991 vom 19.4.1967.

94 Vgl. BA P DO 4/2992 vom 7.8.1967; EZA 104/893 vom 4./5.8.1967; BA P DO 4/2676 vom 21.8.1967. Die Erklärung (ausgestellt vom Ministerrat der DDR am 28.8.1967) als Kopie in EZA 104/893. Für die politische Haltung der Gäste aus den USA, insbesondere für deren Ablehnung des Vietnam-Krieges, sollte die Kirche schriftlich Verantwortung übernehmen; vgl. EZA 116/27 vom 31.8.1967. Diese Bestimmungen riefen in den westdeutschen Medien ein kritisches Echo hervor. So titulierten etwa die Frankfurter Allgemeine Zeitung (folgend FAZ) und der Abend vom 31.7.1967: »Ostberlin macht der Kirche das Leben noch schwerer« oder »Rache für Fürstenwalde« (zur Synode von Fürstenwalde vgl. Anm. 29). Beides zitiert nach Information der Arbeitsgruppe Kirchenfragen, BA P DO 4/2992 vom 15.8.1967. Diese Reaktionen galten der SED-Führung als erneuter Beweis einer Hetzkampagne gegen die DDR, womit sie ihre Maßnahmen gerechtfertigt sah; vgl. die vom Ministerrat formulierte Erklärung vom 28.8.1967, Kopie in EZA 104/893.

95 Vgl. BA P DO 4/2992 vom 11.8.1967.

96 Siehe Aktenvermerk der Dienststelle Seigewasser BA P DO 4/2992 vom 19.8.1967. Die Information stammte von der Arbeitsgruppe Kirchenfragen beim ZK.

97 Zum Ultimatum vgl. EZA 116/28 vom 19.8.1967. Zum Vorgang vgl. BA P DO 4/2992 vom 21.8.1967.

98 Vgl. z.B. EZA 102/247 vom 31.8.1967. Darüber auch ein Aktenvermerk in EZA 104/893 vom 1.9.1967.

Unter diesen Bedingungen verfasste der Ausschuss am 4. September 1967 ein Kommunique, in dem er einerseits den Staat als Verantwortlichen dafür benannte, dass nicht alle Eingeladenen ein Visum erhalten werden, andererseits aber das Stattfinden der zentralen Feierlichkeiten am 31. Oktober 1967 bestätigte.[99] Die SED verbuchte dieses Dokument als Erfolg.[100]

Offenkundig zeigte die von den DDR-Behörden verlangte Erklärung Wirkung: Lediglich 213 Personen beantragten ein Einreisevisum, das 167 von ihnen erhielten.[101] Damit konnten zwar mehr Personen einreisen, als noch Anfang August 1967 möglich schien, allerdings liegt die Zahl deutlich unter den Vorstellungen des kirchlichen Ausschusses. Zudem galt die Aufenthaltsgenehmigung nur für Wittenberg, womit der geplante Besuch der lokalen Gemeindekirchentage in anderen DDR-Städten obsolet wurde.[102] Letztendlich konnte die SED ihre Hoheit in der Gästefrage behaupten, konterkarierte damit jedoch weitere Ziele: Aufgrund der Einreisepolitik konnte die Säkularfeier weder den erhofften Beitrag zur Prestigebildung auf internationalem Parkett noch zur Bindung der Christen an den Staat leisten.[103]

---

99 Vgl. BA P DO 4/2992 vom 4.9.1967.

100 Vgl. BA P DO 4/2993 vom 5.9.1967.

101 Tatsächlich zogen viele der Eingeladenen ihren Einreiseantrag mit der Begründung zurück, sie seien nicht gewillt, sich politisch überprüfen zu lassen, vgl. pars pro toto EZA 116/30 vom 28.8.67. Zur Anzahl der eingereichten und bewilligten Anträge liegen verschiedene Angaben vor: 28 von 254 Anträgen positiv beschieden, vgl. Aktenvermerk Dohles für Seigewasser BA P DO 4/2992 vom 10.10.1967; 163 von 213 Anträgen positiv beschieden, vgl. Seigewasser an Stoph BA P DC / 20 / 4476; schließlich wurden 167 Gäste genannt, vgl. EZA 104/893 vom 25.10.1967, demgegenüber nennen Wilkens: Kirchen [s. Anm. 43], 190 und Mau: Protestantismus [s. Anm. 11], 91 nur 39 Gäste. Die westdeutschen Medien informierten über diese Zahlen, was Seigewasser dahingehend kommentierte, die Einschleusung solcher genauen Angaben seien vertrauensschädlich, man werde den Schuldigen finden und geeignete Maßnahmen (d.h. je nach Staatszugehörigkeit die Einreise in bzw. die Ausreise aus der DDR verbieten) ergreifen; vgl. EZA 104/893 vom 25.10.1967. Zu einer ersten Drohung, man werde es als unfreundlichen Akt betrachten, wenn die bundesdeutschen Medien über genaue Gästezahlen informierten, vgl. BA P DO 4/2992 vom 10.10.1967. Ihre Ablehnung begründeten die für Visafragen verantwortlichen Lokalbehörden weisungsgemäß mit dem Hinweis auf erschöpfte Kapazitäten in Wittenberg. Davon berichteten Betroffene dem Ausschuss, vgl. pars pro toto Rat des Kreises Wittenberg an Oberkirchenrat Rößler, Düsseldorf, EZA 116/30 vom 16.10.1967.

102 Die Grenze des staatlichen Kontrollwillens lag darin, dass zahlreiche westdeutsche Gäste mit Autos von ostdeutschen Superintendenten, Gemeindepfarrern oder Gemeindegliedern und damit für die Polizei unerkannt unterwegs sein würden; vgl. BA P DO 4/2428 vom 24.1.1967.

103 Die DDR habe sich sowohl in Westeuropa als auch in den USA unbeliebt gemacht. So explizit Heuvel am 4.11.1967, Abdruck bei Wilkens: Kirchen [s. Anm. 43], 206–208.

Dennoch blickte die SED-Führung zufrieden auf das Reformationsjubiläum zurück, war es ihr doch – zumindest in ihrer Selbsteinschätzung – gelungen, ihren absoluten Führungsanspruch zu demonstrieren: Sie konnte Einfluss auf die kirchlichen Jubiläumsinszenierungen nehmen und eine Einheitsdemonstration der EKD ebenso verhindern, wie die Konzentration von westlichen Ausländern in der DDR. Angesichts der typischen Anschauung der SED-Spitze, nach der die Teilnahme an einer Veranstaltung eine inhaltliche Zustimmung bedeute, also letztendlich als Loyalitätsbeweis galt, konnte mit Hinweis auf den historischen Festzug in Wittenberg, dem angeblich 70.000 Personen zugesehen hatten, sogar eine Dominanz gegenüber den kirchlichen Veranstaltungen verbucht werden.[104] Diese Fehldeutung zeugt von einer eingeschränkten Realitätswahrnehmung führender SED-Kreise.

III Das Lutherjubiläum 1983

1 Zwischen Kooperation und Verweigerung

Seit dem Reformationsjubiläum 1967 waren zwei Wünsche der SED-Führung in Erfüllung gegangen. Erstens hatte die DDR an internationaler Anerkennung gewonnen, was sich etwa in ihrer Aufnahme in die UNO im September 1974 dokumentiert. Im Zuge dessen verbesserten sich auch die diplomatischen Beziehungen zur Bundesrepublik. Zweitens hatten die ostdeutschen Landeskirchen EKD und VELKD verlassen, nachdem deren Handlungsunfähigkeit immer offenbarer geworden war. Damit hatten diese Kirchenbünde aufgehört, als gesamtdeutsche Institutionen zu existieren.

Diesen »Terrainverlust« kompensierten die Lutheraner, indem sie sich im November 1969 zur VELK/DDR und unter Beitritt der EKU(Ost) im Folgejahr zum ›Bund der evangelischen Kirchen in der DDR‹ (folgend BEK) vereinigten, ohne dabei die Kontakte zu den westdeutschen Kirchenverbänden aufzugeben.[105]

Der LWB und andere Kirchenverbände protestierten gegen die schikanöse Praxis der Visaerteilung; vgl. Bericht der Arbeitsgruppe Kirchenfragen beim ZK, BA P DO 4/2418 vom 10.11.1967. Zum Protest der Weltverbände vgl. deren Telegramm an den Ministerpräsidenten, EZA 116/29 vom 24.10.1967 (Poststempel). – Ein Bericht des Rates des Bezirkes Cottbus konstatiert eine Unzufriedenheit der Gemeinden darüber, dass die erwarteten Gäste nicht kommen konnten; vgl. BA P DO 4/2428 vom 21.11.1967.

104 Vgl. Bericht der Arbeitsgruppe Kirchenfragen, BA P DO 4/2418 vom 10.11.1967.

105 POLLACK: Organisationsgesellschaft [s. Anm. 11], 263 (Zitat). Zur Gründung des Kirchenbundes vgl. MAU: Protestantismus [s. Anm. 11], 97–101; GOECKEL: Evangelische Kirche [s. Anm. 11], 96–107; GEISSEL: DDR-Kirchenbund [s. Anm. 14], 101–108 sowie ANKE SILOMON: Anspruch und Wirklichkeit der »besonderen Gemeinschaft«. Der Ost-West-Dialog der deutschen evangelischen Kirchen 1969–1991. Göttingen 2006 (Arbeiten zur kirchlichen Zeitgeschichte, B 45), 45–146. Zu den Kontakten zu den westdeutschen Kirchen vgl. ebd., 151–272. Die EKU vollzog keine

Zudem vollzogen die ›Kirchen im Sozialismus‹[106] keineswegs die von der SED-Führung erwartete positive staatsbejahende Standortbestimmung. Vielmehr übten sie gegenüber dem Staat »kritische Solidarität«, in deren Rahmen sie zwar die »humanistischen Ziele« der SED-Politik anerkannten, jedoch gleichzeitig zahlreiche Missstände, etwa im Bereich der Menschenrechtsfragen, benannten.[107]

Dem versuchte die SED-Führung mit einem Kompromissangebot entgegenzusteuern: Am 6. März 1978 trafen sich der KKL-Vorsitzende Albrecht Schönherr und der SED-Generalsekretär Erich Honecker, um in einem Spitzengespräch das Verhältnis von Staat und Kirche neu zu bestimmen. Während der Kirchenmann Verbesserungen im kirchlichen Alltagsleben anmahnte, erwartete der Staatschef von einem geregelten Verhältnis zur Kirche eine langfristige Festigung seines Regimes.[108] Deshalb war er zu verschiedenen Zugeständnissen bereit, die den institutionellen Bedürfnissen der Kirche entgegenkamen. Diese

---

vergleichbare institutionelle Trennung, allerdings erfolgte 1972 eine weitgehende Verselbständigung der ost- und westdeutschen Teilbereiche. Der Zusammenschluss des DDR-Kirchenbundes bedeutete zugleich einen Misserfolg der sog. Differenzierungspolitik der SED.

106 Allgemein vgl. Richard Schröder: Kirche im Sozialismus. Die Geschichte einer zweideutigen Formel. In: R. Schröder: Einsprüche und Zusprüche. Kommentare zum Zeitgeschehen. Stuttgart [u.a.] 2001, 196–208; Wolfgang Thumser: Kirche im Sozialismus. Geschichte, Bedeutung und Funktion einer ekklesiologischen Formel. Tübingen 1996 (Beiträge zur historischen Theologie, 95) sowie Claudia Lepp: Entwicklungsetappen der Evangelischen Kirche. In: Evangelische Kirche im geteilten Deutschland (1945–1989/90). Hg. v. C. Lepp u. Kurt Nowak. Göttingen 2001, 46–93. Das Konstrukt der ›Kirche im Sozialismus‹ war unter Theologen und Gemeindegliedern umstritten. Friedrich Schorlemmer und andere Theologen sprachen ablehnend von der »weichen, diplomatischen Kirche«; vgl. Dietrich Strothmann: Zwischen Hammer und Zirkel. Wenn die Gottesmänner Flagge zeigen – Staat und Kirche in der DDR (II). In: Die Zeit, 8.4.1983. Zur Diskussion vgl. etwa Dietrich Mendt: »Kirche im Sozialismus« zwischen Anpassung und Widerstand. Die Ostperspektive. In: Gottlose Jahre [s. Anm. 14], 151–158; Uwe-Peter Heidingsfeld: »Kirche im Sozialismus« zwischen Anpassung und Widerstand. Die Westperspektive. In: ebd., S. 159–174; Reinhard Henkys: »Kirche im Sozialismus« für den Westen. In: ebd., 175–180.

107 Mau: Protestantismus [s. Anm. 11], 110.

108 Allgemein zu den Spitzengesprächen zwischen SED und Kirche vgl. Heinecke: Konfession [s. Anm. 6], 131–135. Zum Spitzengespräch 1978 vgl. Mau: Protestantismus [s. Anm. 11], 132–134; SED und Kirche [s. Anm. 11], Bd. 2, 177; Goeckel: Evangelische Kirche [s. Anm. 11], S. 272–277; Besier: State Churches [s. Anm. 11], 539–547; ders.: Der SED-Staat und die Kirche. 1969–1990. Die Vision vom »Dritten Weg«. Berlin [u.a.] 1995, 99–115. Infolge des Gesprächs versuchte das Ministerium für Staatssicherheit die verstärkte Einschleusung von Inoffiziellen Mitarbeitern in kirchliche Strukturen und die Zersetzung kritischer Gruppen; vgl. Rundschreiben des Chefs der Staatssicherheit Erich Mielke vom 19.4.1978, Abdruck in: Pfarrer [s. Anm. 11], 308–311.

zitierbaren Aussagen der höchsten staatlichen Autorität stellten für die Kirche einen beträchtlichen Fortschritt dar.[109] Der SED diente dagegen der Verweis auf den ›6. März‹ als Beschwörungsformel für kirchliches Wohlverhalten, womit sie jedoch nicht den gewünschten Erfolg erzielte.

Zwar hatten die Kirchen ihr taktisches Verhalten gegenüber der SED geändert, indem sie nun im Sinne einer Balance der Staatspartei Leistungen anboten und dafür Gegenleistungen erwarteten.[110] Doch dieses Vorgehen erlaubte es ihnen auch, zunehmend selbstbewusst verschiedene Positionen zu monieren, die der Staat zu gesellschaftlichen Problemen bezogen hatte. Dadurch gewannen die Kirchen als Träger kritischer Kompetenz seit dem Ende der 1970er Jahre Zulauf aus nichtchristlichen Bevölkerungskreisen und damit an gesellschaftlicher Bedeutung.[111] Erinnert sei etwa an die pazifistische Haltung, die die Kirchen vor dem Hintergrund des NATO-Doppelbeschlusses und der drohenden Stationierung neuer sowjetischer Mittelstreckenraketen in der DDR öffentlichkeitswirksam artikulierten.[112] Die SED-Führung interpretierte dies als Staatshetze und reagierte mit Repressionen.[113] Damit geriet sie jedoch in ein Dilemma, weil ihr, wie das Gespräch vom März 1978 gezeigt

109 Vgl. Mau: Protestantismus [s. Anm. 11], 134f. Kritiker aus dem Bereich der Kirche lehnten den Schönherr-Kurs ab, da sich die Kirche mit dem totalitären Staat liiert habe; innerhalb der SED gab es Akzeptanzprobleme, da den Kirchen nun mit einer gewissen Achtung zu begegnen sei; vgl. SED und Kirche [s. Anm. 11], Bd. 2, 180.

110 Vgl. Pollack: Organisationsgesellschaft [s. Anm. 11], 236.

111 Vgl. Pollack: Organisationsgesellschaft [s. Anm. 11], 242f.; Peter Cornehl u. Wolfgang Grünberg: Protestantismus – eine deutsche Religion? Die Lutherfeiern 1883 und 1983. In: Politische Erinnerung. Geschichte und Identität. Hg. v. Harald Schmid u. Justyna Krzymianowska. Würzburg 2007, 67–99, hier 96f.

112 Die Bedeutung der Raketenstationierung als Hintergrund des Jubiläums betont Horst Dähn: Das Lutherjubiläum im Schnittpunkt der Innen- und Außenpolitik der DDR. In: Luther und die DDR. Der Reformator und das DDR-Fernsehen 1983. Hg. v. Horst Dähn u. Joachim Heise. Berlin 1996, 9–20. Zur Friedensarbeit der Kirchen vgl. Mit Pflugscharen gegen Schwerter: Erfahrungen in der Evangelischen Kirche in der DDR 1949–1990. Protokolle. Hg. v. Manfred Richter u. Elsbeth Zylla. Bremen 1991; Martin Hohmann: Die Friedensarbeit der evangelischen Kirchen in der DDR 1981/82 dargestellt an Beispielen aus der Evangelischen Kirche der Kirchenprovinz Sachsen. Berlin 1998; Anke Silomon: »Schwerter zu Pflugscharen« und die DDR. Die Friedensarbeit der evangelischen Kirchen in der DDR im Rahmen der Friedensdekaden 1980 bis 1982. Göttingen 1999 (Arbeiten zur kirchlichen Zeitgeschichte, B 33), 57–282; Neubert: Opposition [s. Anm. 79], 335–498 sowie jüngst: Schwerter zu Pflugscharen. Geschichte eines Symbols. Hg. v. Rainer Eckert [u.a.]. Bonn 2007 (Schriften des Hauses der Geschichte der Bundesrepublik).

113 Vgl. Pfarrer [s. Anm. 11], Bd. 1, 339–341; vgl. auch SED und Kirche [s. Anm. 11], Bd. 2, 478–482. Die Haltung der Kirchen in der DDR, die die Logik militärischer Abschreckung prinzipiell ablehnten, wurde von den meisten Vertretern der EKD nicht geteilt; vgl. ebd., 401.

hatte, stärker als jemals zuvor an der Instrumentalisierung der Kirche für ihre Innen- und Außenpolitik gelegen war. Diese widersprüchliche Situation bestimmte die Vorbereitung und die Inszenierung des Luthergedenkens 1983. Damit stellt sich die Frage nach den Unterschieden, die das Jubiläum des Jahres 1983 womöglich gegenüber dem Reformationsjubiläum von 1967 hinsichtlich Vorbereitungsprozess und Inhalten aufwies.[114]

2 Initiativen und vorbereitende Gremien

Bei einem Vergleich der Jubiläumsvorbereitungen von 1967 und 1983 fallen zunächst verschiedene Parallelen auf. Diese betreffen neben der Existenz konkurrierender Trägergruppen sowohl die Herausbildung entsprechender Organisationsstrukturen als auch die Widersprüchlichkeit der intendierten Ziele der Säkularfeiern.

Deutlich wird weiterhin, dass vor allem die KKL aus den Erfahrungen des Reformationsjubiläums 1967 gelernt hatte. Zwar konnten deren Mitglieder nicht wissen, dass der noch immer im Amt befindliche Seigewasser in dieser Säkularfeier ein Lehrbeispiel für die Einflussnahme auf konkurrierende Inszenierungen gesehen hatte.[115] Aber angesichts der SED-Offensive um die Aneignung des ›historischen Erbes‹, die sich spätestens im Bauernkriegsjubiläum 1975 dokumentiert hatte, rechneten sie offenkundig nicht nur mit einem von der SED initiierten Luthergedenken, sondern auch damit, dass dieses die Jubiläumsinszenierung der kirchlichen Träger stören könnte. Um dem begegnen zu können, unternahm die KKL Anstrengungen, gegenüber der SED-Spitze einen zeitlichen Vorsprung sowohl bei der Jubiläumsvorbereitung als auch bei der breiten Veröffentlichung der kirchlichen Jubiläumsvorhaben zu erreichen.[116] Damit sollte unterstrichen werden, dass die Jubiläumsinitiative auf Seiten der Kirchen läge und diese gewillt waren, eine gegenüber der SED eigenständige Luther-Ehrung durchzuführen. Außerdem sollte eine breite Publizität der Jubiläumsplanungen behindernde Eingriffe durch die konkurrierende Trägergruppe zumindest erschweren.

---

114 Für die folgende Darstellung vgl. auch Wolfgang Flügel: Konkurrenz um Luther. Die Kirchen in der DDR und die SED. In: Reformation und Bauernkrieg. Erinnerungskultur und Geschichtspolitik im geteilten Deutschland. Hg. v. Jan Scheunemann. Leipzig 2010 (Schriften der Stiftung Luthergedenkstätten in Sachsen-Anhalt, 11), 149–162.

115 Vgl. Interview mit Zeddies. In: Luther und die DDR [s. Anm. 112], 279–289, hier 279. Zur Behauptung des Vorbildcharakters des Reformationsjubiläums für Seigewasser und Dohle vgl. Vermerk Dohle, BA P DO 4/2418 vom 13.11.1967.

116 Vgl. EZA 108/809 vom 15.12.1975.

In diesem Sinne hatte die KKL bereits am 7./8. November 1975 die Bildung einer ›Beratergruppe Lutherjubiläum‹ angeregt.[117] Entsprechend der fortschreitenden Planungen konstituierten sich bis 1978 weitere Vorbereitungsgremien, so die am 3. November 1977 erstmals zusammengetretene ›Koordinierungsgruppe Lutherjubiläum‹[118] und am 7. Dezember 1978 das ›Lutherkomitee der Evangelischen Kirchen in der DDR‹ als Repräsentativorgan.[119] Damit existierten auf Seiten der Kirchen, lange bevor es Vergleichbares auf der der SED gab, sowohl eine Organisationsstruktur als auch ein detaillierter Aufriss der geplanten Jubiläumsinszenierungen.[120] Bei deren Durchsicht fällt auf, dass im Gegensatz zu 1967 von vornherein auf einen zentralen Gemeindetag verzichtet wurde. Stattdessen waren sieben regionale Kirchentage geplant, die, wie die Erfahrung von 1967 gezeigt hat, gegenüber einer Großveranstaltung zwei Vorteile besaßen: Erstens fanden sie zum allergrößten Teil auf Kirchengelände statt und waren daher in ihrer Gesamtheit weniger störanfällig gegenüber einer Einflussnahme durch die SED und zweitens konnten die Kirchen so einen größeren Teilnehmerkreis mobilisieren, als dies mit einer singulären Großveranstaltung der Fall gewesen wäre.[121]

Im Winterhalbjahr 1977/78 kommunizierte die kirchliche Trägergruppe ihre Vorhaben zunächst den verschiedenen Gremien der SED-Führung[122] und Ende

---

117 Zur ausführlichen Darstellung der Vorbereitungsphase der Jubiläumsfeierlichkeiten vgl. Horst Dohle: Die Luther-Ehrung und die Kirchenpolitik der DDR. In: Luther und die DDR [s. Anm. 112], 53–98. Hier auch das Folgende, sofern nicht anders nachgewiesen. Vgl. weiterhin Roy: Luther [s. Anm. 35], 177–201; Siegfried Bräuer: Das Luther-Gedenkjahr 1983 und die Kirchen in der DDR. In: Luther-Erbe [s. Anm. 53], 41–66; Helmut Zeddies: Das Lutherjahr in der DDR. In: KJB 110, 1983, 194–214, sowie Besier: SED-Staat [s. Anm. 108], 333–336.

118 Vgl. EZA 108/809 vom 3.11.1978 sowie EZA 101/3000 vom 3.11.1978. Vorsitz: Dr. Joachim Rogge (Präsident der Kirchenkanzlei der EKU) und Helmut Zeddies (Leiter des Lutherischen Kirchenamtes der VELK/DDR).

119 Vgl. EZA 108/809 vom 14.11.1978.

120 Die wichtigsten Veranstaltungen waren ein Festakt auf der Wartburg am 4. Mai 1983, sieben regionale Kirchentage, ein internationaler Lutherforscherkongress in Erfurt vom 14. bis 20. August 1983 und schließlich der zentrale Festakt in Eisleben am 10. November, an den sich ökumenische Begegnungstage in Leipzig anschlossen. Allgemein zum Veranstaltungsplan vgl. Zeddies: Lutherjahr [s. Anm. 117], 205–211; zu den Kirchentagen vgl. Irmgard Lent: Kirchentage in der DDR im Lutherjahr 1983. In: KJB 110, 1983, 179–193.

121 Allein die Schlussveranstaltungen jener Kirchentage, die in der Kirchenprovinz Sachsen stattfanden, besuchten 70.000 Personen. »Dies wäre wohl bei einem zentralen Kirchentag der DDR nicht vergleichbar möglich geworden«; Berichte [s. Anm. 79], 454.

122 Am 9. November 1977 informierte Manfred Stolpe als Leiter des Sekretariats des BEK die Arbeitsgruppe Kirchenfragen beim ZK. Verner leitete diese Nachricht am 14.12.1977 an Honecker weiter; vgl. Roy: Luther [s. Anm. 35], 177–179. Am 21.

1978 in einer Presseverlautbarung auch der Öffentlichkeit. In diesen Zeitraum fällt die Jubiläumsinitiative der SED-Spitze, so dass hier ein Zusammenhang vermutet werden darf. Den Ausgangspunkt bildete ähnlich wie beim Reformationsjubiläum 1967 eine Entscheidung des Politbüros, das im März 1978, d.h. nur wenige Tage nach dem Spitzengespräch zwischen Schönherr und Honecker, das Ministerium für Kultur mit der Erarbeitung einer Grundkonzeption für das Lutherjubiläum beauftragte.[123] Auf deren Grundlage beschloss am 16. Mai 1979 das Sekretariat des ZK und am 8. Juni 1979 auch der Ministerrat die Durchführung einer staatlichen Lutherehrung und bestätigte zugleich deren wichtigste Eckpunkte.[124]

Auffallend ist, dass deutlich umfangreichere Inszenierungen als beim Bauernkriegsjubiläum geplant waren. Dieser Umstand erscheint angesichts der Bedeutung, die das dort vergegenwärtigte Ereignis für die Eigengeschichte der SED besaß, bemerkenswert.[125] Offenkundig hatte im Falle des Luthergedenkens die Konkurrenz der Jubiläumsträger nun zu einer Ausweitung und quantitativen und qualitativen Angleichung der konkurrierenden Inszenierungen geführt. Dabei achtete die kurz nach dem Gespräch vom 6. März um ein gutes Klima bemühte SED im Gegensatz zu 1967 nun peinlich darauf, dass es zu keinen Terminüberschneidungen kam. Inszenierten die Kirchen Festakte am 4. Mai auf der Wartburg und am 10. November in Eisleben, so plante die SED in zeitlicher Nähe ebensolche am 21. April auf der Wartburg und am 9. November 1983 in Berlin. Organisierten die Kirchen einen internationalen Lutherforscherkongress in Erfurt vom 14. bis 20. August, so suchte auch die SED, ihr Lutherbild mit verschiedenen wissenschaftlichen Tagungen mit internationaler Beteiligung sowie musealen Ausstellungen[126] kulturell eigenständig zu unterfüttern.

Februar 1978 und damit kurz vor dem Spitzengespräch vom 6. März 1978 unterrichteten schließlich die Leitungsgremien von BEK, VELK/DDR und EKU(Ost) Seigewasser offiziell von ihren Jubiläumsvorhaben; vgl. EZA 108/809 vom 21.2.1978, dass. EZA 101/3009.

123 Zum Beschluss vom 14. März 1978 vgl. SAPMO BA DY 30/IV 2/2.036/48 vom 13.7.1978. Die Konzeption lag im November 1978 vor.

124 Vgl. Roy: Luther [s. Anm. 35], 183. Beteiligt an der Erstellung der Konzeption waren u.a. die Arbeitsgruppe Kirchenfragen, das Staatssekretariat für Wissenschaft und die Dienststelle des Staatssekretärs für Kirchenfragen, vgl. SAPMO BA DY 30/8092 vom 14.11.1978 sowie SAPMO BA DY 30/IV B 2/14/49 vom 29.11.1978.

125 Allgemein vgl. Raina Zimmering: Mythen in der Politik der DDR. Ein Beitrag zur Erforschung politischer Mythen. Opladen 2000, 173–175; zum Bauernkriegsjubiläum vgl. ebd., 230–233.

126 Etwa ›Kunst der Reformationszeit‹ im Alten Museum bzw. ›Martin Luther und seine Zeit‹ im Museum für Deutsche Geschichte (beide Berlin). Die kulturellen und wissenschaftlichen Veranstaltungen konnten vermutlich profitieren von den laufenden Forschungsprojekten am Zentralinstitut für Geschichte der Akademie der Wissenschaften, wo Gerhard Brendler seit 1977 an einer Lutherbiographie arbei-

Zur Umsetzung dieser Jubiläumsplanungen entstanden bis 1980 verschiedene Gremien, wobei im Vergleich mit dem Vorbereitungsstab von 1967 zwei Veränderungen ins Auge fallen. Nicht mehr Götting, sondern Honecker höchstpersönlich übernahm den Vorsitz des am 13. Juni 1980 vor allem für Repräsentationszwecke konstituierten Lutherkomitees der DDR, was die Bedeutung widerspiegelt, die der SED-Chef dem Jubiläum beimaß. Damit korreliert eine weitere strukturelle Besonderheit: Während Seigewasser und Mückenberger als Hauptkoordinatoren der Vorbereitungen der Säkularfeier 1967 in verschiedene Hierarchieketten eingebunden gewesen waren, entstand nun eine ›zentrale Arbeitsgruppe‹. Ihr gehörten alle entscheidungsberechtigten Personen sämtlicher mit der Lutherehrung befassten Gremien an, wobei der Arbeitsgruppenleiter Kurt Löffler direkt Honecker unterstellt war.[127]

3 Intendierte Ziele

Im Vergleich zu 1967 kaum verändert hatten sich die Ziele, die beide Jubiläumsträger mit ihren Jubiläumsfeiern des Jahres 1983 verfolgten. Im Sinne der Identitätsstiftung und Glaubensstärkung der Gemeinden thematisierten die kirchlichen Träger weniger die historische Person des Reformators,[128] als vielmehr dessen Theologie und deren Bedeutung für die Gegenwart.[129] Davon ausgehend stellten sie ihre Inszenierung in Anlehnung an Luthers Auslegung

---

tete; vgl. Roy: Luther [s. Anm. 35], 177 bzw. zu den im gleichen Jahr einsetzenden Vorbereitungen für eine neue Dauerausstellung in der Lutherhalle Wittenberg. Eine erste Erwähnung der verantwortlichen Arbeitsgruppe, der u.a. Brendler angehörte, erfolgte am 3.8.1977, obgleich sie sich offiziell erst im September konstituierte, vgl. EZA 108/809 vom 3.8.1977.

127 Vgl. Dohle: Luther-Ehrung [s. Anm. 117], 65, Interview mit Rakotz. In: Luther und die DDR [s. Anm. 112], 220–233, hier 224f. Löffler war Staatssekretär im Kultusministerium, das für die Organisation des Lutherjubiläums verantwortlich zeichnete.

128 Als problematisch erschien einerseits ein Personenkult, wie er z.B. beim Luther-Jubiläum 1883 entfacht worden war, andererseits die Äußerungen des Reformators gegenüber dem Judentum; vgl. Robert F. Goeckel: The Luther Anniversary in East Germany. In: World Politics, 37 (1984), 112–133, hier 118.

129 Benannt wurden Themen wie der Gebrauch der Bibel oder Luthers Rechtfertigungslehre; vgl. EZA 101/3000 vom 14.1.1977; EZA 108/809 vom 7.12.1977. In diesem Sinne etwa Lutherkomitee an die Pfarrämter, EZA 101/3003 vom 11.2.1982. So auch die im Februar 1982 an alle Pfarrämter verteilte »Thematische Orientierung für kirchliche Arbeit im Lutherjahr 1983«, vgl. Zeddies: Lutherjahr [s. Anm. 117], 197–199; vgl. weiterhin Werner Leich: Das Luthergedenken in den Kirchen und Gemeinden der DDR. Lutherjahr 1983: Ziele, Erträge, Aufgaben. In: Luther 83. Eine kritische Bilanz. Hg. v. Claus-Jürgen Roepke. München 1984, 158–176; die Rede Leichs bei der Konstituierung des staatlichen Komitees in EZA 101/3010 vom 13.6.1980. Außerdem etwa EZA 108/810 vom 13.11.1979; EZA 101/3002 vom 25.3.1983. Allgemein vgl. Bräuer: Luther-Gedenkjahr [s. Anm. 117], 49–54.

des ersten der zehn Gebote unter das Motto ›Gott über alle Dinge fürchten, lieben und vertrauen.‹[130] Als dessen Zusammenfassung liest sich das als Aufforderung für die Entwicklung sowohl der Kirche-Staat- als auch der Ost-West-Beziehung zu verstehende Motto der sieben Kirchentage: ›Vertrauen wagen.‹

Tatsächlich ging es wesentlich um die Justierung der Alltagsmöglichkeiten der Kirchen bzw. der Christen im atheistischen Staat. In dem Zusammenhang sollte vor allem die aktuelle Friedensdiskussion zwischen SED und Kirchen sowie die staatliche Diskriminierung Andersdenkender zur Sprache kommen. Dementsprechend äußerte sich der Thüringer Landesbischof Dr. Werner Leich als Vorsitzender des kirchlichen Komitees in einer breit publizierten Rede: »Wir stehen mit dem Reformator in innerer Übereinstimmung, wenn wir offen aussprechen, was nach unserer Ansicht als Fehlentscheidung zu werten ist.«[131] Dieses als Selbstverständlichkeit begriffene Mitspracherecht verknüpfte der Bischof mit dem Angebot der Kirchen, mit der SED in gesellschaftlichen Dingen zu kooperieren, nicht ohne darauf hinzuweisen, dass die Akzeptanz der Christen als gleichberechtigte Bürger auch im allgemeinen Interesse der SED läge.[132]

Vor dem Hintergrund schwindender Mitgliederzahlen der Kirchen sollte das Jubiläum schließlich auch bei der Masse der kirchenfernen DDR-Bürger Wirkung erzielen. Durchaus im Sinne einer Mission sollte diesem Personenkreis das Lebenswerk Luthers bekannt gemacht werden,[133] was eine Ausdehnung des kirchlichen Einflusses in der Gesellschaft bedeutet hätte. Letztendlich dokumentiert sich in diesen Zielen ein gestiegenes Selbstbewusstsein der Kirchen,

---

130 Zu Luthers Auslegung des ersten Gebots vgl. WA 30,1, 132–139; Martin Luther: Der große Katechismus/Catechismus Major. In: Die Bekenntnisschriften der evangelisch-lutherischen Kirche. Hg. im Gedenkjahr der Augsburgischen Konfession 1930. Göttingen [7]1976, 543–733, hier 560–572.

131 Vgl. Werner Leich: In der Suche nach dem Sinn des Lebens uns allen verbunden. In: Konstituierung [s. Anm. 43], 19–29, hier 24. Dieses Zitat fand Eingang in die Berichterstattung der Medien, vgl. etwa Neues Deutschland vom 14./15.6.1980, dazu auch die FAZ vom 19.6.1980; vgl. dazu EZA 2/6930, sowie Peter Wensierski, Kommentar im SFB; ähnlich auch Berliner Stimme, 21.6.80; vgl. außerdem Dohle: Luther-Ehrung [s. Anm. 117], 64–66. Allgemein zur umfangreichen Presseberichterstattung vgl. Günter Wirth: Luther-Ehrung in den Medien der DDR. In: Luther-Erbe [s. Anm. 53], 234–251; Dieter Riesenberger: Zur Luther-Rezeption in der westdeutschen Massenpresse. In: ebd., 275–284 sowie Klaus Mäding: Westdeutsche Tageszeitungen zum Luther-Jubiläum. In: ebd., 285–300.

132 Die »Gemeindeglieder [müssen] ... in Schule, Ausbildung, Arbeit und gesellschaftlichen Aufgaben ungeteilt an dieser Erfahrung teilnehmen können, ... daß eigene Verantwortung, Treue gegenüber der eigenen Überzeugung, Offenheit der Aussprache und Achtung vor der Überzeugung des anderen die Gemeinsamkeit gegenüber gemeinsamen Aufgaben ermöglichen, ohne die keine Gesellschaft in innerem Frieden leben kann.« Leich, so zitiert in Zeddies: Lutherjahr [s. Anm. 117], 213, vgl. außerdem ebd., 198f. sowie Roy: Luther [s. Anm. 35], 179.

133 Vgl. Leich: Luthergedenken [s. Anm. 129], 158–176.

die mit dem Jubiläum einen Status quo zu schaffen suchten, in dem sie gestärkt dastehen und hinter den die SED nicht mehr zurückgehen könne.[134]

Hoben die kirchlichen Träger mit ihrer Jubiläumsinszenierung vor allem auf die eigenen christlichen Gemeinden und damit auf eine klare Zielgruppe ab, so war dies bei der Staatspartei noch weniger der Fall als beim Reformationsjubiläum 1967. Wie bei dieser Säkularfeier stellte die SED ihre Lutherehrung erneut in den Dienst verschiedener innen- und außenpolitischer Interessen und versuchte noch stärker als 1967 höchst unterschiedliche Zielgruppen anzusprechen. Als zwingende Voraussetzung dafür musste sie, ebenso wie sie bereits einen Interpretationswechsel der Reformation vorgenommen hatte, das offizielle Luther-Bild korrigieren und es von ideologischen Dogmen weitgehend befreien. Dies geschah in einem Prozess, an dessen Endpunkt die im September 1981 publizierten 15 »Thesen über Martin Luther« stehen.[135] Unter Verwendung eines Marx-Zitats von 1843, wonach Deutschlands revolutionäre Vergangenheit in der Reformation läge, konnte Martin Luther sogar als Revolutionär gedeutet und damit in das Geschichtsbild der SED integriert werden.[136] Dementsprechend erklärte Honecker den Reformator zu »einem der größten Söhne des deutschen Volkes.«[137] Bemerkenswert erscheint dabei, dass die marxistische Historiographie nun weit über die bisherige vulgärmarxistische Deutung hinausging. Erstmals versuchte sie, Luther von seinen theologischen Voraussetzungen zu greifen und ihn nicht mehr für Entwicklungen, etwa den Bauernkrieg, in Anspruch zu

134 So wurden Schönherr und Rogge zitiert; vgl. Dietrich Strothmann: Genosse Luther? Bruder Luther? Als wär's ein Stück von ihr: Wie sich die DDR den Reformator aneignet. In: Die Zeit, 1.4.1983.

135 Thesen über Martin Luther – zum 500. Geburtstag. In: Einheit. Zeitschrift für Theorie und Praxis des wissenschaftlichen Sozialismus, 36 (1983), 890–903. Die Thesen wurden erarbeitet von Horst Bartel und anderen Historikern der Akademie der Wissenschaften der DDR. Ausführlich zur Entstehung vgl. Roy: Luther [s. Anm. 35], 190–201. Beim Wandel des Lutherbildes innerhalb der marxistischen Historiker handelte es sich um einen längerfristigen Prozess, dessen Anfänge bereits 1967 erkennbar waren; vgl. etwa Stephen P. Hoffmann: The GDR, Luther and the German Question. In: The Review of Politics 48, 1986, 246–263, hier 247. Ähnlich auch Süssmuth: Luther [s. Anm. 53], 19. In diesem Kontext ist zu verweisen auf die offiziellen – aber nicht öffentlichen – Gespräche zwischen kirchlichen und marxistischen Reformationshistorikern in der DDR, die von beiden Seiten als konstruktiv bewertet wurden; vgl. dazu: Dialog über Luther und Müntzer. Zwanzig Expertengespräche zwischen kirchlichen und marxistischen Reformationshistorikern der DDR (1981–1990). Eine Dokumentation. Hg. v. Joachim Heise u. Christa Stache unter Mitarbeit v. Johannes Gruhn. Berlin 2011 (Veröffentlichungen des Evangelischen Zentralarchivs in Berlin, 10).

136 Horst Bartel: Die Rolle Martin Luthers in der deutschen Geschichte. In: Konstituierung [s. Anm. 43], 31–37, hier 33.

137 Erich Honecker: Unsere Zeit verlangt Parteinahme für Fortschritt, Vernunft und Menschlichkeit. In: Konstituierung [s. Anm. 43], 9–18, hier 11.

nehmen, die er nicht zu verantworten hatte. Damit entstand auf Grundlage des gesamten Lebenswerks des Reformators unter Anerkennung des Religiösen als eigenständiger Größe ein differenziertes marxistisches Lutherbild,[138] das sich deutlich von früheren, ideologischen Dogmen unterworfenen Sichtweisen von Luther als dem ›Fürstenknecht‹ unterschied.

Darauf aufbauend wollte die SED-Führung mit dem Jubiläum im Kontext der Systemauseinandersetzung[139] der westlichen Welt eine tolerante, staatlich und kulturell eigenständige DDR vorführen und Honeckers Renommee auf internationalem Parkett verbessern. Das ehrgeizigste Vorhaben in diesem Zusammenhang bilden die Bemühungen des Parteichefs, die gekrönten Staatsoberhäupter des protestantischen Skandinavien zum DDR-Festakt am 9. November 1983 an der Seite der SED-Spitze versammelt zu sehen. Die außenpolitische Zielsetzung der staatlichen Lutherehrung ist weiterhin im Kontext zu zwei weiteren Ereignissen zu sehen, auch wenn diese 1979/80 noch nicht auf der Tagesordnung standen: der 1983 von Franz Joseph Strauß eingefädelte Milliardenkredit sowie der von Honecker seit langem gewünschte Besuch in der Bundesrepublik im September 1987.

Neben den außenpolitischen Zielsetzungen erfuhr die Säkularfeier auch eine innenpolitische Aufladung. Ähnlich wie bereits 1967 wollte die SED durch die demonstrative Aufnahme Luthers in den Kanon der eigenen Tradition bei der eigenen Bevölkerung und nicht zuletzt bei den Christen um Akzeptanz werben und damit die eigene Herrschaft stabilisieren.[140] Dabei sollte nach Auffassung sowohl des Politbüros als auch des Parteichefs die Lutherehrung das »gemeinsame gleichberechtigte Wirken aller Bürger unseres Landes« ungeachtet ihrer Religion und Weltanschauung symbolisieren.[141] Unausgesprochen war die In-

---

138 Vgl. dazu Zeddies: Lutherjahr [s. Anm. 117], 203f.

139 Es gelte, der »antikommunistischen Hetze des Imperialismus« entgegenzuwirken, wobei die Diskussion um Luther wichtiger »Bezugsgegenstand in der ideologischen Klassenauseinandersetzung« sei; Ministerrat, Kulturministerium u. Löffler an ZK, Abt. Wissenschaft, SAPMO BA DY 30/8092 vom 14.11.1978. Luther als Bezugspunkt im ideologischen Kampf auch in SAPMO BA DY 30/IV 2/2.036/48 vom 13.7.1978.

140 Vgl. Goeckel: Anniversary [s. Anm. 128], 129f. sowie Interview mit Rakotz [s. Anm. 127], 227. Mit dem Jubiläum sollte die Ausbildung der eigenen Staatsnation sowie die Stärkung des Staats- und Heimatbewusstseins unterstützt werden; vgl. Anlage Nr. 3 zum Protokoll des Politbüros Nr. 58 vom 16.5.1979, SAPMO BA DY 30/J IV 2/3-2909.

141 Vgl. Anlage Nr. 3 zum Protokoll des Politbüros Nr. 58 vom 16.5.1979, SAPMO BA DY 30/J IV 2/3-2909. Ähnlich auch Honecker bei der Konstituierung des Komitees: Die »gemeinsame Würdigung der Persönlichkeit und des Werkes Martin Luthers in unserem Staat widerspiegelt das Zusammenwirken der Bürger unseres Landes, ungeachtet ihrer Weltanschauung und Religion.« So zit. in Zimmering: Mythen [s. Anm. 125], 266.

strumentalisierung des Reformators notwendig geworden, weil für die meisten DDR-Bürger andere zentrale Mythen, etwa der Antifaschismus, ebenso an Integrationskraft verloren hatten, wie sich überhaupt das im Klassenkampf verwurzelte kommunistische Traditionsbild als ungeeignet für die Identitätsbildung erwies.[142] In diesem Sinne versuchte die SED-Führung tatsächlich, ihre Politik zumindest partiell in Beziehung zu traditionell lutherischen Überzeugungen zu setzen: Luthers Zwei-Reiche-Lehre sollte die Leitungsfunktion des Staates legitimieren, die lutherische Arbeitsethik sollte die nur gering ausgebildete sozialistische Arbeitsethik stimulieren und schließlich sollte in offensichtlicher Diskrepanz zur pazifistischen Haltung der Kirchen Luthers Verteidigungsbereitschaft gegenüber den Türken als Rechtfertigung für die umstrittene Stationierung neuer sowjetischer Mittelstreckenraketen auf dem Territorium der DDR dienen.[143] Damit verbunden war freilich das Risiko, dass die Kirchen zu Lasten der Staatspartei als moralische Instanz Anerkennung fanden.

---

142 Vgl. GERHARD BRENDLER: Luther im Traditionskonflikt der DDR. In: Luther und die DDR [s. Anm. 112], 21–52, hier 51f., das Zitat 51. Außerdem DERS.: »Wir müssen endlich begreifen, daß Sozialismus bei uns in einem getauften Land stattfindet.« So zit. in STROTHMANN: Genosse Luther? [s. Anm. 134]. Zum immer weniger funktionierenden antifaschistischen Gründungsmythos vgl. ZIMMERING: Mythen [s. Anm. 125], 257; TIMO HEIM: »Wir ehren euch unsere Toten die Bannerträger namenloser Kameraden.« DDR-Antifaschismus im Spannungsfeld von transitiver und intransitiver Macht. In: Institutionelle Macht [s. Anm. 42], 421–438.

143 Vgl. GOECKEL: Anniversary [s. Anm. 128], 123; GOTTFRIED MARON: 1883–1917–1933–1983: Jubiläen eines Jahrhunderts. In: G. MARON: Die ganze Christenheit auf Erden. Martin Luther und seine ökumenische Bedeutung. Hg. v. GERHARD MÜLLER u. GOTTFRIED SEEBASS. Göttingen 1993, 188–208, hier 200. Allgemein zur Zwei-Reiche-Lehre vgl. KURT NOWAK: Zweireichelehre. Anmerkungen zum Entstehungsprozeß einer umstrittenen Begriffsprägung und kontroversen Lehre. In: Zeitschrift für Theologie und Kirche 78, 1981, 105–127; weiterhin die Beiträge in: Luther und die politische Welt. Wissenschaftliches Symposion in Worms vom 27. Oktober bis 29. Oktober 1983. Hg. v. ERWIN ISERLOH u. GERHARD MÜLLER. Stuttgart 1984 (Historische Forschung, 9) sowie jüngst den Überblick VOLKER MANTEY: Zwei Schwerter – Zwei Reiche. Martin Luthers Zwei-Reiche-Lehre vor ihrem spätmittelalterlichen Hintergrund. Tübingen 2005 (Spätmittelalter und Reformation. Neue Reihe, 26). Zur Zwei-Reiche-Lehre als Handlungsgrundlage für die Kirchenleitungen der evangelischen Kirchen in der DDR vgl. JOHANNES HEMPEL: Zwei-Reiche-Lehre – Konziliare Gemeinschaft – Das kommende Reich Gottes. Vortrag auf der Herbstsynode am 23. Oktober 1976. In: J. HEMPEL: Kirche wird auch in Zukunft sein. Vorträge und Predigten. Zum 65. Geburtstag hg. v. Ev.-Luth. Landeskirchenamt Sachsens. Leipzig 1994, 52–61, besonders 52–55; dazu auch SEBASTIAN ENGELBRECHT: Kirchenleitungen in der DDR. Eine Studie zur politischen Kommunikation in der Evangelisch-Lutherischen Kirche Sachsens. 1971–1989. Leipzig 2000 (Arbeiten zur Kirchen- und Theologiegeschichte, 6), 83–103. Zur lutherischen Arbeitsethik vgl. den Sammelband: Der wirtschaftliche Erfolg und der gnädige Gott. Christliche Arbeitsmoral, Sozialstaat und Globalisierung. Texte

4 Strategien und neue Konflikte

Sowohl die Kirchenleitungen als auch die SED-Spitze stilisierten das Luther-Jubiläum 1983 zum »Testfall«[144] für das künftige Miteinander. Dabei konnten die Kirchen, solange sie für das innen- und außenpolitische Konzept der SED von Nutzen waren, mit einer gewissen Toleranz rechnen. Tatsächlich setzte die Parteispitze, anders als in der Vorbereitungsphase des Reformationsjubiläums 1967 geschehen, zunächst auf eine Kooperation mit der Kirchenseite, ohne deswegen jedoch auf ihren Führungsanspruch zu verzichten.[145]

Das geänderte staatliche Vorgehen zeigt sich besonders in jenen drei Bereichen, in denen die Staatspartei das Reformationsjubiläum 1967 marginalisiert hatte: Während damals den allermeisten Einreiseanträgen westlicher Besucher nicht stattgegeben worden war, wies die SED-Führung 1983 die für Visafragen zuständigen Stellen zu einer großzügigen Verfahrensweise an.[146] Zweitens nahm sie Abstand zumindest von einer schwerwiegenden Behinderung kirchlicher Veranstaltungen.[147]

Zu einem zäh ausgehandelten Kompromiss kam es schließlich im dritten Punkt, dem die SED eine besondere Bedeutung beimaß: Um dem Eindruck entgegenzuwirken, dass die Staatspartei das Luthergedenken zu okkupieren gedenke,[148] sah bereits die Ende 1978 vorgelegte Grundkonzeption die Teilnahme

zum Symposium »Zwischen Grossmünster und Paradeplatz« vom 19. Januar 2007 in Zürich. Hg. v. Erwin Koller u. Johannes Fischer. Zürich 2007 sowie Andreas Pawlas: Die lutherische Berufs- und Wirtschaftsethik. Eine Einführung. Neukirchen-Vluyn 2000. Zur Friedenspolitik der evangelischen Kirchen vgl. Anm. 113.

144 Rogge, so zitiert in Strothmann: Genosse Luther? [s. Anm. 134]; vgl. auch Gesprächsprotokoll Löffler und Zollmann, BA P DO 4/453 vom 1.4.1982.

145 Ohne Nennung von Einzelheiten legte die Arbeitsgruppe Kirchenfragen fest, dass die Vorbereitungsgremien des staatlichen Jubiläums Einfluss auf die Kirchenvorhaben erlangen sollten; vgl. SAPMO BA DY 30/IV 2/2.036/48 vom 13.7.1978.

146 So erging z.B. die Anweisung, man solle bei aller Großzügigkeit gegenüber den Kirchen auf »realistische [Teilnehmer]Zahlen« bei den Kirchentagen hinwirken; vgl. Kirchenstaatssekretär an Rat des Bezirkes Rostock, SAPMO BA DY 30/IV B2/14/62 vom 7.12.1981. Mögliche Problemfelder bildeten z.B. ein offizielles Auftreten von Partnergemeinden; vgl. BA P DO 4/456 vom 21.10.1982; zur Institution der Partnergemeinden vgl. Karoline Rittberer-Klas: Kirchenpartnerschaften im geteilten Deutschland. Am Beispiel der Landeskirchen Württemberg und Thüringen. Göttingen 2006 (Arbeiten zur kirchlichen Zeitgeschichte, B 44); Friedrich Winter: Die evangelische Kirche der Union und die Deutsche Demokratische Republik. Beziehungen und Wirkungen. Bielefeld 2001 (Unio und Confessio, 22), 342f.

147 Dennoch kam es zu Behinderungen, wie der Vorschlag von Dohle beweist, wonach der kirchlichen Bitte um den Einsatz von Sonderzügen für die Kirchentage nur zu rund 70% entsprochen werden solle; vgl. BA P DO 4/454 vom 18.6.1982.

148 Beide Aspekte sind genannt im Gesprächsprotokoll Rogge und stellv. Staatssekretär Kolb, EZA 108/810 vom 22.8.1979.

von hochrangigen Kirchenvertretern im staatlichen Komitee vor.[149] Diesen Wunsch hatten die Mitglieder der kirchlichen Koordinierungsgruppe mit Hinweis auf ihre Negativerfahrung von 1967 jedoch kategorisch zurückgewiesen, allerdings befürworteten sie Arbeitskontakte der vorbereitenden Gremien beider Trägergruppen bzw. die Bildung einer Kontaktgruppe zum Informationsaustausch.[150] Das Interesse der SED an der Kooptation von Kirchenvertretern war jedoch so groß, dass Seigewasser und nach dessen Tod im Oktober 1979 v.a. sein Amtsnachfolger Klaus Gysi[151] der Kirchenseite als Gegenleistung wiederholt ungewohnt weitreichende Zugeständnisse in Aussicht stellten: Zunächst konzedierte der Kirchenstaatssekretär dem alleinigen und absoluten Deutungsanspruch der SED zum Trotz, »daß man durchaus hinnehme, daß es abweichende Meinungen zwischen Staat und Kirche in verschiedenen Fragen gebe.«[152] Damit verbunden sei, dass die Kirchenvertreter im Komitee jederzeit die Möglichkeit zur kritischen Mitarbeit haben sollen. Außerdem, so die Zusage, könne ein Kirchenvertreter bei der Konstituierung des Komitees direkt im Anschluss an Honecker sprechen, wobei die Rede in der Tagespresse veröffentlicht werden sollte.

Schließlich fanden beide Seiten einen Kompromiss, indem sie sich anstatt auf eine ›Mitgliedschaft‹ auf eine ›Mitwirkung‹ verständigten.[153] Dahinter verbargen sich mehrere, von den Kirchenvertretern benannte und seitens der SED schließlich akzeptierte Punkte: Um die Eigenständigkeit der Kirchenvertreter auch gegenüber der Öffentlichkeit kenntlich zu machen, mussten diese in allen Verlautbarungen unter Nennung der vollen Titulatur separat als Gäste aufgeführt werden, weiterhin sollten sie in allen Fragen, die Belange der Kirchen

---

149 Dazu ausführlich Dohle: Luther-Ehrung [s. Anm. 117], S. 55–60. Die entsprechende Bitte Seigewassers an Leich; vgl. Notiz zum Gespräch, EZA 101/3009 vom 25.5.1979.

150 Ein Hinweis auf die Negativerfahrung von 1967 im Sitzungsprotokoll EZA 101/3000 vom 12.4.1978. Zu den Kontakten zwischen beiden Trägergruppen vgl. das Arbeitspapier zur Zusammenarbeit der beiden Komitees, EZA 108/810 vom 18.6.1979.

151 Gysi galt als »ein linientreuer, doch kultivierter Vertreter seines Staates, seiner Partei«; Die Zeit, 8.4.1983 (Ausriss EZA), der sich »dank Bildung und geistlicher Beweglichkeit auffallend vom vorherrschenden Funktionärstyp unterschieden« hatte; Mau: Protestantismus [s. Anm. 11], 140. Gysi vertrat einen Kurs, der »den kirchlichen Anspruch auf gesellschaftliches Mitspracherecht in Verantwortung für den Menschen« anerkannte und deshalb auf Kooperation setzte, vgl. Boyens: Staatssekretariat [s. Anm. 20], 134f. Zitat Gysi hier 135. Eine positive Würdigung auch bei Schönherr: Zeit [s. Anm. 15], 372.

152 Zit. nach Dohle: Luther-Ehrung [s. Anm. 117], 57. Auf die Anerkennung dieses Sachverhaltes durch die SED hatte Leich besonderen Wert gelegt; vgl. Gespräch Leich-Seigewasser, EZA 108/810 vom 26.7.1979.

153 Vgl. Dohle: Luther-Ehrung [s. Anm. 117], 59 sowie EZA 108/810 vom 11.10.1979.

berührten, Mitentscheidungsrecht besitzen.[154] Schließlich legte die Kirchenseite Wert auf die Feststellung seitens der SED, dass angesichts der hermeneutischen Differenzen zwischen marxistischem und christlichem Lutherbild gemeinsame Verlautbarungen mit programmatischem Charakter wenn nicht gar ausgeschlossen, so doch zumindest sehr schwierig seien.[155]

Damit übte die SED ein für ihre Verhältnisse bemerkenswertes Verhalten gegenüber den kirchlichen Verhandlungspartnern, das sich mit pragmatischen Gründen erklären lässt: Angesichts der innen- und außenpolitischen Zielsetzungen ihrer Lutherehrung war die Staatspartei in der Jubiläumsfrage auf eine Zusammenarbeit mit den Kirchen angewiesen. Subkutan mag dabei auch eine Rolle gespielt haben, dass sie (wie bereits im Vorfeld des Reformationsjubiläums 1967) fürchtete, die Kirchen würden ihre Drohungen erfüllen, angesichts zu großer Repressionen ihre Feierlichkeiten in der DDR abzusagen, die internationale Öffentlichkeit darüber zu informieren und dadurch die Absichten der SED zu desavouieren.

Aus dieser Konstellation erklärt sich zugleich das Verhalten, das die Kirchen während der Jubiläumsvorbereitung an den Tag legten. Vordergründig widerspiegelt es ein gestiegenes Selbstbewusstsein. Auf den zweiten Blick hingegen ist es Folge jener Erfahrungen, welche die Kirchen im Umgang mit der auf ihr Führungsmonopol bedachten Staatspartei gemacht hatten. Es resultiert letztendlich aus der Sorge vor einer Vereinnahmung durch die SED und aus dem Unbehagen, eine von der eigenen Meinung abweichende Auffassung von der Würdigung Luthers mitverantworten zu müssen.[156]

Schließlich verweist das Verhalten auf ein grundlegendes Problem der ›Kirche im Sozialismus‹: Die von ihr gewünschten Verbesserungen für das christliche Leben in der DDR erforderten zwangsläufig eine Zusammenarbeit mit der SED. Die Folge war ein Spagat zwischen einem Selbsterhaltungskampf gegen die Vereinnahmungsversuche durch die Staatspartei auf der einen und einem Ringen um die eigene Glaubwürdigkeit bei den Gemeinden auf der anderen Seite.

Die Virulenz dieser Konstellation zeigte sich, als die SED einerseits mit zunehmenden Repressionen gegenüber Kirchengemeinden auf die im kirchlichen Umfeld entstandene, aber zunehmend auch nichtchristliche Bevölkerungskreise erreichende DDR-Friedensbewegung reagierte, andererseits aber in der Jubiläumsfrage an einer öffentlichkeitswirksam inszenierten Kooperation mit der Kirche festhielt. Daraufhin mehrte sich in der Kirchenbasis, in der bereits die Vereinnahmung Luthers durch die SED mit größter Skepsis betrachtet wurde,

154 Vgl. ebd. sowie Gespräch Leich-Gysi u.a., EZA 101/3010 vom 5.3.1980.

155 Vgl. Kursvermerk über Fragen der Zusammenarbeit, EZA 108/810 vom 11.10.1979 sowie Protokoll Gespräch Leich-Gysi, EZA 108/810 vom 13.11.1979.

156 Vgl. Lutherkomitee an Mitglieder, EZA 108/813 vom 27.1.1982.

Widerspruch sowohl an den »freundliche[n] Begegnungen auf oberster Ebene, während unten die Schwierigkeiten zunehmen«[157] als auch an der kirchlich-staatlichen Gemeinschaftsinszenierung Luthers.[158] Er artikulierte sich in zwei unterschiedlichen Positionen. Einerseits sahen sich die Kirchenleitungen dem Vorwurf des kirchenpolitischen Opportunismus ausgesetzt, der dazu führen könne, dass man sich die Luther-Würdigung aus der Hand nehmen ließe.[159] Andererseits stand die gegenteilige Forderung im Raum, man möge das Jubiläum stark machen und damit die von der SED immer wieder erklärte Gleichberechtigung von Christen und Nichtchristen in allen Bereichen des Alltags einfordern.[160]

Spätestens jetzt wurde der SED bewusst, dass die Lutherehrung kein von den gesellschaftlichen Zuständen isoliertes Ereignis war, sondern im Gegenteil mit diesen in enger Wechselwirkung stand: Sie war gleichermaßen Spiegel und Katalysator gesellschaftlicher Entwicklungen, die auch zu Lasten ihres Führungsanspruchs verlaufen konnten.

5 Konkurrenz innerhalb der SED

Vor diesem Hintergrund verstärkten sich die alten ideologischen Vorbehalte, die zahlreiche SED-Genossen prinzipiell gegen Christentum, Kirche und, seitdem 1978 die staatlichen Vorbereitungen der Lutherehrung angelaufen waren, auch gegen diese artikulierten. Bereits die Thesen über Luther, obgleich ideologisches Grundlagenpapier der SED, galten ihnen als Verrat am marxistischen Dogma. Sie würden, so der Vorwurf, nur Halbwahrheiten und ein verschwommenes Geschichtsbild vermitteln, wie es »bürgerlich-protestantische Historiker« nicht besser vertreten könnten: Es »wird doch der Verrat Luthers an den Bauern auf Grund seiner klassenmäßigen Begrenztheit auch noch entschuldigt. ... Es wäre an der Zeit, daß der Luther-Kult ... auf Sparflamme gesetzt würde.«[161] Daran anknüpfend boykottierten verschiedene SED-Bezirksleitungen, die offenkundig zu Lasten der Zentrale an Selbständigkeit gewonnen hatten, die Jubiläumsvorbereitungen, oder versuchten zumindest, sie zu marginalisieren: So kommentierte ein

157 Information zur Sitzung des Lutherkomitees, EZA 2/6942 vom 2.12.1982; ähnlich auch Niederschrift 6. Sitzung Lutherkomitee, EZA 108/811 vom 23.9.1980 sowie Niederschrift 13. Sitzung Lutherkomitee, EZA 108/814 vom 22.9.1982.

158 Vgl. Rheinische Post, 24.3.1980; Welt, 25.3.1980; Frankfurter Rundschau 25.3.1980. Schließlich Peter Jochen Winters: Besorgnis über den »Schönherr-Kurs«. Das prekäre Verhältnis zwischen Kirche und Staat in der DDR am Beispiel des Luther-Gedächtnisses. In: FAZ 19.6.1980.

159 Vgl. Niederschrift 6. Sitzung Lutherkomitee, EZA 101/3001 vom 23.9.1980. Dieser Vorwurf wurde z.B. auf dem Kirchentag in Rostock (10.–12.6.1983) geäußert; vgl. Information zum Kirchentag in Rostock, SAPMO BA DY 30/IV B 2/14/62.

160 So etwa der Superintendent von Saalfeld, Ludwig Grosse, zit. nach Strothmann: Zwischen Hammer und Zirkel [s. Anm. 106].

161 Beide Zitate im Brief Franz Kleinpeter, Bernburg, an Büro Hager, SAPMO BA DY 30/8093 vom 10.1.1982.

SED-Bezirkschef: »... was in Berlin beschlossen wurde, interessiert uns hier im Norden nicht sonderlich. Meine Bezirksleitung hat zur Luther-Ehrung noch nichts beschlossen ...«.[162] Diese Ablehnung schlug auch den auf Seiten der SED mit den Jubiläumsvorbereitungen betrauten Personen unmittelbar entgegen. Sie wurden mit dem Vorwurf konfrontiert, sie seien einer ideologischen Aufweichung anheim gefallen und zu den »Schwarzröcken«[163] übergelaufen. Zwar konnten Löffler oder andere Mitglieder des SED-Führungszirkels zumindest einige Störversuche abmildern,[164] allerdings verweist diese Situation darauf, dass sich offenkundig quer durch alle Hierarchieebenen der SED ein Riss zog – der sonst bei allen Grundsatzfragen demonstrierte innerparteiliche Konsens war gefährdet.

Die Ursachen für die Ablehnung des neuen Lutherbildes liegen zunächst in der Beharrungskraft der alten ideologischen Denkmuster, die der Korrektur der Eigengeschichtsschreibung entgegenwirkte. Damit korrespondiert, dass viele SED-Genossen erkannt hatten, dass die Staatspartei mit der Etablierung der neuen Lutherdeutung ein Wertesystem anerkannt hätte, das dem traditionellen diametral entgegenstand. Dies hätte *de facto* einen ersten Schritt der SED in Richtung Pluralität bedeutet, der zu Lasten ihres absoluten Führungsanspruches gegangen wäre. Die damit verbundenen Ängste vor dem Macht- und Kontrollverlust verstärkten sich vor dem Hintergrund, dass die Kirchen im Kontext der Friedensdiskussion die SED-Politik zunehmend kritisierten[165] und damit auch außerhalb der christlichen Bevölkerungskreise ihren Einfluss ausbauten.

Seit Herbst 1982 konnte diejenige Fraktion innerhalb der SED-Führung ihren Einfluss ausbauen, die dem Gedenken skeptisch gegenüberstand. Schwer wog, dass auch Angehörige des ZKs – etwa Chefideologe Kurt Hager oder der ZK-Sekretär für Kirchenfragen Paul Verner, der bereits 1978 die staatliche

---

162 Interview mit Rakotz [s. Anm. 127], 223. Der 1. SED-Bezirkssekretär von Erfurt versuchte dagegen, der angeordneten Restaurierung der Lutherstätten die Renovierung der mit der Arbeiterbewegung verbundenen Stätten in Eisenach, Gotha und Erfurt entgegenzustellen; vgl. Interview mit Löffler. In: Luther und die DDR [s. Anm. 111], 206–219, hier 209f.

163 Interview mit Rakotz [s. Anm. 127], 222f.

164 Pars pro toto soll auf den Plan hingewiesen werden, angesichts geringer Übernachtungskapazitäten in Wittenberg auf dem Gelände eines kirchlichen Krankenhauses mit bereits gekauftem Material in Eigenleistung ein 30-Betten-Haus zu errichten, das nach 1983 als Schwesternwohnheim genutzt werden sollte. Der Bauantrag wurde vom Rat des Kreises Wittenberg zunächst abgelehnt. Eine Genehmigung erfolgte erst nach der Intervention Honeckers; vgl. Dohle: Luther-Ehrung [s. Anm. 117], 69f., Brief Leich an Honecker, EZA 108/812 vom 15.6.1981, sowie Niederschrift 9. Sitzung Lutherkomitee, EZA 108/813 vom 10.9.1981.

165 Bischof Werner Krusche benannte z.B. eine Atmosphäre der Hetze und Verfolgung; vgl. die Einschätzung der politischen Lage in den Bezirken Halle und Magdeburg, SAPMO BA DY 30/2771 vom 11.6.1982.

Einflussnahme auf die kirchlichen Jubiläumsvorhaben gefordert hatte[166] – die Marginalisierung der Jubiläumsinszenierung betrieben. Dazu nutzten sie Instrumentarien, die schon 1967 Anwendung gefunden hatten: Ähnlich wie das ZK damals dem Reformationsjubiläum die Feier zum 50. Jahrestag der Oktoberrevolution entgegengesetzt hatte, so installierte es nun ein Konkurrenzjubiläum zum Lutherjubiläum. Um die ideologischen Gewichte in der Öffentlichkeit neu auszutarieren und vor allem, um die SED-Genossen zu beruhigen, rief es im November 1982 für 1983 anlässlich des 100. Todestages von Karl Marx am 14. März ein Karl-Marx-Jahr aus.[167] In diesem Zusammenhang ordnete Hager »propagandistische Großveranstaltungen« an, »um breite Kreise der Bevölkerung der DDR und besonders der Jugend noch gründlicher mit den Lehren des Marxismus-Leninismus vertraut zu machen und eine weite Verbreitung der Werke von Marx zu gewährleisten.«[168]

Aller ideologischer Schulung und Agitation zum Trotz erzielte die Ehrung bei der Bevölkerung jedoch nicht die gewünschten Resultate, worauf auch der im Volksmund verbreitete Slogan »Martin Luther feiert seinen 500. und Marx ist seit 100 Jahren tot«[169] deutet. Abgesehen von dem subversiven Wortspiel um den Gegensatz vom Geburtstag des Kirchenmannes und dem Tod der kommunistischen Identifikationsfigur erfolgte hier zugleich eine Anspielung auf die Dignität des Alters, wobei erneut der Reformator im Vorteil war.

Dieser ideologische Misserfolg für die SED resultierte aus dem Widerspruch, dass ein und dieselbe Trägergruppe zeitgleich Ehrungen für zwei Personen inszenierte, die konträre Weltanschauungen symbolisieren. Hinzu kam außerdem, dass die Marx-Ehrung einen Rückfall in altbekannte ideologische

166 Vgl. ZK-Arbeitsgruppe Kirchenfragen vom 13.7.1978. SAPMO-BA DY 30/IV 2/2.036/48.

167 Vgl. SAPMO BA DY 30/J IV 2/3 vom 17.11.1982. Zu den wichtigsten Veranstaltungen zählten ein Festakt am Todestag von Marx sowie eine von linken Parteien besuchte ›Internationale wissenschaftliche Konferenz‹ zum Thema ›Karl Marx und unsere Zeit – der Kampf um Frieden und sozialen Fortschritt‹. Hinzu kam der Beschluss des Sekretariats des ZKs, am 23./24. 9.1983 vor und im Berliner Palast der Republik eine Festveranstaltung anlässlich des 30. Gründungstages der DDR-Kampfgruppen zu veranstalten; vgl. Protokoll Nr. 55, SAPMO BA DY 30/J IV 2/3 vom 9.3.1989.

168 Zitiert nach Mau: Protestantismus [s. Anm. 11], 154f. und L. Schreiber: Mit Marx gegen Luther. SED hat plötzlich Bedenken: Reformator kommt zu gut weg. In: Lübecker Nachrichten, 25./26.12.1982. Charakteristische Titel dieser Großveranstaltungen waren etwa: »Die entwickelte sozialistische Gesellschaft der DDR – Verwirklichung der Lehre von Karl Marx«; Beschluß der Stadtbezirksleitung Leipzig-Süd der Sozialistischen Einheitspartei Deutschlands für die politische Führung des Kampfes in Auswertung der Rede des Genossen Erich Honecker vor den 1. Sekretären zur weiteren konsequenten Verwirklichung der Beschlüsse des X. Parteitages im Karl-Marx-Jahr 1983. [Leipzig] 1983, 36.

169 Mau: Protestantismus [s. Anm. 11], 159.

Muster und in den alten, an Infantilität grenzenden sprachlichen Duktus der DDR-Propaganda bedeutete.[170] Beides war aber in der DDR-Bevölkerung seit den frühen Jahren der SED-Herrschaft weitgehend wirkungslos geblieben und sollte eigentlich mit der Lutherehrung überwunden werden. Stattdessen erreichte die SED-Führung mit ihrer Propagandaaktion lediglich eines: Der Öffentlichkeit war bewusst geworden, dass die Staatspartei wieder auf Distanz zu Luther und den Kirchen gegangen war, um in alte ideologische Muster zurückzufallen. Fraglich erscheint, ob die SED-Verantwortlichen die möglichen Negativ-Folgen einkalkuliert hatten: In den Kirchen, die mit der staatlichen Lutherehrung hatten umgarnt werden sollen, sahen sich die Skeptiker des mit dem 6. März 1978 eingeschlagenen Kurses in ihrem Urteil bestätigt.

Den endgültigen Rückfall in das alte Verhalten stellten schließlich die ebenfalls im Herbst 1982 einsetzenden Versuche des ZK dar, nicht nur massiv in die kirchlichen Jubiläumsfeiern einzugreifen, sondern auch den allgemeinen Handlungsspielraum, den die Kirchen gewonnen hatten, zugunsten der eigenen Deutungshoheit wieder zu begrenzen. Die Weichen dafür stellte das Sekretariat des ZK der SED am 29. Oktober 1982, indem es die kirchlichen Jubiläumsfeiern und damit deren Träger als Risikofaktor für die innere Sicherheit kriminalisierte: In- und ausländische Gegner der DDR wollten, so die Behauptung, die Kirchentage für »feindliche Aktivitäten« nutzen und eine »von der Friedenspolitik unseres Staates ›unabhängige Friedensbewegung‹«[171] gründen. Dem entgegenzutreten war Aufgabe einer eigens gegründeten ›Arbeitsgruppe zur Koordinierung und Kontrolle der politischen Aktivitäten zur Lutherehrung‹, deren Leiter Paul Verner gegenüber allen anderen Vorbereitungsgremien, auch gegenüber Löffler, weisungsberechtigt war.[172]

---

170 Vgl. Zum Karl-Marx-Jahr 1983. Unser Material-Tip für den Kulturfunktionär. o.O. 1983. Dank dieser Materialsammlung erfährt der Leser z.B., dass Jenny von Westphalen, die (spätere) Frau von Marx, das schönste Mädchen von Trier gewesen sei, ohne die Marx nicht hätte sein können, was er war (ebd., 22). Erwähnenswert erscheinen auch die Anfangssätze zweier Gedichte: »Es leben Marx und Engels in den Menschen in dieser Stadt, wo ihr auch Leute trefft.« (ebd., 7) oder »Marx! Aufsteht ein Bildniskopf und Bart, ein grauer.« (ebd., 17).

171 Zum 29.10.1982 vgl. Anlage Nr. 7 zum Protokoll Nr. 113 vom 29.9.1982, SAPMO BA DY 30/J IV 2/3, hier die folgenden Zitate; vgl. auch Dohle: Luther-Ehrung [s. Anm. 117], 75–78 sowie SED und Kirche [s. Anm. 11], 455. Die entsprechende Einschätzung hatte das Ministerium für Staatssicherheit beigesteuert, vgl. Dohle: Luther-Ehrung [s. Anm. 117], 77, Anm. 52 sowie Stefanie Virginia Gerlach: Staat und Kirche in der DDR. Frankfurt/Main [u.a.] 1999 (Beiträge zur Politikwissenschaft, 75), 146. Besonders der für Kirchenfragen zuständige ZK-Sekretär Paul Verner kriminalisierte jede Form der kirchlichen Friedensarbeit als »antisozialistische Machenschaften« von »feindlich negativen Kräften«; vgl. SED und Kirche [s. Anm. 11], Bd. 2, 405.

172 Verner fungierte als Leiter der Gruppe, Bellmann (Leiter der AG Kirchenfragen im ZK der SED) als Sekretär. Mitglieder dieser Gruppe waren u.a. die Abteilungsleiter

Diese Arbeitsgruppe präsentierte den Kirchen noch vor Beginn des Lutherjahres verbindliche Auflagen für deren Jubiläumsfeiern, die in ihren Folgen weit über das Jahr 1983 hinausreichten: Erstens sollten sich die Kirchen als Gegenleistung für das aus Sicht des ZK »bemerkenswerte Verständnis unserer staatlichen Organe für kirchliche Anliegen im Lutherjahr« (nicht nur) in ihrer Lutherehrung im Sinne der staatlichen Friedenspolitik positionieren.[173] Zweitens hatten die Kirchenvertreter dafür Sorge zu tragen, dass die ausländischen Gäste die »Wahrheit über die DDR und das geordnete Verhältnis zwischen Staat und Kirche erfahren« und drittens mussten sie den ausschließlich theologischen Charakter ihrer Jubiläumsveranstaltungen garantieren, wobei die alleinige Verantwortung für die gesetzeskonforme Durchführung bei der Kirche lag.[174] Im Falle von Verstößen gaben diese Auflagen dem ZK Handhabe für mögliche Sanktionen gegenüber den Kirchen. Viertens hatten schließlich die Kirchenvertreter zuzusichern, dass sie aus der Lutherehrung keine Präzedenzfälle für die Zukunft ableiten würden.[175] Damit sahen sich die leitenden Kirchengremien vor die Aufgabe gestellt, den andauernden Versuchen der lokalen Kirchenbehörden, die getroffenen Kompromisse auszuweiten,[176] entgegenzutreten und nach 1983 für eine Rückkehr zum alten Status quo zu sorgen. Dieses Vorgehen bedeutete eine Konfliktdelegierung: Die Kirchenleitungen müssten im Interesse des guten Verhältnisses mit dem Staat dessen Wünsche umsetzen, wobei sich der unausbleibliche Protest aus den Gemeinden gegen die KKL, nicht aber gegen die SED richten würde. Eine Ahnung, dass diese Auseinandersetzung

---

im ZK für Agitation, für Kultur, für Jugend, für befreundete Parteien, weiterhin Gysi und Löffler, die stellvertretenden Minister für Staatssicherheit, Inneres, Äußeres, Hochschulwesen und die 2. SED-Bezirkssekretäre von Erfurt, Magdeburg, Halle und Dresden; vgl. Dohle: Luther-Ehrung [s. Anm. 117], 76.

173 Anlage Nr. 7 zum Protokoll Nr. 113, SAPMO BA DY 30/J IV 2/3 vom 29.9.1982. Hier auch das folgende Zitat. In diesem Sinn äußerte sich auch das ZK am 15.4.1983: Die kirchlichen Jubiläumsveranstaltungen seien positiv zu bewerten, wenn sie einen Beitrag zur Aktivierung der Bürger gegen die NATO-Pläne und für den Frieden bilden; vgl. Gerlach: Staat [s. Anm. 171], 145. Zur innerkirchlichen Debatte um die Positionierung in der Friedensdiskussion vgl. die Verweise zur Friedensarbeit der Kirchen in Anm. 113.

174 Vgl. Anlage Nr. 7 zum Protokoll Nr. 113, SAPMO BA DY 30/J IV 2/3 vom 29.9.1982. Zu den staatlichen Positionen vgl. SAPMO BA DY 30/IV B 2/14/62 vom 15.11.1982. Ein entsprechender Bericht von Gysi: BA P DO 4/456 vom 28.2.1983. »Gysi faßte diese Information – wie in anderen Fällen auch – so ab, daß sie geeignet war, argwöhnische Aufgeregtheit bei den Empfängern zu dämpfen, restriktive und unüberlegte Eingriffe zu verhindern und die Rahmenbedingungen für eine kooperative Weiterarbeit zu erhalten.« Dohle: Luther-Ehrung [s. Anm. 117], 80f.

175 So auch BA P DO 4/456 vom 18.3.1983.

176 Zu den Versuchen, auf lokaler Ebene Präzedenzfälle zu schaffen vgl. z.B. BA P DO 4/454 vom 14.4.1983.

womöglich das Ansehen der kooperationswilligen Kirchengremien in den Gemeinden schwächen würde, das ganze Vorgehen daher kontraproduktiv sei, klang bestenfalls in Gysis Arbeitsstelle an.[177] Doch der stieß mit seinen Bedenken im ZK auf taube Ohren.

Letztendlich führte die SED-Führung mit ihrem Vorgehen ihre Behauptung, wonach die »stabilen gesellschaftlichen Verhältnisse in unserem sozialistischen Staat« »stabile, verfassungsgerechte Beziehungen zwischen Staat und Kirche ermöglichen«,[178] ad absurdum. Sie demonstrierte ihren uneingeschränkten Führungsanspruch, ohne jedoch damit unmittelbar Einfluss auf den Vorbereitungsprozess und den Ablauf des Jubiläums erlangen zu können. Einerseits hatten sich die Kontakte zwischen den beiden Komitees mittlerweile dermaßen eingespielt, dass sie unbehelligt von der Entwicklung in den SED-Führungsgremien weiterliefen. Noch entscheidender war, dass alle wesentlichen Veranstaltungstermine der internationalen Öffentlichkeit längst bekanntgegeben worden waren. Die Luther-Ehrung konnte deshalb ohne Beschädigung des internationalen Renommees der DDR nicht zurückgefahren werden. Offenbar hatte die SED-Führung aus dem Imageschaden, der ihr aus ihrer Verhinderungsstrategie 1967 entstanden war, gelernt: Wie geplant begannen im Beisein von Honecker und Leich die staatlichen und kirchlichen Jubiläumsfeierlichkeiten am 21. April bzw. am 4. Mai 1983 auf der Wartburg.

Hinter den Kulissen konnten die Jubiläumsgegner jedoch zunehmend Erfolge verzeichnen. Nachdem Bischöfe, Pastoren und Laien die Jubiläumsfeier auch als Forum genutzt hatten und die mangelnde Gleichberechtigung der Christen im gesellschaftlichen Leben der DDR monierten[179] sowie die Logik der Abschrek-

---

177 So der Hinweis, dass die zentralen Kirchengremien in Berlin, die sich an die Abmachungen hielten, Probleme haben, ihre Position in den einzelnen Landeskirchen durchzusetzen; vgl. BA P DO 4/456 vom 26.11.1982.

178 Anlage Nr. 7 zum Protokoll Nr. 113 vom 29.9.1982, SAPMO DY 30/J IV 2/3.

179 Während der Feier auf der Wartburg am 21.4.1983 äußerte Leich in seinem Gespräch mit Honecker auch diese Punkte; vgl. allgemein DOHLE: Luther-Ehrung [s. Anm. 117], 86, sowie EZA 101/3012 vom 25.4.1983. Danach beschwerte sich Leich bei Gysi darüber, dass das vertrauliche Gespräch wider jegliche Abmachungen in jenen Ausschnitten publiziert worden war, die der SED genehm waren, hingegen z.B. das Eintreten des Bischofs für die Bausoldaten keine Erwähnung fand. Dadurch würde Leichs Ansehen sowohl in der Thüringer Landeskirche als auch in der BEK geschädigt. Ähnlich äußerte sich die KKL am 29.10.1983 in einem an Honecker adressierten Schreiben; vgl. GERLACH: Staat [s. Anm. 171], 147. Der Bischof der Ostregion Berlin-Brandenburg, Gottfried Forck, charakterisierte zur Empörung der SED die DDR-Schule als marxistisch-leninistische Bekenntnisschule, die Christen keinen Entfaltungsraum lasse; vgl. Bericht zum Kirchentag Eisleben, SAPMO BA DY 30/IV B 2/14/62. Ähnlich auch Bischof Johannes Hempel im September 1983 auf der BEK-Synode; JOHANNES HEMPEL: Antwort auf Anfragen zum Bericht der Konferenz der Kirchenleitungen auf der Synode des Bundes der Evangelischen

kung in der Friedenspolitik der SED kritisierten,[180] zeigte die SED im Laufe des Jahres 1983, wie sie künftig mit der Kirche zu verfahren gedachte. Während Vertreter der unteren SED-Leitungsebenen mit Schikanen gegenüber der christlichen Bevölkerung reagierten und sogar Gewaltmaßnahmen erwogen,[181] suchte die Parteispitze nach Strategien, um »nach Abschluß der Luther-Ehrungen ... eine Wiederholung solcher gegen den Staat und seine Ordnung gerichteten Aktionen« zu unterbinden.[182] Noch bevor am 9. November 1983 der staatliche Festakt stattfand, hatte das ZK am 26. Oktober 1983 beschlossen, die Kirchen, die seit dem 6. März 1978 eine gewisse Mitsprache im gesellschaftlichen Leben erhalten hatten,[183] wieder auf den rein religiösen innerkirchlichen Bereich zurückzudrängen und ihnen jegliche Stellungnahme bezüglich gesellschaftlicher und staatlicher Positionen strikt zu untersagen.[184]

Diese Klimaverschlechterung bestätigte die Befürchtungen derjenigen, die im Gespräch vom 6. März 1978 nur »taktische Haltung und Mache der Partei- und Staatsführung« erblickten.[185] Wie sehr die Luther-Ehrung auch für Honecker lediglich politisches Instrumentarium war, zeigte sich beim Abschluss der staatlichen Feierlichkeiten. Nicht Honecker, wie ursprünglich vorgesehen, sondern Manfred Gerlach (LDPD) hielt die Festansprache, nachdem die umworbenen skandinavischen Königshäuser ebenso wie bereits Bundespräsident

---

Kirchen vom 16.–20. September 1983 in Potsdam. In: Hempel: Kirche [s. Anm. 144], 128–131.

180 Vgl. AG Kirchenfragen, Info zu den Kirchentagen, SAPMO BA DY 30/IV 2/2.036/48. Vgl. auch die Berichte zu den Kirchentagen in EZA 108/818. Dementsprechend auch ein an Honecker gerichteter Brief vom 29.10.1983, in dem sich die KKL gegen jegliche Aufrüstung aussprach; vgl. Gerlach: Staat [s. Anm. 171], 147.

181 In Thüringen wurden Jugendliche gezwungen, aus Lederresten gefertigte Kreuze, die sie als Halsschmuck getragen hatten, den Lehrern bzw. der Polizei zu übergeben. Dagegen protestierte Leich; vgl. DO 4/454 vom 31.5.1983. Zu Gewaltandrohungen kam es offensichtlich in Wittenberg: Für den Fall, es käme während der Festveranstaltung auf dem Wittenberger Marktplatz zu gemeinsamen Aktionen ost- und westdeutscher Jugendlicher gegen die sowjetische Raketenaufrüstung, kündigte der Bürgermeister das Eingreifen der Sicherheitsbehörden an: »Wer meint, mit unserem Staat spielen zu können, der wird seine Macht zu spüren bekommen.« Vgl. Strothmann: Genosse Luther? [s. Anm. 134]. Dazu konnten in Archivalien bislang keine Informationen gefunden werden.

182 SAPMO BA DY 30/IV 2/2.036/40, so zit. in Gerlach: Staat [s. Anm. 171], 147.

183 Die Orientierung der Kirche auf gesellschaftliche Probleme war damals von der SED gewollt, weil dies zu einer Zurückdrängung religiöser Themen – und damit zu einer Schwächung der Kirche generell – führen sollte; vgl. BA P DO 4/456 vom 18.10.1983.

184 Vgl. Dohle: Luther-Ehrung [s. Anm. 117], 90f. Zum Beschluss vgl. SAPMO BA DY 30/J IV 2/2/2026.

185 Gespräch von Rakotz mit einem Pfarrer in Wittenberg, BA P DO 4/452 vom 24.9.1983.

Karl Carstens angekündigt hatten, dem Festakt des staatlichen Komitees am 9. November 1983 fernzubleiben.[186] Damit war dem staatlichen Lutherjubiläum bestenfalls begrenzter außenpolitischer Erfolg beschieden, innenpolitisch sah die Bilanz noch trüber aus: Martin Luther war mehr als Karl Marx in aller Munde, Christen und SED-Basis zeigten sich gleichermaßen misstrauisch gegenüber der SED-Führung und anstatt die DDR-Christen an sich binden zu können, gewannen die auf Missstände hinweisenden Kirchen an gesellschaftlichem Einfluss. Trotz der positiven Teileinschätzungen durch die ZK-Arbeitsgruppe Kirchenfragen war das Luther-Jubiläum für die SED letztendlich ein Misserfolg, den man schnellstmöglich vergessen wollte.[187]

IV Resümee

Die untersuchten Säkularfeiern bildeten miteinander verwobene, jeweils von den ideologischen Konkurrenten SED und Kirche getragene Parallelinszenierungen, mit denen die beiden Trägergruppen jeweils dasselbe Ereignis bzw. dieselbe Person vergegenwärtigten. Aus dieser Konstellation erwuchsen Probleme, die sowohl die Inszenierung der historischen Jubiläen als auch die inhaltliche Ausdeutung betrafen. Als prägend erwies sich dabei, dass die SED bei den Säkularfeiern ihren für alle Bereiche der Gesellschaft angemaßten uneingeschränkten Führungsanspruch gegenüber den Konkurrenten durchsetzen wollte. Aufgrund der Machtmittel, die ihr exklusiv zur Verfügung standen, gelang dies noch am ehesten bei der Inszenierung: Zwar konnte sie aus politischen Gründen die kirchlichen Inszenierungen nicht vollständig unterbinden, aber zumindest entscheidend beeinflussen. So gelang es der SED im Jahr 1967, kirchliche Jubiläumsveranstaltungen erstens zu verbieten bzw. zu behindern und zweitens, diese zusätzlich durch ein quantitatives Übergewicht eigener Veranstaltungen in ihrer Symbolizität zu marginalisieren. Die letztgenannte Strategie nutzte die Staatspartei auch 1983. Damit erklärt sich, weshalb die SED ihre beiden Jubiläumsfeiern aufwendiger inszenierte als alle anderen historischen Jubiläen, bei denen ihr keine konkurrierenden Trägergruppen gegenübertraten.

Konnten die Kirchen auf diese von der SED zu verantwortenden Behinderungen nur reagieren und dabei den Vorteil nutzen, dass die Staatspartei die

186 Vgl. Interview mit Löffler [s. Anm. 162], 209. Die Absage der Skandinavier deckt sich mit der Haltung der EKD. Diese wollte die DDR nicht durch den Besuch hochrangiger Vertreter der Bundesrepublik aufwerten; vgl. Protokoll der 40. Ratssitzung der EKD am 27./28.1.1983, EZA 2/6943. Zu Carstens vgl. Mäding: Tageszeitungen [s. Anm. 131], 291.

187 So explizit Interview mit Rakotz [s. Anm. 127], 231. Als Begründung führt er an, dass weder Auswertungsberichte verlangt worden waren, noch die DDR-typische im Nachgang solcher Ereignisse fällige Ordensflut eingesetzt hätte.

kirchlichen Säkularfeiern als legitimierenden Hintergrund für ihre eigenen Inszenierungen benötigte, so gelang es ihnen im Gegensatz zur SED glaubwürdig, das eigene Reformations- und Lutherbild zu transportieren. Reformation und Reformator zählen zu den grundlegenden Erinnerungsorten des Protestantismus, standen aber quer zur Tradition der Staatspartei. Aus dieser Konstellation erwuchs für die Staatspartei ein erstes Problem: Während die kirchliche Trägergruppe die in den Säkularfeiern vergegenwärtigten Ereignisse in Übereinstimmung mit dem tradierten, identitätsprägenden Wissen der Protestanten inhaltlich ausdeuten und daher ohne Legitimationsdruck zur Affirmation nutzten konnte, musste die Staatspartei die Schlüsselereignisse der Geschichte ihres ideologischen Konkurrenten nicht nur im Sinne ihrer eigenen Geschichte uminterpretieren, sondern auch für dieses radikal gewandelte Bild Akzeptanz generieren. Konnte sie hierbei zumindest 1967 bei ihren Mitgliedern Erfolg erzielen, so blieb ihr dieser 1983 weitgehend versagt.

Dieser Misserfolg verweist auf ein zweites Problem: Während die kirchlichen Trägergruppen ihre Säkularfeiern auf ihre eigenen Mitglieder und damit auf eine klar umrissene Festgemeinde ausrichteten, versuchte die SED-Führung, ihre Geschichtsdeutung nicht nur ihrer eigenen Klientel, sondern auch den Christen zu implementieren. Dazu nutzte sie 1967 ein streng atheistisches Reformationsbild, das jedoch bei weiten Teilen der DDR-Bevölkerung auf Ablehnung stieß. Nachdem die SED die beanspruchte Deutungshoheit nicht hatte durchsetzen können, vollzog sie 1983 erstaunliche Korrekturen an ihrem Lutherbild. Doch obgleich sie nun theologische Interpretationen zumindest partiell in ihre Geschichtsdeutung integrierte, konnte sie damit weder wesentlichen Einfluss auf das christliche Lutherbild nehmen, noch angesichts der Diskrepanzen zwischen gesellschaftlicher Realität und den Werten, die sie mit ihrem neuen Geschichtsbild vermitteln wollte, bei den säkularen Festgemeinden Zuspruch finden. Stattdessen stieß die neue Geschichtsdeutung auch auf Ablehnung bei einer Vielzahl der SED-Genossen, die aufgrund ihrer ideologischen Schulung entsprechend des traditionellen Geschichtsbildes in der Kirche eine feindliche Organisation erblickten. Die aufwendige Ehrung von deren Gründungsfigur konnten diese Genossen daher nicht nachvollziehen, zumal der Eindruck entstand, die Jubiläen verwiesen auf eine Aufwertung der Kirchen und konterkarierten damit den Führungs- und Alleinvertretungsanspruch der SED. Dieses Empfinden wurde durch die Tendenz verstärkt, dass die Kirchen als Ort der Opposition zunehmend mehr Einfluss gewannen. Eine gelungene Inszenierung eines historischen Jubiläums garantiert nicht dessen affirmativen Erfolg.

Angesichts dieses doppelten Misserfolgs inszenierte die SED 1967 und 1983 weitere Jubiläen, in denen sie mit Oktoberrevolution und Marx die eigene Tradition vergegenwärtigte. Dies stellte nicht nur den allerdings vergeblichen Versuch dar, die Jubiläen der konkurrierenden Trägergruppe zu konterkarieren.

Vielmehr geriet die SED noch tiefer in die Jubiläumsfalle: Sie trat mit sich selbst in Konkurrenz, indem sie zeitgleich Ehrungen für Personen bzw. Ereignisse inszenierte, die zwei diametral entgegengesetzte Systeme symbolisieren. Der demonstrierte Rückgriff auf die traditionellen marxistischen Leitfiguren entsprach den Erwartungen der eigenen Klientel, signalisierte aber der Masse der Bevölkerung den Rückfall der Staatspartei in die alten ideologischen Muster. Zugleich verwies der damit verbundene Abfall von den ursprünglich mit den Lutherjubiläen verbundenen Intentionen auf den künftigen kirchenpolitischen Kurs. Die Konkurrenz beider Jubiläen indizierte damit einen gesellschaftlichen Zustand. Das historische Jubiläum selbst, so der Schluss, eignet sich für die Stärkung vorhandener Identität, weniger aber für deren Neuschöpfung.

Personenverzeichnis

Ortsverzeichnis